Christiaan L. Hart Nibbrig

Ästhetik

Materialien zu ihrer Geschichte
Ein Lesebuch

Suhrkamp

Unter Mitarbeit von:
Rudolf Käser, Katharina Utz, Peter Utz

suhrkamp taschenbuch 491
Erste Auflage 1978

Quellennachweise am Schluß des Bandes
Suhrkamp Taschenbuch Verlag

Satz: Otto Gutfreund & Sohn, Darmstadt
Druck: Nomos Verlagsgesellschaft, Baden-Baden
Printed in Germany
Umschlag nach Entwürfen
von Willy Fleckhaus und Rolf Staudt

suhrkamp taschenbuch 491

Christiaan L. Hart Nibbrig, geboren in Basel 1944, Studium der Germanistik, Anglistik und Philosophie in Basel und Berlin. Dozent für Deutsche Literatur an der Universität Bern. Veröffentlichungen: »Verlorene Unmittelbarkeit, Studien zur Zeiterfahrung und Zeitgestaltung bei Eduard Mörike«, »Ja und Nein, Studien zur Konstitution von Wertgefügen in Texten« (Suhrkamp 1974). Aufsätze zu literaturästhetischen Problemen.

Dieses Lese- und Arbeitsbuch versammelt im Sinne einer historischen Collage Gedanken zum Phänomen der Schönheit und der Kunst von der Antike bis in unsere Tage. Kurze Stichworte umreißen jeweils einleitend Ansatz und Position von mehr als hundert Autoren, die hier zu Wort kommen. Sie vertreten nicht nur den Bereich der Theorie, sondern auch der Literatur, der bildenden Kunst und der Musik. Im Spiegelkabinett der gelegentlich durch harte Schnittflächen miteinander konfrontierten Textausschnitte erscheint das Problem der Ästhetik vielfältig gebrochen; auch in bezug auf die Gattungszugehörigkeit der zitierten Passagen. Gedicht, Erzählung, Drama, Brief stellen die Frage, die dieses Buch zentripetal zusammenhält, nicht minder deutlich als akademischer Vortrag und theoretischer Diskurs. Von ihr spricht die Einleitung. Ein ausführliches Autoren- und Sachregister soll an jeder Stelle einen historischen und systematischen Einstieg ermöglichen helfen. Der Band richtet sich an jeden, dem das Problem der ästhetischen Wertbildung mehr ist als eine Sache des ›guten‹ Geschmacks. De gustibus est disputandum.

Christiaan L. Hart Nibbrig

Ästhetik

»Können Sie mir sagen, was Schönheit sei? rief er aus.
Vielleicht nicht! versetzte ich, aber ich kann es Ihnen zeigen.«
(J. W. Goethe, Der Sammler und die Seinigen)

»Von nichts wimmelt unsere Zeit so sehr«, hatte Jean Paul 1804 in der Vorrede seiner ›Vorschule der Ästhetik‹ zynisch bemerkt, »wie von Ästhetikern.« Das hat sich inzwischen gründlich geändert.

Seit den Tagen Hegels ist das Verhältnis einer ästhetischen Theorie, die mit ihren Entwürfen nicht zuletzt auch Wertungen ausspricht, zu den einzelnen, akademisch etablierten Wissenszweigen gestört, die mit der bloß beschreibenden Erkenntnis ästhetisch-historischer Phänomene befaßt sind. Zu sehr, argwöhnte man hier, wolle eine allgemeine Kunst- und Schönheitslehre die Flügel spreiten, abheben vom Bestand des schon Geschaffenen. Zu sehr, so stellt es sich der andern Seite dar, würden ästhetische Gegenstände, ohne Besinnung auf das ihnen Gemeinsame, das sie erst ästhetisch macht, verdinglicht und zu Grenzsteinen wissenschaftlicher Fachgebiete degradiert. In leerer Theorie freilich, ohne Anschauung, die ihrerseits ohne Theorie blind bliebe, strebt jenes Gemeinsame entweder gegen Null oder gegen Unendlich. Jedes ästhetische Urteil, das verallgemeinerungsfähig ist, trifft schon nicht mehr das spezifisch Ästhetische seines Gegenstandes, weil es das ästhetisch Spezifische verfehlt, wie umgekehrt jede Einzelbeobachtung, die sich in der Verknüpfung mit andern nicht theoretisch zusammenfassen läßt, das ästhetisch Ganze nur zerstückelt und materialisiert. Die Erfahrung solcher Paradoxie nährt einen tiefsitzenden Affekt gegen ästhetische Theorie. Valéry hat ihn in dem Satz beim Namen genannt: »Wenn Ästhetik existent wäre, würden die Künste vor der Ästhetik verschwinden, sie würden vor ihrem eigenen Wesen selbst verschwinden.« Was aber soll dann eine Ästhetik, die sich selbstherrlich zur Disziplin aufwirft und doch nur schlechter Ersatz bleibt für das, was sie meint? Und wenn es stimmt, daß die Wertmaßstäbe, die sie auf den *Begriff* bringt, allemal hoffnungslos hinter jenen zurückbleiben, die fortgeschrittene Kunst gleichzeitig als Kategorien der *Erfahrung*, ganz vorn, an der zitternden Spitze des historisch jeweils Menschenmöglichen ausarbeitet, was soll sie dann als theoretischer Nekrolog des immer schon Abgelebten? Hinter solchen Zweifeln verbirgt sich die Schwierigkeit, Begriff und Erfahrung, die sich in ästhetischer Theorie berühren wie Kunst und Wissenschaft, zusammenzudenken, aber auch, schlimmer noch, das Vorurteil, Künstlerisches sei seinem Wesen nach atheoretisch. So freilich denken nur jene, die an der Departementalisierung des Geistes ein Interesse haben und von Berufs wegen musisch sind, oder eben theoretisch, oder heimlich beides, nur nie gleichzeitig. Theodor W. Adorno beruft sich auf Pierre Boulez' Aufsatz ›La nécessité d'une orientation esthétique‹, wenn er sagt: »Während in der Philosophie die Ästhetik aus der Mode kam, spüren die fortgeschrittensten Künstler ihre Notwendigkeit um so stärker [...] Ist die Stunde naiver Kunst, nach Hegels Einsicht, dahin, so muß sie die Reflexion sich einverleiben und so weit treiben, daß sie nicht länger als ein ihr Äußerliches, Fremdes über ihr schwebt; das heißt heute Ästhetik.«

In der Tat, Ästhetik ist weder Fisch noch Vogel. Das eben ist ihre Chance, heute. An der Nahtstelle von Kunst und Wissenschaft böte eine ästhetische Theorie nicht einfach für solche, die sich zwischen beidem nicht entscheiden können, eine billige Gelegenheit, in der Nähe von Kunst gescheit zu sein, ohne zu vertrocknen, sondern vielmehr grundsätzlich die Möglichkeit, ein konkretes Denken zu erproben, das gegenüber einer Kunst, die sich in einem zumal vom Markt diktierten Vorwärtstappen unter Originalitätszwang zunehmend atomisiert, das wissenschaftliche Ideal von Mitteilbarkeit und intersubjektiver Verbindlichkeit festhält und gegenüber einer Wissenschaft, die sich nicht mehr um die Erfahrbarkeit ihrer Begriffe kümmert, das künstlerische Prinzip lebendiger Anschauung. Ästhetische Theorie ist darauf angewiesen, ihre Begriffe im Medium der Erfahrung zu bilden, der sie gilt. Keine Theorie nimmt einem ab, daß man sie machen muß. In der ästhetischen Erfahrung aber scheint etwas wirksam, das sich dem Begriff rätselhaft entzieht und gleichwohl begriffen sein will, weil es offenbar in bloßer Anschauung ohne Rest ebensowenig aufgeht wie im Begriff. Das hat für die Theorie, die alledem nachfragt, die Konsequenz, die Adorno gezogen hat, »daß sie weder von oben noch von unten konstituiert werden kann; weder aus den Begriffen noch aus der begriffslosen Erfahrung«. Begriffene Erfahrung, erfahrungshaltige Begriffe – damit ist ein Zwischenbereich bezeichnet. Auf die Schwierigkeit, sich in ihm zu bewegen, hat Friedrich Schlegel hingewiesen, der es konnte: »In dem, was man Philosophie der Kunst nennt, fehlt gewöhnlich eines von beiden; entweder die Philosophie oder die Kunst.« Das charakteristische Befremden des Denkens vor dem ästhetischen Phänomen hängt mit der Erfahrung zusammen, daß es, gleichsam unter dem Zauberstab der Deutung wie im Märchen die Augen aufschlägt – Benjamin sprach in diesem Zusammenhang bekanntlich von der Aura – und zu reden anfängt, vernehmbar, aber in einer nicht einfach in Begriffsinhalte übersetzbaren Sprache, einer anderen also, als in jener, in der wir deutend darüber reden. Das bleibt eine Grundschwierigkeit, die einen immer wieder im rechten Augenblick daran hindert, in aestheticis zu klug sein zu wollen. Wo sich Theorie an die Stelle der Erfahrung setzt, von der sie handelt, ist es geraten, sich jener Bemerkung von Paul Cézanne zu erinnern, man spreche von Kunst nur gut vor Bildern.

Ästhetische Urteile, sie mögen gewendet werden, wie sie wollen, werden den logischen Makel des Zirkulären nicht los; ihre Erfahrungskomponente scheint die Inanspruchnahme des Definiendum beim Gebrauch des Definiens nötig zu machen, insofern sich in ihnen nicht nur eine Beziehung zum Gegenstand des Urteils herstellt, sondern sie selbst als Ausdruck dieser Beziehung erscheinen. Wenn das wahr ist, dann ›gibt‹ es das Ästhetische nicht, jedenfalls nicht als Objekt eines Urteils, auch nicht in der Weise, wie Gerüche oder Farben als Merkmale ihren Gegenständen inhärieren. Zu verstehen wäre es als eine Begegnungsqualität, die sich in der Beziehung zwischen Gegenstand und Rezipient realisiert. Zum wissenschaftlichen Gegenstandsbereich läßt es sich deshalb schwerlich hypostasieren. Es scheint unmöglich, das ›Ästhetische‹ vom Standpunkt eines neutralen Beobachters als Begegnungs- und Beziehungsphänomen von außen, theoretisch zu beschreiben, ohne daß dieser dabei selbst wieder auf neue Weise in die Beziehung eintritt. Dazu kommt erschwerend noch die Tatsache, daß in jeden ästhetischen Erfahrungsgehalt unter historischen und sozialen Voraussetzungen normierte Erwartungen eingehen, die den Geltungsbereich dessen begrenzen, was überhaupt ästhetisch heißen kann. So scheint Ästhetik als Wissenschaft irgendwo im Niemandsland zwischen Erkenntnistheorie, Wahrnehmungspsychologie und Sozialwissenschaft angesiedelt zu sein. Wie aber soll sie sich dann begründen, wovon ihren Ausgang nehmen? Etwa von dem Zirkel, daß ästhetisch ist, was man für ästhetisch hält, oder dem, daß ästhetische Eigenschaften von Dingen und Sachverhalten ästhetische Erfahrung auslösen und das Bedürfnis danach ästhetisch produktives Verhalten? Aus dem Begründungsdilemma kommt man, scheint es, nur heraus, indem man sich auf eine Kategorie besinnt, die in der Ästhetik – es ist ihre älteste und nach wie vor ihre wichtigste – über dem Tauziehen zwischen produktions- und rezeptionstheoretischem Ansatz außer Kurs geraten ist, obwohl sie beides zu übergreifen in der Lage wäre: die Kategorie der Darstellung. Und das zunächst einmal, weil alles Darstellen als Beziehungsphänomen sowohl eine objektive wie eine subjektive Seite hat. Denn darstellend stelle ich eine Beziehung her zum Dargestellten, die sich im ästhetischen Falle an ihm sinnenfällig objektiviert, so daß die Subjekt-Objekt-Spaltung aufgehoben scheint. Ästhetische Darstellung ist subjektiv-objektiv, wenn, was sie darstellt, Ausdruck der Sache ist, der Sache, in der Weise, wie sie in meiner Beziehung zu ihr erscheint. Dann fällt das durch Darstellung hervorgebrachte Dargestellte mit jener wahrnehmbar zusammen, und es schließt sich ein Begründungsdreieck von mimesis, poiesis und aisthesis, wobei aisthesis hier die Fähigkeit meint, jenes Mehr wahrzunehmen – und das ist mehr als sinnliche Wahrnehmung –, in dem ein ästhetischer Zusammenhang die Summe seiner Elemente übertrifft. Für die ästhetische Theorie, die es mit der Darstellung von Darstellungsphänomenen zu tun hat, ergibt sich daraus, daß Sach- und Beschreibungsebene, die in dem geschilderten Begründungsdilemma auseinander- oder unkenntlich zusammenfallen, in der Darstellungskategorie zusammengebunden sind. Darin liegt ihre methodologische Relevanz. Es ist nicht ihre einzige. Sie ist, weil Darstellen eine besondere Weise des Herstellens ist, auch eine praktische Kategorie. »Auf dem langen Wege, von dem Auge durch den Arm in den Pinsel«, heißt es in Lessings Emilia Galotti, »wie viel geht da verloren.« Besser wäre, zu fragen, was dazukommt und was auf dem Weg zurück gewonnen wird. Ist das Werkzeug ein verlängerter Arm, so ist das Kunstwerk als Ergebnis ästhetischer Darstellung gleichsam ein verlängertes Werkzeug. Ist der Mensch, wie man gesagt hat, das werkzeugschaffende Tier, so verrichtet er schon beim Erfinden des ersten Werkzeugs ästhetische Arbeit, Arbeit in zweiter Potenz. Schon die Entdeckung des möglichen Gebrauchswertes eines spitzen Knochens oder scharfen Steins entspricht, so ist anzunehmen, einem ursprünglichen ästhetischen Verfahren, einem Mit-den-Händen-Denken. Es hängt zusammen mit der Fähigkeit – ich nenne sie ästhetisch –, nicht zu einem vorgegebenen Zweck das Mittel zu suchen und zu erschaffen – das wäre bloß eine technische Erfindung –, sondern ein vorhandenes Material in spielerisch-erprobendem Imaginieren im Hinblick auf *mögliche* Zwecke von Verwendbarkeit in ein Mittel zu verwandeln. Das Werkzeug bekommt in der Erfindung seines möglichen Gebrauchs insofern schon Kunstwerkcharakter, als es dabei zu einem Medium von Deutbarkeit wird.

Mögen Künstler auch die Welt nicht verändert haben, sie haben sie jedenfalls nicht wie die Philosophen nur interpretiert, sondern seit eh und je, indem sie sie auf dem Wege der Darstellung *interpretierbar* machten, an ihre Veränderbarkeit erinnert unter Bedingungen des Subjekts, seiner Bedürfnisse und seiner Sehweisen. »Ich suche nicht, ich finde«, hat Picasso einmal beiseite gesprochen, und damit exakt die Tatsache getroffen, daß ästhetische Darstellung nicht suchen hilft, sondern Bedingungen möglichen Findens erschafft.

Was ästhetisch durchgebildet ist, wirkt wie eine Antwort, zu der die Frage erst gesucht werden muß. Der Appellcharakter des Kunstwerks ist interrogativ. In diesem Sinne wirksam ist ästhetische Darstellung, wenn sie ihren Gegenstand so erschafft, daß er, über seine dinghafte Gegenständlichkeit hinaus, für den Produzenten zum Instrument, für den Rezipienten zum Anlaß von Erkenntnis wird. Allein ästhetische Darstellung stellt nicht einfach wie Theorie Erkanntes dar – dann wäre, was sie zum Ausdruck bringt, besser anders und anders besser, d. h. klar und deutlich als Inhalt auszusagen –, sondern sie ist ein Erkennen *als* Darstellen, ein Darstellen, das erkennbar macht, was durch nichts sonst zum Vorschein kommt und was sich einzig – medienspezifisch verschieden – am Wie der Darstellung *zeigt*. Das gilt etwa auch für künstlerische Bestrebungen wie Happening oder Concept Art, die das Darstellen nicht im traditionellen ›Werk‹ aufgehen lassen, sondern die Darstellungssituation oder den Darstellungsprozeß selbst, in den der Rezipient aktiv und kommunikativ einbezogen ist, zum Werk erheben. Das allerdings ist beim traditionellen

›Werk‹ prinzipiell nicht anders. Ästhetische Phänomene bleiben nicht mit sich allein. Ebensowenig bleibt es der ›einsame Künstler‹, der schon als sein erster Rezipient vor dem steht, was er macht und was er darstellend, ob er will oder nicht, in einen öffentlichen Erwartungszusammenhang hineinstellt. Ebensowenig bleibt mit sich und dem ästhetischen Phänomen allein, wer, von ihm angesprochen, sich gedrängt fühlt, darüber zu sprechen. Jedes ›Schön‹! – es stellt sich, störend, immer unmittelbar vor dem Stummwerden gegenüber beredter Anschauung ein – möchte mit seinem Grund nicht allein bleiben. Das ästhetische Werturteil bedarf, gerade wenn es subjektiv intensiv sein soll, der Sicherung in intersubjektiver Geltung. Nur in gemeinsamer Verständigung kommt sie zum Tragen. De gustibus est disputandum.

Das vorliegende Buch möchte den Aufriß eines Gesprächszusammenhangs abbilden, der sich im Blick auf den Konvergenzpunkt einer gemeinsamen Problematik durch die Zeiten hindurch lebendig erhalten hat. Und dies trotz oder gerade wegen der scheinbaren Unverträglichkeit verschiedener Sichtweisen, die zu dokumentieren waren. Gewiß, die Dokumentation ist Stückwerk. Bände wären zu füllen mit dem, was fehlt. Beabsichtigt war ein Lesebuch, das zum Blättern, zur Lesearbeit im selbständigen Schlagen von Querverbindungen anregt. Es wären Verbindungen quer zur Chronologie, die hier die einzelnen abgedruckten Texte nur äußerlich auf einen Faden reiht. Der rote verläuft nicht längs. Die ausgewählten Stellen – produktive Unstetigkeitsstellen in der Geschichte der ästhetischen Theorie – suggerieren kein Kontinuum, zerbrechen vielmehr den historistischen Schein einer sinnvoll geschlossenen Überbau-Geschichte. Alles kam bei ihrer Auswahl und Zusammenstellung auf die Beredtheit harter Schnitte an, auf eine durch Montage versuchsweise evozierte Interpretierbarkeit der Texte im Rahmen ihrer näheren und ferneren Umgebung, die dem Leser nahelegt, sie auf eigene Verantwortung in ihrem Eigen-Sinn zum Sprechen zu bringen, indem er sie gegeneinander wendet. Die Frage nach einer *Geschichte* der ästhetischen Theorie ist mit der Präsentation dieser Materialien nur erst provoziert. Einige Gesichtspunkte, die bei der Herausgabe leitend waren – das Stichwortregister am Ende nimmt sie auf –, und einige der Schwierigkeiten, die sich dabei stellten, seien hier in Kürze genannt.

An den Anfang gestellt wurden Textbeispiele zur Ästhetik Platons, die in den Zusammenhang seines Fragens nach dem Guten und Wahren gehören. Definitorische Häppchen sind aus den offenen Frageketten nicht herauszubrechen. Belegt werden sollte das Ideal von der Omnipräsenz des Schönen, im Ideenreich, im Kosmos und im Staat, in dem Kunst gegenüber dem nützlichen Handwerk dann abgelehnt wird, wenn sie nur Abbilder von Abbildern darstellt. Bei Aristoteles dagegen erscheint mimesis – und das folgt aus seiner Seins- und Erkenntnislehre, nach der die Entelechie als formgebende Potenz schon im Stoff angelegt ist wie die Statue im Marmorblock – eher als ein poietisches Hervorgehenlassen des Möglichen aus dem Gegebenen, wenn man will ein praktisches Idealisieren; deshalb, »weil überzeugt, was möglich ist«, ist die Darstellungsweise der Dichtung philosophischer als die historische. Sie braucht sich, anders als bei Platon, weder an einem sinnlichen noch an einem ideellen Urbild messen zu lassen, sondern nur an sich selbst und ihrer eigenen Stimmigkeit. Auf die Reproduktion der bekannten Erörterung der Tragödie wurde verzichtet. Wichtig schien es aber, den Anschauungs- und Wirkungsbegriff ihrer Schönheit und deren Organisationsform durch ein entsprechendes Zitat zu akzentuieren; ebenso die Wertschätzung der sinnlichen Anschauung als eines Erkenntnisvermögens (aisthesis). Dem steht Plotins ästhetische Metaphysik gegenüber, in der die Schönheitserfahrung zur unio mystica mit dem Seinsgrund wird. Ihrer großen Wirkung wegen bis hin zu Goethe und weiter sollte diese Position in deutlichen Umrissen dokumentiert werden. Am Beispiel Augustins war sodann das Problem einer christlichen Ästhetik zu illustrieren, die im Anblick einer maßvollen und schönen Schöpfung den Schöpfer als ersten Künstler verehrt und sich dabei doch vom fetischistischen Götzendienst eines allzu großen Gefallens an schönen Dingen freihalten muß. Diese Schwierigkeit charakterisiert die ganze mittelalterliche Ästhetik, die das Verbot, sich von Gott ein Bild zu machen, in Einklang bringen muß mit dem Bedürfnis christlicher Frömmigkeit, das Heilige auch sinnlich darzustellen. Dieses Bedürfnis ist das eine, ein anderes das Bedürfnis, das Dargestellte als solches zu verehren. Davon handelt die in den Libri Carolini vorliegende Stellungnahme des karolingischen Hofes im Bilderstreit, die freilich nur zu verstehen ist auf dem Hintergrund einer momentanen Billigung der Bilderverehrung durch Byzanz, das man als Konkurrenten in der Nachfolge um das römische Reich empfand. Jedenfalls war hier der Weg für die Kunst nicht verbaut. Das universalistische Denken, etwa Hugo von St. Viktors, welcher das sinnlich Wahrnehmbare, auch das künstlerisch Erschaffene als Metapher des Übersinnlichen verstand, legte dann allerdings wieder jene Identifikation von Darstellung und Dargestelltem nahe, gegen die sich die bilderstürmenden Reformatoren schließlich wandten. Die theologische Frage, ob Brot und Wein sind, was sie bedeuten, oder ob sie es nur bezeichnen, hat, so gesehen, auch einen ästhetischen Aspekt. Das inzwischen aufgekommene nominalistische Denken machte die metaphorische Durch-Sicht des schönen Augenscheins unmöglich. Er wird orthodoxer Religiosität gefährlich. Das bezeugt der Textausschnitt von Karlstadt. Neben den Maßstäben, die Thomas von Aquin im Rahmen seines theologischen Systems setzte und kraft seiner Autorität verbindlich machte, wären die wichtigeren, die in der Kunst der Zeit ausgebildet wurden, eher in so etwas wie einer Bauhütten-Ästhetik zu suchen. Auch in der Renaissance stellen sich die produktiven ästhetischen Fragen bei der künstlerischen Arbeit, nicht am Schreibtisch der Theoretiker. Aus jenem legendären Bericht, nach dem Donatello mit seiner Plastik ringt und über den Dächern von Florenz sein ›Sprich oder ich zerstöre dich!‹ ruft, ist mehr zu lernen über das, was neu ist, als aus der für die Dichtung gewiß maßgeblichen Poetik Scaligers, deren Regelwerk mit dem zentralen Horazischen Prinzip vergnüglicher Lehrhaftigkeit in der Nachfolge schließlich zum Galgen des Einfalls wird. Die abgedruckten Texte von Dürer und Leonardo da Vinci sprechen dagegen von der ästhetischen Entdeckung der Natur und ihrer plastischen Gegenständlichkeit, von der Entdeckung der eigenen Sehkraft und, im Zusammenhang damit, dem eigenen Standpunkt. Das wachsende ästhetische Selbstbewußtsein – die Selbstbildnisse sprechen davon, auch vom sozialen Aufstieg der im Mittelalter noch weitgehend ins Kollektiv zurücktretenden Meister – drängt nach Ausdruck, der als neue ästhetische Kategorie zur Darstellung hinzukommt. Schon Dante will, wenn er über Liebe spricht, kein altbekanntes Thema in vorgegebenen Mustern abhandeln und gemäß dem rhetorischen Ideal der inventio variieren, sondern sich von ihr die Feder führen lassen. Schon in der zweiten Hälfte des 16. Jahrhunderts hatte Giordano Bruno gesagt: »Merk dir, daß die Poesie nicht aus den Regeln besteht, außer ganz beiläufig. Vielmehr stammen die Regeln aus der Poesie. Aber es gibt ebensoviele wahre Regeln, wie es wahre Dichter gibt.« Damit ist das Originalitätsprinzip, das dann die Genieästhetik im 18. Jahrhundert bestimmt, postuliert: ästhetische Aktivität aus eigener Wurzel. Ganz im Gegensatz dazu blieb die herrschende Regelästhetik noch im Barock und noch zu Anfang des Zeitalters, das sich aufgeklärt nannte, auf den Regeln, die sie als künstlerisches Artikulations- und Legitimationsangebot empfahl, wie auf tönernen Füßen stehen. Solche Verletzlichkeit gerade des hart gewordenen Normativen gehört zur Paradoxie ästhetischer Normbildung, die, das Sprengen alter Konvention durch neue Konventionalisierung durchsetzend, zum Rezept gerinnt, das auf wiederholte Anwendung zielt und damit Abwandlung und Durchbrechung aufs neue herausfordert. Diese Figur tritt im 18. Jahrhundert besonders deutlich hervor. Die Namen, die hier vertreten sind, vor allem was die Franzosen angeht und die Engländer, müssen exemplarisch auch für andere stehen. Daß sich die ästhetische Diskussion zeitweise poetologisch verengt, durfte nicht unterschlagen werden. Es ist überhaupt charakteristisch, daß jetzt allgemeine Probleme oft eher an konkreten Einzelfragen künstlerischer Machbarkeit oder Wirkung erörtert werden. Die Laokoon-Debatte zwischen Winckelmann, Lessing, Herder und Goethe ist nur ein Beispiel dafür. Es handelt sich nicht um eine innerästhetische Entwicklung, wenn sich seit Baumgarten die Phantasie als eigenständiges Erkenntnisvermögen gegen die ratio emanzipiert, wenn sich der Akzent des ästhetischen Fragens – beim jungen Goethe scheint der Höhepunkt erreicht – von der Darstellung auf das verschiebt, was darin zum Ausdruck kommt; das ist alles auch zusammen zu sehen mit dem Protest einer Generation gegen eine gesellschaftliche Verfassung, die sich in bezug auf einen Vernunftvertrag ideologisch legitimiert. Erst neben Rousseaus Gegenentwurf eines Naturstaates auf der Grundlage natürlicher Sozialität rückt Lessings Ästhetik des Mitleids ins rechte Licht. Er nimmt mit ihr die wirkungsästhetische Fragestellung des Aristoteles wieder auf, die dann Schiller und später Brecht in ihrer Weise weiter präzisieren.

Mit seiner Antwort auf die Frage nach der Objektivität des ästhetischen Urteils gelangt Kant nur scheinbar zur Aufhebung des Wirkungsaspekts. Freilich ist es nicht wie bei Lessing eine moralische Wirkung dargestellten Handelns – in Dramen und Fabeln –, nicht wie bei Brecht eine politische Wirkung des Dargestellten auf das Handeln, sondern, im interesselosen Wohlgefallen, eine auf das freie Spiel der Gemütskräfte. Die aus dem Deduktionszusammenhang herausgeschnittenen Kant-Stellen geben wohl am meisten dort zu denken, wo sie ohne Klebstoff aneinanderrühren. Gewicht legt die Auswahl auf den Aspekt transzendentaler Öffentlichkeit im ästhetischen Urteil, das ich, trotz seiner Subjektivität, *jedem* »ansinne« und das die Leistung der »reflektierenden Urteilskraft« in Anspruch nimmt, indem es ein Besonderes der Anschauung so auffaßt, daß kein verfügbarer Allgemeinbegriff es zu subsumieren vermag, ja daß das nicht bestimmbare Besondere die Suche nach einem nicht verfügbaren Allgemeinen erst auslöst. Was da, ästhetisch angeregt, in die Schwebe gerät, sind die subjektiven Gemütskräfte und Erkenntnisvermögen, freigesetzt zum Spiel: »Symbol des Sittlich-Guten«, wie bei Schiller, aber bloß subjektivitätstheoretisch gefaßt, während Schiller das Spiel als Kategorie der Intersubjektivität bestimmt. Hervorgehoben werden sollte der handlungstheoretische Ansatz seiner Ästhetik, die trotz, ja gerade wegen des primären Absehens von unmittelbarer Praxis, eine politische Stoßrichtung hat. Bemerkenswert, daß Schiller im Zuge seiner Schönheitslehre zugleich eine Entfremdungstheorie entwickelt, während Marx, fünfzig Jahre später, im Rahmen seiner Entfremdungstheorie zugleich auf den Schönheitsbegriff rekurriert.

Beim Zusammenstellen von Goethes theoretischen Äußerungen zu ästhetischen Fragen ging es vor allem auch darum, seine phänomenologische Erkenntnisweise als eine im Grunde ästhetische auszuweisen. Hier bot sich die auch sonst bei anderen Autoren gern genützte Möglichkeit, die theoretischen Probleme in verschiedenen literarischen Diskurssorten sich brechen zu lassen. Es galt, die Präzision der Anschauung, mit der sich Fragen der Theorie in der subjektiven Sicht ästhetisch Schaffender stellen, gerade in abstrakter Umgebung kontrastierend hervorzubringen. Dafür stehen neben anderem der Kafka-Text, Ausschnitte aus Valérys Rede auf dem 2. Internationalen Ästhetik-Kongreß, Stellen aus Schönbergs Harmonielehre, aus Klees Aufzeichnungen, aus einem Brief Mozarts, ein Shakespeare-Sonett oder das zitierte Tischgespräch über Kunst aus Büchners Lenz, das, vergleicht man es zum Beispiel mit Gottscheds Lehre von der Einheit des Schönen mit dem Guten und des Häßlichen mit dem Schlechten in wenigen Sätzen erhellt, was sich inzwischen geändert hat.

Der Hegel-Teil mußte angesichts der Monumentalität und systematischen Geschlossenheit des Gebäudes einseitig ausfallen. Das Risiko ist kalkuliert. Zu zeigen war, in punktierter Linie, der Entwicklungsgang von der Idee und ihrem sinnlichen Scheinen im Schönen, über die Abwertung des Naturschönen – im Gegensatz zu Kant – und die allgemeinsten Bestimmungen der Kunst gegenüber der Philosophie bis zur Theorie des Dramas als dem Höhepunkt, von dem aus sich der Ort der Ästhetik im Rahmen des Gesamtsystems ermessen läßt: von der Theorie des sich im Drama durch Rede und Handlung selbst darstellenden Individuums ergibt sich ein implizit ästhetisches Dreiecksverhältnis zur Theorie erkennender Selbstdarstellung durch Handeln in der »Phänomenologie des Geistes« und zur Theorie des darstellenden Erkenntnis-Handelns im zweiten Teil der »Logik«. Das will die Auswahl zu bedenken geben.

Die bei Goethe einsetzende Ästhetisierung der Theorie steigert sich bei den Romantikern und erreicht bei Schelling insofern ihren Höhepunkt, als Kunst nicht nur Dokument der Philosophie ist, wie bei Hegel, das durch diese auf ihren Begriff gebracht werden muß, sondern deren »Organon«, das die Aufgabe übernimmt, die Philosophie ihres eigenen Wesens zu versichern. Kunst, so sieht es Friedrich Schlegel, ist weder Resultat noch Anlaß von Reflexion, sondern selbst ein Reflexionsmedium. Bei Gadamer und auch bei Adorno wird man sich dieses Versuchs erinnern, auf dem Umweg über die Kunst vom Kopf auf die Beine zu kommen, die philosophische Reflexion in ein Verhältnis zu sich selbst und zu dem zu bringen, was sie erreichen will, so daß dieses Verhältnis sich nicht immer wieder zum bloßen Gegenstand der Reflexion unter anderen verzerrt.

An Beispiele aus Kierkegaards existentialistischer Anti-Ästhetik wurden solche aus Schopenhauers Lehre von der ästhetischen Aufhebung des Willens angeschlossen, daran ein Mosaik von weit in Nietzsches Werk verstreuten Passagen zur Ästhetik, welches zeigen soll, daß Nietzsche aus seiner Einsicht in die totale Interpretierbarkeit der Welt und in die Relativierbarkeit ihrer Werte, das nihilistische Gefälle nutzend, eine ästhetisch-produktive Konsequenz zieht, die er freilich nicht durchhalten kann: aus der Zerstörungsenergie des radikalen Perspektivismus jenseits von Gut und Böse wird die ästhetische Lust der vitalen Selbststeigerung frei als Wille zur Macht. Das ästhetische Vitalprinzip erscheint am Ende als Prinzip subjektiver Willkür, das, an sich selbst irre geworden, des ontologischen Ankers bedarf und als ästhetische Produktivität ins Weltall projiziert wird. »Die Welt als ein sich selbst gebärendes Kunstwerk ——« meldet eine abbrechende Zeile aus dem Nachlaß. An der Seite Nietzsches sollte Freud stehen, vertreten durch einen Ausschnitt aus der Lehre von der ästhetischen Sublimationsleistung und der Verlockungsprämie möglichen Lustgewinns. Diesen Gedanken fortspinnend, ließe sich über das Erschreckende, jenes déjà vu spekulieren, das ästhetischer Erfahrung nicht selten beigemischt ist und das darauf zu deuten scheint, daß dabei unter der Zensur des dem Realitätsprinzip verfallenden Über-Ichs verdrängte Lust angerührt wird und in eins damit verdrängte Angst, als hätte Rilke recht mit dem Satz, das Schöne sei nur des Schrecklichen Anfang, weil es gelassen verschmäht, uns zu zerstören. Es scheint, daß eine psychologisch interessierte Ästhetik, die nur auf die heiße Quelle schielt, dem Schönes mit nur halb so schönen Motiven entsprang, am ästhetischen Hervorbringen ein Wesentliches verfehlt: daß sich da unter der Hand etwas verselbständigt und als Einheit zusammenschießt, die sich in eine Vielheit psychischer Bedingungen nicht mehr zurückführen läßt. Produktive Hitze scheint in Kunstdingen das Letzte, nicht das Erste. Es könnte auch sein, daß das, was bei der ästhetischen Genese vor sich geht, nicht als psychische Explosion zu denken ist, die an der Peripherie der Werke erkaltet, sondern vielmehr als *Implosion* ins Werk hinein. Auch das psychologische Interesse für die Rezipientenseite führt nicht weiter, solange es wie bei Lipps und Fechner bei der Voraussetzung bleibt, das Ästhetische sei eine Optimierung wahrnehmbarer Sinnesqualitäten. Das leistet ein kühles Bier an heißen Tagen auch.

Die inszenierte Nachbarschaft zwischen Freud und Marx, womit die Folge der Texte zum erstenmal zeitlich zurückspringt, bringt am Ansatz einer individualistisch verengten psychoanalytischen Ästhetik ein Moment der Anpassung zum Vorschein, das Bloch und Adorno dann so sehr gerügt haben. Vermerkt Freud unbekümmert, der Glückliche träume nicht, so geht es in den Bemühungen um eine materialistische Ästhetik von Anfang an darum, das negative Potential von ideologischen Traumbildungen, ästhetischen zumal, als Maß für das reale Unglück zu bestimmen, von dem sie sich abstoßen. Gegen den affirmativen Charakter kultureller Verdrängungserscheinungen hat am schärfsten wohl Marcuse das Wort ergriffen. Doch seine Rede vom ganz Anderen, das durch die abstrakte Negation der »großen Weigerung« zu erhoffen ist, steht unter dem gleichen Ideologieverdacht wie die Kultur, die sie kritisiert, weil sie, im Blick auf eine andere Welt, davon abrät, die bestehende anders zu denken. Und gehen, fragt sich, vielleicht nicht gerade die spezifisch ästhetischen Möglichkeiten dahin, nicht einfach anderes, sondern anders zu denken?

Solange es nur darum geht, ästhetische Phänomene als Ausdruck falschen Bewußtseins zu entlarven und zu durchschauen, das ideologisch in einer ihm undurchsichtigen Klassenlage gründet, tritt das eigentlich Ästhetische neben anderen Überbauphänomenen, die darin sein Schicksal teilen, nicht in den Blick. Was man nur durchschaut, sieht man nicht. Es bedürfte zur Ausgrenzung einer spezifischen Differenz, die nicht selbst wieder ideologischen Wesens wäre. Diese Spezifikation – zugleich ein Ausbruch aus dem sozialen Determinismus, der sonst zu tautologischen Reduktionen führen muß von der Art, spätbürgerliche Kunst sei eben die Kunst der spätbürgerlichen Gesellschaft – versucht Brecht in bezug auf die handlungsleitende Aufklärungsfunktion der Kunst zu geben, Lukács in bezug auf das von Goethes Symbolbegriff sich herleitende Ideal gestalteter Einheit von Wesen und Erscheinung (das für Brecht den ideologischen Schein theoretisch gerade zementiert), Bloch im Blick auf den utopischen Gehalt, Benjamin unter anderem im Blick auf die durch den Chok bewirkte Veränderung der Wahrnehmungsweise und Adorno mit Hilfe der Kategorie der Negativität, die – im Gegensatz zu der des kritischen Engagements, das eine konkrete Zielscheibe hat – physiognomisch ist, eine des objektiven »Ausdrucks«: »das klagende Gesicht der Werke«. Aber die Rede von der gesellschaftlichen Vermittlung bleibt Beteuerung, solange keine Mittel vorhanden sind, sie im einzelnen auch zu beschreiben. Der späte Benjamin umging das Problem, indem er es durch einen Analogieschluß zwischen künstlerischer Technik und dem technischen Stand der gesellschaftlichen Produktionsbedingungen eliminierte. Für Adorno indessen ist das, was in der Kunst historisch möglich und richtig ist, nicht zu bemessen und zu verfügen nach dem Stand der Produktionsverhältnisse, sondern nach dem der zurückgehaltenen Produktivkräfte. Darüber soll fortgeschrittene Kunst stellvertretend Auskunft geben. Dem haftet der Verdacht der Münchausiade an. Theorie reflektiert die Kunst aus dem gesellschaftlichen Totalzusammenhang, dessen Bann sie selbst nicht entrinnen zu können glaubt, hinaus, um bei ihr, als wäre sie eine »geschichtsphilosophische Sonnenuhr«, Auskunft zu holen über den Stand der Zeit; denn einzig Kunst scheint dem unwahren Ganzen in ihrer eigenen Gegen-Ganzheit opponieren zu können als index sui et falsi. Auch des Falschen draußen. Die Verteidigung des ästhetisch Hermetischen und Autonomen als eines Politikums ist darin begründet. Nur ist Adorno nicht bereit, das, was man in seinem Sinne ästhetische Verweigerung nennen könnte, auch von seiner Wirkung her unter kommunikativen Gesichtspunkten zu bedenken; diese werden im Gegenteil aus seiner Ästhetik exkommuniziert, da sich ja im ästhetischen Ausdruck – Adorno spricht von »Sprachcharakter« – etwas Allgemeines mitteilen soll, ohne daß es allgemein mitgeteilt würde und in allgemeiner Mitteilbarkeit garantiert wäre. Der problematischen Alternative zwischen einer Kunst, die, wenn sie kommunikativ ist, als Werbung den Bedingungen eines verzerrten gesellschaftlichen Kommunikationssystems verfällt, und einer Kunst, die »wahr« wäre als Kritik daran, sich dabei aber der Kommunikation notwendig verschlösse, scheint erst eine Theorie der ästhetischen Kommunikation gewachsen, die im Lager der semiotisch orientierten Ästhetik ausgebrütet wird. Sie hat ihre Wurzeln im Pragmatismus von Charles Sander Peirce. Von ihm sollten neben Adorno vor allem jene Stellen gesetzt werden, die zeigen, daß seine Pansemiotik sich am Ende notwendig ästhetisch begründen muß. Aus der Konfrontation mit Adorno ergibt sich die Frage, ob sich Ästhetik auch notwendig semiotisch begründen muß. In einem ästhetischen Ideal gründet bei Peirce das ethische Ideal wechselseitiger Verständigung und Anerkennung, das seinerseits seine Wissenschaftstheorie begründet. Dem Universum *muß* ästhetische Güte zugedacht werden, wenn die community of investigators die Wirklichkeit als konsistentes Ziel vor sich haben soll, als das, worüber sich in the long run gesprächsweise validierte Wahrheit aussagen läßt. Insofern ist die Konsistenz des universellen Zeichenzusammenhangs ein ästhetisches Prinzip: »Konsistenz gehört zu jedem Zeichen, soweit es ein Zeichen ist, und infolgedessen bezeichnet jedes Zeichen – da es in erster Linie bezeichnet, daß es es ein Zeichen ist – seine eigene Konsistenz.« Solche Selbstbezüglichkeit des zugleich als auf Anderes zeigend definierten Zeichens charakterisiert dann bei Charles William Morris und Mukařovský das ästhetische Zeichen und ist nicht mehr, wie bei Peirce, der Grund des ganzen Zeichenkosmos. Ästhetische Semiotik verengt sich zur semiotischen Ästhetik. Bei Lotman taucht wie bei Mukařovský das Problem auf, daß Kunst *als* Kunst nur kommuniziert, insofern sie autonome Struktur ist, daß dabei aber gerade diese autonome Struktur als eine kommunikative Struktur gedacht werden muß, in die der Rezipient integriert ist. Der ästhetisch übermittelte Informationsgehalt – Max Bense untermauert das informationstheoretisch, wobei er allerdings ästhetische Universalien wie Symmetrie, Opposition, Äquivalenz als immergültig fraglos voraussetzt – gilt als Überraschungswert, als innovatorisches Übertreffen von Erwartbarkeit und Vorhersagbarkeit. Maß solcher ästhetisch gestifteter Unordnung – Ordnung aus Ordnung und Unordnung – ist, im Gegensatz zur Redundanz, die die Bedeutung einer Nachricht durch Wiederholung bekannter, erwarteter Elemente sichert, die Entropie. Auch Hans Robert Jauß, der sich in seiner Rezeptionsästhetik auf Gadamers Theorie einer in ihrer Wirkungsgeschichte lebendigen Kultur verläßt, argumentiert mit dem Begriff des Innovationswerts, der angibt – »ästhetische Distanz« ist der Terminus –, inwieweit ein historisch gegebener Erwartungshorizont übertroffen wird. Wie aber wäre es dann etwa um den ästhetischen Wert von Mörikes Gedicht ›Auf eine Lampe‹ bestellt, das so wenig Publikum hatte wie die schöne Lampe im halbvergessenen Lustgemach, von der es spricht, und bei dem Publikum, das es hatte, bis hin zu Emil Staiger und Martin Heidegger, die sich an der letzten Zeile »Was aber schön ist, selig scheint es in ihm selbst« inspirierten, nicht Innovation, geschweige denn die irritierende In-Frage-Stellung des Vertrauten auslöste, eher einen wehmütigen Nachtraum schwindender Werte. Das Gedicht ist gewiß kein Schocker. Das Kritische, das trotzdem aus ihm spricht, nur eben leise, geht der rezeptionsästhetischen Fragestellung verloren: ihr Innovationsbegriff vermag nicht zu ermessen, inwiefern das Gedicht einer drohenden Verdinglichung der Schönheit sich widersetzt, indem es ihr vorgreift und dem Ding die Schönheit andichtet, und inwiefern es gegen eine gesellschaftlich überhandnehmende Tendenz der Umschmelzung von Gebrauchswert in Tauschwert protestiert, indem es das außer Gebrauch gekommene Ding als schönes feiert und – das Gegenteil von Innovation – elegisch Rückschau hält. Unbeantwortet bleibt im Rahmen des innovationstheoretischen Ansatzes auch, warum sich beispielsweise die ästhetische Erfahrung einer Sonate in dem Maße vertieft, in dem man ihren strukturierten Ablauf voraus-kennt. Es bleibt insgesamt sehr ungewiß, ob sich das Volumen ästhetischer Erfahrung auf dem Zeichen-Brett überhaupt abbilden läßt, ob die Vieldeutigkeit und Offenheit der ästhetischen Information beim Empfänger nicht letztlich doch durch andere Organe unmißverständlich eindringt als durch den erfahrungsarmen Kopf, der wie das rote Lämpchen aufleuchtet, wenn er verstanden zu haben glaubt. Ästhetische Kommunikation ist dadurch nicht erklärt, daß sie auf der Grundlage eines ästhetischen Codes von selbstbezüglichen Zeichen funktioniert. Zu fragen wäre vielmehr, im Rahmen welcher Kommunikationsbedingungen – die zu beschreiben das Sender-Kanal-Empfänger-Modell allerdings zu simpel ist – Zeichen selbstbezüglich werden. Nicht um Darstellung in sebstbezüglichen Zeichen handelt sich's, sondern um eine selbstbezügliche Darstellung, die die Zeichen, mit denen sie arbeitet, allererst selbstbezüglich macht. Das setzt einen Rezipienten voraus, der nicht einfach mit einem ästhetischen Code konfrontiert wird, sondern ihn, selbst als Spiegel fungierend, erst auf sich beziehbar macht, so wie er sich umgekehrt erst im Spiegel des Dargestellten auf sich selbst und auf seinen eigenen Code beziehen kann. Ästhetische Kommunikation wäre dann: doppelte Spiegelung gegenüber der alltäglichen Kommunikation (die sich von außen ebensowenig aufschließen läßt wie von innen, weil sich dem, der den Kommunikationsprozeß überschaut, die kommunizierenden Subjekte zu Objekten verdinglichen und weil der, der an ihm teilnimmt, in pragmatischen Rahmenbedingungen befangen bleibt), scheint hier etwas zu gelingen, was sich paradox am besten bezeichnen läßt: als Teilnahme von außen. Ihre ästhetische Widerrufbarkeit schützt nicht vor Betroffenheit. Das Risiko fiktiven Probehandelns ist nicht fiktiv.

Siegfried J. Schmidts These von der Polyfunktionalität ästhetischer »Texte« im weitesten Sinn und der polyfunktionalen Rezeptionshaltung, in der sie ihre entpragmatisierende Wirkung bekunden, provoziert die Frage, ob wir durch den Umgang mit einer

Kunst, die *nur* semantische Spiel- und Freiräume schafft, *wirklich* aus automatisierten, eingeschliffenen Weltbezügen herausgetrieben werden, um spielerisch gleichsam Perspektiven auf mögliche Welten zu entwerfen, die real blockiert sind. Die These, »in Situationen, in denen es sozial entscheidend darauf ankommt, den Sinn eines Textelementes und eines Textes möglichst eindeutig zu decodieren«, gedeihe »kein ästhetischer Text«, macht ästhetische Darstellung sowohl wie ästhetische Kommunikation zu einer anspruchsvollen Art höherer Freizeitbeschäftigung. Es fragt sich in der Tat, ob eine an der alltäglichen Gebrauchssprache orientierte pragmatische Kommunikationstheorie das Phänomen der angeblich entpragmatisierenden Wirkung ästhetischer Kommunikation überhaupt erreichen kann. Von einer Theorie ästhetischer Kommunikation ist weniger zu erwarten als von einer Ästhetik *der* Kommunikation, die sich – das Gegenteil einer Sonntagswissenschaft – mit ästhetischem Interesse alltäglicher Phänomene annimmt. Es gibt nichts, was sich dem ästhetischen Urteil entzöge, falls dieses nicht nur, geschützt von der Erfahrung seines Gegenstandes, den Eisblumen am Fenster geheizter Bürgerstuben gilt. Auch Benjamins kritischer Hinweis auf die Ästhetisierung der Politik im Faschismus ist eines, nicht minder ist es Brechts Wahrnehmung des blühenden Apfelbaums, der ihn das politische Entsetzen fatal verdrängen läßt und doch negativ zum Maßstab dafür wird, gleich wie das Gespräch über »Bäume« für die Verbrechen, die es verschweigt. Ästhetisch ist der Blick auf die Schönheit der Natur, die schon mit dem Klischee von ihr eins zu werden droht: Pfauenauge, Kristall und Sonnenuntergänge; noch vor hundertfünfzig Jahren fielen sich Männer dabei weinend in die Arme, heute mißt man die Belichtungszeit. Ästhetisch diskutierbar sind Phänomene wie Mode, Städteplanung und sogenannte »Lebensqualität«, die Häßlichkeit der Arbeitswelt, die sich verklärt, wenn die Sonne hinter qualmenden Fabrikskaminen dunstig untergeht, vorausgesetzt, man steht genügend weit entfernt. Ästhetisches luxuriert nicht, sitzt heute vielmehr tief im Alltag wie Schmutz unterm Nagel. Ästhetische Theorie wird ihre Probleme vermehrt auch dort suchen müssen, nicht nur hinter Glas. Daß die nicht mehr schönen Künste heute sich voll Skepsis von dem abwenden, was allzu schön sein könnte, um wirklich wahr zu sein, und darstellen, was nur allzu wirklich ist, um noch schön zu sein, erinnert daran, daß Schönheit wohl nie etwas anderes war als die spannungsvoll erfahrene Einheit mit ihrem Gegenteil. Günter Eich sagte es so:

O Schönheit, Schönheit!

Ich erwartete, dich eines Tages zu erblicken,
wenn ich das Fenster öffnete,
unversehens, überwältigend zu Tränen.
Aber ich sah nur Häßliches:
Jauche rinnt über die Straße, ein Hund kackt.

Heute sehe ich nichts Häßliches mehr.
Zwar ist es immer noch das gleiche:
die Jauche, der Hund.
Aber ich finde es nicht mehr so schlimm,
seitdem ich die Schönheit nicht mehr erwarte.

Vielleicht, weil ich gleichgültig geworden bin.

Eines kann diese Textsammlung zeigen: aesthetica machen nicht satt. Sie lehren aber – auch ihre Theorie –, daß es nicht menschenwürdig ist, in der nackten Existenz gefährdet zu sein. Sie lehren aber auch – auch ihre Theorie –, daß es nicht genügt, nur in der nackten Existenz befriedigt zu sein. Da ist, im ästhetischen Ernstfall, immer auch ein Mehrwert im Spiel, der sich geistig gleichsam am Gebrauchswert niederschlägt, wenn er, anders als jedes gängige Ideologieangebot und ohne falsche Verklärung, dem Bedürfnis entgegenkommt, sich in der Welt, in der man zusammen leben muß, trotz allem heimisch zu machen. Hegel hatte in seiner ›Ästhetik‹ formuliert: »Der Mensch tut dies, um als freies Subjekt auch der Außenwelt ihre spröde Fremdheit zu nehmen und in der Gestalt der Dinge nur eine äußere Realität seiner selbst zu genießen [...] Das allgemeine Gesetz besteht darin, daß der Mensch in der Umgebung der Welt müsse heimisch und zu Hause sein, daß die Individualität der Natur und in allen äußeren Verhältnissen müsse eingewohnt werden und dadurch frei erscheinen.« Dem ästhetischen Bedürfnis, die Welt offen zu halten, wenn sie sich fremd verschließt, um im Offenen heimisch zu sein, entspricht das andere, nicht minder ästhetische, das Shakespeare benannte, als er, im ›Sommernachtstraum‹, vom Dichter sprach: das Heimisch-Machen des Offenen:

> The form of things unknown, the poet's pen
> Turns them to shapes and gives to airy nothing
> A local habitation and a name.

Platon

(428–348 v. Chr.)

Die Schwierigkeit, »zu sagen, was das Schöne ist« – das Schöne als »Vater des Guten« – die Idee des Guten gegenüber der Wahrheit ein »noch Schöneres« – Schönheit körperlicher Gestalt als Methexis am Schönen – Erotik und Zeugungskraft des Schönen – die »geburtshelfende Göttin« – Stufenleiter des Schönen – Kreativität des Künstlers, göttlich, begeistert, bewußtlos – Dichter als Volksverderber – Handwerker und Künstler – Mimesis der Mimesis – der Dichter als Alleskönner und Nichtsnutz

Aber woher, Sokrates, weißt du denn, was schön ist und was schlecht? Denn sprich, könntest du wohl sagen, was das Schöne ist?

(Hippias maior 286d)

SOKRATES: Die Ursache des Guten also ist das Schöne.

HIPPIAS: So ist es.

SOKRATES: Aber die Ursache, Hippias, und dasjenige, wovon eine Ursache Ursache ist, sind zweierlei. Denn die Ursache ist doch wohl nicht der Ursache Ursache. Überlege es so. Zeigte sich die Ursache nicht offenbar als ein Wirkendes?

HIPPIAS: Allerdings.

SOKRATES: Von dem Wirkenden wird aber doch offenbar das Werdende bewirkt, nicht aber das Wirkende?

HIPPIAS: So ist es.

SOKRATES: Also ein anderes ist das Werdende, ein anderes das Wirkende?

HIPPIAS: Ja.

SOKRATES: Also ist die Ursache nicht der Ursache Ursache, sondern des durch sie Werdenden.

HIPPIAS: Freilich.

SOKRATES: Wenn also das Schöne die Ursache des Guten ist, so entstände aus dem Schönen das Gute; und wir bemühen uns deshalb, wie es scheint, um Einsicht und um alles andere Schöne, weil desselben Werk und Erzeugnis, nämlich das Gute, der Mühe wert ist, und so mag am Ende nach dem, was wir gefunden haben, das Schöne gleichsam den Vater des Guten vorstellen.

(Ebd. 297a)

Was ich [...] sehe, das sehe ich so, daß zuletzt unter allem Erkennbaren und nur mit Mühe die Idee des Guten erblickt wird, wenn man sie aber erblickt hat, sie auch gleich dafür anerkannt wird, daß sie für alle die Ursache alles Richtigen und Schönen ist, im Sichtbaren das Licht und die Sonne, von der dieses abhängt, erzeugend, im Erkennbaren aber sie allein als Herrscherin Wahrheit und Vernunft hervorbringend, und daß also diese sehen muß, wer vernünftig handeln will, es sei nun in eigenen oder in öffentlichen Angelegenheiten.

(Politeia, 6. Buch, 517b)

Dieses also, was dem Erkennbaren die Wahrheit mitteilt und dem Erkennenden das Vermögen hergibt, sage, sei die Idee des Guten; aber sofern sie der Erkenntnis und der Wahrheit, und zwar letzterer als erkanntseiender verstanden, Ursache allerdings ist: so wirst du doch, so schön auch diese beiden sind, Erkenntnis und Wahrheit, nur wenn du dir jenes als ein anderes und noch Schöneres als beide denkst, richtig denken. Erkenntnis aber und Wahrheit, so wie dort Licht und Gesicht für sonnenartig zu halten zwar recht war, für die Sonne selbst aber nicht recht, so ist auch hier diese beiden für gutartig zu halten zwar recht, für das Gute selbst aber gleichviel welches von beiden anzusehen nicht recht, sondern noch höher ist die Beschaffenheit des Guten zu schätzen. – Eine überschwengliche Schönheit, sagte er, verkündigst du, wenn es Erkenntnis und Wahrheit hervorbringt, selbst aber noch über diesen steht an Schönheit.

(Ebd., 6. Buch, 508e)

Ich begreife nun aber alle diese anderen gelehrten Gründe nicht mehr, sagte er, und kann sie nicht verstehen. Sondern wenn mir einer behauptet, daß irgend etwas deshalb schön sei, weil es eine glänzende Farbe habe oder eine schöne Gestalt oder sonst etwas dieser Art, dann lasse ich das alles unbeachtet, weil es mich doch nur verwirrt, und halte mich schlicht und einfach und vielleicht einfältig nur an das eine, daß gar nichts anderes es schön macht als die Gegenwart jenes Schönen oder die Gemeinschaft mit ihm, oder wie der Zusammenhang zwischen den beiden sein mag: darüber will ich nichts Bestimmtes mehr behaupten, sondern nur, daß alles Schöne durch das Schöne schön ist.

(Phaidon 100d)

Wenn nun die Liebe immer dieses ist, sagte sie, auf welche Art und in welcher Handlungsweise gehen ihm nun diejenigen nach, deren Betrieb und Anstrengung man eigentlich Liebe zu nennen pflegt? Weißt du wohl zu sagen, was für ein Werk dieses ist? – Dann würde ich ja, sprach ich, dich, o Diotima, nicht so bewundern deiner Weisheit wegen und zu dir gehen, um eben dieses zu lernen. – So will ich es dir sagen, sprach sie. Es ist nämlich eine Geburt in dem Schönen, sowohl dem Leibe als der Seele nach. – Man muß weissagen können, sprach ich, um zu wissen, was du wohl meinst, und ich verstehe es nicht. – So will ich es dir denn deutlicher sagen. Alle Menschen nämlich, o Sokrates, sprach sie, sind furchtbar sowohl dem Leibe als der Seele nach, und wenn sie zu einem gewissen Alter gelangt sind, so strebt unsere Natur zu erzeugen. Erzeugen aber kann sie in dem Häßlichen nicht, sondern nur in dem Schönen. Es ist aber dies eine göttliche Sache und in dem sterblichen Lebenden etwas Unsterbliches, die Empfängnis und die Erzeugung. In dem Unangemessenen aber kann dieses unmöglich erfolgen; und unangemessen ist das Häßliche allem Göttlichen, das Schöne aber angemessen. Eine einführende und geburtshelfende Göttin also ist die Schönheit für die Erzeugung.

(Symposion 206b)

Denn dies ist die rechte Art, sich auf die Liebe zu legen oder von einem andern dazu angeführt zu werden, daß man von diesem einzelnen Schönen beginnend jenes einen Schönen wegen immer höher hinaufsteige, gleichsam stufenweise von einem zu zweien, und von zweien zu allen schönen Gestalten, und von den schönen Gestalten zu den schönen Sitten und Handlungsweisen, und von den schönen Sitten zu den schönen Kenntnissen, bis man von den Kenntnissen endlich zu jener Kenntnis gelangt, welche von nichts anderem als eben von jenem Schönen selbst die Kenntnis ist, und man also zuletzt jenes selbst, was schön ist, erkenne. Und an dieser Stelle des Lebens, lieber Sokrates, sagte die Mantineische Fremde, wenn irgendwo, ist es dem Menschen erst lebenswert, wo er das Schöne selbst schaut, welches, wenn du es je erblickst, du nicht wirst vergleichen wollen mit köstlichem Gerät oder Schmuck oder mit schönen Knaben und Jünglingen, bei deren Anblick du jetzt entzückt bist und wohl gern, du wie viele andere, um nur den Liebling zu sehen und immer mit ihm vereinigt zu sein, wenn es möglich wäre, weder essen noch trinken möchtest, sondern nur anschauen und mit ihm verbunden sein. Was also, sprach sie, sollen wir erst glauben, wenn einer dazu gelangte, jenes Schöne selbst rein, lauter und unvermischt zu sehen, das nicht voll menschlichen Fleisches ist und Farben und anderen sterblichen Flitterkrames, sondern das göttliche Schöne in seiner Einartigkeit zu schauen? Meinst du wohl, daß das ein schlechtes Leben sei, wenn einer dorthin sieht und jenes erblickt und damit umgeht? Oder glaubst du nicht, daß dort allein ihm begegnen kann, indem er schaut, womit man das Schöne schauen muß, nicht Abbilder der Tugend zu erzeugen, weil er nämlich auch nicht ein Abbild berührt, sondern Wahres, weil er das Wahre berührt?

(Ebd. 211c)

Sokrates: Ich sehe ja zu, o Ion, und fange schon an, dir zu zeigen, was mich dies zu sein dünkt. Nämlich dies wohnt dir nicht als Kunst bei, gut über den Homeros zu reden, wie ich eben sagte, sondern als eine göttliche Kraft, welche dich bewegt, wie in dem Steine, der vom Euripides der Magnet, gewöhnlich aber der Herakleische genannt wird. Denn auch dieser Stein zieht nicht nur selbst die eisernen Ringe, sondern er teilt auch den Ringen die Kraft mit, daß sie eben dieses tun können wie der Stein selbst, nämlich andere Ringe ziehen, so daß bisweilen eine ganze lange Reihe von Eisen und Ringen aneinander hängt; allen diesen aber ist ihre Kraft von jenem Steine angehängt. Ebenso auch macht zuerst die Muse selbst Begeisterte, und an diesen hängt eine ganze Reihe anderer durch sie sich Begeisternder. Denn alle rechten Dichter alter Sagen sprechen nicht durch Kunst, sondern als Begeisterte und Besessene alle diese schönen Gedichte, und ebenso die rechten Liederdichter, und so wenig die, welche vom tanzenden Wahnsinn befallen sind, mit vernünftigem Bewußtsein tanzen, so dichten auch die Liederdichter nicht bei vernünftigem Bewußtsein diese schönen Lieder, sondern wenn sie von Harmonie und Rhythmus erfüllt sind, dann werden sie den Bacchen ähnlich, und begeistert, wie diese aus den Strömen Milch und Honig nur wenn sie begeistert sind schöpfen, wenn aber ihres Bewußtseins mächtig, dann nicht, so bewirkt auch der Liederdichter Seele dieses, wie sie auch selbst sagen. Es sagen uns nämlich die Dichter, daß sie aus honigströmenden Quellen aus gewissen Gärten und Hainen der Musen pflückend diese Gesänge uns bringen, wie die Bienen, auch selbst so umherfliegend. Und wahr reden sie. Denn ein leichtes Wesen ist ein Dichter und geflügelt und heilig und nicht eher vermögend zu dichten, bis er begeistert worden ist und bewußtlos und die Vernunft nicht mehr in ihm wohnt.

(Ion 533d)

Löschen wir also, sprach ich, von diesen Versen anfangend, alles dergleichen aus, wie

»Lieber ja wollt ich das Feld als Taglöhner bestellen
Einem dürftigen Mann, ohn' Erb' und eigenen Wohlstand,
Als die sämtliche Schar der geschwundenen Toten beherrschen«;

[...] und

»die Seele, wie dampfender Rauch in die Erde
Sank sie hinab hellschwirrend«;

[...] Bei diesem und allem dergleichen wollen wir den Homeros und die andern Dichter bitten, uns nicht zu zürnen wenn wir es ausstreichen, nicht als ob es nicht dichterisch wäre und dem Volk angenehm zu hören, sondern weil es, je dichterischer, um desto weniger gehört werden darf von Knaben und Männern, welche frei gesinnt sein sollen und die Knechtschaft mehr scheuen als den Tod. – Auf alle Weise gewiß.

(Politeia, 3. Buch, 386c)

Also, sagte ich, o Glaukon, wenn du Lobredner des Homeros antriffst, welche behaupten, dieser Dichter habe Hellas gebildet, und bei der Anordnung und Förderung aller menschlichen Dinge müsse man ihn zur Hand nehmen, um von ihm zu lernen, und das ganze eigene Leben nach diesem Dichter einrichten und durchführen: so mögest du sie dir gefallen lassen und mit ihnen, als die so gut sind, wie sie nur immer können, vorliebnehmen, auch ihnen zugeben, Homeros sei der dichterischste und erste aller Tragödiendichter, doch aber wissen, daß in den Staat nur der Teil von der Dichtkunst aufzunehmen ist, der Gesänge an die Götter und Loblieder auf treffliche Männer hervorbringt.

(Ebd., 10. Buch, 606e)

Nämlich *einen* Begriff pflegen wir doch jedesmal aufzustellen für jegliches Viele, dem wir denselben Namen beilegen. Oder verstehst du mich nicht? – Wohl verstehe ich. – Nehmen wir also, was du willst von solchem Vielen! Wie zum Beispiel, wenn es dir recht ist, gibt es doch viele Bettgestelle und Tische? – Wie sollte es nicht. – Aber Begriffe gibt es doch nur zwei für diese Geräte, einen des Bettes und einen des Tisches. – Ja. – Und pflegen wir nicht zu sagen, daß die Verfertiger jedes dieser Geräte, auf den Begriff sehend, so der eine die Bettgestelle macht, der andere die Tische, deren wir uns bedienen, und ebenso auch alles andere? Denn den Begriff selbst verfertigt doch keiner von diesen Meistern; wie sollte er auch? – Auf keine Weise. – Aber sieh einmal zu, nennst du auch diesen einen Meister? – Welchen doch? – Der alles macht, was jeder einzelne von diesen Handwerkern. – Das ist ja ein außerordentlicher und wundervoller Mann! – Noch eben nicht; aber bald wirst du es wohl noch stärker ausdrücken. Denn dieser selbe Handwerker ist imstande, nicht nur alle Geräte zu machen, sondern auch alles insgesamt, was aus der Erde wächst, macht er, und alle Tiere verfertigt er, die andern wie auch sich selbst, und außerdem noch den Himmel und die Erde und die Götter, und alles im Himmel und unter der Erde im Hades insgesamt verfertigt er. – Einen ganz wunderbaren Sophisten, sagte er, beschreibst du da. – Glaubst du es etwa nicht? sprach ich; und sage mir, dünkt es dich überhaupt keinen solchen Meister zu geben, oder daß einer nur auf gewisse Weise alle diese Dinge verfertigt, auf andere aber wieder nicht? Oder merkst du nicht, daß auch du selbst imstande bist, auf gewisse Weise alle diese Dinge zu machen? – Und, fragte er, was ist doch dies für eine Weise? – Gar keine schwere, sprach ich, sondern die vielfältig und in der Geschwindigkeit angewendet wird. Am schnellsten aber wirst du wohl, wenn du nur einen Spiegel nehmen und den überall umhertragen willst, bald die Sonne machen und was am Himmel ist, bald die Erde, bald auch dich selbst und die übrigen lebendigen Wesen und Geräte und Gewächse, und alles, wovon soeben die Rede war. – Ja scheinbar, sagte er, jedoch nicht in Wahrheit seiend. – Schön, sprach ich, und wie es sich gebührt, triffst du die Rede. Nämlich einer von diesen Meistern, meine ich, ist auch der Maler. Nicht wahr? – Wie sollte er nicht? – Aber du wirst sagen, meine ich, er mache nicht wahrhaft, was er macht. Wiewohl auf gewisse Weise, macht auch der Maler ein Bettgestell. Oder nicht? – Ja, sagte er, ein scheinbares auch er. – Wie aber der Tischler? Sagtest du nicht eben, daß auch er ja den Begriff nicht macht, der doch eigentlich, wie wir behaupten, ist, was das Bettgestell ist, sondern ein einzelnes Bettgestell mache er? – Das sagte ich freilich! – Also wenn er nicht macht, was ist: so macht er auch nicht das Seiende, sondern nur etwas Sobeschaffenes wie das Seiende, Seiendes aber nicht? Und wenn jemand behaupten wollte, das Werk des Tischlers oder sonst eines Handwerkers sei im eigentlichsten Sinne seiend, der schiene wohl nicht richtig zu reden? – Freilich nicht, sagte er, wie es wenigstens denen vorkommen würde, die sich mit dergleichen Reden beschäftigen. – So wollen wir uns demnach nicht wundern, wenn auch dieses etwas Trübes ist gegen die Wahrheit. – Freilich nicht. – Willst du nun, daß wir eben hiervon auch den Nachbildner aufsuchen, wer er wohl ist? – Wenn du willst, sagte er. – Also dieses werden uns drei Bettgestelle, das eine das in der Natur seiende, von dem wir, denke ich, sagen würden, Gott habe es gemacht. Oder wer sonst? – Niemand, denke ich. – Eines aber der Tischler. – Ja, sagte er. – Und eines der Maler. Nicht wahr? – So sei es. – Maler also, Tischler, Gott, diese drei sind Vorsteher der dreierlei Bettgestelle. – Ja, drei. – Gott aber, ob er nun nicht wollte oder ob eine Notwendigkeit für ihn da war, nicht mehr als *ein* Bettgestell in der Natur zu machen, so machte er auch nur eines allein, jenes selbst, was das Bettgestell ist. Zwei solche aber oder mehrere sind von Gott nicht erzeugt worden und werden es auch nicht werden. – Wieso? sagte er. – Weil, sprach ich, wenn er auch nur zwei gemacht hätte: so würde sich doch wieder *eines* zeigen, wovon jene beiden die Gestalt an sich hätten, und so wäre dann jenes, was das Bettgestell ist, und nicht die zwei. – Richtig! sagte er. – Dieses nun wissend, denke ich, hat Gott, weil er wahrhaft der Verfertiger des wahrhaft seienden Bettgestells sein wollte und nicht eines einzelnen Bettgestells, noch auch ein Tischler, es als *eines* dem Wesen nach gebildet. – So scheint es ja. – Sollen wir diesen also den Wesensbildner hiervon nennen oder ungefähr so? – Das ist ja wohl billig, sagte er, da er ja dieses und alles andere dem Wesen nach gemacht hat. – Und wie den Tischler? Nicht den Werkbildner des Bettgestells? – Ja. – Nennen wir auch wohl den Maler Werkbildner und Verfertiger desselben? – Keineswegs. – Aber was denn sagst du, daß er von dem Bettgestelle sei? – Ich denke, entgegnete er, am schicklichsten nennen wir ihn Nachbildner dessen, wovon jene die Werkbildner sind. – Sei es! sprach ich. Des dritten Erzeugnisses Vorsteher von dem Wesen ab nennst du also Nachbildner. – Allerdings, sagte er. – Dieses also wird auch der Tragödiendichter sein, wenn er doch Nachbildner ist, ein dritter von dem Könige und dessen wahrem Wesen, und so auch alle andern Nachbildner. – So scheint es. – Über den Nachbildner also sind wir eins; sage mir aber vom Maler noch dieses. Dünkt er dich darauf auszugehen, von jeglichem jenes *eine* selbst in der Natur nachzubilden oder die Werke der zweiten Bildner? – Die der Werkbildner, sagte er. – Und wie sie sind, oder wie sie erscheinen? Denn auch dieses unterscheide mir noch. – Wie meinst du? sagte er. – So: Ein Bettgestell, wenn man es von der Seite sieht oder von gerade gegenüber oder wie sonst, ist es deshalb von sich selbst verschieden, oder das zwar gar nicht, es erscheint aber anders? Und mit allem andern ebenso? – So ist es, sagte er; es erscheint anders, ist aber nicht verschieden. – Nun betrachte mir eben dieses. Auf welches von beiden geht die Malerei bei jedem? Das Seiende nachzubilden, wie es sich verhält, oder das Erscheinende, wie es erscheint, als eine Nachbildnerei der Erscheinung oder der Wahrheit? – Der Erscheinung, sagte er. – Gar weit also von der Wahrheit ist die Nachbildnerei; und deshalb, wie es scheint, macht sie auch alles, weil sie von jeglichem nur ein Weniges trifft und das im Schattenbild. Wie der Maler, das leugnen wir doch nicht, der wird uns Schuster, Tischler und die andern Handwerker nachbilden, ohne irgend etwas von diesen Künsten irgend zu verstehen; aber doch, ist er nur ein guter Maler und zeigt, wenn er einen Tischler gemalt hat, ihn nur hübsch von fern, so wird er doch Kinder wenigstens und unkluge Leute anführen, daß sie das Gemälde für einen wirklichen Tischler halten. – Wie sollte er nicht! – Aber dieses, meine ich, o Freund, müssen wir doch von allen dieser Art denken: Wenn uns jemand von einem berichtet, er habe einen Menschen angetroffen, der alle Handwerke verstehe, und alles andere, was sonst jeder nur einzeln weiß, verstehe er um nichts weniger genau als irgendeiner, den muß man doch gleich darauf anreden, daß er ein einfältiger Mensch ist, den ein Taschenspieler oder ein Nachbildner angeführt hat, so daß er ihn wirklich für allweise hielt, weil er selbst nämlich nicht fähig ist, Erkenntnis und Unkenntnis und Nachbildung zu sichten. – Vollkommen richtig, sagte er.

(Ebd., 10. Buch, 596a)

Deshalb nun werden wir allein in einer solchen Stadt den Schuster nur als Schuster finden und nicht auch als Steuermann neben der Schusterei, und den Landmann nur als Landmann, nicht auch als Richter neben dem Ackerbau, und den Krieger nur als Krieger, nicht auch als Gewerbsmann neben der Kriegskunst, und so alle. – Richtig, sagte er. – Einem Mann also, wie es scheint, der sich künstlicherweise vielgestaltig zeigen kann und alle Dinge nachahmen, wenn uns der selbst in die Stadt käme und auch seine Dichtungen uns darstellen wollte, dem würden wir Verehrung bezeigen als einem heiligen und wunderbaren und anmutigen Mann, würden ihm aber sagen, daß ein solcher bei uns in der Stadt nicht sei und auch nicht hineinkommen dürfe, und würden ihn, das Haupt mit vieler Salbe begossen und mit Wolle bekränzt, in eine andere Stadt geleiten.

(Ebd., 3. Buch, 397e)

Aristoteles
(384–322 v. Chr.)

Darstellung des Möglichen und des Wirklichen: Dichter und Geschichtsschreiber – Dichter, Nachahmer von Handlungen – Mesokosmos der schönen Organisation, Anschaubarkeit – Naturprodukt und techne – Poiesis – Stoff und Form – Schönheit und Ordnung – ästhetische Richtigkeit der Darstellung: in bezug auf die Wirkung – Aisthesis: Freude an den Sinneswahrnehmungen als Erkenntnismittel

Es ergibt sich auch aus dem Gesagten, daß es nicht die Aufgabe des Dichters ist, zu berichten, was geschehen ist, sondern vielmehr, was geschehen könnte und was möglich wäre nach Angemessenheit oder Notwendigkeit. Denn der Geschichtsschreiber und der Dichter unterscheiden sich nicht dadurch, daß der eine Verse schreibt und der andere nicht (denn man könnte ja die Geschichte Herodots in Verse setzen und doch bliebe es gleich gut Geschichte, mit oder ohne Verse); sie unterscheiden sich vielmehr darin, daß der eine erzählt, was geschehen ist, der andere, was geschehen könnte. Darum ist die Dichtung auch philosophischer und bedeutender als die Geschichtsschreibung.

(Poetik, S. 36)

Daraus ergibt sich, daß der Dichter eher Erfinder von Handlungen sein soll als von Versmaßen, sofern er nämlich als Dichter Nachahmer ist, und zwar Nachahmer von Handlungen. Auch wenn es sich trifft, daß er über wirklich Geschehenes dichtet, ist er darum nicht weniger Dichter. Denn zuweilen kann wirklich Geschehenes dem entsprechen, was wahrscheinlich und möglich gewesen wäre, und insofern kann auch jenes als Werk des Dichters gelten.

(Ebd., S. 37)

Ferner, da die Schönheit bei einem Lebewesen und bei jedem zusammengesetzten Dinge nicht nur darin besteht, daß die Teile wohl geordnet sind, sondern daß das Ganze eine bestimmte, nicht beliebige Größe besitzt (denn die Schönheit besteht in Größe und Ordnung; darum kann weder ein ganz kleines Lebewesen schön sein – die Anschauung hört nämlich auf, wenn sie einer unwahrnehmbaren Größe nahekommt – noch ein ganz großes, denn da vollzieht sich die Anschauung nicht auf einmal, sondern das Eine und Ganze entweicht dem Anschauenden aus der Anschauung, etwa wenn ein Lebewesen zehntausend Stadien groß wäre), wie also die Körper und Lebewesen eine bestimmte Größe haben müssen und diese übersichtlich sein soll, so muß auch der Mythos eine bestimmte Länge haben; diese muß erinnerlich bleiben können.

(Ebd., S. 34)

Ein weiterer Beweis (für eine Finalität in der Natur): Bei allen Tätigkeiten, die einen bestimmten Abschluß in einem Ziel besitzen, gilt der Satz, daß die Etappen der Tätigkeit eine nach der anderen um dieses Zieles willen vollzogen werden. Nun decken sich aber – vorausgesetzt, daß äußere Hindernisse nicht auftreten – die Struktur des menschlichen Herstellens und die Struktur der Naturproduktion völlig. Das Handeln ist aber final bestimmt. Daraus folgt, daß die Naturbildung genauso final bestimmt ist. Wäre beispielshalber ein Haus ein Naturprodukt, es käme dann genau auf demselben Wege zustande, wie es faktisch durch die menschliche Arbeit hergestellt wird. Würden umgekehrt die Naturgebilde auch durch Menschenarbeit zustandekommen können, sie würden in derselben Weise dabei zustandekommen, wie sie in der Natur sich bilden. Auch in der Natur würden sie sich also in der Ordnung von Mittel und Zweck bilden. Ganz allgemein gilt: Das menschliche Herstellen bringt Gebilde der Natur teils zum Abschluß, nämlich dort, wo sie die Natur selbst nicht zu einem Abschluß zu bringen vermag; teils bildet es Gebilde der Natur nach. Entstehen also die Gebilde des menschlichen Herstellens auf finalem Wege, so ohne Zweifel auch die Produkte der Naturprozesse; denn das Verhältnis der Prozeßetappen zueinander ist beim menschlichen Herstellen und bei der Naturproduktion das gleiche. (Physikvorlesung II,8 199a, S. 52f)

Da nun das Bauen eine Kunst ist und wesenhaft ein mit Vernunft verbundenes hervorbringendes Verhalten, und da es keine Kunst gibt, die nicht ein mit Vernunft verbundenes hervorbringendes Verhalten wäre, noch ein solches, das nicht Kunst wäre, so werden also die Kunst und ein mit richtiger Vernunft verbundenes hervorbringendes Verhalten dasselbe sein.

Jede Kunst betrifft ein Entstehen und ist das Erproben und Betrachten, wie etwas Bestimmtes im Bereich dessen, was sein oder nicht sein kann, zu entstehen vermag; und zwar ist der Ursprung im Hervorbringenden und nicht im Hervorgebrachten. Denn es gibt weder eine Kunst bei dem, was aus Notwendigkeit ist oder wird, noch bei dem, was sich von Natur bildet. Denn dieses beides hat seinen Ursprung in sich selbst.

Da nun Hervorbringen und Handeln verschieden sind, so muß die Kunst zum Hervorbringen und nicht zum Handeln gehören. Und in einer gewissen Weise betreffen der Zufall und die Kunst dasselbe, wie auch Agathon sagt: »Die Kunst liebt den Zufall und der Zufall die Kunst.«

Die Kunst ist also, wie gesagt, ein mit richtiger Vernunft verbundenes hervorbringendes Verhalten, die Kunstwidrigkeit ein mit falscher Vernunft verbundenes hervorbringendes Verhalten, beides bei Gegenständen, die sich so oder anders verhalten können. (Nikomachische Ethik VI, 1140a, S. 185)

Das Werden und die Bewegung heißen teils Denken (noesis), teils Werktätigkeit (poiesis); nämlich die vom Prinzip und der Form ausgehende Bewegung Denken, dagegen diejenige, welche von dem ausgeht, was für das Denken das Letzte ist, heißt Werktätigkeit.

(Metaphysik VII,7 1033a, S. 151)

Aus dem Gesagten ist auch klar, daß alles gewissermaßen aus Gleichnamigem entsteht, wie das, was durch die Natur entsteht, wie z. B. das Haus aus einem Hause im Geiste des Künstlers (denn die Kunst ist die Form) oder aus einem gleichnamigen Teile oder aus etwas, das einen Teil enthält, falls es nicht akzidentell entsteht. Denn die Ursache der Erzeugung ist der erste wesentliche Teil.

(Ebd. VII,9 1034a, S. 155)

Denn der Same bringt in der Weise hervor wie der Künstler das Kunstwerk. Er hat nämlich die Form dem Vermögen nach in sich, und dasjenige, wovon der Same ausgeht, ist in gewisser Weise ein Gleichnamiges.

(Ebd. VII,9 1034b, S. 156)

Durch Kunst aber entsteht dasjenige, dessen Form in der Seele vorhanden ist.

(Ebd. VII,7 1032b, S. 150)

Die hauptsächlichsten Formen aber des Schönen sind Ordnung und Ebenmaß und Bestimmtheit, was ja am meisten die mathematischen Wissenschaften zum Gegenstand ihrer Beweise haben. Und da dies, ich meine z. B. die Ordnung und die Bestimmtheit, sich als Ursache von vielem zeigt, so handeln ja offenbar die mathematischen Wissenschaften in gewissem Sinne auch von einer solchen Ursache, welche als das Schöne Ursache ist.

(Ebd. XIII,3 1078b, S. 295)

Da der Dichter ein Nachahmer ist, genau wie der Maler oder ein anderer Bildner, so muß man immer eines von den drei Dingen nachahmen, die es gibt: man soll die Wirklichkeit nachahmen, entweder so, wie sie war oder ist, oder so, wie man sagt, daß sie sei, und wie man meint, oder so, wie sie sein soll. Ausgedrückt wird dies mit der Sprachform, wozu die Glossen und die Metaphern und viele Abwandlungen der Sprachform gehören; all dies weisen wir den Dichtern zu.

Außerdem ist die Richtigkeit nicht dieselbe bei der Politik und bei der Poetik oder überhaupt bei der Poetik und irgendeiner andern Kunst. Bei der Poetik gibt es zwei Arten von Fehlern, die eine wesentlich, die andere akzidentell. Wenn nämlich der Dichter etwas nachzuahmen sich vorgenommen hat, es aber wegen Unfähigkeit nicht richtig nachahmt, so liegt der Fehler an seiner poetischen Kunst selbst. Wenn er sich aber etwas nicht recht vorgestellt hat, so daß etwa ein Pferd gleichzeitig seine beiden rechten Beine nach vorn wirft, oder wenn er sich in bezug auf eine bestimmte Wissenschaft verfehlt, wie etwa die Medizin oder irgend etwas anderes, oder wenn er irgend etwas Unmögliches erdichtet, so liegt das nicht an der poetischen Kunst als solcher.

(Poetik, S. 63f)

Denn es ist weniger schlimm, wenn der Dichter nicht weiß, daß die Hirschkuh keine Hörner hat, als wenn er sie schlecht nachgeahmt hat. Außerdem wenn man vorwirft, daß der Dichter die Wirklichkeit verfehlt, so kann man sagen, er hat vielleicht gedichtet, wie die Dinge sein sollen, so wie Sophokles selber sagte, er dichte die Menschen, wie sie sein sollten, Euripides aber, wie sie seien. [...] Um zu beurteilen, ob diese oder jene Rede oder Handlung richtig oder nicht richtig ist, muß man nicht nur auf die Handlung und Rede selber blicken und prüfen, ob sie edel oder gemein ist, sondern auch auf den Handelnden und Redenden, und an wen es geht und wann und für wen und wozu, etwa damit ein größerer Gewinn entstehe oder ein größerer Schaden vermieden werde.

(Ebd., S. 64f)

Wenn den Gegenständen der Mathematik zukommt, sinnlich wahrnehmbar zu sein, sie aber nicht von ihnen handelt, insofern sie sinnlich wahrnehmbar sind, so werden deshalb die mathematischen Wissenschaften nicht Wissenschaften vom Sinnlichen sein, aber ebensowenig getrennte, selbständige Wesenheiten außer dem Sinnlichen zu ihrem Gegenstand haben.

(Metaphysik XIII,3 1078a, S. 294)

Alle Menschen streben von Natur (physei) nach Wissen (eidenai); dies beweist die Freude an den Sinneswahrnehmungen (aistheseis), denn diese erfreuen an sich, auch abgesehen von dem Nutzen, und vor allen andern die Wahrnehmungen mittels der Augen. Denn nicht nur zu praktischen Zwecken, sondern auch wenn wir keine Handlung beabsichtigen, ziehen wir das Sehen so gut wie allem andern vor, und dies deshalb, weil dieser Sinn uns am meisten Erkenntnis (gnorizein) gibt und viele Unterschiede (diaphorai) offenbart.

(Ebd. I,1 980a, S. 9)

Horaz

(65–8 v. Chr.)

Der »Schleifstein« der Kunstkritik – Rhetorik des Ausdrucks – Genuß und Nutzen – Weisen des Wohlgefallens – der Dichter als Blutegel

Es würde kein anderer bessre Gedichte verfertigen – doch *das* ist die Sache nicht wert! Also dien ich als Schleifstein, der das Eisen wieder zu schärfen vermag, doch dem es verwehrt ist, selber zu schneiden. Aufgabe und Pflicht – selbst nichts schreibend – werde ich zeigen: wie man die Mittel bekommt, was den Dichter fördert und bildet, was passend ist, was nicht, wohin Können führt, wohin Irrtum.

(Dichtkunst, S. 23)

Es genügt nicht, daß Dichtungen schön sind; sie seien gewinnend, sollen den Sinn des Hörers lenken, wohin sie nur wollen.

Mit den Lachenden lacht, mit den Weinenden weint das Antlitz des Menschen. Willst du, daß ich weine, so traure erst einmal selbst; dann wird dein Unglück mich treffen, Telephos und Peleus; entledigst du dich nur eines unpassenden Auftrags, so schlafe ich ein oder muß lachen. Zu trauernder Miene gehören auch traurige Worte, zu zorniger solche voll Drohens, zu schelmischer scherzende, zur strengen solche, die man im Ernst sagt.

Denn die Natur formt zuerst unser Innres je nach der äußeren Lage: beglückt uns, treibt uns zur Wut, zieht uns durch schweren Kummer zu Boden, bedrückt uns; dann läßt sie die Regungen der Seele sich äußern durch die Übersetzung der Zunge.

Steht die Sprache des Sprechers nicht in Einklang mit seinem Stande, wird sich unter römischen Rittern und Fußvolk Gelächter erheben. Es macht einen großen Unterschied, ob ein Gott spricht oder ein Heros, ein gereifter Mann oder ein Hitzkopf, noch in der Blüte der Jahre, ob eine gebieterische Herrin oder ob eine fleißige

Amme, ein Kaufmann, immer auf Reisen, oder ein Mann, der sein grünendes Gütchen bestellt, ob Kolcher oder Assyrer, ob man in Theben erzogen wurde oder in Argos.

(Ebd., S. 11)

Entweder nützen oder erfreuen wollen die Dichter oder zugleich, was erfreut und was nützlich fürs Leben ist, sagen. Wozu du auch immer ermahnst, sei kurz, damit deine Worte schnell der gelehrige Sinn erfaßt und treulich bewahrt; alles, was überflüssig ist, entfließt dem vollen Herzen. Was man des Vergnügens wegen erfindet, sei dicht an der Wahrheit.

(Ebd., S. 25)

Eine Dichtung ist wie ein Gemälde: es gibt solche, die dich, wenn du näher stehst, mehr fesseln, und solche, wenn du weiter entfernt stehst; dieses liebt das Dunkel, dies will bei Lichte beschaut sein und fürchtet nicht den Scharfsinn des Richters; dieses hat einmal gefallen, doch dieses wird, noch zehnmal betrachtet, gefallen.

(Ebd., S. 27)

Könige, sagt man, bedrängen mit zahlreichen Bechern und foltern mit Wein einen Menschen, den sie zu durchschauen versuchen, ob er ihrer Freundschaft wohl würdig sei; wenn du Gedichte machst, wird nie dir eine Gesinnung entgehen, die sich im Fuchspelz versteckt hält.

(Ebd., S. 33)

Erzähle vom Ende des sizilianischen Dichters: »Aus dem Verlangen, für einen unsterblichen Gott gehalten zu werden, sprang Empedokles kalt in den glühenden Ätna. Sollen die Dichter das Recht und die Freiheit besitzen, zugrunde zu gehen! Wer einen rettet, ohne daß der es will, der handelt so wie ein Mörder. Nicht zum erstenmal hat der da so was getan, und, wird er herausgezogen, wird er nicht gleich schon ein Mensch, noch hört er auf, sich nach ruhmvollem Tode zu sehnen. Es ist gar nicht so klar, wieso er überhaupt Verse hervorbringt; ob er wohl seines Vaters Asche bepißt oder freventlich ein schaudererregendes Blitzmal weggeräumt hat? Gewiß ist: er rast und, als sei er ein Bär, der es vermocht hat, durchs Käfiggitter, das ihn einsperrt, zu brechen, verjagt er Gebildete und Ungebildete, ungenießbar im Vortrag der eigenen Werke. Aber wen er erwischt hat, den hält er fest und bringt ihn um durch sein Lesen, ein Egel, der sich erst von der Haut löst, wenn er voll ist vom Blut.«

(Ebd., S. 35)

Plotin

(205–270)

Sichtbare Schönheit – Maß, Symmetrie – mystische Ästhetik: Schönheit der inneren Schau – ihr Licht – Verwandtschaft zwischen Sehendem und Gesehenem: die schöne Seele – Sein ist Schönsein – innere Form – das Auge, »diese kleine Pforte«: als »Gestalt« treten die Körper ein

Was ist es, das den Blick des Beschauers erregt, auf sich wendet und mitzieht und im Schauen sich ergötzen läßt? Wenn wir das finden, kann es uns vielleicht auch als Stufe dienen zur Betrachtung der sonstigen Schönheit. Ziemlich allgemein wird behauptet, daß ein Wohlverhältnis der Teile zueinander und zum Ganzen, und zusätzlich das Moment der schönen Färbung, die sichtbare Schönheit ausmacht; schön sein bedeute, für die sichtbaren Dinge und überhaupt für alles andere, symmetrisch sein, Maß in sich haben.

(Eneiden/Das Schöne, S. 131)

So heben wir nochmals an und wollen zuerst bestimmen, was denn nun das Schöne an den Leibern ist. Es gibt nämlich etwas Schönes, das schon beim ersten Hinblicken wahrgenommen wird; dessen wird die Seele gewissermaßen inne und spricht es an; indem sie es wiedererkennt, billigt sie es und paßt sich ihm sozusagen an; wenn ihr Blick dagegen auf das Häßliche trifft, so zieht sie sich zurück, weigert sich ihm und lehnt es ab, denn es stimmt nicht zu ihr und ist ihr fremd. Wir behaupten nun, wenn die Seele das ist, was ihr wahres Wesen ist, und das heißt: auf der Seite der Wesenheit steht, die in der Welt die obere ist, so ist es das Verwandte oder auch nur die Spur des Verwandten, dessen Anblick sie erfreut und erschüttert; sie bezieht das auf sich selbst und erinnert sich ihres eigensten Wesens, dessen, was sie in sich trägt.

(Ebd., S. 133)

Betroffenheit, süße Erschütterung, Verlangen, Liebe, lustvolles Beben, das sind Empfindungen, die gegen jegliches Schöne eintreten müssen. Auch gegen das nicht sichtbare kann man sie erleben, es erleben sie auch eigentlich alle Seelen, aber stärker die liebebewegteren unter ihnen, so wie die leibliche Schönheit alle sehen, aber nicht alle in gleicher Stärke von ihr gestachelt werden, sondern einige in besonders starkem Maß, von denen man spricht: sie lieben.

(Ebd., S. 136)

Denn wenn man Schönheit an Leibern erblickt, so darf man ja nicht sich ihr nähern, man muß erkennen, daß sie nur Abbild, Abdruck, Schatten ist, und fliehen zu jenem, von dem sie das Abbild ist. Denn wenn einer zu ihr eilen wollte und sie ergreifen, als sei sie ein Wirkliches, so geht es ihm wie Jenem – irgendeine Sage, dünkt mich, deutet es geheimnisvoll an: der wollte ein schönes Abbild, das auf dem Wasser schwebte, greifen, stürzte aber in die Tiefe der Flut und ward nicht mehr gesehen: ganz ebenso wird auch, wer sich an die schönen Leiber klammert und nicht von ihnen läßt, hinabsinken, nicht leiblich, aber mit der Seele, in dunkle Tiefen, die dem Geiste zuwider sind; so bleibt er als Blinder im Hades und lebt schon hier wie einst dort nur mit Schatten zusammen. »So laßt uns fliehen in die geliebte Heimat« – so könnte man mit mehr Recht mahnen. Und worin besteht diese Flucht und wie geht sie vor sich. Wir werden in See stechen wie Odysseus von der Zauberin Kirke oder von Kalypso, wie der Dichter sagt, und er verbindet damit, meine ich, einen geheimen Sinn: er war's nicht zufrieden zu bleiben, obgleich er die Lust hatte, die man mit Augen sieht, und der Fülle wahrnehmbarer Schönheit genoß. Dort nämlich ist unser Vaterland, von wo wir gekommen sind, und dort ist unser Vater. Was ist es denn für eine Reise, diese Flucht? Nicht mit Füßen sollst du sie vollbringen, denn die Füße tragen überall nur von einem Land in ein anderes, du brauchst auch kein Fahrzeug zuzurüsten, das Pferde ziehen oder das auf dem Meer fährt, nein, du mußt dies alles dahinten lassen und nicht blicken, sondern nur gleichsam die Augen schließen und ein anderes Gesicht statt des alten in dir erwecken, welches jeder hat, aber wenige brauchen's.

(Ebd., S. 141f)

Bist du das geworden und hast es erschaut, bist du rein und allein mit dir selbst zusammen, und nichts hemmt dich, auf diesem Wege eins zu werden, und keine fremde Beimischung hast du mehr in deinem Innern, sondern bist ganz und gar reines, wahres Licht, nicht durch Größe gemessen, nicht durch Gestalt umzirkt in engen Grenzen, auch nicht durch Unbegrenztheit zu Größe erweitert, sondern gänzlich unmeßbar, größer als jedes Maß und erhaben über jedes Wieviel: wenn du so geworden dich selbst erblickst, dann bist du selber Sehkraft, gewinnst Zutrauen zu dir, bist so hoch gestiegen und brauchst nun keine Weisung mehr, sondern blicke unverwandt, denn allein ein solches Auge schaut die große Schönheit. [...] Man muß nämlich das Sehende dem Gesehenen verwandt und ähnlich machen, wenn man sich auf die Schau richtet; kein Auge könnte je die Sonne sehen, wäre es nicht sonnenhaft; so sieht auch keine Seele das Schöne, welche nicht schön geworden ist. Es werde also einer zuerst ganz gottähnlich und ganz schön, wer Gott und das Schöne schauen will. Dann wird er im Emporsteigen zuerst zum Geist gelangen und wird dort alle schönen Formen sehen und sagen, das sei die Schönheit: die Ideen; denn durch sie ist alles schön, sie die Erzeugnisse des Geistes und der Seinsheit; die Wesenheit aber jenseits des Geistes nennen wir das Gute, und sie hat das Schöne wie eine Decke um sich; sie ist also, ohne nähere Scheidung gesprochen, das Erste Schöne.

(Ebd., S. 142 f)

Jene Kraft dort oben aber hat reines Sein und reines Schönsein. Denn wo wäre das Schöne, wenn es des Seins beraubt wäre? Und wo wäre das Sein, wenn es des Schönseins beraubt wäre? Denn indem es ihm am Schönen fehlt, würde es ihm auch am Sein ermangeln. Deshalb ist auch das Sein Gegenstand des Begehrens, weil es mit dem Schönen identisch ist, und das Schöne reizvoll, weil mit dem Sein.

(Die geistige Schönheit, S. 70)

Wie kann nun jemand im Schönen sein und es doch nicht sehen? Nun, solange er es als ein anderes sieht, ist er noch nicht im Schönen, ist er es aber selber geworden, dann ist er eigentlich im Schönen. Wenn nun Sehen sich auf ein Draußenstehendes bezieht, so darf dabei kein Sehen stattfinden oder nur ein solches, das mit dem Gesehenen identisch ist; und das ist gleichsam ein Innesein und seiner selbst Gewahrwerden, wobei man sich in acht nehmen muß, daß man nicht durch einen zu heftigen Wunsch nach Gewahrwerden sich wieder von seinem Selbst entferne.

(Ebd., S. 72f)

Von wo ist denn ausgestrahlt die Schönheit der Helena, der heiß umkämpften, oder welche Weiber es sonst an Schönheit mit Aphrodite aufnahmen? Und von wo die Schönheit Aphroditens selber oder wer denn sonst so schön ist als Mensch oder Gott, soweit diese etwa sichtbar in Erscheinung treten oder auch nicht in Erscheinung treten, indessen an sich selbst eine wohl sichtbare Schönheit haben? Ist es nicht überall die Form, die freilich von dem Schöpfer her in das Geschöpf hineinkommt, so wie sie bei den Künsten [...] von der Kunst her in die Kunstwerke hineinkommt? Und wie denn? Die Erzeugnisse sind wohl schön und die rationale Form in der Materie, die Form aber, die nicht in der Materie ist, sondern im Schöpfer, soll nicht Schönheit sein, sie, die erste, die körperlose?

(Ebd., S. 59)

Nein, wenn die Masse schön wäre, sofern sie Masse ist, dann könnte die Form, weil sie nicht Masse ist, wiewohl sie die schaffende ist, nicht schön sein; wenn aber ein und dieselbe Form, ob sie in einem großen, ob sie in einem kleinen Ding sei, gleichermaßen die Seele des Beschauers durch ihre Macht erregt und bestimmt, dann darf die Schönheit nicht der Größe der Masse zugeschrieben werden. Ein Zeugnis dafür liegt auch darin, daß wir ein Ding, solange es noch außer uns ist, nicht erblicken, wenn es aber nach innen getreten ist, beeinflußt es uns. Es tritt aber durch die Augen ins Innere allein als Form; denn wie dränge es sonst durch diese kleine Pforte? So wird auch ihre Größe mit hineingezogen, nicht groß ihrer Masse nach, sondern in der Form einer Gestalt-Größe.

(Ebd., S. 59)

Augustinus

(354–430)

Das Schöne und das Passende – Deus artifex – scheinbare Schönheit der Körperwelt – Kritik an der Wirkung des Theaters – Kunst täuscht in dem Maße, in dem sie wahr sein will

»Ist's nicht das Schöne allein, das wir lieben? Was ist nun schön, und was ist Schönheit? Was ist es, das uns an Dingen, die wir lieben, lockt und fesselt? Besäßen sie nicht Zierde und Wohlgestalt, könnten sie uns unmöglich anziehen.« Und ich prüfte und sah, daß bei Körpern zweierlei zu unterscheiden ist, ein Ganzes, das wir schön nennen, und etwas, das darum gefällt, weil es einem andern angepaßt ist, wie der Körperteil dem ganzen Körper oder der Schuh dem Fuß und dergleichen. Diese Betrachtung brachte mein Herz in Wallung und ließ es überströmen. So schrieb ich über das Schöne und das Passende, ich weiß nicht mehr, waren es zwei oder drei Bücher. Du weißt es, Gott, denn mir ist's entfallen. Ich besitze sie nicht mehr, sie sind mir, ich weiß nicht wie, verlorengegangen.

(Confessiones, S. 103)

Doch noch erkannte ich bei meiner Beschäftigung mit dieser wichtigen Frage den Angelpunkt nicht, nämlich deinen Künstlergeist, du Allmächtiger, der du allein Wunder tust. Mein Geist durchwanderte die körperlichen Gestalten und bestimmte als schön, was an sich gefällt, als passend, was gefällig zu einem andern stimmt. So unterschied ich und belegte es mit Beispielen aus der Körperwelt. Dann wandte ich mich zur Natur der Seele, aber die falsche Meinung, die ich mir vom Wesen des Geistigen gebildet, ließ mich das Wahre nicht erfassen.

(Ebd., S. 106)

Nun riß mich auch das Theater mit seinen Schauspielen hin, die in einer Fülle von lockenden Bildern mein Elend mir vor Augen führten und meinen Flammen Zündstoff boten. Wie kommt es nur, daß ein Mensch Schmerz empfinden will beim Anblick jammervoll tragischen Geschicks, das er doch um keinen Preis selbst erdulden möchte? Aber als Zuschauer will er darunter leiden, und eben dies Leid ist seine Lust. Ist das nicht kläglicher Wahnsinn? Um so mehr wird man ergriffen, je weniger man selbst von solchen Leidenschaften frei ist. Erfährt man dergleichen selber, so nennt man es Leid, nimmt man am Mißgeschick anderer teil, heißt's Mitleid. Aber was soll das Mitleid, wenn sich's nur um erdichtete Vorgänge handelt, die sich auf der Bühne abspielen? Denn da ruft den Hörer nichts zur Hilfeleistung, sondern nur zur Trauer wird er geladen.

(Ebd., S. 70)

Auch heute ist mir Mitleid nicht fremd, aber damals im Theater freute ich mich mit den Liebenden, die ihrem schmachvollen Liebesgenuß sich hingaben, mochte es auch nur in erdichtetem Bühnenspiel geschehen, und betrübte mich, als wäre ich mitleidig, wenn sie einander verloren, und beides bereitete mir Vergnügen. Jetzt aber empfinde ich tieferes Mitleid mit dem, der sich in Schanden freut, als mit dem anderen, der ein vermeintlich hartes Schicksal beklagt, weil seine erbärmliche Lust, sein elendes Glück vergangen und dahingeschwunden sind. Das ist gewißlich wahreres Mitleid, aber sein Schmerz bereitet keinen Genuß.

(Ebd., S. 71)

V.: Doch Folgendes: diese Dinge sind alle aus dem gleichen Grund einerseits wahr, wie sie anderseits Täuschung sind. Und dazu, daß sie wahr sind, verhilft allein, daß sie in anderer Hinsicht Täuschungen sind. Daher kommt es, daß sie das, was sie sein wollen oder sollen, keineswegs erreichen, wenn sie der Täuschung zu entfliehen suchen. Denn wie könnte der Künstler, den ich vorhin erwähnte, ein wahrer Schauspieler sein, wenn er nicht ein falscher Hektor, eine falsche Andromache, ein falscher Herkules und unzählig viel anderes sein wollte? Oder wie wäre ein Bild wahr, wenn das Pferd nicht Täuschung wäre? Wie zeigte sich im Spiegel ein wahres Bild des Menschen, wenn der Mensch nicht Täuschung wäre? Wenn also einigen Erscheinungen dazu, daß sie in einer Hinsicht wahr sind, dies hilft, daß sie in anderer Hinsicht Täuschung sind, woher kommt dann unsere große Furcht vor den Täuschungen und wozu streben wir nach Wahrheit als einem großen Gut?

A.: Ich weiß es nicht, und ich wundere mich sehr, nur daß ich bei den letzten Beispielen nichts Nachahmungswürdiges finde. Denn wir müssen ja nicht wie die Schauspieler, wie die Bilder eines

Spiegels oder wie Myrons eherne Kühe ebenfalls, um in unserer Eigenart wahr zu sein, uns einer fremden Eigenart anähneln und angleichen und deshalb falsch sein, sondern wir müssen jene Wahrheit suchen, die nicht zwei Gesichter trägt, die sich widersprechen, so daß sie, um auf der einen Seite wahr sein zu können, auf der andern Seite Täuschung sein muß.

(Soliloquia, S. 155)

Gregor der Große
(um 600)

Wider die Bilderzerstörung – Bilder, Belehrung und »Lektüre der Heiden« – Verehrung durch Darstellung – Verehrung des Dargestellten

Wir haben vernommen, daß Du in blindem Eifer Bilder von Heiligen zerstört hast, damit sie nicht angebetet würden. Wir billigen durchaus, daß Du verboten hast, sie anzubeten, aber wir mißbilligen, daß Du sie zerstört hast. [...] Bilder anbeten oder aus dem Dargestellten lernen, was anbetungswürdig ist, sind nämlich zwei verschiedene Dinge. Denn was den Lesenden die Schrift, das sind die Bilder für die Analphabeten, die darin sehen, was sie befolgen sollen, und daraus lesen, was sie nicht aus Büchern lesen können; so sind die Bilder vor allem die Lektüre der Heiden. Das hättest gerade Du bedenken sollen, der Du unter den Heiden wohnst [...]. Es darf also nicht zerstört werden, was nicht zum Anbeten, sondern nur zur Belehrung der Unwissenden in den Kirchen aufgestellt wurde. Und da nicht ohne Grund von alters her erlaubt ist, an heiligen Orten die Geschichten von Heiligen hinzumalen, hättest Du zweifellos, wenn Du Deinen Eifer gezügelt hättest, Dein Ziel erreicht und die versammelte Herde nicht zerstreut, sondern die zerstreute sammeln können, so daß Du den Namen eines Hirten verdientest und nicht die Schuld der Auflösung der Herde Dich treffen würde. So aber hast Du den größten Teil Deiner Herde verloren! Wie willst Du irrende Schafe zur Hürde des Herrn führen, wenn Du die, die Du hast, nicht zurückhalten kannst? Wir ermahnen Dich, nun alles anzuwenden, um sie zurückzugewinnen.

Du mußt sie zusammenrufen und ihnen aus der Bibel beweisen,

daß nichts von menschlicher Hand Gemachtes angebetet werden darf, denn es steht geschrieben: »Du sollst den Herrn, deinen Gott, anbeten und ihm allein dienen« (Luk. 4,8); dann sollst Du ihnen erklären, daß Du in Zorn geraten seiest und befohlen habest, die Bilder zu zerstören, weil Du gesehen habest, daß die Bilder angebetet wurden, die ursprünglich zur Erbauung des ungelernten Volkes angefertigt wurden, damit diejenigen, die die Buchstaben nicht kennen, wenn sie die Geschichte selbst betrachten, lernen, was geschrieben steht. Weiter sollst Du ihnen sagen: Wenn Ihr die Bilder nur zur Belehrung, zu der sie ursprünglich gemacht worden sind, in der Kirche haben wollt, erlaube ich es Euch; und sag ihnen, daß Dir nicht das bloße Anschauen der Bilder, sondern die Verehrung, die ihnen unerlaubterweise erwiesen wurde, mißfallen hat; und gewinne sie mit diesen Worten zurück. Und wenn jemand Bilder machen will, dann verbiete es nicht, vermeide aber unter allen Umständen, daß die Bilder angebetet werden.

(Aus: Brief an Bischof Serenus von Marseille)

Libri Carolini

oder Kapitulare Karls des Großen über die Bilder (794)

Das Bild des körperlichen Gottes – der bildlose Gott und die gottlosen Bilder – Primat der Schrift gegenüber dem Bild – falsche Heiligkeit ästhetischer Reliquien – Gefahr des Mißbrauchs durch Käuflichkeit

Daß sich die Schriftstelle »Und Gott schuf den Menschen nach seinem Bilde« (Gen. 1,27) nicht auf die Bilderverehrung bezieht. Wer deshalb glaubt, daß wie der Mensch nach dem Bilde Gottes geschaffen sei, ebenso ein von einem Künstler geschaffenes Bild nach dem Bilde des Menschen, der zeigt damit, daß er etwas Körperliches in Gott glaubt, was unmöglich ist. Denn wenn die Tatsache, daß der Mensch nach dem Bilde Gottes geschaffen ist, auch auf von Menschenhand geschaffene Bilder zutreffen würde, dann wäre der Mensch, was seinen körperlichen Teil betrifft, nach Gottes Bild geschaffen; und wenn der Mensch, was seinen körperlichen Teil betrifft, nach Gottes Bild geschaffen wäre, dann wäre Gott körperlich. Gott ist aber körperlos, und deshalb trifft nicht auf von Menschenhand geschaffene Bilder zu, daß der Mensch nach dem Bilde Gottes geschaffen ist.

(Buch 1, Kap. 7, S. 24)

Gegen diejenigen, die sagen: »Wir müssen die Bilder ebenso in Ehren halten wie die Bücher der Heiligen Schrift.« Der Gebrauch von Bildern, der aus heidnischer Tradition rührt, darf und kann nicht mit den Büchern der Heiligen Schrift verglichen werden, denn wir lernen die rechte Lehre aus Büchern, nicht aus Bildern. Der Apostel Paulus sagt nicht: »Denn alles, was vormals gemalt worden ist, das ist zu unsrer Belehrung gemalt«, sondern: »Denn alles, was vormals geschrieben worden ist, das ist zu unsrer Belehrung geschrieben« (Röm. 15,4).

(Buch 2, Kap. 30, S. 92f)

Wer [...] von Künstlern gemachte Bilder, Reliefs, Skulpturen und gegossene Bilder mit den Körpern der Heiligen und den Überresten von diesen Körpern und den Kleidern und Ähnlichem vergleicht, der scheint den Heiligen nicht geringes Unrecht zu tun, weil besonders den Kleidern der Heiligen und Ähnlichem deshalb Verehrung gebührt, weil sie eben im Körper dieser Heiligen oder darum herum waren und von daher ihre Heiligung, derentwegen sie verehrt werden, erfahren haben; ebenso auch die Körper und Überreste der Heiligen, die, obwohl sie nun Staub und Asche sind, am Ende der Welt auferstehen und mit Christus zusammen herrschen werden. Die Bilder dürfen mit den Reliquien nicht gleichgestellt werden, weil sie nicht dasselbe sind wie die Körper der Heiligen, noch aus ihren Körpern oder deren Umgebung stammen, sondern hergestellt werden aus dem Einfall eines Geistes mit den Werkzeugen des Künstlers, bald schön, bald häßlich, manchmal auch aus schlechtem Material.

(Buch 3, Kap. 24, S. 153f)

Jedem, der Bilder verehrt, sollen zum Beispiel die Bilder von zwei schönen Frauen vor Augen gehalten werden, die nicht beschriftet sind; er wird sie ohne große Überlegung wegwerfen und irgendwo liegen lassen. Wenn man ihm dann sagt: »Eines davon ist das Bild der Heiligen Maria und darf nicht weggeworfen werden; das andere stellt Venus dar und muß weggeworfen werden«, dann wird er den Maler fragen, welches das Bild der Heiligen Maria oder welches das Bild der Venus sei; denn die Bilder sind in allen Teilen sehr ähnlich. Der Maler bezeichnet das eine mit »Heilige Maria«, das andere mit »Venus«: weil jenes die Gottesmutter darstellt, wird es aufgehängt, verehrt, geküßt; das andere wird, weil es die Mutter des Flüchtlings Äneas darstellt, verworfen, entwürdigt, entweiht. Beide sind sie von gleicher Gestalt, von gleicher Farbe, aus den gleichen Materialien hergestellt; nur die Beschriftung ist verschieden. Man soll mir sagen, [...] wo die Heiligkeit des einen Bildes war, bevor es beschriftet wurde, oder die Unheiligkeit des andern, bevor dieses beschriftet wurde. Die Beschriftung, mit der man die Bilder versieht, vermag also nach Art der Schrift, die solche Kraft hat, daß sie schweigend spricht und ohne Stimme bald das Abwesende, bald das Gegenwärtige heraufbeschwört, zu bestimmen, welchen Bildern man keine Verehrung erweisen soll. Die Heiligung wird nämlich den vernünftigen Kreaturen wegen der Vollbringung guter Werke und den Vorrechten von Verdiensten gestattet; den unvernünftigen Dingen, wie den Gefäßen für die Kulthandlungen und ähnlichen, fällt sie nicht durch irgendeine Beschriftung, sondern in der Weihe durch den Priester zu. Daraus sieht man, daß von irgendeiner Beschriftung den Bildern keine Heiligung kommen kann, wenn das Bild, dem die Bezeichnung »Gottesmutter Maria« zugefallen ist und das kurz vorher, noch der Verachtung preisgegeben, verworfen lag, jetzt verehrt und angebetet wird; ebensoviel wie es seinen Verächtern nützte, als es verworfen lag, ebensoviel nützt es jetzt, wo es aufgerichtet und angebetet ist, seinen Verehrern, und ebensowenig wie es helfen könnte, wenn es aufgehängt würde, ebensowenig kann es schaden, wenn es verachtet wird.

(Buch 4, Kap. 16, S. 204)

Man soll jene, die glauben, in der christlichen Religion liege das Gewicht auf der Verehrung der Bilder, fragen, ob die Armen solchen Aufwand für den Glauben treiben können, die gedrückt von den Abgaben nicht die Möglichkeit haben, die Malerei zu unterstützen. Wenn also der Arme deshalb keinen Anteil an den guten Verdiensten hat, weil er nicht über die Mittel verfügt, mit denen man Bilder erwirbt, und der Reiche deshalb das Vorrecht des Urhebers von Verdiensten genießt, weil er die Mittel, mit welchen man Bilder kauft, im Überfluß besitzt; und wenn dieser wegen eben dieser Dinge, nicht wegen seiner Verdienste, Strafe oder Belohnung erhält, und jener nach seiner Not, nicht aber nach seinen Werken beurteilt wird, würde die Bilderverehrung in der christlichen Religion großes Ansehen erreichen, und die Gerechtigkeit, die die Verdienste, nicht die Mittel zählt, würde an Kraft verlieren. Nachdem die Folgen aus dem allem niemals gebilligt werden können, bleibt festzustellen, daß der Bildverehrung in der christlichen Religion keine solche Bedeutung zukommen darf.

(Buch 4, Kap. 27, S. 226)

Abt Suger von Saint-Denis
(1081–1151)

Ästhetischer Appell, vom bloß Ästhetisch-Ornamentalen des Werks abzusehen – sein Zweck: Erleuchtung und Erhebung – das Portal, zum Gleichnis geweiht

Wer immer du seist, wenn du strebst, zu erheben den Ruhm dieser Tore,
Staune nicht an das Gold und den Aufwand, sondern die Arbeit.
Edel erstrahlt das Werk, doch das Werk, das edel erstrahlet,
Möge erleuchten die Geister, daß sie eingehen durch die wahren Lichter
Zum wahren Licht, wo Christus das wahre Tor ist.
Welcherart es im Inneren sei, bestimmt diese goldene Pforte:
Der schwache Geist erhebt sich zum Wahren durch das Materielle
Und sehnend erhebt er sich durch das Licht aus seiner Versunkenheit.

(Verse für das Portal der Kathedrale von Saint-Denis, zit. nach Assunto, S. 150)

Hugo von St. Viktor
(1096–1141)

Sichtbare und unsichtbare Schönheit – die Welt als Buch Gottes, mit Farben und Figuren

Unsere Seele kann nicht direkt zur Wahrheit des Unsichtbaren aufsteigen, es sei denn, sie wäre durch die Betrachtung des Sichtbaren geschult und zwar so, daß sie in den sichtbaren Formen Sinnbilder der unsichtbaren Schönheit erkennt. Da nun aber die Schönheit der sichtbaren Dinge in ihren Formen gegeben ist, läßt sich entsprechend aus den sichtbaren Formen die unsichtbare Schönheit beweisen, weil die sichtbare Schönheit ein Abbild der unsichtbaren Schönheit ist.

(Expositio in hierarchiam...;
zit. nach Assunto, S. 156)

Form und Wesen sind in den sichtbaren Dingen verschieden, weil alles, was ist, eins und einfach ist und mit sich selbst identisch. Es ist schön, weil es überhaupt ist und seine Schönheit nicht aus einer in eins zusammengeflossenen Vielheit besteht, wie es in der sichtbaren Natur der Fall ist, deren Form sich im Raum entfaltet und durch Figuren gegliedert wird, die aus einer Vielheit zusammengefügt sind. Deshalb unterscheidet sich die Schönheit der sichtbaren von der Schönheit der unsichtbaren Natur, weil die eine einfach und gleichförmig, die andere aber vielfältig ist und durch verschiedene Proportionen bestimmt wird.

(Expositio in hierarchiam...;
zit. nach Assunto, S. 156)

Wenn sich die Wahrheit zeigt, bedeckt sie sich mit ärmlichen Kleidern und fordert so die Unwürdigen heraus, sie zu verachten; die Würdigeren aber lädt sie ein, ihr Bild, das verborgen ist, zu begehren und zu suchen, damit sie sich nicht mit dem, was sie von außen sehen, begnügen. Durch die Häßlichkeit des äußeren Auftretens abgestoßen sollen sie nicht bei der Gestalt verharren, als wenn sie das Wahre sei; denn das Zeichen kann nicht die Wahrheit sein, wenngleich es ein Zeichen der Wahrheit ist.

(Expositio in hierarchiam...;
zit. nach Assunto, S. 157)

Diese ganze [...] wahrnehmbare Welt ist wie ein Buch, das von der Hand Gottes geschrieben wurde [...], und die einzelnen Geschöpfe sind den Figuren zu vergleichen. Sie sind jedoch nicht nach menschlichem Ermessen, sondern nach göttlichem Willen eingefügt, um die unsichtbare Weisheit Gottes kundzutun.

(Eruditiones didascalicae;
zit. nach Assunto, S. 158)

In ein und derselben Handschrift achtet einer auf die Farben oder auf die Darstellung der Figuren, während ein anderer den Sinn und die Bedeutung lobt. Es ist gut, beständig das Werk Gottes zu betrachten und zu bewundern, doch nur für den, der aus der Schönheit der Körper Nutzen für den Geist zu ziehen versteht.

(Eruditiones didascalicae;
zit. nach Assunto, S. 159)

Thomas von Aquin
(1224/5–1274)

»Strebevermögen«, »Erkenntnisvermögen«: gut und schön – harmonisches Verhältnis der Teile – die Lust der Sinne – perfectio, debita proportio, claritas – Kunst als Nachahmung der Natur – Schönheit als Zweckdienlichkeit – Vollkommenheit der Kunst im Werk, nicht im Künstler

Das Gute und das Schöne in einem Ding sind sachlich eins, wie sie auch ein und dasselbe zur Grundlage haben, nämlich die (Wesens-)Form. Und darum wird das Gute auch als schön gerühmt. Begrifflich aber sind beide verschieden. Das Gute nämlich geht das Strebevermögen an, denn gut ist das, wonach alle verlangen. Daher hat es auch die Natur des Zieles: das Verlangen *nach* etwas ist gewissermaßen eine Bewegung zum Gegenstand des Verlangens hin. Das Schöne aber geht das Erkenntnisvermögen an, denn schön werden *die* Dinge genannt, deren *Anblick* Wohlgefallen auslöst. Darum besteht die Schönheit im harmonischen Verhältnis der Teile. Denn die Sinne finden Wohlgefallen an harmonisch geordneten Dingen wie an »antwortenden Gegenbildern ihrer selbst«. Denn auch der Sinn und überhaupt jede Erkenntniskraft ist eine Art Vernunft. Weil aber die Erkenntnis durch Verähnlichung (mit dem Gegenstand) zustande kommt und die

Verähnlichung auf die Form geht, so wirkt das Schöne in der Weise der Form-Ursache.

(Summa theol. I 5,4)

»Schön« ist dasselbe wie »Gut« und nur gedanklich von ihm verschieden. Da nämlich Gut das ist, »wonach alle streben« (Aristoteles), gehört zum Begriff des Guten, daß in ihm das Streben zur Ruhe kommt. Nun gehört es aber zum Begriff des Schönen, daß in seinem Anblick oder Erkennen das Streben zur Ruhe kommt. Deswegen sind auch hauptsächlich jene Sinne auf das Schöne gerichtet, die am meisten erkennend sind, nämlich Gesicht und Gehör, die der Vernunft dienen; wir sprechen nämlich von Dingen, die schön zu sehen, und von Tönen, die schön (zu hören) sind. Bei den Gegenständen der anderen Sinne gebrauchen wir jedoch nicht die Bezeichnung »schön«; wir reden nämlich nicht von »schönen« Geschmäcken oder Gerüchen. So ist klar, daß »schön« zu »gut« eine Beziehung zur Erkenntniskraft hinzufügt, so daß »gut« genannt wird, was schlicht dem Strebevermögen gefällt, schön aber das heißt, bei dem schon die Wahrnehmung gefällt.

(Ebd. II, I 27,1)

Die Lust der anderen Sinne verhält sich anders im Menschen als in den anderen Lebewesen. In anderen Lebewesen nämlich verursachen die anderen Sinne nur Lust in Hinordnung auf die Gegenstände des Tastsinnes; z. B. freut sich der Löwe, wenn er einen Hirsch sieht oder seine Stimme hört, wegen der Nahrung. Der Mensch aber freut sich mit den anderen Sinnen nicht nur deswegen, sondern auch wegen der Angemessenheit der sinnfälligen Dinge selbst.

(Ebd. II, II 141,4)

Zur Schönheit sind drei Dinge erforderlich. Und zwar erstens die Unversehrtheit oder Vollendung; Dinge nämlich, die verstümmelt sind, sind schon deshalb häßlich. Ferner das gebührende Maßverhältnis oder die Übereinstimmung (der Teile). Und schließlich die Klarheit; deshalb werden Dinge, die eine strahlende Farbe haben, *schön* genannt.

(Ebd. I 39,8)

Wir nennen einen Menschen schön wegen den richtigen Proportionen seiner Glieder in Menge und Lage, und deswegen, weil er eine klare und glänzende Farbe hat. Ebenso ist bei anderem proportional aufzufassen, wenn ein Ding schön genannt wird gemäß der Klarheit seiner Art, sei dies eine geistliche oder körperliche Klarheit, und gemäß der Erfordernis, daß es die richtigen Proportionen hat.

(De div. nom. c.IV lect.5)

Die Kunst ahmt die Natur nach; der Grund dafür ist, daß der Anfang einer künstlerischen Tätigkeit das Erkennen ist; deshalb müssen die natürlichen Dinge durch die Kunst nachgeahmt werden, weil vom Anfang allen Erkennens die ganze Natur nach ihrem Zweck geordnet ist, so daß die Arbeit der Natur eine intellektuelle zu sein scheint, weil sie durch bestimmte Mittel zu gewissen Zielen fortschreitet: so daß auch im Arbeitsvorgang das Vorgehen der Natur nachgeahmt wird.

(Phys. II,4)

(Daher) sehen wir, daß ein Bild dann schön genannt wird, wenn es die Sache, auch wenn sie häßlich ist, vollkommen darstellt.

(Summa theol. I 38,8)

Jeder Künstler zielt aber darauf hin, dem Kunstwerke die beste Verfassung zu geben, nicht zwar die schlechthin beste, sondern die mit Rücksicht auf den Zweck beste. Und wenn mit einer solchen Verfassung ein Mangel verbunden ist, so kümmert das den Künstler nicht. So macht der Künstler eine Säge zum Sägen aus Eisen, damit sie zum Sägen geeignet sei. Er denkt nicht daran, sie aus Glas zu machen, das gewiß ein schönerer Stoff ist, weil eine derartige Schönheit dem Zwecke hinderlich wäre.

(Ebd. I 91,3)

Das Gute in der Kunst geht nicht auf den Künstler zurück, sondern liegt im Kunstwerk selbst, da die Kunst den Maßstab des Machbaren gibt: das Mach-Werk, das in das äußerliche Material übergeht, ist nicht die Vollkommenheit des Machenden, sondern des Gemachten. [...] Zur Kunst ist nicht erforderlich, daß der Künstler gut arbeitet, sondern daß er ein gutes Werk macht.

(Ebd. II, I 57,5)

Dante Alighieri
(1256–1321)

Schönes Zusammenstimmen der Teile – das sinnlich/vernünftige Sprach-Zeichen als Medium geistiger Mitteilung – deren Unmittelbarkeit im poetischen Ausdruck – dunkel wahr, doch schön – »Gottes Enkelin«

Man nennt das schön, dessen Teile in entsprechendem Verhältnis zueinander stehen; denn aus der Harmonie der Teile entspringt das Wohlgefallen. Ein Mensch erscheint dann als schön, wenn seine Glieder in entsprechendem Verhältnis zueinander stehen. Einen Gesang nennen wir dann schön, wenn die einzelnen Stimmen nach den Gesetzen der Musik einander entsprechen. Und so ist auch die Rede die schönste, in der die Worte am entsprechendsten aufeinander abgestimmt sind. Das ist aber in der lateinischen Sprache mehr der Fall als in der Volkssprache, weil für diese der tägliche Gebrauch maßgebend ist, für die lateinische aber die Kunst. (Convivio I,V)

Denn allein dem Menschen wurde es gegeben, zu sprechen, da nur er es nötig hatte. Weder den Engeln noch den niederen Tieren war es nötig zu sprechen. [...] Wenn wir nämlich gründlich betrachten, was wir bezwecken, wenn wir reden, liegt es auf der Hand: nichts anderes, als für andere die Vorstellungen unseres Geistes zu entwickeln. (De vulgari eloquentia I, II 1–2)

Es mußte demnach das menschliche Geschlecht zur gegenseitigen Mitteilung seiner Gedanken irgendein sowohl vernünftiges wie sinnliches Zeichen haben. Denn da es von der Vernunft etwas zu empfangen hatte und in die Vernunft zu bringen, so mußte es vernünftig sein. Und da von einer Vernunft in die andere etwas übertragen werden kann nur im Weg der sinnlichen Vermittlung, so mußte es sinnlich sein. Denn wenn es allein vernünftig wäre, könnte es nicht hinübergehen. Wenn bloß sinnlich, hätte es weder etwas von der Vernunft empfangen noch in die Vernunft niederlegen können. Dieses Zeichen also ist eben der edle Gegenstand, von dem wir sprechen. Denn von Natur *sinnlich* ist er, insofern er Laut ist. *Vernünftig* dagegen, insofern er nach Wunsch etwas bezeichnet.

(Ebd. I, III 2–3)

[...] Ich bin einer, der ich, wann
Die Liebe weht, es merke, und ich singe,
Wie sie mir innen vorspricht, alles dann.

(Divina Comedia, Purgatorio, XXIV,52 f)

Mein Lied, ich glaube, wenig sind es,
Die, was du sagen willst, verstehen werden,
Weil du so dunkel und so schwer verständlich sprichst.
Doch wenn der Zufall es soll fügen,
Daß du zu solchen Leuten kommst,
Die aus dir klug nicht werden können,
So fasse Mut, ich bitte dich,
Mein liebes neues Lied, und sage ihnen:
»O achtet wenigstens darauf, wie schön ich bin!«

(Convivio, II, Canzone Prima, 53–61)

Doch die Natur gibt's immer dunstumwittert,
Und ist verschieden von dem Künstler nicht,
Der Übung hat, doch eine Hand, die zittert.
Doch prägt die Liebesglut, die reine Sicht
Und Urkraft das Geschöpf, so wird das Wesen
Vollendet sein, das so erblickt das Licht.

(Divina Comedia, Paradiso, XIII,76)

»Philosophie lehrt den, der sie bedenkt«,
Sprach er, »nicht nur allein an einer Stelle,
Wie die Natur in ihrem Lauf sich senkt
Aus Gottes Kunst und seiner Weisheitsquelle;
Läßt du dir die Physik gehn durch den Sinn,
Triffst du nach kurzem Blättern auf die Stelle,
Wo sich die Kunst ihr, wie sie kann, gibt hin,
Wie Schüler sich vom Lehrer lassen leiten;
So ist sie gleichsam Gottes Enkelin.«

(Ebd., Inferno, XI,97)

Nikolaus von Kues
(1401–1464)

Kunstgespräch vom Löffelschnitzen – Kunst und Natur – »Dein Angesicht aber, Herr, hat Schönheit, und dies Haben ist Sein« – die Fähigkeit zu Entwerfen – die »Meisterschaft des Bildens«

DER LAIE: Also stammt alle endliche Kunst von der unendlichen Kunst. Die unendliche Kunst muß aller Künste Urbild sein, Urgrund, Mitte und Ziel, Maß und Maßstab, Wahrheit, Genauigkeit und Vollkommenheit.

DER PHILOSOPH: Verfolge weiter, worauf du hinaus willst. Niemand kann das Gesagte mißbilligen.

DER LAIE: Ich will also *symbolische* Beispiele aus dieser meiner Löffelschnitzkunst anwenden, damit anschaulicher wird, was ich sagen will.

DER PHILOSOPH: Mach es so! Ich sehe, daß du den Weg dahin eingeschlagen hast, wohin ich strebe.

DER LAIE nahm einen Löffel in die Hand und sagte: Der Löffel hat außer der Idee in unserem Geiste kein weiteres Urbild. Und wenn auch der Bildhauer oder der Maler seine Vorbilder den Dingen entnimmt, die er nachzugestalten sich müht, so tue ich das doch nicht, ich, der ich aus Holzstücken Löffel, sowie Schalen und Töpfe aus Ton hervorbringe. Dabei ahme ich nämlich nicht die Gestalt irgendeines Naturdinges nach. Solche Formen von Löffeln, Schalen und Töpfen kommen nur durch menschliche Kunst zustande. Meine Kunst besteht deshalb mehr im Zustandebringen als im Nachahmen geschaffener Gestalten, und darin ist sie der unendlichen Kunst ähnlicher.

DER PHILOSOPH: Das hat meine Zustimmung.

DER LAIE: Angenommen also, ich wollte meine Kunst entfalten und die Form des Löffelseins, die einen Löffel zum Löffel macht, anschaulich machen. Obwohl diese nun in ihrem Wesen mit keinem Sinn erreichbar ist, weil sie weder weiß noch schwarz noch von anderer Farbe ist, noch auch die Eigenschaften eines Tones oder eines Geruches, eines Geschmackes oder einer Berührung besitzt, so werde ich dennoch versuchen, sie, so gut es geht, sichtbar zu machen. Daher bearbeite ich den Stoff, d. h. das Holz, durch die vielfache Bewegung meiner Werkzeuge, die ich verwende, und höhle ihn aus, bis in ihm das erforderliche Verhältnis entsteht, in dem die »Form«, die den Löffel zu einem solchen macht, geziemend widerstrahlt. So siehst du die einfache und unsichtbare Form des Löffelseins in dem Gestaltverhältnis dieses Holzes wie in ihrem Abbild widerstrahlen. Daher kann die wahre Beschaffenheit (veritas) und die Genauigkeit des Löffelseins, die nicht vervielfacht und nicht übertragen werden kann, niemals durch Werkzeuge irgendwelcher Art und durch irgendeinen Menschen in vollkommener Weise sichtbar gemacht werden. In allen Löffeln strahlt eben nur jene einfachste Form wider, in dem einen mehr und in dem anderen weniger, in keinem ganz genau.

(Der Laie über den Geist, 12 ff)

Die Natur ist Einheit, die Kunst Andersheit, weil sie Abbild der Natur ist. Gott ist in der Sprache des Verstandes zugleich absolute Natur und Kunst, wenngleich er in Wahrheit weder Natur, noch Kunst, noch beides ist.

Da aber die Genauigkeit unerreichbar ist, sind wir gehalten zu glauben, daß es nichts geben kann, was nur Natur oder nur Kunst ist, sondern daß alles an beiden auf seine Weise teilhat. Man begreift leicht, daß die Intelligenz, insofern sie aus der göttlichen Vernunft herausfließt, an der Kunst teil hat, wir erkennen sie andererseits als Natur, insofern sie aus sich die Kunst entfaltet; denn die Kunst ist gleichsam Nachahmung der Natur.

(Mutmaßungen, S. 155)

Jede Schönheit, die man in sich aufnehmen kann, reicht nicht an die Schönheit deines Angesichtes heran. Alle Angesichte haben Schönheit und sind nicht die Schönheit selbst. Dein Angesicht aber, Herr, hat Schönheit, und dies Haben ist Sein. Es ist die ganz nur in sich ruhende, vollkommene Schönheit, welche die Form ist, die jeder schönen Form das Sein verleiht.

(Von Gottes Sehen, S. 69)

Denn der sichtbare Globus ist das Bild des unsichtbaren Globus, der im Geiste des Werkmeisters war. Betrachte nun aufmerksam, daß der Geist in sich die Kraft des Bildens hat. In sich selbst nämlich findet der Geist, der die freie Fähigkeit zum Entwerfen (concipiendi) hat, die Kunst, den Entwurf (conceptum) zu entfalten. Diese Kunst soll jetzt »Meisterschaft des Bildens« heißen. Diese

Kunst haben die Töpfer, die Bildhauer, die Maler, die Drechsler, die Schmiede, die Weber und ähnliche solche Handwerker.

Gesetzt also, daß so ein Töpfer Töpfe, Schalen, Krüge u. ä., die er im Geiste entwirft, ausdrücken will und sichtbar zeigen, damit man ihn als Meister erkenne; dann bemüht er sich zuerst, die Möglichkeit herbeizuführen (inducere) oder die Materie fähig zu machen, die Form der Kunst aufzunehmen. Wenn die Materie sich nun in diesem Zustande befindet, sieht er, daß er diese Möglichkeit nicht ohne Bewegung zum Wirklichsein überführen kann, damit sie so die Form habe, die er im Geiste entworfen hat. Und er macht eine Drehscheibe, deren Bewegung aus der Möglichkeit der Materie die vorentworfene Form herausbringen soll. Und weil die eine Materie geeigneter ist als die andere, kann keine Möglichkeit die vollkommenste sein. Darum kann in keiner Materie die immaterielle und geistige Form wahrhaftig, so wie sie ist, gebildet werden. Sondern jede sichtbare Form wird Gleichnis und Bild der wahren und unsichtbaren Form bleiben, die im Geiste als der Geist selbst existiert.

(Vom Globusspiel, S. 33f)

Andreas Karlstadt

(ca. 1480–1541)

Bilderverbot – die angebeteten Bildfetische hören und sehen nicht

Ob einer dorfft sagen. Ja ich bette die bilder nit an. Ich thun in nit ehere von yren wegen / sondern von der heiligen wegen / die sie bedwten. Antwort gott kurtzlich und mit lichten worten.

Du salst sie nit anbetten. Du salst sie nit eheren. Glossiers wie du kannst / du salst sie stracks nit anbeten / du salst kein knye vor yhn byegen / du salst kein licht vor yhn antzunnen. Wan ichs haben wolt. spricht gott. dastu mich / oder meine heiligen / solst in bildnis eheren / ich wolt dir nit verbotten haben / bildnis und gleichnis tzumachen.

(Von Abtuhung der Bilder, S. 7)

Gregorius der Bapst / hat seiner bebstlicher artt nit vergessen / und den bildern die ehere geben / die got seinem wort geben hat /

und spricht / das bildnis / der Leyhen bucher seind. Ist nit das eyn recht Bepstlich laher. und teuffelisch tzugebung?

(Ebd., S. 8)

Unssere bilder haben keynen ursprung von gott / ya sie seind von got verbotten. noch wellen wir sie verteydigen / Unangesehen / das sich vil arme menschen an ynen beschedigen / und verletzen / die lichte / und pfenig opffern / und biegen sich / und thund yre heubter vor yhn endblossen.

(Ebd., S. 11f)

Mercke ouch / wie tolh / nerrisch / und unsinnig die seind. die den bildern soliche ehere geben. Dan Esaias spricht. Sie krümen sich vor yren gotten. und biegen sich / und haben vergessen und verstend nit / das yre bilder nicht sehen oder horen. Sie verstend nit / das sie spehn und holtzer von dem klotz gehauwen haben (welches sie fur eynen heiligen halten) und haben yre fleysch mit gekocht / und yre dornitzen oder stuben warm gemacht / das wellen sie nit betrachten.

(Ebd., S. 14)

Leonardo da Vinci
(1452–1519)

Perspektive – Malerei ist Philosophie – der Maler: Herr über alles – Vorrang der Malerei – Auge, Organ des Schönen – »Gib mir etwas, das ich sehen und berühren kann und nicht bloß hören« – Praxis und Wissenschaft

Die Malerei erstreckt sich nur auf die Körperflächen, und ihre Perspective verbreitet sich über die Zu- und Abnahme der Körper und ihrer Farben. »Denn der Gegenstand, der sich vom Auge entfernt, verliert an Grösse und Farbe so viel, als er an Entfernung gewinnt.«

So ist die Malerei also Philosophie, denn die Philosophie handelt von der mehrenden und mindernden Bewegung, welche sich im vorstehenden Lehrsatz vorfindet. Diesen werden wir jetzt umkehren und sagen, der vom Auge gesehene Gegenstand nehme um so viel an Grösse, Deutlichkeit und Farbe zu, als er durch seine Bewegung den Raum geringer macht, der zwischen ihm und dem Auge, das sieht, liegt.

Wer die Malerei schmäht, der schmäht die Natur, denn diese Werke stellen des Malers Werke vor. Und deshalb ist es bei solchem Schmähredner um Einsicht und Empfindung kärglich bestellt.

Dass die Malerei Philosophie sei, erweist sich daraus, dass sie von der Bewegung der Körper handelt, in der unmittelbaren Lebendigkeit ihrer Stellungen; und auch die Philosophie erstreckt sich auf die Bewegung.

(Von der Malerei; Wie die Malerei alle Körperflächen umfasst und sich in ihnen ausbreitet, S. 15)

Will der Maler Schönheiten erblicken, die ihn zur Liebe bewegen, so ist er Herr darüber, sie in's Dasein zu rufen, und will er Dinge sehen, ungeheuerlich, zum Erschrecken, oder drollig und zum Lachen, oder aber zum Erbarmen, so ist er darüber Herr und Gott. Verlangt ihn nach bewohnten Gegenden oder Einöden, schattigen oder dunklen Örtern zur Zeit der Hitze, er stellt sie vor, und so zur Zeit der Kälte warme. Will er Thalgründe, will er von hohen Berggipfeln weite Gefilde vor sich aufgerollt sehen und hinter diesen den Meereshorizont erblicken, er ist Gebieter darüber und ebensowohl, wenn er aus Tiefen der Thäler zu Gebirgshöhen hinan, oder von diesen zu tiefen Thälern und Abhängen hinabschauen will. Und in der That, Alles, was es im Weltall gibt, sei es nun in Wesenheit und Dasein, oder in der Einbildung, er hat es, zuerst im Geist und dann in den Händen, und die sind von solcher Vorzüglichkeit, dass sie eine gleichzeitige, in einen einzigen An- und Augenblick zusammengedrängte Verhältnissharmonie hervorbringen, wie die (wirklichen, sichtbaren) Dinge thun.

(Ebd.; Wie der Maler Herr ist über Leute aller Art und über alle Dinge, S. 19)

Wir können wegen der Kunst Enkel Gottes genannt werden. Erstreckt sich die Poesie in's Gebiet der Moralphilosophie, so erstreckt sich die Malerei in das der Naturphilosophie (oder -Wissenschaft). Beschreibt jene die Thätigkeiten des Geistes, so zieht diese in Betracht, ob der Geist in den Bewegungen wirkt. Erschreckt jene die Völker mit höllischen Fictionen, diese thut das Gleiche mittelst derselben Dinge in Wirklichkeit. Es stelle sich ein Dichter mit einem Maler in Rang zur Darstellung irgend einer Schönheit, einer Kühnheit, oder einer nichtswürdigen und hässlichen, ungeheuerlichen Sache, er verwandle auf seine Art und Weise Formen, wie er nur will, ob der Maler nicht mehr Genüge leistet. Sah man nicht, wie Bilder so viel Übereinstimmung mit dem nachgeahmten Gegenstand hatten, dass sie Menschen und Thiere betrogen?

(Ebd.; Wie die Malerei allem Menschenwerk an feinsinniger Überlegung voraus ist, die zu ihr gehört, S. 35)

Das Auge, mittelst dessen von den Betrachtern die Schönheit der Welt widergespiegelt wird, ist von solch' hoher Auszeichnung, dass, wer in seinen Verlust einwilligt, sich der Vorstellung aller Werke der Natur beraubt, um deren Schau willen die Seele zufrieden in ihrem Menschenkerker ausharrt, Dank den Augen, durch die sie sich alle die verschiedenen Dinge der Natur vergegenwärtigt und ansichtig macht. Wer aber die Augen verliert, der läßt seine Seele in einem dunklen Gefängniss, wo jede Hoffnung dahin ist, die Sonne, das Licht der ganzen Welt, je wieder zu schauen. Wie viele gibt es, denen die Dunkelheit der Nacht im höchsten Grade verhasst ist, und die ist doch noch von kurzer Dauer; o, was würden diese anfangen, wenn solche Dunkelheit die Begleiterin ihres Lebens würde?

Sicher, es gibt Niemanden, der nicht lieber Gehör und Geruch verlieren möchte, als das Auge, obwohl des Gehörs Einbusse auch die Einwilligung zum Verlust aller in *Reden* ausgehenden Wissenschaften in sich schliesst. Und er thut dies nur, um nicht der Schönheit der Welt verlustig zu gehen, die in den Flächen der Körper ihren Sitz hat, sowohl der zufälligen als von Natur geschaffenen, die in's menschliche Auge reflectiert werden.

(Ebd., Vom Auge, S. 47f)

Als dem König Mathias an seinem Geburtstag ein Dichter ein Werk überbrachte, das er für ihn zum Lob des Tages, da der König der Welt zur Wohlthat geboren, angefertigt, und ein Maler zugleich ein Bildniss von der Geliebten des Königs überreichte, machte dieser sofort des Dichters Buch zu, wandte sich zum Bild und ließ sein Angesicht mit Bewunderung auf demselben verweilen.

Da sprach der Dichter sehr entrüstet: O König, lies, lies, und du wirst etwas Gehaltvolleres verspüren, als eine stumme Malerei ist.

Als der König sich darum tadeln hörte, dass er stumme Dinge anschaue, sagte er: O schweige, Dichter, du weisst nicht, was du da sagst. Diese Schilderung dient einem besseren Sinn, als die deinige, die sich für Blinde eignet. Gib mir etwas, das ich sehen und berühren kann und nicht blos hören, und tadle nicht meine Wahl, dass ich dein Werk unter den Ellenbogen schob und das des Malers mit beiden Händen halte, indem ich es meinen Augen darreiche. Denn die Hände haben ganz von sich selbst bei dem Sinne Dienst genommen, der höher von Rang ist, als das Gehör. Und ich für mich bin der Ansicht, dass von der Wissenschaft des Malers zu der des Dichters dasselbe Gradverhältniss sei, wie zwischen den betreffenden Sinnen, deren Gegenstand sie werden. Weisst du nicht, dass unsere Seele aus Harmonie zusammengefügt, und dass Harmonie nur Augenblicken eingeboren ist, innerhalb deren der Gegenstände Gesammtverhältnisse sich sehen oder hören lassen? Siehst du nicht, dass es in deiner Wissenschaft keine, im gleichen Augenblicke hervorgebrachte, Gesammt-Verhältnissmässigkeit gibt, dass vielmehr im Gegentheil ein Theil aus dem anderen nachfolgend hervorgeht, der Nachfolgende nicht ersteht, ohne dass der Vorgänger abstirbt? Deshalb erachte ich deine Erfindung für weit niedriger stehend, als die des Malers, einzig, weil sich aus ihr keine zusammenklingende Verhältnissmässigkeit bildet. Sie befriedigt den Geist des Hörers oder Beschauers nicht, wie die Proportionalität dieser so sehr schönen Gliedtheile, welche zusammen die göttlichen Reize des da vor mir stehenden Angesichtes bilden, die, alle in den gleichen Augenblick vereint, mir mit ihrem göttlichen Verhältnisse so grosses Wohlgefallen verursachen, dass ich meine, es könne nichts anderes auf Erden, das Menschenwerk ist, grösseres gewähren.

Es gibt kein so sinnbethörtes Urtheil, das, wenn ihm die Wahl vorgelegt würde, entweder in ewiger Finsterniss zu verharren, oder das Gehör zu verlieren, nicht augenblicks sagte, es wolle lieber das Gehör mitsammt dem Geruch verlieren, ehe es blind sein müsste. Denn wer das Gesicht verliert, verliert die Schönheit der

Welt mitsammt allen Formen der geschaffenen Dinge, und der Taube geht blos des Tones verlustig, der durch die Bewegung der erschütterten Luft hervorgebracht wird, und das ist doch in der Welt etwas sehr Geringfügiges. Du, der du sagst, eine Wissenschaft sei in dem Grade vornehmer, in dem der Gegenstand würdiger sei, auf den sie sich erstreckt, und es habe deshalb eine falsche Einbildung vom Wesen Gottes mehr Werth, als die Vorstellung einer Sache von minderer Würdigkeit, dir werden wir darum sagen: die Malerei, die sich einzig auf die Werke Gottes erstreckt, ist würdiger als die Poesie, die sich nur auf lügenhafte Erdichtungen menschlicher Werke ausdehnt.

(Ebd.; Antwort des Königs Mathias an einen Dichter, der mit einem Maler um den Vorrang stritt, S. 53 ff)

Der Maler soll der Einsamkeit ergeben sein, was er sieht, in Erwägung ziehen und bei sich besprechen, von allen Dingen, die er sieht, die in ihrer Gattung vorzüglichsten Theile auswählend. Er soll es dabei machen, wie der Spiegel, der sich in so viel Farben verwandelt, als der Dinge sind, die man vor ihn hinstellt. Und wenn er so thut, so wird er sein, wie eine zweite Natur.

(Ebd.; Discurs von den Malerregeln, S. 115)

Diejenigen, welche sich in Praxis ohne Wissenschaft verlieben, sind wie Schiffer, die ohne Steuerruder oder Compass zu Schiffe gehen, sie sind nie sicher, wohin sie gehen.

Die Praxis soll stets auf guter Theorie aufgebaut sein; und von dieser ist die Perspective Leitseil und Eingangsthür, ohne sie geschieht nichts recht in den Fällen der Malerei.

(Ebd.; Vom Irrtum derer, welche die Praxis üben ohne die Wissenschaft, S. 139)

Pico della Mirandola
(1463–1494)

Schönheit der Körper – Proportion, Figur und Farbe – leuchtende Grazie

In der Schönheit der Körper, welche sich uns beim Tageslicht zeigt, werden demjenigen, der sie gut betrachtet, zwei Dinge sichtbar. Zum ersten ist es die materielle Anordnung des Körpers, die aus der notwendigen Quantität seiner Teile und aus der angemessenen Qualität besteht. Die Quantität liegt in der Größe der Glieder, wenn diese der Proportion des Gesamten entspricht, sowohl in ihrer Lage als auch im Abstand von einem zum andern. Die Qualität ist in der Figur und in der Farbe. Zum zweiten ist es eine bestimmte Qualität, die man mit keinem passenderen Namen als mit Grazie benennen kann, die in den schönen Dingen leuchtend erscheint.

(Commento alla Canzone di G. Benivieni)

Michelangelo
(1475–1564)

Er sagt, man müße die Zirkel (das Maß) in den Augen und nicht in der Hand haben, denn die Hände führen aus und das Auge beurteilt.

(Vasari VII, 270)

Ich antworte, daß man mit dem Hirn und nicht mit den Händen malt.

(Brief an Msgr. Alioti 1542)

Giulio Cesare Scaliger
(1484–1558)

Dichter als zweiter Gott – Caesar, als Statue und im Gedicht – Konsonanz der Teile

Die Dichtung stellt, was existiert, wahrheitsgetreu und noch schöner dar und stellt her, was nicht existiert: sie scheint die Dinge nicht nur, wie der Schauspieler tut, zu erzählen, sondern wie ein zweiter Gott zu schaffen.

(Poetices libri septem I,1)

Die Dichtung besteht aus zwei Teilen: Material und Form. Eine Statue von Caesar ist ein Bild Caesars, und dasselbe gilt von einem Gedicht, das ihn beschreibt. Und das Material der Statue ist Bronze, oder Marmor, nicht aber Caesar; Caesar ist das Objekt (der Statue), oder, wie die Philosophen sagen, ihr Zweck. Was ist das Material der Rede anderes als der Buchstabe, die Silbe, die Diktion, die der Luft, der Schwingung, dem Geist unterworfen sind. Deshalb ist an der Caesar-Statue die Bronze das Material, in der Dichtung ist es die Diktion.

(Ebd. II,1)

Die Schönheit der (Körper-)Teile ist der erfreuliche Anblick, der sich aus Art, Gestalt und Farbe zusammensetzt. Weil die Teile zusammenstimmen, ist der Körper schön. Also ist Voraussetzung für Schönheit das Zusammenstimmen.

(Ebd. IV,1)

Albrecht Dürer
(1471–1528)

»Waß aber dy schonheit seÿ, daz weis jch nit« – Hinken ist unnütz und unschön – de gustibus est disputandum – ein schönes Bild ist wie Honig, von vielen Blumen zusammengetragen – »inwendig voller Figur« – künstlerisches Gestalten, more geometrico – Kunst steckt in der Natur, »wer sie herauß kan reyssen, der hat sie« – Ästhetik des Auges, durchs Reden bekräftigt

VAN SCHONHEIT

Item es getzÿmt einem moler, so ein bild jn seinen gewalt gesetzt würt zw machen, daz er daz selb awff daz schonest mach, so er kan. Waß aber dy schonheit seÿ, daz weis jch nit. Idoch will jch hÿ dÿ schonheit also vür mich nemen: was zw den menschlichen tzeiten van dem meinsten teill schön geacht würt, des soll wir vns fleissen zw machen.

Item der mangell an eim jtlichen ding ist ein geprech. Dorum zw vill vnd zw wenig verderben alle ding.

Dy vergleichlichen ding, eins gegen dem anderen, sind schon, vnd daz vnnücz ist zw vermeiden. Aber der nutz ist ein grosser teill der schonheit. Es ist ein grosse vergleichung zw finden jn vngeleichen dingen. Aber daz man wis, was vnnütz seÿ, so ist hincken vnnütz und vill der geleichen. Dorum ist hincken vnd des gleichen nit schön.

Item dÿ schonen ding zw erforschen, dorczw dintt wol ein guter rat. Doch soll der selb genumen werden van den, dy do gut wercklewt sint mit der hand. Dan den anderen vngelernten ist es verporgen wÿ dy(r) ein fremde sprach. Doch daz mag ein jtlicher than, der ein werck gemacht hat, das selb vir den gemein man stellen vnd sÿ lassen vrteilen. Dy ersehen gewanlich daz vngeschicktest, wÿ woll sy das gut nit erkennen. So dw dan ein warheit hörst, so magstw dan dein werck darnoch pesseren. Item es ist mencherleÿ vnderschid vnd vrsach der schöne. Wer dy jn seinem werck beweisen kan, dem ist destpas zw gelawben. Dan welches werck kein prechen hat, das ist schön.

(Das Lehrbuch der Malerei, Bd. II, S. 100)

Ein schön bild zw machen kanstw van einem menschen nit abnemen. Dan es lebt kein mensch awff ertrich, der alle schön an jn hab, er möcht albeg noch vill schöner sein. Es lebt awch kein mensch awff erden, der beschlislich sprechen möcht, wÿ dÿ aller schönest gestalt des menschen möcht sein. Nÿmantz weis daz dan gott allein. [...] Dorum so thut nott, wiltw ein gut bild machen, das dw van etlichen das hawbt nemest, van anderen dy prust, arm, pein, hend vnd füs, also durch alle glidmas alle art ersuchest. Dan van vill schöner ding fersamelt man etwas gutz, zw gleicher weis wy daz hönig aws vill plumen zw samen getragen würt. Zwischen zw vill vnd zw wenig ist ein recht mitell, des fleis dich zw treffen jn all dein wercken. (Ebd., S. 120)

Dÿ gros kunst der molereÿ ist vor vill hundert joren peÿ den mechtigen künigen jn grosser achtparkeit gewesen, dan sÿ machten dy vürtrefflichen künstner reich, hiltens wÿrdig, dan sy achtetten solche sinreichikeit ein geleich formig geschopff noch got. Dan ein guter maler ist jnwendig voller vigur, vnd obs müglich wer, daz er ewiglich lebte, so het er aws den jnneren jdeen, do van Plato schreibt, albeg ettwas news durch dy werck aws zw gissen.

(Ebd., S. 113)

Aber vnmoͤglich bedunckt mich, so einer spricht, er wisse die beste maß inn menschlicher gestalt anzuzeygen. Dann die luͤgen ist in vnsrer erkantnus, vnd steckt die finsternus so hart in vns, das auch vnser nach dappen felt. Welcher aber durch die Geometria sein ding beweyst vnd die gruͤndlichen warheyt anzeygt, dem sol alle welt glauben. Dann da ist man gefangen, vnd ist billich ein solicher als von Got begabt fuͤr ein meyster in solchem zuhalten. Vnd der selben vrsachen jrer beweysung sind mit begirden zu hoͤren, vnd noch froͤlicher jre werck zu sehen.

(Die Lehre von der menschlichen Proportion: Ästhetischer Exkurs, Bd. III, S. 293)

Dann warhafftig steckt die kunst inn der natur, wer sie herauß kan reyssenn, der hat sie. Vberkumbstu sie, so wirdet sie dir vil fels nemen in deinem werck. Vnd durch die Geometria magstu deins wercks vil beweyssen. Was wir aber nit beweyssen kuͤnnen, das musen wir bey gutter meynung vnd der menschen vrteyl bleyben lassen. Doch thut die erfarung vil in disen dingen.

Aber ye genewer dein werck dem leben gemeß ist in seiner gestalt, ye besser dein werck erscheynt. Vnd diß ist war. Darumb nym dir nimer mer fur. das du etwas besser muͤgest oder welest machen dann es Gott seiner erschaffnen natur zu wuͤrcken krafft gebenn hat. Dann dein vermuͤgen ist krafftlaß gegen Gottes geschöff.

(Ebd., S. 295)

Dan der aller edelst sin der menschen ist daz gesÿcht. Dorum ein jtlich ding, das wir sehen, ist vns glawblicher vnd bestendiger weder das wir hören. So aber bede, gesehen vnd gehört würt, so fas wir das dest kreftiger. Dorum will jch reden vnd für machen, awff das mans dest pas fassen vnd mercken müg.

(Das Lehrbuch der Malerei, Bd. II, S. 112)

William Shakespeare
(1564–1616)

O wieviel schöner strahlt die Schönheit doch,
Wenn Treue sie zum höchsten Schmuck erhebt!
Schön ist die Rose, schöner scheint sie noch
Durch jenen süßen Duft, der in ihr lebt.

Wildrosen haben gleicher Farben Glut,
Die gleichen Dornen wie die duftigen Rosen,
Sie spielen mit dem gleichen Übermut,
Wenn Winde sie enthüllen und umkosen;
Doch ihre Tugend ist nur ihr Gesicht,
Sie leben ungeliebt, verblühn am Strauch
Und sterben zwecklos, – das tun Rosen nicht,
Aus ihrem süßen Tod strömt süßer Hauch.
So, holder Jüngling, wenn die Jugend flieht,
Strömt deiner Treue Duft aus meinem Lied.

(Sonett 54, Werke Bd. VI, S. 426)

Andreas Gryphius
(1616–1664)

AN EUGENIEN

Schön ist ein schöner leib! den aller lippen preisen!
Der von nicht schlechtem stam vndt edlen blutt herrührt.
Doch schöner wen den leib ein edle seele zihrt
Die einig sich nur läst die Tugend vnterweisen.
Vielmehr wen weisheit noch / nach der wir oftmals reisen
Sie in der wigen lehrt / mehr wen sie zucht anführt
Vnd Heilig sein ergetzt / vndt demutt stets regirt.
Mehr wen ihr Keuscher Geist nicht zagt für flam vndt eisen.
Dis schätz ich rühmens wehrt / dis ist was diese welt
Die aller schönheit sitz für höchste schönheit hält /
Vnd das man billich mag der schönheit wunder nennen.
Wer dieses schawen will wird finden was er sucht
Und kaum zue finden ist / wen er O blum der zucht /
O schönste / wen er euch / wird jemals mögen kennen.

(Werke Bd. I, S. 44)

Siegmund v. Birken
(1626–1681)

Ursprung der Kunst »in Feldern und Wäldern« – Naturlaut und Musik – die gesellschaftsbildende Macht des Orpheus

Wer nach der Edlen Kunst / der Poesy / Ankunft forschet / der wird solche in Feldern und Wäldern gebohren / und von den Hirten erzogen befinden. Es scheinet aber / sie haben eine etwas ältere Schwester / nämlich die Musik oder Singkunst. Die erste Menschen / vor der Sündflut / hatten ein faules freyes Leben: die junge frische Erde / gebahre ihnen damals die bäste Früchte an Bäumen und Büschen / daraus ihnen auch / wie noch heute den Indianern aus ihren Palm Nüßen / ein wolgeschmacker Trank geflossen. Weil sie nun um Kost nicht sorgen dorften / haben sie / unter dem kühlen Schatten der Baum-Läuben / in den grünenlinden Armen der Kräuter sanft ligen und ruhen können: da dann die süß-rauschende Buhlerey der Winde mit dem Laub der Wälder / der Gegenlaut des geschwätzigen Wiederschalls / das Geplauder der wudlenden Wässerlein / das Blöken der Heerden / und absonderlich die auf den Baum-ästen sitzende oder unter den Wolken fliegende Luft-Psalter und Schnabel-Harffen / sie zur Nachfolge u. zum Singen gereitzet. Und daher / glaubt man nicht ohne Warheit-schein / hat Jubal anlaß genommen / wie das Buch der Schöpfung von ihm berichtet / Geigen zu erfinden / und aus Rohren / darein der Wind gepfiffen / ihme Pfeifen zu schneiden.

(Dichtkunst, Vorrede S. 1 f)

So ist nun klar und wahr / daß die edle Poesy / nach der Musik / die älteste Kunst / und vor allen andern Künsten am ersten sei erfunden worden / da noch keine Gottes-Staats-Verstand-Tugend- oder Natur-Lehre am tag gewesen. Ja es sind / von dieser / nach und nach die andere Wissenschaften entsprungen. Es hat ja Orfeus / der ältsten Griechischen Poeten einer und unter den Heiden der erste *Theologus,* die Götter mit *Hymnis* und Liedern verehret / und nach dem Vorspiel Amfons / mit seinen Poetischen Sitten- und Tugend-Lehren / die wilde in Wäldern und auf Bergen herum schweiffende verstreute Leute / in Dörfer / Märkte und Städte zuhauf gesammlet / und in das Band Menschlicher Gesellschaft eingefangen: daher von ihm die Fabel entstanden / er habe mit seinem Sing- und Saitenspiel / die Thiere / Steine und Bäume an sich gezogen. Die Poesy ist freilich die Kunst / so mit den Gottes-Liedern angefangen. Sie ist die rechte Pallas / von deren Die Griechen gedichtet / daß Jupiter sie aus seinem Gehirne gebohren habe: wie dann alle Weißheit von Gott kommet.

(Ebd., S. 14 ff)

Blaise Pascal
(1623–1662)

Schönheitsliebe aus Einsamkeit – inneres Vorbild – Übereinstimmung und Ähnlichkeit

Der Mensch liebt es nicht, allein zu sein; da er jedoch liebt, muß er den Gegenstand seiner Liebe außerhalb seines Ichs suchen. Er kann ihn nur in der Schönheit finden. Da er aber selbst das schönste Geschöpf ist, das Gott je geschaffen hat, muß er in sich selbst das Vorbild dieser Schönheit tragen, die er in der Außenwelt sucht. Jeder kann in sich selbst ihre ersten Strahlen wahrnehmen; und je nachdem die Außendinge sich dieser Vorstellung nähern oder sich von ihr entfernen, bildet man sich seine Begriffe von schön und häßlich über alle Dinge. Wie auch der Mensch die große Leere auszufüllen trachtet, die durch sein Heraustreten aus sich selbst entstanden ist, kann er dennoch an keinem Dinge irgendwelcher Art Befriedigung finden. Sein Herz ist zu geräumig; es begehrt etwas, das ihm gleicht oder wenigstens mehr Ähnlichkeit mit ihm besitzt. Deshalb besteht die Schönheit, die den Menschen befriedigen kann, in der Übereinstimmung, aber auch in der Ähnlichkeit. Diese setzt ihre Grenzen und legt sie im Unterschiede der Geschlechter fest.

(Die Leidenschaften der Liebe, S. 213)

Giambattista Vico
(1668–1744)

Poetische Weisheit der Urmenschen – Phantasie und Verwunderung – kindliches Nachahmen dichterischer Völker in vor-philosophischer Zeit

Es mußte demnach die poetische Weisheit, welche die erste Weisheit des Heidentums war, von einer Metaphysik ausgehen; keiner rationalen und abstrakten, wie heutzutage die der Gelehrten ist, sondern einer sinnlich empfundenen und imaginierten. Von dieser Art mußte die solcher Urmenschen sein, die ohne Vernunft, von starken Sinnen und größter Phantasie waren. [...]

Das war die ihnen eigene Poesie, die als angeborene Gabe in ihnen wirkte, weil sie mit solchen Sinnen und mit solcher Phantasie von der Natur versehen waren. Diese war aus Unkenntnis der Vernunft entstanden, welche ihnen die Mutter des Wunders gegenüber allen Dingen war, die sie, der Erscheinungen unkundig, in hohem Maße bewundern mußten.

(Scienza Nuova I)

Die Kinder haben eine vorzügliche Gabe zur Nachahmung [...]. Dieser Grundsatz beweist, daß die kindliche Welt aus dichterischen Völkern bestand, da die Dichtkunst nichts anderes ist, als Nachahmung. Und dieser Grundsatz wird uns das Prinzip geben davon, daß alle Künste des notwendigen, nützlichen, bequemen, und gutenteils auch des menschlichen Vergnügens, in den poetischen Jahrhunderten erfunden wurden, ehe die Philosophen auftraten. (Ebd.)

Thomas Hobbes
(1588–1679)

Pragmatik von gut und schlecht – was als Erstrebtes gut heißt, heißt als Betrachtetes schön – Schönheit als Anzeichen künftigen Gutes – sie gefällt durch »bloße Vorstellung«

Alle Dinge, die erstrebt werden, bezeichnet man, sofern sie erstrebt werden, mit einem gemeinsamen Namen als »Güter«, alle, die wir vermeiden, als »Übel«. [...] »Gut« [...] wird gesagt relativ zu Person, Ort und Zeit. Diesem Menschen, hier, jetzt gefällt etwas; jenem, dort, zu jener Zeit mißfällt es. Und ebenso kommen die übrigen Umstände in Betracht. Denn die Natur des Guten und Schlechten ist von den jeweilig zusammentreffenden Bedingungen abhängig.

Auch wechseln die Bezeichnungen für Gut und Übel in verschiedener Weise. Denn dasselbe Ding, das, sofern es gewünscht ist, gut heißt, heißt, sofern es erlangt ist, angenehm; und dasselbe Ding, das, sofern es gewünscht ist, gut heißt, heißt, sofern es betrachtet ist, schön. Schönheit ist diejenige Beschaffenheit eines Gegenstandes, die ein Gut von ihm erwarten läßt. Was Gegenständen, die gefallen haben, ähnlich ist, von dem vermutet man, daß es gefallen werde. Die Schönheit ist ein Anzeichen eines künftigen Gutes. Beobachtet man sie an Handlungen, so nennt man sie Tugendhaftigkeit; beruht sie auf der Gestalt, nennt man sie Formenschönheit; und sie gefällt durch die bloße Vorstellung, bevor das Gut, für das sie ein Anzeichen ist, erlangt wird. In derselben Weise spricht man bei ein und demselben von »schlecht« und »häßlich«. Außerdem nennt man ein Ding, das, sofern es gewünscht ist, gut heißt, angenehm, wenn es um seiner selbst willen begehrt wird, nützlich, wenn es um eines anderen willen begehrt wird. Denn ein Gut, das wir um seiner selbst willen erstreben, »wenden« wir nicht »an«, weil »die Anwendung« ein Merkmal der Mittel oder Werkzeuge ist; der Genuß dagegen ist gleichsam der Endzweck irgendeiner Sache, die man erstrebt.

(Grundzüge der Philosophie, S. 25f)

Anthony Earl of Shaftesbury
(1671–1713)

Der ästhetische Ordnungssinn – ästhetische Ganzheit – Rhapsodie auf die Natur, den Quell aller Schönheit – die geistige Schönheit dritter Ordnung

Gewiß ist nichts unserem Geist stärker eingeprägt oder mit unserer Seele enger verwoben als die Idee oder der Sinn der Ordnung und der Proportion [...]. Welch ein Unterschied zwischen Harmonie und Mißklang [...]; zwischen wohlgeordneter Bewegung und unkontrollierter, zufälliger! zwischen einem regelmäßigen und gleichförmigen Werk eines edlen Baumeisters und einem Haufen von Sand oder Steinen! zwischen einem organisierten Körper und Nebel oder einer Wolke, die vom Wind dahergetrieben wird [...]. Dinge, die Ordnung besitzen, besitzen auch eine Einheit des Plans und stimmen zusammen in *einem* Ganzen, dessen konstituierende Teile sie sind, oder sie stellen Systeme in sich selbst dar. So ist es mit einem Baum und all seinen Zweigen, einem Tier und all seinen Gliedern, einem Gebäude mit all seinen inneren und äußeren Ornamenten. Was ist eine Melodie oder eine Symphonie [...] anderes als ein gewisses System von abgemessenen Klängen?

(The Moralists, a Philosophical Rhapsody, being a recital of certain conversations on natural and moral subjects, Bd. IV, S. 284f)

Oh gewaltige Natur! weise Stellvertreterin der Vorsehung! du göttlich ermächtigte Schöpferin! Oder Du, alles kräftig machende Gottheit, Höchster Schöpfer! Dich rufe ich an und Dich allein bete ich an! [...] ich besinge die natürliche Ordnung geschaffener Wesen und feiere die Schönheiten, die sich in Dir klären, der Quelle und dem Prinzip aller Schönheit und Vollkommenheit.

(Ebd., S. 345)

Also liegt die Schönheit in der Kunst. Richtig. Und die Kunst ist das, was schön macht. Genau. So daß das Schönmachende, nicht das Schöngemachte die wahrhafte Schönheit ist? Es scheint so [...]. Deshalb kommt und geht die Schönheit im Zusammenhang mit Körpern. Das sieht man [...]. Also ist im Körper kein Prinzip der Schönheit auffindbar. Mitnichten [...]. Muß dann nicht das, was ihm Bedeutung und Bestimmung gibt, ihn ordnet, sein Schönheitsprinzip sein? Mit Notwendigkeit. Und was muß das sein? Geist, nehme ich an, denn was sonst könnte es sein?

(Ebd., S. 404)

(Es ist jene) Schönheit dritter Ordnung, die nicht nur, was wir die gewöhnlichen Formen nennen, formt, sondern selbst die Formen, welche formen. Denn wir selbst sind bemerkenswerte Architekten gegenüber dem Stoff, insofern wir leblose Körper in Form verwandeln und von unseren eigenen Händen gestaltet vorzeigen können: aber das, was selbst den Geist gestaltet, enthält in sich selbst alle Schönheiten, die von solchem Geist gestaltet werden können; und ist folglich das Prinzip, die Quelle und der Ursprung aller Schönheit.

(Ebd., S. 407 f)

Edmund Burke

(1729–1797)

Maßstab der Vernunft und des Geschmacks bei allen Menschen gleich – Logik des Geschmacks – die sieben Dingqualitäten des Schönen

Oberflächlich gesehen könnte es scheinen, daß wir uns in unseren Gedankengängen sehr weit voneinander unterscheiden, und nicht weniger in bezug auf das, was uns Vergnügen macht: ungeachtet dieses Unterschieds aber, den ich eher für scheinbar als für wirklich halte, ist es wahrscheinlich, daß der Maßstab der Vernunft sowohl wie des Geschmacks bei allen menschlichen Geschöpfen der gleiche ist [...]. Wir sehen, daß die Leute in ihren Disputen sich fortwährend auf gewisse erprobte Maßstäbe berufen, die allerseits zugelassen werden und von denen man annimmt, sie seien in unserer allgemeinen Natur angelegt. Es gibt dagegen nicht das gleiche offensichtliche Einverständnis mit irgendwelchen einheitlichen und festgesetzten Prinzipien, die den Geschmack betreffen. Es wird sogar allgemein angenommen, daß diese delikate und luftige Fähigkeit, die zu flüchtig scheint, um selbst die Ketten einer Definition zu ertragen, durch kein Experiment eigentlich erwiesen, von keiner Regel gelenkt werden kann. [...] ich zweifle aber nicht daran, daß die Logik des Geschmacks, wenn ich mir den Ausdruck erlauben darf, sehr wahrscheinlich ebenso gut in ein System gebracht werden könnte und daß wir dazugelangen könnten, Dinge dieser Art mit gleicher Sicherheit zu diskutieren wie die, die unmittelbar im Gebiet bloßer Vernunft zu liegen scheinen.

(A Philosophical Enquiry into the Origin of our Ideas of the Sublime and Beautiful with an introductory discourse concerning taste, S. 1 ff)

Im ganzen sind die Eigenschaften der Schönheit, insofern es nur sinnliche Eigenschaften sind, die folgenden: Erstens, verhältnismäßig klein zu sein. Zweitens, eben zu sein (smooth). Drittens, Verschiedenheit in der Richtung der Teile zu haben, aber viertens, nicht mit eckigen, sondern gleichsam ineinander geschmolzenen Teilen. Fünftens, von zartem Bau zu sein, ohne merklichen Anschein von Stärke. Sechstens, mit klaren und hellen Farben, aber nicht sehr stark und blendend. Siebtens, falls es eine blendende Farbe haben sollte, in Abwechslung mit andern. Das sind, glaube ich, die Eigentümlichkeiten, von denen Schönheit abhängt; Eigentümlichkeiten, die von Natur aus wirksam sind, und weniger in Gefahr durch bloße Laune abgeändert oder durch eine Verschiedenheit der Geschmacksempfindung verwirrt zu werden als irgendwelche anderen.

(Ebd., S. 222f)

Alexander G. Baumgarten
(1714–1762)

Ästhetik: die Wissenschaft von der sinnlichen Erkenntnis – Schönheit des Denkens, der Disposition, des Ausdrucks – »das angeborene ästhetische Temperament«, Begeisterungsfähigkeit – ästhetisch: klar und deutlich

§ 14 Das Ziel der Ästhetik ist die Vollkommenheit (Vervollkommnung) der sinnlichen Erkenntnis als solcher. Damit aber ist die Schönheit gemeint. Entsprechend ist die Unvollkommenheit der sinnlichen Erkenntnis als solcher, gemeint ist die Häßlichkeit, zu meiden.

§ 15 Um diejenigen Vollkommenheiten der sinnlichen Erkenntnis, die so tief verborgen sind, daß sie uns überhaupt dunkel bleiben oder daß wir sie nur denkend betrachten können, kümmert sich der Ästhetiker als solcher nicht.

§ 16 Um diejenigen Unvollkommenheiten der sinnlichen Erkenntnis, die so tief verborgen sind, daß sie uns überhaupt dunkel bleiben oder daß sie nur durch das urteilende Denken ans Licht gebracht werden können, kümmert sich der Ästhetiker als solcher nicht.

§ 17 Die sinnliche Erkenntnis ist gemäß der von ihrer wesentlichen Bedeutung hergeleiteten Benennung die Gesamtheit der Vorstellungen unterhalb der Schwelle streng logischer Unterscheidung. Wenn wir nun so, wie es ein Betrachter von ausgebildetem Geschmack tun mag, mit dem Verstand einen Überblick gewinnen wollten darüber, wie die Schönheit und Feinheit, und zugleich die Häßlichkeit dieser in Erscheinung tretenden sinnlichen Erkenntnis je für sich allein aussieht, so müßte der kritische Sinn, der für dieses wissenschaftliche Unternehmen unerläßlich ist, bald ermüden. Er würde gleichsam erdrückt von der Fülle der allgemeinen Schönheiten und Entstellungen, so wie sie in verschiedenen Klassen auftreten, und von ihren unzähligen Besonderheiten und Einzelheiten. Daher prüfen wir zuerst den universalen und allgemeingültigen Schönheitsbegriff, soweit er fast allen Möglichkeiten schöner sinnlicher Erkenntnis gemeinsam ist, und ebenso prüfen wir dessen Gegenbegriff.

§ 18 Die allgemeine Schönheit der sinnlichen Erkenntnis ist 1) die Harmonie der Gedanken, soweit wir noch von deren Ordnung und deren Ausdrucksmitteln absehen, das heißt die Übereinstimmung der Gedanken unter sich zur Einheit, die in Erscheinung tritt, die Schönheit der Sachen und Gedanken, die von der Schönheit der Erkenntnis selbst, deren ersten und wichtigsten Teil sie darstellt, wohl zu unterscheiden ist, ebenso von der Schönheit der konkreten Gegensätze und der Materie, mit der sie wegen der allgemein angenommenen Bedeutung der »Sache« oft, aber fälschlicherweise verwechselt wird. Häßliche Dinge können als solche schön gedacht werden und schönere häßlich.

§ 19 Die allgemeine Schönheit der sinnlichen Erkenntnis besteht, da keine Vollkommenheit ohne Ordnung denkbar ist, 2) in der Harmonie der Ordnung und der Reihenfolge, in der wir die schön gedachten Sachen überdenken, und zwar in der inneren Übereinstimmung der Ordnung mit sich selbst und in ihrer Übereinstimmung mit den Sachen, soweit sie in Erscheinung tritt. Wir sprechen daher von der Schönheit der Ordnung und der Disposition.

§ 20 Die allgemeine Schönheit der sinnlichen Erkenntnis besteht, da das Bezeichnete nicht ohne Zeichen erfaßt werden kann, 3) in der Harmonie der Ausdrucksmittel unter sich, zugleich in deren Übereinstimmung mit der Ordnung und den Sachen, soweit sie in Erscheinung tritt. Wir sprechen daher von der Schönheit des Ausdrucks, zum Beispiel der Formulierung und des Stils, wenn das Ausdrucksmittel die Rede oder das Gespräch ist, und zugleich des Vortrags, wenn Rede und Gespräch mündlich zur Darstellung gebracht werden. Damit haben wir die drei allgemein gültigen Vorzüge der Erkenntnis genannt.

(Aesthetica, zit. nach Schweizer, S. 115 ff)

§ 44 Zum geborenen Ästhetiker gehört die Fähigkeit des Gemüts, derjenigen Erkenntnis, die ihm wertvoll erscheint und durch die es sich bewegen läßt, besonders gern nachzugehen, und ebenso dasjenige Verhältnis der Begehrungsvermögen, durch das es leichter zur schönen Erkenntnis geführt wird. Wir meinen damit das angeborene ästhetische Temperament.

§ 45 Da jeder Mensch von allen möglichen Begehren in Anspruch genommen wird, bringen wir einige von ihnen, soweit sie ihm bewußt sind, in eine ungefähre Wertordnung, so wie es sich für den Ästhetiker geziemt: Geld, Macht, Arbeit, Muße, die im Verhältnis dazu steht, äußere Genüsse, Freiheit, Ehre, Freundschaft, Stärke und Gesundheit des Körpers, Schatten von Tugenden, schöne Erkenntnis mit ihrer Zugabe: der liebenswürdigen Tugend, höhere Erkenntnis mit ihrer Zugabe: der verehrungswürdigen Tugend. Es wird nun erlaubt sein, zu dem ästhetischen Temperament auch eine gewisse angeborene Größe der Gesinnung zu rechnen, hauptsächlich die Begeisterung für das Bedeutende, besonders bei denen, die darauf achten, wie leicht von da der Schritt zum Allergrößten ist.

(Ebd., S. 133)

§ 614 Wer sich im Denken um wahre Schönheit und um geschmackvolle Form bemüht, soll an vierter Stelle die Leuchtkraft, die Klarheit und die Deutlichkeit aller seiner Gedanken, aber die ästhetische, zu erreichen suchen. Es handelt sich um diejenige Deutlichkeit, die wenigstens im intuitiven Denken ausreicht, um die verschiedenen Merkmale eines Dinges zu erkennen. Quintilian empfiehlt die Deutlichkeit als einen der wichtigsten Vorzüge der Redekunst recht ausdrücklich, und mit vollem Recht unterscheidet er die »Deutlichkeit in den Worten«, welche nicht hierher gehört, von der »Deutlichkeit der Dinge«, dank der die Gegenstände des schönen Denkens auch für diejenigen, die nur »nachlässig hinhören« und achtgeben, »klar und deutlich« sind.

(Ebd., S. 295)

Johann Sebastian Bach

(1685–1750)

Der Generalbaß ist das vollkommenste Fundament der Musik, welcher mit beyden Händen gespielet wird, dergestalt, daß die linke Hand die vorgeschriebenen Noten spielt, die rechte aber Con- und Dissonantien darzu greifet, damit dieses eine wohlklingende Harmonie gebe zur Ehre Gottes und zulässiger Ergötzung des Gemüts und soll wie aller Musik, also auch des Generalbasses *Finis* und Endursache anders nicht, als nur zu Gottes Ehre und *Recreation* des Gemüths sein. Wo dieses nicht in acht genommen wird, da ist's keine eigentliche Musik sondern ein teuflisches Geplerr und Geleyer.

(Vorschriften und Grundsätze des Akkompagnements)

Johann Christoph Gottsched

(1700–1766)

Gutes entspricht schöner, Schlechtes häßlicher Darstellung – die Unumstößlichkeit bewährter Regeln – der gute und der schlechte Geschmack – Schönheit, klar, aber undeutlich empfunden – begründende Einsicht

Außer allen diesen Eigenschaften des Verstandes, die ein wahrer Poet besitzen und wohl anwenden muß, soll er auch von rechtswegen ein ehrliches und tugendliebendes Gemüthe haben. Der Beweis davon ist leicht. Ein Dichter ahmet die Handlungen der Menschen nach; die entweder gut oder böse sind. Er muß also in seinen Schildereyen, die guten als gut, das ist schön, rühmlich und reizend; die bösen aber als böse, das ist häßlich, schändlich und abscheulich abmalen. Thäte er dieses nicht, und unterstünde er sich die Tugend als verächtlich, schädlich und lächerlich, das Laster hergegen als angenehm, vorteilhaft und lobwürdig zu bilden: so würde er die Ähnlichkeit ganz aus den Augen setzen, und die Natur derselben sehr übel ausdrücken.

(Critische Dichtkunst, S. 159)

Die Regeln nämlich, die auch in freyen Künsten eingeführet worden, kommen nicht auf den bloßen Eigensinn der Menschen an;

sondern sie haben ihren Grund in der unveränderlichen Natur der Dinge selbst; in der Übereinstimmung des Mannigfaltigen, in der Ordnung und Harmonie. Diese Gesetze nun, die durch langwierige Erfahrungen und vieles Nachsinnen untersuchet, entdecket und bestätiget worden, bleiben unverbrüchlich und feste stehen: wenn gleich zuweilen jemand, nach seinem Geschmacke, demjenigen Werke den Vorzug zugestünde, welches mehr oder weniger dawider verstoßen hätte.

Nunmehro wird es leicht sein, die Beschreibung des guten und übeln Geschmackes zu machen. Jener ist nämlich der von der Schönheit eines Dinges nach der bloßen Empfindung richtig urtheilende Verstand, in Sachen, davon man kein deutliches und gründliches Erkenntniß hat: Dieser hergegen ist ebenfalls der Verstand, der nach der bloßen Empfindung von undeutlich erkannten Sachen urtheilet; aber sich in solchen seinen Urtheilen betrüget.

(Ebd., S. 174)

Es muß aber diese Empfindung einer solchen Sache uns nothwendig die Schönheit eines Dinges vorstellen: denn diese allein ist es, womit der Geschmack zu thun hat. Man entscheidet dadurch niemals eine andre Frage, als: ob uns etwas gefällt oder nicht? Das Wohlgefallen aber entsteht allezeit aus einer Vorstellung der Schönheit; sie mag nun eine wirkliche, oder eine vermeynte seyn. Diese Schönheit nun, wird zwar sehr klar, aber nur undeutlich, empfunden: weil derjenige, dem sie gefällt, nicht im Stande ist zu sagen, warum sie ihm gefällt? Zum wenigsten wird der größte Theil derselben keine Deutlichkeit haben. Denn so bald man von einer Schönheit zu zeigen vermögend ist, aus was für Vollkommenheiten dieselbe eigentlich entsteht: so bald wird der Geschmack von der Sache in eine gründliche Einsicht verwandelt, wie bereits oben gewiesen worden. Endlich unterscheide ich den guten Geschmack vom übeln, durch das Beywort richtig, welches ich zu dem Urtheile setze. Wer einen guten Geschmack hat, der muß richtig von der klar empfundenen Schönheit eines Dinges urtheilen: das ist, er muß nichts für schön halten, was nicht wahrhaftig schön ist; und nichts für häßlich erklären, was nicht häßlich ist. Der Probierstein dieses Urtheils darf nicht weit gesucht werden. Man findet ihn in den Regeln der Vollkommenheit, die sich für jede besondre Art schöner Dinge,

a. d. s. Gebäude, Schildereyen, Musiken und s. w. schicken, und die von rechten Meistern derselben deutlich begriffen und erwiesen worden. Ich ziehe also hieraus den Lehrsatz, der in allen freyen Künsten von großem Nutzen seyn wird: *Derjenige Geschmack ist gut, der mit den Regeln übereinkömmt, die von der Vernunft, in einer Art von Sachen, allbereit fest gesetzet worden.*

(Ebd., S. 175f)

Johann Jacob Breitinger
(1701–1776)

Die natürlichen Regeln der Alten – ein innovationsästhetischer Ansatz: die Wirkung des Wunderbaren – Logik der Phantasie – das Wahrscheinliche ihr Inhalt, sinnliche Oberflächlichkeit ihr Wesen

Es ist zwar gewiß, daß die Natur vor der Kunst gewesen ist, angesehen die Kunst nichts anders ist, als eine nachgeahmte Natur; ich gestehe auch zu, daß Homers, Sophocles und Demosthenes Schriften ohne die Hülfe der Kunstbücher geschrieben worden, in welchen die Kunst in Regeln vorgetragen ist; alleine dieses will nicht sagen, daß besagte Schriften darum ohne Regeln verfasset worden; sonst müßte keine Kunst und folglich keine Natur darinnen vorhanden seyn, weil die Regeln nichts anders sind, als Auszüge und Anmerckungen der Kunst und der Natur; sie müßten auch ohne Annehmlichkeit und Schönheit seyn, weil die Regeln und das, was gefällt, nicht zwey streitende Dinge seyn können; allermassen die Regeln keinen andern Zweck haben, als den Weg zu zeigen, in den man einschlagen muß, wenn man gefallen will. Diese vortrefflichen Poeten und Redner sind vielmehr die ersten gewesen, welche die Kunst in der Natur gefunden, und uns die Regeln ihrer gefundenen Kunst in dem Wercke und der Ausführung geliefert haben.

(Critische Dichtkunst, Vorrede S. IIf)

Wer betrachtet, mit was vor Gewißheit die Schriften dieser alten Redner und Poeten an einem jeden Orte auf das eigentlichste diejenige Würckung thun, welche sie auf einem bestimmten Grade thun sollen, dem wird nicht schwer fallen, zu erkennen, daß diese

Würckungen von ihren Urhebern vorherbestimmt, und die Mittel, wodurch man sie hervorgebracht hat, um eben derselben Willen mit gutem Wissen und wohlbedachten Vorsatz angewendet worden, welches uns genug saget, daß sie ihre Schriften nicht bloß auf die zweydeutigen und unsichern Erfahrungen, sondern auf den unbeweglichen Grund der Erkenntniß des menschlichen Gemüthes und auf die beständigen und übereinstimmenden Eindrücke der Dinge auf dasselbe nach seiner Natur, aufgeführet haben.

(Ebd., S. Vf)

Was zeiget uns nun dieses alles? Daß nicht alles, was natürlich und wahr ist, die Kraft habe, die Sinnen und das Gemüthe auf eine angenehm-ergetzende Weise zu rühren und einzunehmen, sondern daß diese Gabe alleine dem Neuen, Ungewohnten, Seltsamen, und Ausserordentlichen zukomme; zumahl da auch das Schöne, das Grosse und Verwundersame selbst uns ohne den Schein der Neuheit nicht bewegen kan. Also ist es nicht genug, daß die Schildereyen eines Poeten auf die Wahrheit gegründet seyn, wenn diese nicht mit einer ungemeinen und ungewohnten Neuheit gepaaret gehet. Das poetische Wahre ist der Grundstein des Ergetzens, weil das Unnatürliche und Unmögliche uns niemahls gefallen kan: Aber die Neuheit ist eine Mutter des Wunderbaren, und hiermit eine Quelle des Ergetzens. Selbst die philosophische Wahrheit, die auf die Erleuchtung des Verstandes zielet, kan uns nicht gefallen, wenn sie nicht neu und unbekannt ist; niemand läßt sich gerne immer vorsagen, die Sonne mache helle, die Menschen können sterben, und s. f. Und aus dieser Ursache hat die Fabel schon in den ältesten Zeiten ihren Ursprung bekommen, weil man nemlich bedacht seyn müssen, dem Menschen durch dieses Mittel die nützlichsten, aber zugleich bekanntesten moralischen Wahrheiten auf eine angenehme Weise beyzubringen. Wahrhaftig, nichts zeiget deutlicher daß das Wunderbare allemahl angenehm ist, als der Fleiß, den ein jeder, der etwas erzehlet, anwendet, die Wahrheit aufzuputzen, und ihr einen Zusatz zu geben, damit sie den Zuhörenden desto gefälliger werde, wie Aristoteles in seiner poetischen Kunst angemercket hat.

(Ebd., S. 110f)

Was die Begriffe, die sich gedencken lassen, in der Vernunft-Lehre sind, das sind die Bilder der sinnlichen Dinge in der Logick der Phantasie; und was dort die Sätze sind, das sind hier die Gleichnisse.

(Von den Gleichnissen, S. 3)

Es ist mir manchmahl in den Sinn gekommen, daß die Einbildungs-Kraft eben so wohl als der Verstand einer gewissen Logik vonnöthen habe. Wer eine Erkänntniß des Wahrscheinlichen, mit welchem die Phantasie umgeht, erlangen will, muß eben also, wie in der Vernunft-Lehre geschicht, vom Einfachen zum Vielfachen fortgehen. (Ebd., S. 6)

Die Phantasie bekümmert sich um den innerlichen Grund und das wahre Wesen der Dinge gar nicht; sie überläßt dem Verstand die Möglichkeit der Dinge durch seine Bilder vorzustellen; sie selbst steht bey der äusserlichen Fläche stille, und siehet die Sachen nicht tiefer ein, als die cörperlichen Sinne gehen.

(Ebd., S. 7)

Johann Joachim Winckelmann

(1717–1768)

Das Muster der Antike vor der Nachahmung der Natur – »edle Einfalt«, »stille Größe« – Ausdrucksästhetik: Laokoon – stille Schönheit von innen – Empfindung des Schönen: »flüssiger Gips« – »mehr zu denken hinterlassen«, als was das Auge sieht – Kunst-Betrachtung ist Muße

Der einzige Weg für uns, groß, ja, wenn es möglich ist, unnachahmlich zu werden, ist die Nachahmung der Alten [...].

(Gedanken über die Nachahmung der Griechischen Werke in der Malerei und Bildhauerkunst, S. 2)

Nichts würde den Vorzug der Nachahmung der Alten vor der Nachahmung der Natur deutlicher zeigen können, als wenn man zwei junge Leute nähme von gleich schönem Talente und den einen das Altertum, den andern die bloße Natur studieren ließe. Dieser würde die Natur bilden, wie er sie findet. Als ein Italiener würde er Figuren malen vielleicht wie Caravaggio, als ein Niederländer, wenn er glücklich ist, wie Jacob Jordaens, als ein Franzose wie Stella; jener aber würde die Natur bilden, wie sie es verlangt, und Figuren malen wie Raffael.

Könnte auch die Nachahmung der Natur dem Künstler alles geben, so würde gewiß die Richtigkeit im Kontur durch sie nicht zu erhalten sein. Diese muß von den Griechen allein erlernt werden.

Der edelste Kontur vereinigt oder umschreibt alle Teile der schönsten Natur und der idealischen Schönheiten in den Figuren der Griechen, oder er ist vielmehr der höchste Begriff in beiden.

(Ebd., S. 13)

Das allgemeine vorzügliche Kennzeichen der griechischen Meisterstücke ist endlich eine edle Einfalt und eine stille Größe, sowohl in der Stellung als im Ausdruck. So wie die Tiefe des Meeres allezeit ruhig bleibt, die Oberfläche mag noch so wüten, ebenso zeigt der Ausdruck in den Figuren der Griechen bei allen Leidenschaften eine große und gesetzte Seele. Diese Seele schildert sich in dem Gesichte des Laokoon, und nicht in dem Gesichte allein, bei dem heftigsten Leiden. Der Schmerz, welcher sich in allen Muskeln und Sehnen des Körpers entdeckt und den man ganz allein, ohne das Gesicht und andere Teile zu betrachten, an dem schmerzlich eingezogenen Unterleibe beinahe selbst zu empfinden glaubt, dieser Schmerz, sage ich, äußert sich dennoch mit keiner Wut in dem Gesichte und in der ganzen Stellung. Er erhebt kein schreckliches Geschrei, wie Vergil von seinem Laokoon singt. Die Öffnung des Mundes gestattet es nicht; es ist vielmehr ein ängstliches und beklemmtes Seufzen [...]. Der Schmerz des Körpers und die Größe der Seele sind durch den ganzen Bau der Figur mit gleicher Stärke ausgeteilt und gleichsam abgewogen. Laokoon leidet, aber er leidet wie des Sophokles Philoktetes: sein Elend geht uns bis an die Seele, aber wir wünschten, wie dieser große Mann das Elend ertragen zu können.

Der Ausdruck einer so großen Seele geht weit über die Bildung der schönen Natur: der Künstler mußte die Stärke des Geistes in sich selbst fühlen, welche er seinem Marmor einprägte. Griechenland hatte Künstler und Weltweise in einer Person und mehr als einen Metrodor. Die Weisheit reichte der Kunst die Hand und blies den Figuren derselben mehr als gemeine Seelen ein.

(Ebd., S. 17)

Nach der Betrachtung über die Bildung der Schönheit ist zum zweiten von dem Ausdrucke zu reden. Der Ausdruck ist eine Nachahmung des wirkenden und leidenden Zustandes unserer Seele und unseres Körpers und der Leidenschaft sowohl als der Handlungen. In beiden Zuständen verändern sich die Züge des Gesichts und die Haltung des Körpers, folglich die Formen, welche die Schönheit bilden, und je größer diese Veränderung ist, desto nachteiliger ist dieselbe der Schönheit. Die Stille ist derjenige Zustand, welcher der Schönheit sowie dem Meere der eigentlichste ist, und die Erfahrung zeigt, daß die schönsten Menschen von stillem, gesittetem Wesen sind. Es kann auch der Begriff einer hohen Schönheit nicht anders erzeugt werden als in einer stillen und von allen einzelnen Bildungen abgerufenen Betrachtung der Seele. In solcher Stille bildet uns der große Dichter den Vater der Götter, welcher allein durch das Winken seiner Augenbrauen und durch das Schütteln seiner Haare den Himmel bewegte, und so ungerührt von Empfindungen sind die meisten Bilder der Götter, daher die hohe Schönheit dem angeführten Genius in der Villa Borghese nur in diesem Zustande zu geben war. Da aber im Handeln und Wirken die höchste Gleichgültigkeit nicht stattfindet und göttliche Figuren menschlich vorzustellen sind, so konnte auch in diesen der erhabenste Begriff der Schönheit nicht beständig gesucht und erhalten werden. Aber der Ausdruck wurde derselben gleichsam zugewägt, und die Schönheit war bei den alten Künstlern die Zunge an der Waage des Ausdrucks und als die vornehmste Absicht derselben, wie das Zimbal in einer Musik, welche alle anderen Instrumente, die jene zu übertäuben scheinen, regiert.

(Geschichte der Kunst des Altertums, S. 212 f)

Das wahre Gefühl des Schönen gleicht einem flüssigen Gipse, welcher über den Kopf des Apollo gegossen wird und denselben in allen Teilen berührt und umgibt. Der Vorwurf dieses Gefühls ist nicht, was Trieb, Freundschaft und Gefälligkeit anpreisen, sondern was der innere, feinere Sinn, welcher von allen Absichten geläutert sein soll, um des Schönen willen selbst empfindet. Sie werden hier sagen, mein Liebster, ich stimme mit Platonischen Begriffen an, die vielen diese Empfindungen absprechen könnten. Sie wissen aber, daß man im Lehren, wie in Gesetzen, den höchsten Ton suchen muß, weil die Saite von selbst nachläßt.

Ich sage, was sein sollte, nicht was zu sein pflegt, und mein Begriff ist wie die Probe von der Richtigkeit der Rechnung.
(Abhandlung von der Fähigkeit der Empfindung des Schönen in der Kunst und dem Unterrichte derselben, S. 144)

Alle Künste haben einen gedoppelten Endzweck: sie sollen vergnügen und zugleich unterrichten, und viele von den größten Landschaftsmalern haben daher geglaubt, sie würden ihrer Kunst nur zur Hälfte ein Genüge getan haben, wenn sie ihre Landschaften ohne alle Figuren gelassen hätten.

Der Pinsel, den der Künstler führt, soll in Verstand getunkt sein, wie jemand von dem Schreibegriffel des Aristoteles gesagt hat: Er soll mehr zu denken hinterlassen, als was er dem Auge gezeigt, und dieses wird der Künstler erhalten, wenn er seine Gedanken in Allegorien nicht zu verstecken, sondern einzukleiden gelernt hat. Hat er einen Vorwurf, den er selbst gewählt oder der ihm gegeben worden, welcher dichterisch gemacht oder zu machen ist, so wird ihn seine Kunst begeistern und wird das Feuer, welches Prometheus den Göttern raubte, in ihm erwecken. Der Kenner wird zu denken haben, und der bloße Liebhaber wird es lernen.
(Gedanken über die Nachahmung der Griechischen Werke in der Malerei und Bildhauerkunst, S. 37)

Denn die Betrachtung der Werke der Kunst ist, wie Plinius sagt, für müßige Menschen, das ist, die nicht den ganzen Tag ein schweres und unfruchtbares Feld zu bauen verdammt sind. Die mir gegönnte Muße ist eine der größten Glückseligkeiten, die mir das gütige Geschick durch meinen erhabensten Freund und Herrn in Rom finden lassen, welcher, solang ich bei und mit ihm lebe, keinen Federstrich von mir verlangt hat, und diese selige Muße hat mich in Stand gesetzt, mich der Betrachtung der Kunst nach meinem Wunsche zu überlassen.
(Abhandlung von der Fähigkeit der Empfindung des Schönen in der Kunst und dem Unterrichte in derselben, S. 149)

Johann Georg Hamann
(1730–1788)

»Eine Wurfschaufel für meine Muse« – poetische Muttersprache der Menschheit – der Bilderschatz »menschlicher Erkenntnis und Glückseligkeit« – der Autor als Ausleger der Natur-Schrift – »Reden ist übersetzen«

Nicht Leyer! – noch Pinsel! – eine Wurfschaufel für meine Muse, die Tenne heiliger Litteratur zu fegen! – Heil dem Erzengel über die Reliquien der Sprache Kanaans! – auf schönen Eselinnen siegt er im Wettlauf; – aber der weise Idiot Griechenlands borgt Euthyphrons stolze Hengste zum philologischen Wortwechsel.

Poesie ist die Muttersprache des menschlichen Geschlechts; wie der Gartenbau, älter als der Acker: Malerey – als Schrift: Gesang, – als Deklamation: Gleichnisse, – als Schlüsse: Tausch, – als Handel. Ein tieferer Schlaf war die Ruhe unserer Urahnen; und ihre Bewegung, ein taumelnder Tanz. Sieben Tage im Stillschweigen des Nachsinns oder Erstaunens saßen sie; – und thaten ihren Mund auf – zu geflügelten Sprüchen.

Sinne und Leidenschaften reden und verstehen nichts als Bilder. In Bildern besteht der ganze Schatz menschlicher Erkenntniß und Glückseligkeit. Der erste Ausbruch der Schöpfung, und der erste Eindruck ihres Geschichtschreibers; – – die erste Erscheinung und der erste Genuß der Natur vereinigen sich in dem Worte: Es werde Licht! hiemit fängt sich die Empfindung von der Gegenwart der Dinge an.

(Aesthetica in nuce, S. 197)

Die Meynungen der Weltweisen sind Lesarten der Natur und die Satzungen der Gottesgelehrten, Lesarten der Schrift. Der Autor ist der beste Ausleger seiner Worte; Er mag durch Geschöpfe – durch Begebenheiten – oder durch Blut und Feuer und Rauchdampf reden, worinn die Sprache des Heiligthums besteht.

(Ebd., S. 203)

Rede, daß ich Dich sehe! – Dieser Wunsch wurde durch die Schöpfung erfüllt, die eine Rede an die Kreatur durch die Kreatur ist; denn ein Tag sagts dem andern, und eine Nacht thuts kund der andern. Ihre Losung läuft über jedes Klima bis an der Welt Ende und in jeder Mundart hört man ihre Stimme. -- Die Schuld mag aber liegen, woran sie will, (außer oder in uns): wir haben an der Natur nichts als Turbatverse und *disiecti membra poetae* zu unserm Gebrauch übrig. Diese zu sammeln ist des Gelehrten; sie auszulegen, des Philosophen; sie nachzuahmen – oder noch kühner! – sie in Geschick zu bringen des Poeten bescheiden Theil.

Reden ist übersetzen – aus einer Engelsprache in eine Menschensprache, das heist, Gedanken in Worte, – Sachen in Namen, – Bilder in Zeichen; die poetisch oder kyriologisch, historisch, oder symbolisch oder hieroglyphisch – und philosophisch oder charakteristisch seyn können. Diese Art der Übersetzung (verstehe Reden) kommt mehr, als irgend eine andere, mit der verkehrten Seite von Tapeten überein.

(Ebd., S. 198f)

Moses Mendelssohn
(1729–1786)

Psychologische Wirkungsästhetik: die »Triebfedern der menschlichen Seele« in höchster Anspannung aus ästhetischem Anlaß – der Begriff der Schönheit: weder ganz deutlich, noch ganz dunkel – Klarheit und Mannigfaltigkeit – »Quellen der Lust«

Die schönen Künste und Wissenschaften sind für den Virtuosen eine Beschäftigung, für den Liebhaber eine Quelle des Vergnügens, und für den Weltweisen eine Schule des Unterrichts. In den Regeln der Schönheit, die das Genie des Künstlers empfindet, und der Kunstrichter in Vernunftschlüße auflöset, liegen die tiefsten Geheimnisse unserer Seele verborgen. Jede Regel der Schönheit ist zugleich eine Entdeckung in der Seelenlehre. Denn da sie eine Vorschrift enthält, unter welchen Bedingungen ein schöner Gegenstand die beste Wirkung in unser Gemüth thun kann; – so muß sie auf die Natur des menschlichen Geistes zurückgeführt, und aus dessen Eigenschaften erklärt werden können. Wenn also der Weltweise die Spuren der Empfindungen auf ihrem dunkeln Wege verfolgt; so müssen sich ihm neue Aussichten in der Seelenlehre aufthun; die er sonst durch Vernunftschlüße und Erfahrungen nie entdeckt haben würde. Die menschliche Seele ist so unerschöpflich als die Natur; das bloße Nachdenken kann unmöglich alles ergründen, was ihr zukömmt, und die alltägliche Erfahrung pflegt selten entscheidend zu seyn. Die glücklichen Augenblicke, in welchen wir die Natur gleichsam auf der That ertappen, entwischen uns niemals so leicht, als wenn wir uns selbst beobachten wollen; und wenn sie da sind, so ist die Seele allzu sehr mit andern Angelegenheiten beschäftiget, als daß sie wahrnehmen könnte, was in ihr selbst vorgehet. Man wird also die Erscheinungen, bey welchen die Triebfedern unsrer Seele in der größten Bewegung sind, sorgfältig zergliedern, und mit der Theorie vergleichen müssen, um auf diese ein neues Licht zu verbreiten, und ihre Grenzen durch neue Entdeckungen zu erweitern. Bey welchen Erscheinungen sind aber wohl alle Triebfedern der menschlichen Seele mehr in Bewegung, als bey den Wirkungen der schönen Künste?

(Über die Hauptgrundsätze der schönen Künste und Wissenschaften, S. 173)

Die Wahrheit stehet fest, kein deutlicher, auch kein völlig dunkler Begriff verträgt sich mit dem Gefühle der Schönheit. Jener, weil unsere eingeschränkte Seele keine Mannigfaltigkeit auf einmal deutlich zu fassen vermag. Sie muß, wenn sie deutlich denken will, ihre Aufmerksamkeit von dem Ganzen abziehen, und einen Theil des Gegenstandes nach dem andern überdenken. Dieser hingegen, weil die Mannigfaltigkeit des Gegenstandes in seiner Dunkelheit gleichsam verhüllt, und unsrer Wahrnehmung entzogen wird. Zwischen den Grenzen der Klarheit müssen also alle Begriffe der Schönheit eingeschlossen seyn, wenn wir ohne mühsames Überdenken eine Mannigfaltigkeit wahrnehmen sollen. Ja noch mehr; je ausgebreitet klärer die Vorstellung des schönen Gegenstandes, desto feuriger das Vergnügen, das daraus entspringet. Eine ausgebreitet klärere Vorstellung enthält eine reichere Mannigfaltigkeit, mehrere Verhältnisse des Mannigfaltigen gegen einander. Lauter Quellen der Lust!

(Über die Empfindungen, S. 36)

Karl Philipp Moritz
(1756–1793)

Die bildende Nachahmung des Schönen – dessen Zwecklosigkeit – Schönheitssinn in der Tatkraft, jenseits der Denkkraft – Grundlosigkeit des Schönen – es muß »empfunden« werden – »schöne Seelen« als Gattungswesen

Das Schöne aber, in so fern es sich dadurch vom Edlen unterscheidet, daß, im Gegensatz gegen das Innre, bloß das äußre Schöne darunter verstanden wird, kann durch die Nachahmung nicht in uns herein, sondern muß, wenn es von uns nachgeahmt werden soll, nothwendig wieder aus uns herausgebildet werden.

(Über die bildende Nachahmung des Schönen, S. 6f)

Jede schöne Handlung aber muß nothwendig auch edel seyn: das Edle ist bei ihr die Basis oder der Fond des Schönen, durch welches sie in unser Auge leuchtet.

(Ebd., S. 7)

Der Begriff vom Unnützen nehmlich, in so fern es gar keinen Zweck, keine Absicht außer sich hat, warum es da ist, schließt sich am willigsten und nächsten an den Begriff des Schönen an, in so fern dasselbe auch keines Endzwecks, keiner Absicht, warum es da ist, außer sich *bedarf,* sondern seinen ganzen Werth, und den Endzweck seines Daseyns in sich selber hat.

(Ebd., S. 10)

Nun kann aber nur die Vorstellung von dem, was das Schöne *nicht zu seyn braucht,* um schön zu seyn, und was als überflüssig davon betrachtet werden muß, uns auf einen nicht unrichtigen Begriff des Schönen führen, indem wir uns alles, was nicht dazu gehört, um dasselbe her hinweg, und also wenigstens den wahren Umriß des leeren Raumes denken, wohinein das von uns Gesuchte, wenn es positiv von uns gedacht werden könnte, nothwendig passen müßte.

(Ebd., S. 11)

Die Natur konnte aber den Sinn für das höchste Schöne nur in die Thatkraft pflanzen, und durch dieselbe erst mittelbar einen Abdruck dieses höchsten Schönen der Einbildungskraft faßbar, dem Auge sichtbar, dem Ohre hörbar, machen; weil der Horizont der Thatkraft mehr umfaßt, als der äußre Sinn, und Einbildungs- und Denkkraft fassen kann.

(Ebd., S. 16)

Alle die in der thätigen Kraft bloß dunkel geahndeten Verhältnisse jenes großen Ganzen, müssen nothwendig auf irgend eine Weise entweder sichtbar, hörbar, oder doch der Einbildungskraft faßbar werden: und um dieß zu werden, muß die Thatkraft, worinn sie schlummern, sie nach *sich selber, aus sich selber bilden.* – Sie muß alle jenen Verhältnisse des großen Ganzen, und in ihnen das höchste Schöne, wie an den Spitzen seiner Strahlen, in einen Brennpunkt fassen. – Aus diesem Brennpunkte muß sich, nach des Auges gemessener Weite, ein zartes und doch getreues Bild des höchsten Schönen ründen, das die vollkommensten Verhältnisse des großen Ganzen der Natur, eben so wahr und richtig, wie sie selbst, in seinen kleinen Umfang faßt.

(Ebd., S. 18)

Die Natur des Schönen besteht ja eben darinn, daß sein innres Wesen außer den Grenzen der Denkkraft, in seiner Entstehung in seinem eignen Werden liegt. Eben darum, weil die Denkkraft beim Schönen nicht mehr fragen kann, warum es schön sey? ist es schön.

(Ebd., S. 19)

Das Schöne kann daher nicht erkannt, es muß hervorgebracht – oder *empfunden* werden.

(Ebd., S. 20)

Was uns daher allein zum wahren Genuß des Schönen bilden kann, ist das, wodurch das Schöne selbst entstand; *vorhergegangne ruhige Betrachtung der Natur und Kunst, als eines einzigen großen Ganzen,* das in allen seinen Theilen sich in sich selber spiegelnd, da den reinsten Abdruck läßt, wo alle Beziehung aufhört, in dem ächten Kunstwerke, das, so wie sie, in sich selbst vollendet, den Endzweck und die Absicht seines Daseyns in sich selber hat. –

(Ebd., S. 29)

Und das Individuum muß dulden, wenn die *Gattung* sich erheben soll.

Die Menschengattung aber muß sich heben, weil sie den Endzweck ihres Daseyns nicht mehr außer sich, sondern in sich hat; und also auch durch die Entwicklung aller in ihr schlummernden Kräfte, bis zur Empfindung und Hervorbringung des Schönen, *sich in sich selber vollenden muß.* – Zu dieser Vollendung aber gehört das duldende Individuum selber mit; dessen Duldung eben, wenn sie vorüber ist, durch die Darstellung zugleich in den höchsten Vollendungspunkt des Schönen mit hinüber geht. – [...]

Höher aber kann die Menschheit sich nicht heben, als bis auf den Punkt hin, wo sie durch das Edle in der Handlung, und das Schöne in der Betrachtung, das Individuum selbst aus seiner Individualität herausziehend, in den schönen Seelen sich vollendet, die fähig sind, aus ihrer eingeschränkten Ichheit, in das Interesse der Menschheit hinüber schreitend, sich in die Gattung zu verlieren.

(Ebd., S. 31)

Und wenn jemals ein schwacher Schimmer des über Zerstöhrung und Bildung erhabnen Schönen sich uns zeigen kann, so muß es auf dem Punkte seyn, wo es aus der über unserm Haupte schwebenden Zerstöhrung selbst uns wieder entgegen lächelt. –

Das Auge blickt dann, sich selber spiegelnd, aus der Fülle des Daseyns auf. –

Die Erscheinung ist mit der Wirklichkeit, die Gattung mit dem Individuum eins geworden. –

Tod und Zerstöhrung selbst verlieren sich in den Begriff der *ewig bildenden Nachahmung des über die Bildung selbst erhabnen Schönen,* dem nicht anders als, durch *immerwährend sich verjüngendes Daseyn,* nachgeahmt werden kann.

Durch dieß sich stets verjüngende Daseyn, *sind wir selber.*

Daß wir selber *sind,* ist unser höchster und edelster Gedanke.

Und von sterblichen Lippen, läßt sich kein erhabneres Wort vom Schönen sagen, als: *es ist!*

(Ebd., S. 37)

Denis Diderot
(1713–1784)

Was ist Gesang? – echte Sprache der Leidenschaften – das taube Herz des moralisch unbekümmerten Musikliebhabers – Krampf der Darstellung – Hoffnung auf eine Ästhetik aus den »Werkstätten«, für Künstler und Philosophen zugleich

ICH. Alles Nachgeahmte hat sein Muster in der Natur. Was ist das Muster des Tonkünstlers, wenn er einen Gesang hervorbringt?

ER. Warum nehmt Ihr die Sache nicht höher? Was ist denn ein Gesang?

ICH. Gesteh ich Euch, diese Frage geht über meine Kräfte. So sind wir alle. Wir haben im Gedächtnis nur Worte, die wir zu verstehen glauben, weil wir uns ihrer oft bedienen und sie sogar richtig anwenden. So haben wir auch im Verstand nur unbestimmte Begriffe. Sprech' ich das Wort Gesang aus, so habe ich davon keinen bestimmtern Begriff als Ihr und die meisten Euresgleichen wenn sie aussprechen: Reputation, Schande, Ehre, Laster, Tugend, Scham, Anstand, Beschämung, Lächerliches.

ER. Der Gesang ist eine Nachahmung durch Töne, einer durch Kunst erfundenen, oder, wenn es Euch beliebt, durch Natur eingegebenen Tonleiter, sie werde nun durch Stimmen oder Instrumente dargestellt, eine Nachahmung physischer Laute oder leidenschaftlicher Töne, und Ihr seht, daß mit gehöriger Veränderung sich die Definition der Malerei, der Redekunst, der Skulptur und Poesie wohl anpassen ließe. Nun, auf Eure Frage zu kommen: was ist das Muster des Musikers oder des Gesanges? Es ist die Deklamation, wenn das Muster lebendig und empfindend; es ist der Klang, wenn das Muster unbelebt ist. Man muß die Deklamation wie eine Linie ansehen, und den Gesang wie eine andre Linie, die sich um die erste herschlängelt. Je mehr diese Deklamation, Muster des Gesangs, stark und wahr ist, an je mehr Punkten der Gesang, der sich ihr gleichstellt, die durchschneidet, desto wahrer, desto schöner wird er sein.

(Rameaus Neffe, S. 995)

Die Leidenschaften müssen stark sein. Die Zärtlichkeit des lyrischen Poeten und des Musikus muß extrem sein. Die Arie ist fast immer am Schluß einer Szene. Wir brauchen Ausrufungen, Interjektionen, Suspensionen, Unterbrechungen, Bejahungen, Verneinungen, wir rufen, wir flehen, wir schreien, wir seufzen, wir weinen, wir lachen von Herzen. Keinen Witz, keine Sinngedichte, keine hübschen Gedanken, das ist zu weit von der einfachen Natur. Und glaubt nur ja nicht, daß das Spiel der Theaterkünstler und ihre Deklamation uns zum Muster dienen könne. Pfui doch! Wir müssen es kräftiger haben, weniger manieriert, wahrer. Einfache Gespräche, die gemeine Stimme der Leidenschaft sind uns um so nötiger, als unsre Sprache monotoner ist und weniger Akzent hat. Der tierische Schrei, der Schrei des leidenschaftlichen Menschen bringt ihn hervor.

(Ebd., S. 1003 f)

Wie kommt's, daß, mit einem so feinen Gefühl, einer so großen Reizbarkeit für die Schönheiten musikalischer Kunst, Ihr so blind gegen sittliche Schönheit sein könnt, so gefühllos für den Reiz der Tugend?

ER. Wahrscheinlich weil es für diese einen Sinn gibt, den ich nicht habe, eine Fiber, die mir nicht gegeben ist, eine erschlaffte Fiber, die man immer kneipen mag und die nicht schwirrt. Oder habe ich vielleicht immer mit guten Musikern und schlechten Menschen gelebt und mein Ohr ist dadurch fein, mein Herz aber taub geworden.

(Ebd., S. 1006)

Sogleich nimmt er die Stellung eines Violinspielers an. Er summt mit der Stimme ein Allegro von Locatelli; sein rechter Arm ahmt die Bewegung des Bogens nach, die Finger seiner linken Hand scheinen sich auf dem Hals der Violine hin und her zu bewegen. Bei einem falschen Ton hält er inne, stimmt die Saite und kneipt sie mit dem Nagel, um gewiß zu sein, daß der Ton rein ist. Dann nimmt er das Stück wieder auf, wo er es gelassen hat. Er tritt den Takt, zerarbeitet sich mit dem Kopfe, den Füßen, den Händen, den Armen, dem Körper, wie ihr manchmal im Concert spirituel Ferrari, oder Chiabran, oder einen andern Virtuosen in solchen Zuckungen gesehen habt, das Bild einer ähnlichen Marter vorstellend und uns ungefähr denselben Schmerz mitteilend. Denn ist es nicht eine schmerzliche Sache an demjenigen nur die Marter zu schauen, der bemüht ist uns das Vergnügen auszudrücken?

Zieht einen Vorhang zwischen mich und diesen Menschen, damit ich ihn wenigstens nicht sehe, wenn er sich nun einmal wie ein Verbrecher auf der Folterbank gebärden muß.

Aber in der Mitte solcher heftigen Bewegungen und solches Geschreis veränderte mein Mann sein ganzes Wesen bei einer harmonischen Stelle, wo der Bogen sanft auf mehreren Saiten stirbt. Auf seinem Gesicht verbreitete sich ein Zug von Entzücken. Seine Stimme ward sanfter, er behorchte sich mit Wollust. Ich glaubte so gut die Akkorde zu hören als er. Dann schien er sein Instrument mit der Hand, in der er's gehalten hatte, unter den linken Arm zu nehmen, die Rechte mit dem Bogen ließ er sinken und sagte: Nun was denkt Ihr davon?

(Ebd., S. 949 f)

Hoffentlich geht aus dem Schoß der Akademien einmal ein Mann hervor, der in die Werkstätten hinabsteigt, dort die Erscheinungen der Künste sammelt und sie in einem Werke darstellt, das die Künstler veranlaßt, zu lesen, die Philosophen, nützlich zu denken, und die Großen, endlich einmal einen nützlichen Gebrauch von ihrer Macht und ihren Belohnungen zu machen.

(Enzyklopädie, Philosophische Schriften I, S. 252)

Johann Georg Sulzer

(1720–1779)

Ästhetik als enzyklopädisches Stichwort – Lenkung des Gemüts durch die schönen Künste – Formulierbarkeit weniger Leitsätze – Gefahr bloßer »Luftgebäude« ohne Beispiele – der Ästhetiker als Regent im Tollhaus

ÄSTHETIK

Die Philosophie der schönen Künste oder die Wissenschaft, welche sowohl die allgemeine Theorie, als die Regeln der schönen Künste aus der Natur des Geschmaks herleitet. Das Wort bedeutet eigentlich die Wissenschaft der Empfindungen, welche in der griechischen Sprache Aisthesis genennt werden. Die Hauptabsicht der schönen Künste geht auf die Erwekung eines lebhaften Gefühls des Wahren und des Guten, also muß die Theorie derselben auf die Theorie der undeutlichen Erkenntnis und der Empfindungen gegründet seyn.

Aristoteles hat angemerkt, daß alle Künste vor der Theorie gewesen seyn. Auch die besondern Regeln sind eher bekannt gewesen, als die allgemeinen Grundsätze, auf welche sie gebauet sind. Das glükliche Genie einiger Menschen hat verschiedene Werke hervor gebracht, welche gefielen, ehe man den Grund dieses Wohlgefallens erkannte. Aristoteles ist einer der ersten gewesen, der aus einzelnen Fällen Regeln hergeleitet: aber weder seine Dichtkunst, noch seine Redekunst, können als vollständige Theorien dieser Künste angesehen werden. In den besten Reden und Gedichten der ältern Griechen und seiner Zeitverwandten, hatte er dasjenige genau bemerkt, was allemal gefällt, und daraus Regeln gemacht. Er blieb bey der Empfindung stehen, ohne sich zu bemühen, den Grund derselben zu entdeken, und ohne zu untersuchen, ob die Redner oder Dichter alle Fächer der Kunst erfüllt haben, oder nicht.

Die Kunstrichter, welche nach diesem griechischen Weltweisen gekommen, haben seinen Fußstapfen gefolgt, neue Bemerkungen gemacht, die Anzahl der Regeln vermehrt, ohne neue Grundsätze zu entdeken. Unter den Neuern hat *du Bos,* so viel ich weiß, zuerst versucht, die Theorie der Künste auf einen allgemeinen Grundsatz zu bauen, und aus demselben die Richtigkeit der Regeln zu zeigen. Das Bedürfnis, das jeder Mensch in gewissen Umständen fühlt, seine Gemüthskräfte zu beschäftigen, und seinen Empfindungen eine gewisse Thätigkeit zu geben, ist das Fundament seiner Theorie. Er hat sich aber begnügt, einige Hauptregeln auf dieses Fundament zu bauen, und ist im übrigen eben so empirisch verfahren, wie seine Vorgänger. Doch ist sein Werk voll fürtrefflicher Anmerkungen und Regeln.

Unser *Baumgarten* in Frankfurth ist der erste gewesen, der es gewagt hat, die ganze Philosophie der schönen Künste, welcher er den Namen Ästhetik gegeben hat, aus philosophischen Grundsätzen vorzutragen. Er setzt die Wolffische Lehre, von dem Ursprung der angenehmen Empfindung, den dieser Weltweise in der undeutlichen Erkenntnis der Vollkommenheit zu finden geglaubt hat, zum Voraus. In dem theoretischen Theil, dem einzigen, den er ans Licht gestellt hat, handelt dieser scharfsinnige Mann die ganze Lehre vom *Schönen* oder sinnlich Vollkommenen in allen seinen verschiedenen Arten ab, und zeiget überall die denselben entgegengesetzten Arten des Häßlichen. Es ist aber zu bedauren, daß seine allzu eingeschränkte Kenntnis der Künste ihm nicht erlaubt hat, die Theorie weiter, als auf die Beredsamkeit und Dichtkunst auszudehnen. Er hat auch bey weitem nicht alle Gestalten des Schönen beschrieben.

Man muß deßwegen die Ästhetik unter die noch wenig ausgearbeiteten philosophischen Wissenschaften zählen. Da das gegenwärtige Werk nach der Absicht des Verfassers den ganzen Umfang dieser Wissenschaft enthalten sollte, wiewol es keine systematische Gestalt hat, so gehört die Entwiklung des Plans der Ästhetik hieher.

Zuförderst mußte die Absicht und das Wesen der schönen Künste festgesetzt werden. Nachdem gezeiget worden, daß die Lenkung des Gemüths, durch Erregung angenehmer und unangenehmer Empfindungen, die Hauptabsicht der schönen Künste sey, so mußte der Ursprung aller angenehmen und unangenehmen Empfindungen aus der Natur der Seele gezeiget, oder aus den Untersuchungen der Weltweisen angenommen werden. Hiernächst mußten nun die verschiedenen Hauptgattungen der angenehmen und unangenehmen Gegenstände angezeiget, und ihre Würkungen auf das Gemüth bestimmt werden. Die besonderen Arten des Angenehmen und Unangenehmen, bis auf die kleinesten Umstände, so viel deren, sowol durch die Theorie, als durch die aufmerksamste Betrachtung der Werke des Geschmaks, zu entdeken, oder auch blos zu errathen gewesen sind, mußten in hundert besonderen Artikeln sorgfältig zergliedert werden. Alle diese Artikel zusammen machen den theoretischen Theil der Philosophie der Künste aus.

In dem praktischen Theile derselben mußten die verschiedenen Arten der schönen Künste angezeiget, der besondre Charakter und der Umfang einer jeden festgesetzt werden. Zugleich mußte die besondere Wendung des Genies, die nähere Bestimmung sowol des angebohrnen, als des durch Nachforschung und Unterricht angenommenen Geschmaks, der zu jeder besonders erfordert wird, beschrieben, die vornehmsten Hülfsmittel, zu einer glücklichen Fertigkeit in jeder Kunst zu gelangen, angezeiget werden.

Jede schöne Kunst bringt Werke hervor, welche in ihrer innerlichen Einrichtung und durch ihre näher bestimmte Endzweke sich von andern unterscheiden. Alle Arten derselben sind besonders beschrieben. So ist in Ansehung der Dichtkunst die Natur des epischen, des lyrischen, des lehrenden Gedichts und anderer Arten; in Ansehung der Malerey das historische, das allegorische, das moralische und andre Gemählde, besonders beschrieben, und der Charakter jeder Art an sichern Grundsätzen bestimmt worden.

Aus diesen Quellen sind denn endlich die Regeln zur Ausführung der Kunstwerke hergeleitet worden; sowol die allgemeinen, zur Erfindung, *Anordnung* und einförmigen Bearbeitung des Ganzen, als die besonderen von der Wahl oder Erfindung, von der Richtigkeit, der Übereinstimmung und der bestimmten Würkung eines jeden einzelnen Theiles.

Dieses ist der Inhalt der ganzen Ästhetik, einer Wissenschaft, welche dem Künstler in der Erfindung, Anordnung und Ausführung seines Werks nützlich zu Hülfe kommen, den Liebhaber in seiner Beurtheilung leiten, und zugleich fähiger machen kann, allen Nutzen, auf den die Werke der Kunst abzielen, aus ihrem Genuß zu ziehen. Ein Nutzen, der die Absicht der Weltweisheit und der Sittenlehre vollendet.

Die Ästhetik gründet sich, so wie jede andre Theorie, auf wenige und einfache Grundsätze. Man muß aus der Psychologie wissen, wie die Empfindungen entstehen, wie sie angenehm oder unangenehm werden. Zwey oder drey Sätze, welche die allgemeine Auflösung dieser Fragen angiebt, sind die Grundsätze der Ästhetik. Aus diesen wird auf der einen Seite die Natur der ästhetischen Gegenstände bestimmt; auf der andern aber die Art oder das Gesetz, nach welchem sie sich dem Geiste vorstellen müssen, oder die Lage des Gemüthes, um ihre Würkung zu empfinden. Dieses alles kann auf wenige Sätze gebracht werden, welche hinlänglich wären, jeden guten Kopf bey Verfertigung eines Werks der Kunst zu leiten.

Es ist mit dieser Wissenschaft, wie mit der Vernunftlehre, deren Grundsätze wenig und einfach sind. *Aristoteles,* der diese wenige Grundsätze auf alle mögliche besondere Fälle angewendet, und alle mögliche Abweichungen davon entwikelt hat, gab der Philosophie eine Vernunftlehre, die vollständig, aber wegen der großen Mannigfaltigkeit der Fälle, worauf die Grundsätze angewendet wurden, mit einer erstaunlichen Menge Kunstwörter und besonderer Regeln angefüllt war. Der Schwarm der nach ihm gekommenen Philosophen vom zweyten Rang, übersah das

Einfache darinn, und die Terminologie vertrat die Stelle der Wissenschaft.

Soll die Ästhetik nicht in einen bloßen Wortkram ausarten, welches Schiksal die Logik und die Moral unter den Händen der Scholastiker erfahren haben; so muß man sehr sorgfältig bey jeder Gelegenheit die abgezogenen Begriffe auf die besondern Fälle, wodurch sie veranlasset worden, und ohne welche sie selbst keine Realität haben, zurüke führen. Jedes System von allgemeinen Begriffen wird ohne diese Vorsichtigkeit zu einem bloßen Luftgebäude, in welchem seichte Köpfe bauen, niederreißen und viel alberne Veranstaltungen machen, die den Verordnungen eines blödsinnigen Kopfes gleichen, der im Tollhaus sich einbildet, ein Regent und Gesetzgeber zu seyn.

(Allgemeine Theorie der Schönen Künste, Bd. 1, S. 27 ff)

Wolfgang Amadeus Mozart
(1756–1791)

[...] das, *drum beym Barte des Propheten* etc: ist zwar im nemlichen tempo, aber mit geschwinden Noten – und da sein zorn immer wächst, so muß – da man glaubt die aria seye schon zu Ende – das allegro aßai – ganz in einem andern zeitmaas, und in einem andern Ton – eben den besten Effect machen; denn, ein Mensch der sich in einem so heftigen zorn befindet, überschreitet alle ordnung, Maas und Ziel, er kennt sich nicht – so muß sich auch die Musick nicht mehr kennen – weil aber die leidenschaften, heftig oder nicht, niemal bis zum Eckel augedrücket seyn müssen, und die Musick, auch in der schaudervollsten lage, das Ohr niemalen beleidigen, sondern doch dabey vergnügen muß, folglich allzeit Musick bleiben Muß, so habe ich keinen fremden ton zum f ¦ zum ton der aria :| sondern einen befreundten dazu, aber nicht den Nächsten, D minor, sondern den weitern, A minor, gewählt. – [...] das *hui* – habe ich in *schnell* verändert also: *doch wie schnell schwand meine freude* etc: ich weis nicht was sich unsere teutsche dichter denken; – wenn sie schon das theater nicht verstehen, was die opern anbelangt – so sollen sie doch wenigstens die leute nicht reden lassen, als wenn schweine vor ihnen stünden. – hui Sau; –

(Brief an seinen Vater, 26. September 1781)

Johann Gottfried Herder
(1744–1803)

Der falsche Vorwurf gegenüber wissenschaftlicher Ästhetik – Plädoyer für die Induktion: Ausgang vom Eindruck – Schönheit, »ein schwerer, langsamer Begriff« – »Ästhetik des Gehörs gegen die Philosophie des Sichtbar-Schönen« – Schönheit der Natursprache, dem Gemeinsinn verständlich – das Erhaben-Schöne – »die bildende Kunst des Lebens«

Man verwirre also nicht zwei Dinge, die so verschieden sind, um einer Ästhetik aus der andern Vorwürfe zu machen. Wenn die eine sinnliches Urtheil ist, eine gebildete Natur, in Sachen der Schönheit, Vollkommenheit und Unvollkommenheit zu sehen, sinnlich, mithin lebhaft, mithin durchdringend, mithin entzükkend zu genießen, so bleibt sie immer *sinnliches* Urtheil, verworrene Empfindung, und soll's bleiben. Seelen solcher Natur nennen wir Genies, schöne Geister, Leute von Geschmack nach dem Grade, in welchem sie sie besitzen; ihre Ästhetik ist Natur, ist Evidenz in Sachen des Schönen. Wie aber die andre, die eigentliche wissenschaftliche Ästhetik? Sie heftet sich mit ihrer Aufmerksamkeit auf die vorige Empfindung, reißt Theile von Theilen, abstrahirt Theile vom Ganzen: nicht mehr schönes Ganze, es ist in dem Augenblick zerrissne, verstümmelte Schönheit. So durchgeht sie die einzelnen Theile, sinnt nach, hält alle zusammen, um sich den vorigen Eindruck wiederzubringen, vergleicht. Je genauer sie nachsinnt, je schärfer sie vergleicht, desto deutlicher wird der Begriff der Schönheit, und so ist also ein deutlicher Begriff der Schönheit kein Widerspruch mehr an sich, sondern nichts als ein völliger Unterschied von der verworrenen Empfindung derselben. Und so fällt mancher leere Vorwurf, den man auf die Ästhetik geworfen, weg.

(4. Kritisches Wäldchen, Bd. 19/20, S. 409)

Drei Hauptsinne giebt's also, mindestens für die Ästhetik drei, ob es gleich gewöhnlich gewesen ist, ihr nur zwei, das Auge und Ohr einzuräumen. Jeder von diesen Sinnen hat eigenthümliche erste Begriffe, die er liefert, und die den andern blos appropriiert werden; *ein* Gefühl modificirt sich durch alle Sinne; jeder aber giebt demselben seine neue Art, und so erst nur spät und zuletzt tragen sich aus allen Sinnen complexe Begriffe in die Seele über, wie sich verschiedene Ströme in ein großes Meer ergießen. So wird der Begriff der Wahrheit und auch der Schönheit: er ist ein Werk vieler und verschiedner Organe, und da jeder von diesen seine eigne Welt hat, gleichsam ein Raub vieler Welten. Die Einbildungskraft nimmt und schafft und bildet und dichtet; aber Alles bekam sie durch fremde Hände, und in ihr ist dieses Zusammengetragne nichts als ein großes Chaos.

Unmöglich also, das sieht man offenbar, kann man von hinten anfangen und von den abstractesten Begriffen der Einbildungskraft, von Schönheit und Größe und Erhabenheit u.s.w. reden, ohne die geringsten Eindrücke vorangeschickt zu haben, aus denen diese so abgezogen, so vielfassenden Ideen erst wurden. Jeder dieser Begriffe muß ein verworrenes Chaos sein, wenn nicht seine vermischten Eindrücke erst auf jeden Sinn zurückgeführt, jedem sein eigenthümlicher Ursprung und Bedeutung angewiesen, in alle nach der Reihe Ordnung gebracht und insonderheit die Proportion erwogen wird, in welcher sie zu dem und jenem Hauptbegriffe, der dunkel in uns liegt, beitragen. Und eben die Methode, die ich verrufe, ist sie bisher nicht fast die einzige gewesen? Von oben herab, von Schönheit und Erhabenheit fängt sich das Definiren an; man fängt also mit dem an, was eben das Letzte sein sollte, Schönheit. Soll der Begriff dieser mehr als eine wiederholte Worterklärung sein, aus dem man die lang bekannten Sätze nachbete, »das Object, das gefallen soll, muß sinnlich sein, muß keine Unvollkommenheit haben, muß uns auf befriedigende Art unterhalten«; soll der Begriff der Schönheit fruchtbarer sein, als an schwankenden elenden Allgemeinsätzen mein leichter Philosoph; so ist er mehr als ein Hüter am Titelblatte. Er ist ein schwerer, langsamer Begriff; er muß aus vielen einzelnen Datis und Bezeichnungen abstrahirt werden; alle diese können nicht genugsam gesammelt, gefeilt, geordnet und verfeinert werden, um aus ihnen die Analyse des Schönen überhaupt zu geben; und eben diese ist das letzte Product von allen einzelnen Phänomenen.

(Ebd., S. 433 f)

Wie verschieden finde ich den Palast der *Ästhetik des Gehörs* gegen die *Philosophie des Sichtbar-Schönen!* Nicht minder, als Auge und Ohr, Ton und Farbe, Raum und Zeit verschieden sein dürften. Das Schöne des Auges ist kälter, mehr vor uns, leichter auseinanderzusetzen und bleibt ewig da, um sich finden zu lassen; die Wollust der Tonkunst liegt tief in uns verborgen; sie wirkt in der Berauschung; sie verschwindet und läßt eine so kurze Spur nach als das Schiff im Meer und der Pfeil in der Luft und der Gedanke in der Seele. Kannst Du also, o Philosoph, Dein inneres Gefühl außen vor Dich setzen und den untheilbaren Ton wie eine Farbe zergliedern; kannst Du fühlen und zugleich denken und das vorüberfliegende Moment erhaschen und zur Ewigkeit fixiren: so rede! so schaffe eine Wissenschaft, die noch im Schooße der Empfindung liegt!

(Ebd., S. 462 f)

B. Willkommen also, liebliche Blume, allen Nationen ein Bild der Schönheit und des zu bald verblühenden Reizes! Ungesehen schlagen sich Deine Wurzeln in den Boden und suchen irdische Nahrung; Du selbst aber, feine, lebendige Gestalt, aufsprießend und sanft geschwungen, athmest die Luft, saugst das Licht, Blätter sprossend und Knospen. Je höher hinan, desto geläuterter, feiner, bis endlich mit gesammelter ganzer Macht Du zeigst, was Du bist, was Du vermagst. Da steht die Krone Deines Lebens, Dein Werk, die *Blüthe,* eine Brautkammer der Liebe, eine Erziehungs-, Schutz- und Nahrungsstätte der jungen Pflanze. Ihr opfert die grünende Mutter all' ihre Kraft; auf dem Gipfel dieser mütterlichen Triebe erscheint sie selbst in voller *Schönheit*, d. i. in der ganzen Wirksamkeit ihrer Kräfte, hinter welcher sie allmählich welkt und sinkt. Ihre zarte Geburt bewahrt die Natur sodann, unscheinbar zwar, aber fest umschlossen und in sich geordnet auf. Sie hat ihr Amt vollendet. Wenn Menschen sich an der Blume erfreuen, so ist's, weil ihre Organe mit der Gestalt und Wirkung dieses lieblichen Wesens übereinstimmen; wo nicht, so blüht sie ihnen unbemerkt oder widrig, ihr selbst aber gnügend. Der Flor der Blume ist immer schön, die *volle Erscheinung ihres Wohlseins, ihrer sie darstellenden Kräfte*.

A. Die Schönheit der Blume ist also (um in unsrer Sprache fortzufahren) das Maximum ihres eigenthümlichen Daseins und Wohlseins; uns ist sie schön, wenn unsre Empfindung dies Maximum harmonisch sich zueignen darf und gern zueignet. Wie die Blume, so der Baum –

B. Eine in die Luft erhobne Welt, ein Wald von Blüthen. Sein Stamm, seine Äste bereiten eine höhere Region den Früchten und Zweigen, die statt des gröberen Bodens der Nährerin Erde jetzt auf ihm gedeihen. Zwar sind diese Früchte in ihrer Wohlgestalt, in ihrem Duft und Geschmack, im ganzen Glanz ihrer Farben ursprünglich nicht für uns, sondern für den Kern da, den sie nähren und bergen; andre Gewächse bedecken ihn mit einer harten Schale, mit Spitzen und Stacheln, uns nicht so angenehm, in sich aber ebenso selbstbeständig und schön und dem Innern wohlthätig. Unser Sinn und Gemüth ergreift das Schöne, wo er's findet. Er spricht: »Du bist *mein!* denn ich empfinde Deine Eigenschaften mir harmonisch!«

A. Versteht auch der gemeinste Sinn diese Natursprache?

B. Er versteht sie, weil sie die Sache selbst ist. Annehmlichkeit und Schönheit der Blumen, der Früchte u.s.w. sind ihm Ausdruck ihrer Gesundheit, ihres Wohlseins, harmonisch seinen Organen.

(Kalligone, Werke Bd. 18, S. 514 f)

Dem Menschen ist also *Menschheit* das Schönste. Der ganzen Schöpfung rauben wir ihr Reizendes, um es Dem, der uns liebt, den wir lieben, zu geben. Den Blumen nehmen wir ihre Pracht, der Morgenröthe ihr Kleid, der Nachtigall ihren Gesang, allem Lebendigen sein Bedeutendes, Schönes, Erhabnes, um in der Menschheit das zu bezeichnen, was wir verlangen, ehren und lieben.

(Ebd., S. 550 f)

Als Kinder spielten wir unter einer uralten, weitschattenden *Eiche,* die wir, klein und jung gegen sie, mit Ehrfurcht ansahen. Sie schien uns eine in die Luft erhobne Welt, eine Stadt der Vögel, die blüthenreiche Linde ein Universum summender, fröhlicher Bienen. Im Gipfel der *Fichte* rauschte uns das Flüstern des erhabnen Naturgeistes, an den Zweigen des *Ahorns* hing das den Knaben so reizende, geheimnisvolle Nest des Vogels. Nun hörten wir von Cedern Libanon's, von den Palmbäumen des Morgenlandes, von der Eiche zu Dodona, mit dem, was unter ihnen geschehen war; welche Reihen erhabner Geschichten pflanzten sich damit in den Garten unsrer Phantasie, unsrer geheimsten Seelenneigung! Mit den Palmbäumen Orients kommen uns noch diese Geschichten und Sagen wie Jugendträume wieder; die ganze Welt des Wunderbaren der Tausend und einen Nacht liegt wie in einem Zaubersee in uns versenkt. Allmählich erwachte unsre Vernunft und ordnete die Jugendträume. Gewächse, Bäume, Thiere in allen Gattungen und Arten lernten wir in der Natur oder in wahren Beschreibungen kennen; sogar fanden wir sie in Systeme geordnet und studirten an allen *ein* gemeinsames Naturbild, *einen* Typus. »So werden, so wachsen, so sind und entwerden sie«, sagen wir uns jetzt; »darum sind sie so und nicht anders. Was auf diesem Lebensbaume einer in sich wesentlichen Organisation und Naturbildung nicht wächst, ist Tand und Traum.« Anerkennend diesen Typus, verfolgen wir ihn durch alle Gestalten; welch ein Erhaben-Schönes und schönes Erhabene geht uns in ihm auf! In jeder Pflanze, in jedem Baum, vom Ysop bis zur Ceder, vom Wurm zum Walfisch, dessen Rückengräte wir einst erhaben-unfruchtbar anstaunten, wird uns diese lebendige Regel sichtbar. Die Milbe und der Knochenberg Elephant sind uns in Ansehung ihres Baues und des Geistes, der ihn beseelt, gleich merkwürdig. Das Erhabne wird schön, das Schöne wird uns erhaben. Haben wir gewonnen oder verloren?

(Ebd., S. 644 f)

Daß hier der Mensch, zu würdigen Zwecken auf richtigen Wegen, in der Gestalt des Reizenden und Schönen nur das Wahre und Gute anstrebe, liebe und wähle, daß er durch kein Hinderniß abgeschreckt, durch jede Schwierigkeit angefeuert werde, seine Idee immer reiner zu suchen, brünstiger zu verfolgen, ganz zu vollenden: dies ist die bildende *Kunst des Lebens*. Wer nie weiß, was er will, oder auf gemeine, nutzlose, sogar schlechte Zwecke hinausgeht; wer nie weiß, wie er zu etwas gelange, sondern stets versucht und nimmer erprobt hat, wen verstand- und herzlos Lüste leiten oder Wahn: der ist ein Ungebildeter an Herz und Charakter. Dagegen, wer sich bezwingt und täglich mit sich kämpft, »wegzunehmen, was am Holz nicht sein soll, und dadurch die Form des Bildes fördert« (wie Luther sagt), der ist Pygmalion seiner selbst, nach der Idee des Schönen und Hohen, die ihn belebt. Wie viel ungeschickte, unziemende Formen allen Ständen unter uns aus schlechten Mustern, aus halben Begriffen, aus unreifen Übungen vorschweben, wie viel andre ohne alle Bildung ihrer selbst nur das sind, wozu sie Zeit und Zufall machte, lehrt die Erfahrung. Unstreitig giebt es mehr Gebildete von Kopf, Gebildete in Talenten, Sitten, im Geschmack, als von Geist, Herz und Charakter. Die *schönste* Kunst ist, die mit dem Verstande auch die

Empfindung des Vortrefflichen in uns läutert und unsre Neigungen zu *ihm,* nur zu *ihm,* dem Edelsten, dem Vortrefflichsten beflügelt. Heil Allem, was zu ihr beiträgt, zur schönsten Kunst des höchsten Schönen! (Ebd., S. 706)

Gotthold Ephraim Lessing
(1729–1781)

Der fruchtbare Augenblick – freies Spiel der Einbildungskraft – sehen und »hinzu denken können« – Laokoon – der extreme Ausdruck und sein Medium: bildender Künstler und Dichter – statische, bewegte Schönheit – Reiz – anschauende Erkenntnis – das Allgemeine im Besonderen – die Wirkung des Schönen

Aber, wie schon gedacht, die Kunst hat in den neuern Zeiten ungleich weitere Grenzen erhalten. Ihre Nachahmung, sagt man, erstrecke sich auf die ganze sichtbare Natur, von welcher das Schöne nur ein kleiner Teil ist. Wahrheit und Ausdruck sei ihr erstes Gesetz; und wie die Natur selbst die Schönheit höhern Absichten jederzeit aufopfere, so müsse sie auch der Künstler seiner allgemeinen Bestimmung unterordnen, und ihr nicht weiter nachgehen, als es Wahrheit und Ausdruck erlauben. Genug, daß durch Wahrheit und Ausdruck das Häßlichste der Natur in ein Schönes der Kunst verwandelt werde.

Gesetzt, man wollte diese Begriffe vors erste unbestritten in ihrem Werte oder Unwerte lassen: sollten nicht andere von ihnen unabhängige Betrachtungen zu machen sein, warum demohngeachtet der Künstler in dem Ausdrucke Maß halten, und ihn nie aus dem höchsten Punkte der Handlung nehmen müsse.

Ich glaube, der einzige Augenblick, an den die materiellen Schranken der Kunst alle ihre Nachahmungen binden, wird auf dergleichen Betrachtungen leiten.

Kann der Künstler von der immer veränderlichen Natur nie mehr als einen einzigen Augenblick, und der Maler insbesondere diesen einzigen Augenblick auch nur aus einem einzigen Gesichtspunkte, brauchen; sind aber ihre Werke gemacht, nicht bloß erblickt, sondern betrachtet zu werden, lange und wiederholtermaßen betrachtet zu werden: so ist es gewiß, daß jener einzige Augenblick und einzige Gesichtspunkt dieses einzigen Augenblickes, nicht fruchtbar genug gewählet werden kann. Dasjenige aber nur allein ist fruchtbar, was der Einbildungskraft freies Spiel läßt. Je mehr wir sehen, desto mehr müssen wir hinzu denken können. Je mehr wir darzu denken, desto mehr müssen wir zu sehen glauben. In dem ganzen Verfolge eines Affekts ist aber kein Augenblick, der diesen Vorteil weniger hat, als die höchste Staffel desselben. Über ihr ist weiter nichts, und dem Auge das Äußerste zeigen, heißt der Phantasie die Flügel binden, und sie nötigen, da sie über den sinnlichen Eindruck nicht hinaus kann, sich unter ihm mit schwächern Bildern zu beschäftigen, über die sie die sichtbare Fülle des Ausdrucks als ihre Grenze scheuet. Wenn Laokoon also seufzet, so kann ihn die Einbildungskraft schreien hören; wenn er aber schreiet, so kann sie von dieser Vorstellung weder eine Stufe höher, noch eine Stufe tiefer steigen, ohne ihn in einem leidlichern, folglich uninteressantern Zustande zu erblikken. Sie hört ihn erst ächzen, oder sie sieht ihn schon tot.

(Laokoon oder über die Grenzen der Malerei und Poesie, Schriften III, S. 21)

Wenn es wahr ist, daß das Schreien bei Empfindung körperlichen Schmerzes, besonders nach der alten griechischen Denkungsart, gar wohl mit einer großen Seele bestehen kann: so kann der Ausdruck einer solchen Seele die Ursache nicht sein, warum demohngeachtet der Künstler in seinem Marmor dieses Schreien nicht nachahmen wollen; sondern es muß einen andern Grund haben, warum er hier von seinem Nebenbuhler, dem Dichter, abgehet, der dieses Geschrei mit bestem Vorsatze ausdrücket.

(Ebd., S. 13f)

Der heftige Schmerz, welcher das Schreien auspresset, läßt entweder bald nach, oder zerstöret das leidende Subjekt. Wann also auch der geduldigste standhafteste Mann schreiet, so schreiet er doch nicht unabläßlich. Und nur dieses scheinbare Unabläßliche in der materiellen Nachahmung der Kunst ist es, was sein Schreien zu weibischem Unvermögen, zu kindischer Unleidlichkeit machen würde. Dieses wenigstens mußte der Künstler des Laokoons vermeiden, hätte schon das Schreien der Schönheit nicht geschadet, wäre es auch seiner Kunst schon erlaubt gewesen, Leiden ohne Schönheit auszudrücken.

(Ebd., S. 22)

Ein andrer Weg, auf welchem die Poesie die Kunst in Schilderung körperlicher Schönheit wiederum einholet, ist dieser, daß sie Schönheit in Reiz verwandelt. Reiz ist Schönheit in Bewegung, und eben darum dem Maler weniger bequem als dem Dichter. Der Maler kann die Bewegung nur erraten lassen, in der Tat aber sind seine Figuren ohne Bewegung. Folglich wird der Reiz bei ihm zur Grimasse. Aber in der Poesie bleibt er was er ist: ein transitorisches Schönes, das wir wiederholt zu sehen wünschen.

(Ebd., S. 124)

Das Allgemeine existieret nur in dem Besondern und kann nur in dem Besondern anschauend erkannt werden.

Einem allgemeinen symbolischen Schlusse folglich alle die Klarheit zu geben, deren er fähig ist, das ist, ihn soviel als möglich zu erläutern; müssen wir ihn auf das Besondere reduzieren, um ihn in diesem anschauend zu erkennen.

Ein Besonderes, insofern wir das Allgemeine in ihm anschauend erkennen, heißt ein Exempel.

Die allgemeinen symbolischen Schlüsse werden also durch Exempel erläutert. Alle Wissenschaften bestehen aus dergleichen symbolischen Schlüssen; alle Wissenschaften bedürfen daher der Exempel.

Doch die Sittenlehre muß mehr tun, als ihre allgemeinen Schlüsse bloß erläutern; und die Klarheit ist nicht der einzige Vorzug der anschauenden Erkenntnis.

Weil wir durch diese einen Satz geschwinder übersehen und so in einer kürzern Zeit mehr Bewegungsgründe in ihm entdecken können, als wenn er symbolisch ausgedrückt ist: so hat die anschauende Erkenntnis auch einen weit größern Einfluß in den Willen als die symbolische.

(Abhandlungen über die Fabel, Schriften I, S. 31)

Die bildenden Künste insbesondere, außer dem unfehlbaren Einflusse, den sie auf den Charakter der Nation haben, sind einer Wirkung fähig, welche die nähere Aufsicht des Gesetzes heischet. Erzeugten schöne Menschen schöne Bildsäulen, so wirkten diese hinwiederum auf jene zurück, und der Staat hatte schönen Bildsäulen schöne Menschen mit zu verdanken. Bei uns scheinet sich die zarte Einbildungskraft der Mütter nur in Ungeheuern zu äußern. (Laokoon, Schriften III, S. 16)

Was Homer nicht nach seinen Bestandteilen beschreiben konnte, läßt er uns in seiner Wirkung erkennen. Malet uns, Dichter, das Wohlgefallen, die Zuneigung, die Liebe, das Entzücken, welches die Schönheit verursachet, und ihr habt die Schönheit selbst gemalet.

(Ebd., S. 123)

Immanuel Kant
(1724–1804)

Das Geschmacksurteil kein Erkenntnisurteil, subjektiv – gleichgültig in bezug auf die Existenz seines Gegenstandes – interesseloses Wohlgefallen – die transzendentale Publizität des Geschmacksurteils: kontrafaktisch unterstellte Gültigkeit für jedermann – »schön ist das, was ohne Begriff allgemein gefällt« – das Erhabene – Kunst-Schönes, Natur-Schönes: »Symbol des Sittlichguten« – freies Spiel der Erkenntnisvermögen – Genie – ästhetische Idee, Vernunftidee: Begriff und Anschauung – das nicht subsumierbare ästhetische Besondere: reflektierende Urteilskraft

Um zu unterscheiden, ob etwas schön sei oder nicht, beziehen wir die Vorstellung nicht durch den Verstand auf das Objekte zum Erkenntnisse, sondern durch die Einbildungskraft (vielleicht mit dem Verstande verbunden) auf das Subjekt und das Gefühl der Lust oder Unlust desselben. Das Geschmacksurteil ist also kein Erkenntnisurteil, mithin nicht logisch, sondern ästhetisch, worunter man dasjenige versteht, dessen Bestimmungsgrund *nicht anders* als *subjektiv* sein kann. Alle Beziehung der Vorstellungen, selbst die der Empfindungen, aber kann objektiv sein (und da bedeutet sie das Reale einer empirischen Vorstellung); nur nicht die auf das Gefühl der Lust und Unlust, wodurch gar nichts im Objekte bezeichnet wird, sondern in der das Subjekt, wie es durch die Vorstellung affiziert wird, sich selbst fühlt.

(Kritik der Urteilskraft, § 1, S. 39 f)

Interesse wird das Wohlgefallen genannt, das wir mit der Vorstellung der Existenz eines Gegenstandes verbinden. Ein solches hat daher immer zugleich Beziehung auf das Begehrungsvermögen, entweder als Bestimmungsgrund desselben, oder doch als mit dem Bestimmungsgrunde desselben notwendig zusammenhängend. Nun will man aber, wenn die Frage ist, ob etwas schön sei, nicht wissen, ob uns oder irgend jemand an der Existenz der Sache irgend etwas gelegen sei, oder auch nur gelegen sein könne; sondern, wie wir sie in der bloßen Betrachtung (Anschauung oder Reflexion) beurteilen. [...] Man sieht leicht, daß es auf das, was ich aus dieser Vorstellung in mir selbst mache, nicht auf das, worin ich von der Existenz des Gegenstandes abhänge, ankomme, um zu sagen, er sei *schön,* und zu beweisen, ich habe Geschmack. Ein jeder muß eingestehen, daß dasjenige Urteil über Schönheit, worin sich das mindeste Interesse mengt, sehr parteilich und kein reines Geschmacksurteil sei. Man muß nicht im mindesten für die Existenz der Sache eingenommen, sondern in diesem Betracht ganz gleichgültig sein, um in Sachen des Geschmacks den Richter zu spielen.

(Ebd., § 2, S. 40f)

Gut ist das, was vermittelst der Vernunft, durch den bloßen Begriff, gefällt. Wir nennen einiges *wozu gut* (das Nützliche), was nur als Mittel gefällt; ein anderes aber *an sich gut,* was für sich selbst gefällt. In beiden ist immer der Begriff eines Zwecks, mithin das Verhältnis der Vernunft zum (wenigstens möglichen) Wollen, folglich ein Wohlgefallen am *Dasein* eines Objekts oder einer Handlung, d. i. irgendein Interesse enthalten.

Um etwas gut zu finden, muß ich jederzeit wissen, was der Gegenstand für ein Ding sein solle, d. i. einen Begriff von demselben haben. Um Schönheit woran zu finden, habe ich das nicht nötig. Blumen, freie Zeichnungen, ohne Absicht ineinander geschlungene Züge, unter dem Namen des Laubwerks, bedeuten nichts, hängen von keinem bestimmten Begriffe ab und gefallen doch. Das Wohlgefallen am Schönen muß von der Reflexion über einen Gegenstand, die zu irgendeinem Begriffe (unbestimmt welchem) führt, abhangen, und unterscheidet sich dadurch auch vom Angenehmen, welches ganz auf der Empfindung beruht.

(Ebd., § 4, S. 43f)

Geschmack ist das Beurteilungsvermögen eines Gegenstandes oder einer Vorstellungsart durch ein Wohlgefallen oder Mißfallen *ohne alles Interesse.* Der Gegenstand eines solchen Wohlgefallens heißt *schön.*

(Ebd., § 5, S. 48)

Denn das, wovon jemand sich bewußt ist, daß das Wohlgefallen an demselben bei ihm selbst ohne alles Interesse sei, das kann derselbe nicht anders als so beurteilen, daß es einen Grund des Wohlgefallens für jedermann enthalten müsse. Denn da es sich nicht auf irgendeine Neigung des Subjekts (noch auf irgendein anderes überlegtes Interesse) gründet, sondern da der Urteilende sich in Ansehung des Wohlgefallens, welches er dem Gegenstande widmet, völlig *frei* fühlt: so kann er keine Privatbedingungen als Gründe des Wohlgefallens auffinden, an die sich sein Subjekt allein hängte, und muß es daher als in demjenigen begründet ansehen, was er auch bei jedem anderen voraussetzen kann; folglich muß er glauben Grund zu haben, jedermann ein ähnliches Wohlgefallen zuzumuten. Er wird daher vom Schönen so sprechen, als ob Schönheit eine Beschaffenheit des Gegenstandes und das Urteil logisch wäre (durch Begriffe vom Objekte ein Erkenntnis desselben ausmache); ob es gleich nur ästhetisch ist und bloß eine Beziehung der Vorstellung des Gegenstandes auf das Subjekt enthält; darum, weil es doch mit dem logischen die Ähnlichkeit hat, daß man die Gültigkeit desselben für jedermann daran voraussetzen kann. Aber aus Begriffen kann diese Allgemeinheit auch nicht entspringen. Denn von Begriffen gibt es keinen Übergang zum Gefühle der Lust oder Unlust (ausgenommen in reinen praktischen Gesetzen, die aber ein Interesse bei sich führen, dergleichen mit dem reinen Geschmacksurteile nicht verbunden ist). Folglich muß dem Geschmacksurteile, mit dem Bewußtsein der Absonderung in demselben von allem Interesse, ein Anspruch auf Gültigkeit für jedermann, ohne auf Objekte gestellte Allgemeinheit anhangen, d. i. es muß damit ein Anspruch auf subjektive Allgemeinheit verbunden sein. [...] in Ansehung des Angenehmen gilt also der Grundsatz: *ein jeder* hat seinen eigenen Geschmack (der Sinne).

Mit dem Schönen ist es ganz anders bewandt. Es wäre (gerade umgekehrt) lächerlich, wenn jemand, der sich auf seinen Geschmack etwas einbildete, sich damit zu rechtfertigen gedächte: dieser Gegenstand (das Gebäude, was wir sehen, das Kleid, was jener trägt, das Konzert, was wir hören, das Gedicht, welches zur Beurteilung aufgestellt ist) ist *für mich schön*. Denn er muß es nicht *schön* nennen, wenn es bloß ihm gefällt. Reiz und Annehmlichkeit mag für ihn vieles haben, darum bekümmert sich niemand; wenn er aber etwas für schön ausgibt, so mutet er anderen ebendasselbe Wohlgefallen zu; er urteilt nicht bloß für sich, sondern für jedermann, und spricht alsdann von der Schönheit, als wäre sie eine Eigenschaft der Dinge. Er sagt daher: die *Sache* ist schön; und rechnet nicht etwa darum auf anderer Einstimmung in sein Urteil des Wohlgefallens, weil er sie mehrmalen mit dem seinigen einstimmig befunden hat, sondern *fordert* es von ihnen. Er tadelt sie, wenn sie anders urteilen, und spricht ihnen den Geschmack ab, von dem er doch verlangt, daß sie ihn haben sollen; und sofern kann man nicht sagen: ein jeder hat seinen besonderen Geschmack. Dieses würde soviel heißen, als: es gibt gar keinen Geschmack, d. i. ein ästhetisches Urteil, welches auf jedermanns Beistimmung rechtmässigen Anspruch machen könnte.

(Ebd., § 6f, S. 48ff)

Hier ist nun zu sehen, daß in dem Urteile des Geschmacks nichts postuliert wird als eine solche *allgemeine Stimme* in Ansehung des Wohlgefallens ohne Vermittlung der Begriffe; mithin die *Möglichkeit* eines ästhetischen Urteils, welches zugleich als für jedermann gültig angesehen werden könne. Das Geschmacksurteil selber *postuliert* nicht jedermanns Einstimmung (denn das kann nur ein logisch allgemeines, weil es Gründe anführen kann, tun), es *sinnt* nur jedermann diese Einstimmung an, als einen Fall der Regel, in Ansehung dessen es die Bestätigung nicht von Begriffen, sondern von anderer Beitritt erwartet. Die allgemeine Stimme ist also nur eine Idee.

(Ebd., § 8, S. 54)

Schön ist das, was ohne Begriff allgemein gefällt.

(Ebd., § 9, S. 58)

Schön ist das, was in der bloßen Beurteilung (also nicht vermittelst der Empfindung des Sinnes nach einem Begriffe des Verstandes) gefällt. Hieraus folgt von selbst, daß es ohne alles Interesse gefallen müsse.

Erhaben ist das, was durch seinen Widerstand gegen das Interesse der Sinne unmittelbar gefällt. [...] Das Schöne bereitet uns vor, etwas, selbst die Natur ohne Interesse zu lieben; das Erhabene, es selbst wider unser (sinnliches) Interesse hochzuschätzen.

Man kann das Erhabene so beschreiben: es ist ein Gegenstand

(der Natur), *dessen Vorstellung das Gemüt bestimmt, sich die Unerreichbarkeit der Natur als Darstellung von Ideen zu denken.*

(Ebd., S. 114)

Das Wohlgefallen am Erhabenen der Natur ist daher auch nur *negativ* (statt dessen das am Schönen *positiv* ist), nämlich ein Gefühl der Beraubung der Freiheit der Einbildungskraft durch sie selbst, indem sie nach einem anderen Gesetze als dem des empirischen Gebrauchs zweckmäßig bestimmt wird. Dadurch bekommt sie eine Erweiterung und Macht, welche größer ist als die, welche sie aufopfert, deren Grund aber ihr selbst verborgen ist, statt dessen sie die Aufopferung oder die Beraubung und zugleich die Ursache *fühlt,* der sie unterworfen wird. Die *Verwunderung,* die an Schreck grenzt, das Grausen und der heilige Schauer, welcher den Zuschauer bei dem Anblicke himmelansteigender Gebirgsmassen, tiefer Schlünde und darin tobender Gewässer, tief beschatteter, zum schwermütigen Nachdenken einladender Einöden usw. ergreift, ist bei der Sicherheit, worin er sich weiß, nicht wirkliche Furcht, sondern nur ein Versuch, uns mit der Einbildungskraft darauf einzulassen, um die Macht ebendesselben Vermögens zu fühlen, die dadurch erregte Bewegung des Gemüts mit dem Ruhestande desselben zu verbinden und so der Natur in uns selbst, mithin auch der außer uns, sofern sie auf das Gefühl unseres Wohlbefindens Einfluß haben kann, überlegen zu sein.

(Ebd., S. 116)

Empirisch interessiert das Schöne nur in der *Gesellschaft;* und wenn man den Trieb zur Gesellschaft als dem Menschen natürlich, die Tauglichkeit aber und den Hang dazu, d. i. die *Geselligkeit,* zur Erfordernis des Menschen als für die Gesellschaft bestimmten Geschöpfs, also als zur *Humanität* gehörige Eigenschaft einräumt, so kann es nicht fehlen, daß man nicht auch den Geschmack als ein Beurteilungsvermögen alles dessen, wodurch man sogar sein *Gefühl* jedem anderen mitteilen kann, mithin als Beförderungsmittel dessen, was eines jeden natürliche Neigung verlangt, ansehen sollte.

Für sich allein würde ein verlassener Mensch auf einer wüsten Insel weder seine Hütte noch sich selbst ausputzen oder Blumen aufsuchen, noch weniger sie pflanzen, um sich damit auszuschmücken; sondern nur in Gesellschaft kommt es ihm ein, nicht bloß Mensch, sondern auch nach seiner Art ein feiner Mensch zu sein (der Anfang der Zivilisierung); denn als einen solchen beurteilt man denjenigen, welcher seine Lust anderen mitzuteilen geneigt und geschickt ist, und den ein Objekt nicht befriedigt, wenn er das Wohlgefallen an demselben nicht in Gemeinschaft mit anderen fühlen kann. Auch erwartet und fordert ein jeder die Rücksicht auf allgemeine Mitteilung von jedermann, gleichsam als aus einem ursprünglichen Vertrage, der durch die Menschheit selbst diktiert ist.

(Ebd., S. 148)

Ich räume nun zwar gerne ein, daß das Interesse am *Schönen der Kunst* (wozu ich auch den künstlichen Gebrauch der Naturschönheiten zum Putze, mithin zur Eitelkeit rechne) gar keinen Beweis einer dem Moralisch-Guten anhänglichen oder auch nur dazu geneigten Denkungsart abgebe. Dagegen aber behaupte ich, daß ein *unmittelbares Interesse* an der Schönheit der *Natur* zu nehmen (nicht bloß Geschmack haben, um sie zu beurteilen), jederzeit ein Kennzeichen einer guten Seele sei; und daß, wenn dieses Interesse habituell ist, es wenigstens eine dem moralischen Gefühl günstige Gemütsstimmung anzeige, wenn es sich mit der *Beschauung der Natur* gerne verbindet.

(Ebd., § 42, S. 150)

Dieser Vorzug der Naturschönheit vor der Kunstschönheit (wenn jene gleich durch diese der Form nach sogar übertroffen würde), dennoch allein ein unmittelbares Interesse zu erwecken, stimmt mit der geläuterten und gründlichen Denkungsart aller Menschen überein, die ihr sittliches Gefühl kultiviert haben.

(Ebd., § 42, S. 151)

Nun sage ich: das Schöne ist das Symbol des Sittlichguten; und auch nur in dieser Rücksicht (einer Beziehung, die jedermann natürlich ist, und die auch jedermann anderen als Pflicht zumutet) gefällt es mit einem Anspruch auf jedes anderen Beistimmung, wobei sich das Gemüt zugleich einer gewissen Veredlung und Erhebung über die bloße Empfänglichkeit einer Lust durch Sinneneindrücke bewußt ist und anderer Wert auch nach einer ähnlichen Maxime ihrer Urteilskraft schätzt.

(Ebd., § 59, S. 213)

An einem Produkte der schönen Kunst muß man sich bewußt werden, daß es Kunst sei, und nicht Natur; aber doch muß die Zweckmäßigkeit in der Form desselben von allem Zwange willkürlicher Regeln so frei scheinen, als ob es ein Produkt der bloßen Natur sei. Auf diesem Gefühle der Freiheit im Spiele unserer Erkenntnisvermögen, welches doch zugleich zweckmäßig sein muß, beruht diejenige Lust, welche allein allgemein mitteilbar ist, ohne sich doch auf Begriffe zu gründen. Die Natur ist zwar schön, wenn sie zugleich als Kunst aussah; und die Kunst kann nur schön genannt werden, wenn wir uns bewußt sind, sie sei Kunst, und sie uns doch als Natur aussieht.

(Ebd., § 45, S. 159)

Genie ist das Talent (Naturgabe), welches der Kunst die Regel gibt. Da das Talent, als angeborenes produktives Vermögen des Künstlers, selbst zur Natur gehört, so könnte man sich auch so ausdrücken: *Genie* ist die angeborene Gemütsanlage (ingenium), *durch welche* die Natur der Kunst die Regel gibt.

(Ebd., § 46, S. 160)

Geist, in ästhetischer Bedeutung, heißt das belebende Prinzip im Gemüte. Dasjenige aber, wodurch dieses Prinzip die Seele belebt, der Stoff, den es dazu anwendet, ist das, was die Gemütskräfte zweckmäßig in Schwung versetzt, d. i. in ein solches Spiel, welches sich von selbst erhält und selbst die Kräfte dazu stärkt.

Nun behaupte ich, dieses Prinzip sei nichts anderes als das Vermögen der Darstellung *ästhetischer Ideen;* unter einer ästhetischen Idee aber verstehe ich diejenige Vorstellung der Einbildungskraft die viel zu denken veranlaßt, ohne daß ihr doch irgendein bestimmter Gedanke, d. i. *Begriff,* adäquat sein kann, die folglich keine Sprache völlig erreicht und verständlich machen kann. – Man sieht leicht, daß sie das Gegenstück (Pendant) von einer *Vernunftidee* sei, welche umgekehrt ein Begriff ist, dem keine *Anschauung* (Vorstellung der Einbildungskraft) adäquat sein kann.

(Ebd., § 49, S. 167f)

Mit einem Worte, die ästhetische Idee ist eine, einem gegebenen Begriffe beigesellte Vorstellung der Einbildungskraft welche mit einer solchen Mannigfaltigkeit von Teilvorstellungen in dem freien Gebrauche derselben verbunden ist, daß für sie kein Ausdruck, der einen bestimmten Begriff bezeichnet, gefunden werden kann, die also zu einem Begriffe viel Unnennbares hinzudenken läßt, dessen Gefühl die Erkenntnisvermögen belebt und mit der Sprache, als bloßem Buchstaben, Geist verbindet.

(Ebd., § 49, S. 171)

Die *bestimmende* Urteilskraft hat für sich keine Prinzipien, welche *Begriffe von Objekten* gründen. Sie ist keine Autonomie, denn sie *subsumiert* nur unter gegebenen Gesetzen oder Begriffen, als Prinzipien. Eben darum ist sie auch keiner Gefahr ihrer eigenen Antinomie und keinem Widerstreit ihrer Prinzipien ausgesetzt.

(Ebd., § 69, S. 248)

Allein die *reflektierende* Urteilskraft soll unter ein Gesetz subsumieren, welches noch nicht gegeben und also in der Tat nur ein Prinzip der Reflexion über Gegenstände ist, für die es uns objektiv gänzlich an einem Gesetze mangelt, oder an einem Begriffe vom Objekt, der zum Prinzip für vorkommende Fälle hinreichend wäre. Da nun kein Gebrauch der Erkenntnisvermögen ohne Prinzipien verstattet werden darf, so wird die reflektierende Urteilskraft in solchen Fällen ihr selbst zum Prinzip dienen müssen; welches, weil es nicht objektiv ist und keinen für die Absicht hinreichenden Erkenntnisgrund des Objekts unterlegen kann, als bloß subjektives Prinzip zum zweckmäßigen Gebrauche der Erkenntnisvermögen, nämlich über eine Art Gegenstände zu reflektieren, dienen soll.

(Ebd., § 69, S. 249)

Friedrich Schiller
(1759–1805)

»Die Kunst, o Mensch, hast du allein« – Elysium auf der Kerkerwand – »das Ideal der Schönheit, auf das wirkliche Leben angewendet – politische Freiheit: das vollkommenste Kunstwerk – ästhetische Erziehung – Spieltrieb – Schönheit: Zustand und Tat – Ästhetik als Intersubjektivitäts- und Handlungstheorie: der englische Tanz – der ästhetische Staat –

ästhetische Vermittlung von Individuum und Gattung – das »Gemälde« der Weltgeschichte – ästhetischer Schwanengesang

[...]
Im Fleiß kann dich die Biene meistern,
In der Geschicklichkeit ein Wurm dein Lehrer sein,
Dein Wissen teilest du mit vorgezognen Geistern,
Die *Kunst,* o Mensch, hast du allein.

Nur durch das Morgentor des Schönen
Drangst du in der Erkenntnis Land.
[...]
Was wir als Schönheit hier empfunden,
Wird einst als *Wahrheit* uns entgegengehn.

Als der Erschaffende von seinem Angesichte
Den Menschen in die Sterblichkeit verwies
Und eine späte Wiederkehr zum Lichte
Auf schwerem Sinnenpfad ihn finden hieß,
Als alle Himmlischen ihr Antlitz von ihm wandten,
Schloß sie, die Menschliche, allein
Mit dem verlassenen Verbannten
Großmütig in die Sterblichkeit sich ein.
Hier schwebt sie, mit gesenktem Fluge,
Um ihren Liebling, nah am Sinnenland,
Und malt mit lieblichem Betruge
Elysium auf seine Kerkerwand.

(Die Künstler, Bd. 1, S. 174f)

Er [der Künstler] führe uns nicht rückwärts in unsre Kindheit, um uns mit den kostbarsten Erwerbungen des Verstandes eine Ruhe erkaufen zu lassen, die nicht länger dauern kann, als der Schlaf unserer Geisteskräfte; sondern führe uns vorwärts zu unsrer Mündigkeit, um uns die höhere Harmonie zu empfinden zu geben, die den Kämpfer belohnet, die den Überwinder beglückt. Er mache sich die Aufgabe einer Idylle, welche jene Hirtenunschuld auch in Subjekten der Kultur und unter allen Bedingungen des rüstigsten feurigsten Lebens, des ausgebreitesten Denkens, der raffiniertesten Kunst, der höchsten gesellschaftlichen Verfeinerung ausführt, welche, mit einem Wort, den Menschen, der nun einmal nicht mehr nach *Arkadien* zurückkann, bis nach *Elysium* führt.

Der Begriff dieser Idylle ist der Begriff eines völlig aufgelösten Kampfes sowohl in dem einzelnen Menschen als in der Gesellschaft, einer freien Vereinigung der Neigungen mit dem Gesetze, einer zur höchsten sittlichen Würde hinaufgeläuterten Natur, kurz, er ist kein andrer als das Ideal der Schönheit, auf das wirkliche Leben angewendet.

(Über naive und sentimentalische Dichtung, Bd. 5, S. 750f)

Aber sollte ich von der Freiheit, die mir von Ihnen verstattet wird, nicht vielleicht einen bessern Gebrauch machen können, als Ihre Aufmerksamkeit auf dem Schauplatz der schönen Kunst zu beschäftigen? Ist es nicht wenigstens außer Zeit, sich nach einem Gesetzbuch für die ästhetische Welt umzusehen, da die Angelegenheiten der moralischen ein soviel näheres Interesse darbieten und der philosophische Untersuchungsgeist durch die Zeitumstände so nachdrücklich aufgefordert wird, sich mit dem vollkommensten aller Kunstwerke, mit dem Bau einer wahren politischen Freiheit zu beschäftigen?

Ich möchte nicht gern in einem andern Jahrhundert leben und für ein andres gearbeitet haben. Man ist ebensogut Zeitbürger, als man Staatsbürger ist.

(Über die ästhetische Erziehung des Menschen, Bd. 5, S. 571f)

Ich hoffe, Sie zu überzeugen, daß diese Materie weit weniger dem Bedürfnis als dem Geschmack des Zeitalters fremd ist, ja daß man, um jenes politische Problem in der Erfahrung zu lösen, durch das ästhetische den Weg nehmen muß, weil es die Schönheit ist, durch welche man zu der Freiheit wandert.

(Ebd., S. 573)

Das große Bedenken also ist, daß die physische Gesellschaft *in der Zeit* keinen Augenblick aufhören darf, indem die moralische *in der Idee* sich bildet, daß um der Würde des Menschen willen seine Existenz nicht in Gefahr geraten darf. Wenn der Künstler an einem Uhrwerk zu bessern hat, so läßt er die Räder ablaufen; aber das lebendige Uhrwerk des Staates muß gebessert werden, indem es schlägt, und hier gilt es, das rollende Rad während seines Umschwunges auszutauschen. Man muß also für die Fortdauer der Gesellschaft eine Stütze aufsuchen, die sie von dem Naturstaate, den man auflösen will, unabhängig macht.

(Ebd., S. 575)

Aber ist hier nicht vielleicht ein Zirkel? Die theoretische Kultur soll die praktische herbeiführen und die praktische doch die Bedingung der theoretischen sein? Alle Verbesserung im Politischen soll von Veredlung des Charakters ausgehen – aber wie kann sich unter den Einflüssen einer barbarischen Staatsverfassung der Charakter veredeln? Man müßte also zu diesem Zwecke ein Werkzeug aufsuchen, welches der Staat nicht herausgibt, und Quellen dazu eröffnen, die sich bei aller politischen Verderbnis rein und lauter erhalten.

Jetzt bin ich an dem Punkt angelangt, zu welchem alle meine bisherigen Betrachtungen hingestrebt haben. Dieses Werkzeug ist die schöne Kunst, diese Quellen öffnen sich in ihren unsterblichen Mustern.

(Ebd., S. 592 f)

In der schamhaften Stille deines Gemüts erziehe die siegende Wahrheit, stelle sie aus dir heraus in der Schönheit, daß nicht bloß der Gedanke ihr huldige, sondern auch der Sinn ihre Erscheinung liebend ergreife. Und damit es dir nicht begegne, von der Wirklichkeit das Muster zu empfangen, das du ihr geben sollst, so wage dich nicht eher in ihre bedenkliche Gesellschaft, bis du eines idealischen Gefolges in deinem Herzen versichert bist. Lebe mit deinem Jahrhundert, aber sei nicht sein Geschöpf; leiste deinen Zeitgenossen, aber was sie bedürfen, nicht was sie loben. Ohne ihre Schuld geteilt zu haben, teile mit edler Resignation ihre Strafen und beuge dich mit Freiheit unter das Joch, das sie gleich schlecht entbehren und tragen. Durch den standhaften Mut, mit dem du ihr Glück verschmähest, wirst du ihnen beweisen, daß nicht deine Feigheit sich ihren Leiden unterwirft. Denke sie dir, wie sie sein sollten, wenn du auf sie zu wirken hast, aber denke sie dir, wie sie sind, wenn du für sie zu handeln versucht wirst. Ihren Beifall suche durch ihre Würde, aber auf ihren Unwert berechne ihr Glück, so wird dein eigener Adel dort den ihrigen aufwecken und ihre Unwürdigkeit hier deinen Zweck nicht vernichten. Der Ernst deiner Grundsätze wird sie von dir scheuchen, aber im Spiel ertragen sie sie noch; ihr Geschmack ist keuscher als ihr Herz, und hier mußt du den scheuen Flüchtling ergreifen. Ihre Maximen wirst du umsonst bestürmen, ihre Taten umsonst verdammen, aber an ihrem Müßiggange kannst du deine bildende Hand versuchen. Verjage die Willkür, die Frivolität, die Rohigkeit aus ihren Vergnügungen, so wirst du sie unvermerkt auch aus ihren Handlungen, endlich aus ihren Gesinnungen verbannen. Wo du sie findest, umgib sie mit edeln, mit großen, mit geistreichen Formen, schließe sie ringsum mit den Symbolen des Vortrefflichen ein, bis der Schein der Wirklichkeit und die Kunst die Natur überwindet.

(Ebd., S. 595f)

Die Schönheit müßte sich als eine notwendige Bedingung der Menschheit aufzeigen lassen.

(Ebd., S. 600)

Denn, um es endlich auf einmal herauszusagen, der Mensch spielt nur, wo er in voller Bedeutung des Wortes Mensch ist, und *er ist nur da ganz Mensch, wo er spielt.*

(Ebd., S. 618)

Der sinnliche Trieb will bestimmt *werden,* er will sein Objekt empfangen; der Formtrieb will *selbst* bestimmen, er will sein Objekt hervorbringen: der Spieltrieb wird also bestrebt sein, so zu empfangen, wie er selbst hervorgebracht hätte, und so hervorbringen, wie der Sinn zu empfangen trachtet.

(Ebd., S. 613)

In unserm Vergnügen an Erkenntnissen unterscheiden wir ohne Mühe den *Übergang* von der Tätigkeit zum Leiden und bemerken deutlich, daß das erste vorüber ist, wenn das letztere eintritt. In unserm Wohlgefallen an der Schönheit hingegen läßt sich keine solche Succession zwischen der Tätigkeit und dem Leiden unterscheiden, und die Reflexion zerfließt hier so vollkommen mit dem Gefühle, daß wir die Form unmittelbar zu empfinden glauben. Die Schönheit ist also zwar *Gegenstand* für uns, weil die Reflexion die Bedingung ist, unter der wir eine Empfindung von ihr haben; zugleich aber ist sie ein *Zustand unsers Subjekts,* weil das Gefühl die Bedingung ist, unter der wir eine Vorstellung von ihr haben. Sie ist also zwar Form, weil wir sie betrachten, zugleich aber ist sie

Leben, weil wir sie fühlen. Mit einem Wort: sie ist zugleich unser Zustand und unsre Tat.

(Ebd., S. 653 f)

Es ist auffallend, wie sich der gute Ton (Schönheit des Umgangs) aus meinem Begriff der Schönheit entwickeln läßt. Das erste Gesetz des guten Tones ist: *Schone fremde Freiheit.* Das zweite: *Zeige selbst Freiheit.* Die pünktliche Erfüllung beider ist ein unendlich schweres Problem, aber der gute Ton fordert sie unerläßlich, und sie macht allein den vollendeten Weltmann. Ich weiß für das Ideal des schönen Umgangs kein passenderes Bild als einen gut getanzten und aus vielen verwickelten Touren komponierten englischen Tanz. Ein Zuschauer aus der Galerie sieht unzählige Bewegungen, die sich aufs bunteste durchkreuzen und ihre Richtung lebhaft und mutwillig verändern und doch *niemals zusammenstoßen.* Alles ist so geordnet, daß der eine schon Platz gemacht hat, wenn der andere kommt, alles fügt sich so geschickt und doch wieder so kunstlos ineinander, daß jeder nur seinem eigenen Kopf zu folgen scheint und doch nie dem andern in den Weg tritt. Es ist das treffendste Sinnbild der behaupteten eigenen Freiheit und der geschonten Freiheit des andern.

(Kallias oder über die Schönheit, Bd. 5, S. 425)

Wenn in dem *dynamischen* Staat der Rechte der Mensch dem Menschen als Kraft begegnet und sein Wirken beschränkt – wenn er sich ihm in dem *ethischen* Staat der Pflichten mit der Majestät des Gesetzes entgegenstellt und sein Wollen fesselt, so darf er ihm im Kreise des schönen Umgangs, in dem *ästhetischen* Staat, nur als Gestalt erscheinen, nur als Objekt des freien Spiels gegenüberstehen. *Freiheit zu geben durch Freiheit* ist das Grundgesetz dieses Reichs.

Der dynamische Staat kann die Gesellschaft bloß möglich machen, indem er die Natur durch die Natur bezähmt; der ethische Staat kann sie bloß (moralisch) notwendig machen, indem er den einzelnen Willen dem allgemeinen unterwirft; der ästhetische Staat allein kann sie wirklich machen, weil er den Willen des Ganzen durch die Natur des Individuums vollzieht. Wenn schon das Bedürfnis den Menschen in die Gesellschaft nötigt und die Vernunft gesellige Grundsätze in ihm pflanzt, so kann die Schönheit allein ihm einen *geselligen Charakter* erteilen. Der Geschmack allein bringt Harmonie in die Gesellschaft, weil er Harmonie in dem Individuum stiftet. Alle andre Formen der Vorstellung trennen den Menschen, weil sie sich ausschließend entweder auf den sinnlichen oder auf den geistigen Teil seines Wesens gründen; nur die schöne Vorstellung macht ein Ganzes aus ihm, weil seine beiden Naturen dazu zusammenstimmen müssen. Alle andere Formen der Mitteilung trennen die Gesellschaft, weil sie sich ausschließend entweder auf die Privatempfänglichkeit oder auf die Privatfertigkeit der einzelnen Glieder, also auf das Unterscheidende zwischen Menschen und Menschen beziehen; nur die schöne Mitteilung vereinigt die Gesellschaft; weil sie sich auf das Gemeinsame aller bezieht. Die Freuden der Sinne genießen wir bloß als Individuen, ohne daß die Gattung, die in uns wohnt, daran Anteil nähme; wir können also unsre sinnlichen Freuden nicht zu allgemeinen erweitern, weil wir unser Individuum nicht allgemein machen können. Die Freuden der Erkenntnis genießen wir bloß als Gattung und indem wir jede Spur des Individuums sorgfältig aus unserm Urteil entfernen; wir können also unsre Vernunftfreuden nicht allgemein machen, weil wir die Spuren des Individuums aus dem Urteile anderer nicht so wie aus dem unsrigen ausschließen können. Das Schöne allein genießen wir als Individuum und als Gattung zugleich, d. h. als *Repräsentanten* der Gattung.

(Über die ästhetische Erziehung des Menschen, Bd. 5, S. 667f)

Und auf solche Art behandelt, m. H. H., wird Ihnen das Studium der Weltgeschichte eine ebenso anziehende als nützliche Beschäftigung gewähren. Licht wird sie in Ihrem Verstande und eine wohltätige Begeisterung in Ihrem Herzen entzünden. Sie wird Ihren Geist von der gemeinen und kleinlichen Ansicht moralischer Dinge entwöhnen, und indem sie vor Ihren Augen das große Gemälde der Zeiten und Völker auseinander breitet, wird sie die vorschnellen Entscheidungen des Augenblicks und die beschränkten Urteile der Selbstsucht verbessern. Indem sie den Menschen gewöhnt, sich mit der ganzen Vergangenheit zusammenzufassen und mit seinen Schlüssen in die ferne Zukunft vorauszueilen: so verbirgt sie die Grenzen von Geburt und Tod, die das Leben des Menschen so eng und so drückend umschließen, so breitet sie optisch täuschend sein kurzes Dasein in einen unendlichen Raum aus und führt das Individuum unvermerkt in die Gattung hinüber.

(Antrittsvorlesung über Universalgeschichte, Bd. 4, S. 765)

NÄNIE

Auch das Schöne muß sterben! Das Menschen und Götter bezwinget,
Nicht die eherne Brust rührt es des stygischen Zeus.
Einmal nur erweichte die Liebe den Schattenbeherrscher,
Und an der Schwelle noch, streng, rief er zurück sein Geschenk.
Nicht stillt Aphrodite dem schönen Knaben die Wunde,
Die in den zierlichen Leib grausam der Eber geritzt.
Nicht errettet den göttlichen Held die unsterbliche Mutter,
Wann er, am skäischen Tor fallend, sein Schicksal erfüllt.
Aber sie steigt aus dem Meer mit allen Töchtern des Nereus,
Und die Klage hebt an um den verherrlichten Sohn.
Siehe! Da weinen die Götter, es weinen die Göttinnen alle,
Daß das Schöne vergeht, daß das Vollkommene stirbt.
Auch ein Klaglied zu sein im Mund der Geliebten, ist herrlich,
Denn das Gemeine geht klanglos zum Orkus hinab.

(Bd. I, S. 242)

Johann Wolfgang Goethe
(1749–1832)

Das Schöne ein Urphänomen – Nichtigkeit der Kunsttheorie – sinnlicher Genuß – das charakteristische Ganze aus *einer* Empfindung – Unaussprechlichkeit der Kunst – der zweite Gipfel der Natur – das Brennglas der Form – der göttliche Zauberer – der Affe und die illustrierten Käfer – Kunstwerk, im Wettstreit mit der Natur, »ein geistig Organisches« – Gespräch mit einem ästhetisch Verstockten – Anschauung – die Beredtheit des Unaussprechlichen – Kunst als Mittlerin – »die Frucht kann nie schön sein« – Transparenz der Darstellung – Kunst und Wissenschaft

Ich muß über die Ästhetiker lachen [...], welche sich abquälen, dasjenige Unaussprechliche, wofür wir den Ausdruck schön gebrauchen, durch einige abstrakte Worte in einen Begriff zu bringen. Das Schöne ist ein Urphänomen, das zwar nie selber zur Erscheinung kommt, dessen Abglanz aber in tausend verschiedenen Äußerungen des schaffenden Geistes sichtbar wird und so mannigfaltig und so verschiedenartig ist als die Natur selber.

(Gespräche mit Eckermann, Werke, Bd. 24, S. 617)

Daß eine Theorie der Künste für Deutschland noch nicht gar in der Zeit sein möchte, haben wir schon ehmals unsre Gedanken gesagt. Wir bescheiden uns wohl, daß eine solche Meinung die Ausgabe eines solchen Buchs nicht hindern kann; nur warnen können und müssen wir unsre guten jungen Freunde vor dergleichen Werken. Wer von den Künsten nicht sinnliche Erfahrung hat, der lasse sie lieber. Warum sollte er sich damit beschäftigen? Weil es so Mode ist? Er bedenke, daß er sich durch alle Theorie den Weg zum wahren Genusse versperrt, denn ein schädlicheres Nichts, als sie, ist nicht erfunden worden.

(Rezension zu Sulzer: Die Schönen Künste, Werke, Bd. 13, S. 27)

Gott erhalte unsre Sinnen, und bewahre uns vor der Theorie der Sinnlichkeit, und gebe jedem Anfänger einen rechten Meister!

(Ebd., S. 32)

Aber zu dir, teurer Jüngling, gesell ich mich, der du bewegt dastehst, und die Widersprüche nicht vereinigen kannst, die sich in deiner Seele kreuzen, bald die unwiderstehliche Macht des großen Ganzen fühlst, bald mich einen Träumer schiltst, daß ich da Schönheit sehe, wo du nur Stärke und Rauheit siehst. Laß einen Mißverstand uns nicht trennen, laß die weiche Lehre neuerer Schönheitelei dich für das bedeutende Rauhe nicht verzärteln, daß nicht zuletzt deine kränkelnde Empfindung nur eine unbedeutende Glätte ertragen könne. Sie wollen euch glauben machen, die schönen Künste seien entstanden aus dem Hang, den wir haben sollen, die Dinge rings um uns zu verschönern. Das ist nicht wahr! Denn in dem Sinne, darin es wahr sein könnte, braucht wohl der Bürger und Handwerker die Worte, kein Philosoph.

Die Kunst ist lange bildend, eh sie schön ist, und doch so wahre, große Kunst, ja oft wahrer und größer als die schöne selbst. Denn in dem Menschen ist eine bildende Natur, die gleich sich tätig beweist, wann seine Existenz gesichert ist. Sobald er nichts zu sorgen und zu fürchten hat, greift der Halbgott, wirksam in seiner Ruhe, umher nach Stoff, ihm seinen Geist einzuhauchen. Und so modelt der Wilde mit abenteuerlichen Zügen, gräßlichen Gestalten, hohen Farben, seine Kokos, seine Federn, und seinen Körper. Und laßt diese Bildnerei aus den willkürlichsten Formen bestehn, sie wird ohne Gestaltsverhältnis zusammenstimmen, denn Eine Empfindung schuf sie zum charakteristischen Ganzen.

(Von deutscher Baukunst, Werke, Bd. 13, S. 24)

Ein echtes Kunstwerk bleibt, wie ein Naturwerk, für unsern Verstand immer unendlich; es wird angeschaut, empfunden; es wirkt, es kann aber nicht eigentlich erkannt, viel weniger sein Wesen, sein Verdienst mit Worten ausgesprochen werden. Was also hier über Laokoon gesagt ist, hat keineswegs die Anmaßung diesen Gegenstand zu erschöpfen, es ist mehr bei Gelegenheit dieses trefflichen Kunstwerks als über dasselbe geschrieben. Möge dieses bald wieder so aufgestellt sein, daß jeder Liebhaber sich daran freuen und darüber nach seiner Art reden könne.

Wenn man von einem trefflichen Kunstwerke sprechen will, so ist es fast nötig von der ganzen Kunst zu reden, denn es enthält sie ganz, und jeder kann, soviel in seinen Kräften steht, auch das Allgemeine aus einem solchen besondern Fall entwickeln; deswegen sei hier auch etwas Allgemeines vorausgeschickt.

Alle hohen Kunstwerke stellen die menschliche Natur dar, die bildenden Künste beschäftigen sich besonders mit dem menschlichen Körper; wir reden gegenwärtig nur von diesen. Die Kunst hat viele Stufen, auf jeder derselben können vorzügliche Künstler erscheinen, ein vollkommenes Kunstwerk aber begreift alle Eigenschaften, die sonst nur einzeln ausgeteilt sind.

(Über Laokoon, Werke, Bd. 13, S. 162)

Wenn die gesunde Natur des Menschen als ein Ganzes wirkt, wenn er sich in der Welt als in einem großen, schönen, würdigen und werten Ganzen fühlt, wenn das harmonische Behagen ihm ein reines freies Entzücken gewährt, dann würde das Weltall, wenn es sich selbst empfinden könnte, als an sein Ziel gelangt aufjauchzen und den Gipfel des eigenen Werdens und Wesens bewundern.

(Winckelmann und sein Jahrhundert, Werke, Bd. 13, S. 417)

Denn das letzte Produkt der sich immer steigernden Natur ist der schöne Mensch. Zwar kann sie ihn nur selten hervorbringen, weil ihren Ideen gar viele Bedingungen widerstreben, und selbst ihrer Allmacht ist es unmöglich, lange im Vollkommenen zu verweilen und dem hervorgebrachten Schönen eine Dauer zu geben. Denn genau genommen kann man sagen, es sei nur ein Augenblick, in welchem der schöne Mensch schön sei.

Dagegen tritt nun die Kunst ein, denn indem der Mensch auf den Gipfel der Natur gestellt ist, so sieht er sich wieder als eine ganze Natur an, die in sich abermals einen Gipfel hervorzubringen hat.

(Ebd., S. 421f)

Jede Form, auch die gefühlteste, hat etwas Unwahres; allein sie ist ein für allemal das Glas, wodurch wir die heiligen Strahlen der verbreiteten Natur an das Herz der Menschen zum Feuerblick sammeln. Aber das Glas! Wem's nicht gegeben wird, wird's nicht erjagen; es ist, wie der geheimnisvolle Stein der Alchymisten, Gefäß und Materie, Feuer und Kühlbad. So einfach, daß es vor allen Türen liegt, und so ein wunderbar Ding, daß just die Leute, die es besitzen, meist keinen Gebrauch davon machen können.

(Aus Goethes Brieftasche, Werke, Bd. 13, S. 48)

Jeder Mensch hat mehrmal in seinem Leben die Gewalt dieser Zauberei gefühlt, die den Künstler allgegenwärtig faßt, dadurch ihm die Welt ringsumher belebt wird. Wer ist nicht einmal beim Eintritt in einen heiligen Wald von Schauer überfallen worden? Wen hat die umfangende Nacht nicht mit einem unheimlichen Grausen geschüttelt? Wem hat nicht in Gegenwart seines Mädchens die ganze Welt golden geschienen? Wer fühlte nicht an ihrem Arme Himmel und Erde in wonnevollsten Harmonien zusammenfließen?

Davon fühlt nun der Künstler nicht allein die Würkungen, er dringt bis in die Ursachen hinein, die sie hervorbringen. Die Welt liegt vor ihm, möcht ich sagen, wie vor ihrem Schöpfer, der in dem Augenblick, da er sich des Geschaffnen freut, auch alle die Harmonien genießt, durch die er sie hervorbrachte und in denen sie besteht. Drum glaubt nicht so schnell zu verstehen, was das heiße: Das Gefühl ist die Harmonie und vice versa.

(Ebd., S. 50)

ZUSCHAUER: Nur dem Ungebildeten, sagen Sie, könne ein Kunstwerk als ein Naturwerk erscheinen.

ANWALT: Gewiß, erinnern Sie sich der Vögel, die nach des großen Meisters Kirschen flogen.

ZUSCHAUER: Nun beweist das nicht, daß diese Früchte vortrefflich gemalt waren?

ANWALT: Keineswegs, vielmehr beweist mir's, daß diese Liebhaber echte Sperlinge waren.

ZUSCHAUER: Ich kann mich doch deswegen nicht erwehren, ein solches Gemälde für fürtrefflich zu halten.

ANWALT: Soll ich Ihnen eine neuere Geschichte erzählen?

ZUSCHAUER: Ich höre Geschichten meistens lieber als Räsonnement.

ANWALT: Ein großer Naturforscher besaß, unter seinen Haustieren, einen Affen, den er einst vermißte, und nach langem Suchen in der Bibliothek fand. Dort saß das Tier an der Erde, und hatte die Kupfer eines ungebundnen naturgeschichtlichen Werkes um sich her zerstreut. Erstaunt über dieses eifrige Studium des Hausfreundes, nahte sich der Herr, und sah zu seiner Verwunderung und zu seinem Verdruß, daß der genäschige Affe die sämtlichen Käfer, die er hie und da abgebildet gefunden, herausgespeist habe.

ZUSCHAUER: Die Geschichte ist lustig genug.

ANWALT: Und paßend hoffe ich. Sie werden doch nicht diese illuminierten Kupfer dem Gemälde eines so großen Künstlers an die Seite setzen?

ZUSCHAUER: Nicht leicht.

ANWALT: Aber den Affen doch unter die ungebildeten Liebhaber rechnen?

(Über Wahrheit und Wahrscheinlichkeit der Kunstwerke, Werke, Bd. 13, S. 179f)

Die vornehmste Forderung, die an den Künstler gemacht wird, bleibt immer die: daß er sich an die Natur halten, sie studieren, sie nachbilden, etwas, das ihren Erscheinungen ähnlich ist, hervorbringen solle.

Wie groß, ja wie ungeheuer diese Anforderung sei, wird nicht immer bedacht, und der wahre Künstler selbst erfährt es nur bei fortschreitender Bildung. Die Natur ist von der Kunst durch eine ungeheure Kluft getrennt, welche das Genie selbst, ohne äußere

Hülfsmittel, zu überschreiten nicht vermag. Alles, was wir um uns her gewahr werden, ist nur roher Stoff, und wenn sich das schon selten genug ereignet, daß ein Künstler durch Instinkt und Geschmack, durch Übung und Versuche, dahin gelangt, daß er den Dingen ihre äußere schöne Seite abzugewinnen, aus dem vorhandenen Guten das Beste auszuwählen, und wenigstens einen gefälligen Schein hervorzubringen lernt, so ist es, besonders in der neuern Zeit, noch viel seltner, daß ein Künstler sowohl in die Tiefe der Gegenstände als in die Tiefe seines eignen Gemüts zu dringen vermag, um in seinen Werken nicht bloß etwas leicht- und oberflächlich Wirkendes, sondern, wetteifernd mit der Natur, etwas geistig Organisches hervorzubringen, und seinem Kunstwerk einen solchen Gehalt, eine solche Form zu geben, wodurch es natürlich zugleich übernatürlich erscheint.

(Propyläen, Einleitung, Werke, Bd. 13, S. 141 f)

Sie sind denn also auch den hergebrachten Grundsätzen getreu, daß Schönheit das letzte Ziel der Kunst sei?

Mir ist kein höheres bekannt, versetzte ich darauf.

Können Sie mir sagen was Schönheit sei? rief er aus.

Vielleicht nicht! versetzte ich, aber ich kann es Ihnen zeigen. Lassen Sie uns, auch allenfalls noch bei Licht, einen sehr schönen Gipsabguß des Apoll, einen sehr schönen Marmorkopf des Bacchus, den ich besitze, noch geschwind anblicken, und wir wollen sehen ob wir uns nicht vereinigen können, daß sie schön seien.

Ehe wir an diese Untersuchung gehen, versetzte er, möchte es wohl nötig sein, daß wir das Wort Schönheit und seinen Ursprung näher betrachten. Schönheit kommt von Schein, sie ist ein Schein und kann als das höchste Ziel der Kunst nicht gelten, das vollkommen Charakteristische nur verdient schön genannt zu werden, ohne Charakter gibt es keine Schönheit.

Betroffen über diese Art sich auszudrücken versetzte ich: zugegeben, aber nicht eingestanden, daß das Schöne charakteristisch sein müsse, so folgt doch nur daraus, daß das Charakteristische dem Schönen allenfalls zugrunde liege, keineswegs aber, daß es eins mit dem Charakteristischen sei. Der Charakter verhält sich zum Schönen wie das Skelett zum lebendigen Menschen. Niemand wird leugnen, daß der Knochenbau zum Grunde aller hochorganisierten Gestalt liege, er begründet, er bestimmt die

Gestalt, er ist aber nicht die Gestalt selbst und noch weniger bewirkt er die letzte Erscheinung die wir, als Inbegriff und Hülle eines organischen Ganzen, Schönheit nennen.

Auf Gleichnisse kann ich mich nicht einlassen, versetzte der Gast, und aus Ihren Worten selbst erhellet, daß die Schönheit etwas Unbegreifliches, oder die Wirkung von etwas Unbegreiflichem sei. Was man nicht begreifen kann, das ist nicht, was man mit Worten nicht klar machen kann, das ist Unsinn.

Ich. Können Sie denn die Wirkung, die ein farbiger Körper auf Ihr Auge macht, mit Worten klar ausdrücken?

Er. Das ist wieder eine Instanz, auf die ich mich nicht einlassen kann.

(Der Sammler und die Seinigen, Werke, Bd. 13, S. 286f)

Um von Kunstwerken eigentlich und mit wahrem Nutzen für sich und andere zu sprechen, sollte es freilich nur in Gegenwart derselben geschehen. Alles kommt aufs Anschauen an, es kommt darauf an, daß bei dem Worte, wodurch man ein Kunstwerk zu erläutern hofft, das Bestimmteste gedacht werde, weil sonst gar nichts gedacht wird.

(Propyläen, Einleitung, Werke, Bd. 13, S. 151f)

Das Höchste wäre: zu begreifen, daß alles Faktische schon Theorie ist. Die Bläue des Himmels offenbart uns das Grundgesetz der Chromatik. Man suche nur nichts hinter den Phänomenen: sie selbst sind die Lehre.

(Maximen und Reflexionen 575, Werke, Bd. 9, S. 574)

Durch Worte sprechen wir weder die Gegenstände noch uns selbst völlig aus. (Symbolik, Werke, Bd. 16, S. 855)

Die Kunst ist eine Vermittlerin des Unaussprechlichen; darum scheint es eine Torheit, sie wieder durch Worte vermitteln zu wollen. Doch indem wir uns darin bemühen, findet sich für den Verstand so mancher Gewinn, der dem ausübenden Vermögen auch wieder zu Gute kommt.

(Maximen und Reflexionen 384, Werke, Bd. 9, S. 541)

Die Schönheit kann nie über sich selbst deutlich werden.

(Maximen und Reflexionen 256, ebd., S. 524)

Das Schöne ist eine Manifestation geheimer Naturgesetze, die uns ohne dessen Erscheinung ewig wären verborgen geblieben.

(Maximen und Reflexionen 183, ebd., S. 516)

Wem die Natur ihr offenbares Geheimnis zu enthüllen anfängt, der empfindet eine unwiderstehliche Sehnsucht nach ihrer würdigsten Auslegerin, der Kunst.

(Maximen und Reflexionen 188, ebd., S. 518)

Zum Schönen wird erfordert ein Gesetz, das in die Erscheinung tritt.

Beispiel von der Rose.

In den Blüten tritt das vegetabilische Gesetz in seine höchste Erscheinung, und die Rose wäre nun wieder der Gipfel dieser Erscheinung.

Perikarpien können noch schön sein.

Die Frucht kann nie schön sein; denn da tritt das vegetabilische Gesetz in sich (ins bloße Gesetz) zurück.

(Maximen und Reflexionen 1345, ebd., S. 669)

Der Dichter ist angewiesen auf Darstellung. Das Höchste derselben ist, wenn sie mit der Wirklichkeit wetteifert, das heißt, wenn ihre Schilderungen durch den Geist dergestalt lebendig sind, daß sie als gegenwärtig für jedermann gelten können. Auf ihrem höchsten Gipfel scheint die Poesie ganz äußerlich; je mehr sie sich ins Innere zurückzieht, ist sie auf dem Wege zu sinken. – Diejenige, die nur das Innere darstellt, ohne es durch ein Äußeres zu verkörpern, oder ohne das Äußere durch das Innere durchfühlen zu lassen, sind beides die letzten Stufen, von welchen aus sie ins gemeine Leben hineintritt.

(Maximen und Reflexionen 510, ebd., S. 565)

Wir wissen von keiner Welt als im Bezug auf den Menschen; wir wollen keine Kunst, als die ein Abdruck dieses Bezugs ist.

(Maximen und Reflexionen 1077, ebd., S. 635)

Kenne ich mein Verhältnis zu mir selbst und zur Außenwelt, so heiß' ich's Wahrheit. Und so kann jeder seine eigene Wahrheit haben, und es ist doch immer dieselbige.

(Maximen und Reflexionen 198, ebd., S. 518)

Alle Empiriker streben nach der Idee und können sie in der Mannigfaltigkeit nicht entdecken; alle Theoretiker suchen sie im Mannigfaltigen und können sie darinne nicht auffinden.
Beide jedoch finden sich im Leben, in der Tat, in der Kunst zusammen, und das ist so oft gesagt; wenige aber verstehen, es zu nutzen.

(Maximen und Reflexionen 803/804, ebd., S. 607)

Ich denke, Wissenschaft könnte man die Kenntnis des Allgemeinen nennen, das abgezogene Wissen; Kunst dagegen wäre Wissenschaft zur Tat verwendet. Wissenschaft wäre Vernunft und Kunst ihr Mechanismus; deshalb man sie auch praktische Wissenschaft nennen könnte. Und so wäre denn endlich Wissenschaft das Theorem, Kunst das Problem.

(Maximen und Reflexionen 758, ebd., S. 602)

Kehren wir nun zur Vergleichung der Kunst und Wissenschaft zurück, so begegnen wir folgender Betrachtung: da im Wissen sowohl als in der Reflexion kein Ganzes zusammengebracht werden kann, weil jenem das Innre, dieser das Äußere fehlt, so müssen wir uns die Wissenschaft notwendig als Kunst denken, wenn wir von ihr irgendeine Art von Ganzheit erwarten. Und zwar haben wir diese nicht im allgemeinen im Überschwenglichen zu suchen, sondern wie die Kunst sich immer ganz in jedem einzelnen Kunstwerk darstellt, so sollte die Wissenschaft sich auch jedesmal ganz in dem einzelnen Behandelten erweisen.

(Farbenlehre, Historischer Teil, Werke, Bd. 16, S. 332 f)

Novalis
(Friedrich von Hardenberg)
(1772–1801)

Das Schöne: ruhig, selbsterleuchtet, sichtbar – die »schöne Gesellschaft« aus dem Geist der Poesie – magischer Idealismus – romantische Poetik – »Dichtet und trachtet nicht jeder Mensch in jeder Minute«

Schlechthin ruhig erscheint, was in Rücksicht der Außenwelt schlechthin unbeweglich ist. So mannichfach es sich auch verändern mag, so bleibt es doch in Beziehung auf die Außenwelt immer in Ruhe. Dieser Satz bezieht sich auf alle Selbstmodifikationen. Daher erscheint das Schöne so ruhig. Alles Schöne ist ein selbsterleuchtetes, vollendetes Individuum.

(Blüthenstaub, Schriften, Bd. II, S. 461)

Das Schöne ist das Sichtbare *kat exoxin.*

(Poeticismen, ebd., S. 540)

Das Interessante ist die Materie, die sich um die Schönheit bewegt. Wo Geist und Schönheit ist, häuft sich in konzentrischen Schwingungen das Beste aller Naturen.

(Blüthenstaub, ebd., S. 437)

Die Poesie hebt jedes Einzelne durch eine eigenthümliche Verknüpfung mit dem übrigen Ganzen – und wenn die Philosophie durch ihre Gesetzgebung die Welt erst zu dem wircksamen Einfluß der Ideen bereitet, so ist gleichsam Poesie der Schlüssel der Philosophie, ihr Zweck und ihre Bedeutung; denn die Poesie bildet die schöne Gesellschaft – die Weltfamilie – die schöne Haushaltung des Universums. Wie die Philosophie durch System und Staat, die *Kräfte* des Individuums mit den Kräften der Menschheit und des Weltalls *verstärckt,* das Ganze zum Organ des Individuums, und das Individuum zum Organ des Ganzen macht – So die Poesie, in Ansehung des *Lebens.* Das Individuum lebt im Ganzen und das Ganze im Individuum. Durch Poesie entsteht die höchste Sympathie und Coactivität, die innigste *Gemeinschaft* des Endlichen und Unendlichen.

(Ebd., S. 533)

METAPHYSIK. Wenn ihr die Gedanken nicht mittelbar (und zufällig) vernehmbar machen könnt, so macht doch umgekehrt die äußern Dinge unmittelbar (und willkürlich) vernehmbar – welches eben so viel ist, als wenn ihr die Gedanken nicht zu äußern Dingen machen könnt, so macht die äußern Dinge zu Gedanken. Könnt ihr einen Gedanken nicht zur selbständigen, sich von euch absondernden – und *nun* auch *fremd* – d[as] h[eißt] äußerlich vorkommenden Seele machen, so verfahrt umgekehrt mit den äußerlichen Dingen – und verwandelt sie in Gedanken.

Beyde Operationen sind idealistisch. Wer sie beyde vollkommen in seiner Gewalt hat ist der *magische Idealist.* Sollte nicht die Vollkommenheit jeder von beyden Operationen von der andern abhängig seyn.

(Schriften, Bd. III, S. 301)

Die Kunst, auf eine *angenehme* Art zu *befremden,* einen Gegenstand fremd zu machen und doch bekannt und anziehend, das ist die romantische Poetik.

(Ebd., S. 685)

Sollte Poesie nichts, als innre *Mahlerey* und Musik – etc. seyn. Freylich modificirt durch die Natur des *Gemüths.*

Man sucht mit der Poesie, die gleichsam nur das mechanische Instrument dazu ist, innre *Stimmungen,* und Gemählde oder *Anschauungen* hervorzubringen – vielleicht auch *geistige* Tänze etc.

Poesie = *Gemüthserregungskunst.*

(Ebd., S. 639)

Poesie ist *Darstellung* des *Gemüths* – der *innern Welt in ihrer Gesamtheit.* Schon ihr Medium, die Worte deuten es an, denn sie sind ja die äußre Offenbarung jenes innern Kraftreichs. Ganz, was die Plastik zur äußern gestalteten Welt ist und die Musik zu den Tönen. Effect ist ihr gerade entgegengesetzt – insofern sie plastisch ist – doch giebt es eine musikalische Poesie, die das Gemüth selbst ein mannichfaltiges Spiel von Bewegungen setzt.

(Ebd., S. 650)

COSMOL(OGIE). Das Äußre ist ein in Geheimnißzustand erhobnes Innre – (vielleicht auch umgekehrt).

(Ebd., S. 293)

Poesie ist wahrhafter Idealismus – Betrachtung der Welt, wie Betrachtung eines *großen* Gemüts – Selbstbewußtsein des Universums.

(Paralipomena zum Heinrich von Ofterdingen, Schriften, Bd. I, S. 335)

»Wenn es schon für einen einzelnen Dichter nur ein eigentümliches Gebiet gibt, innerhalb dessen er bleiben muß, um nicht alle Haltung und den Atem zu verlieren: so gibt es auch für die ganze Summe menschlicher Kräfte eine bestimmte Grenze der Darstellbarkeit, über welche hinaus die Darstellung die nötige Dichtigkeit und Gestaltung nicht behalten kann, und in ein leeres täuschendes Unding sich verliert. Besonders als Lehrling kann man nicht genug sich vor diesen Ausschweifungen hüten, da eine lebhafte Phantasie nur gar zu gern nach den Grenzen sich begibt, und übermütig das Unsinnliche, Übermäßige zu ergreifen und auszusprechen sucht. Reifere Erfahrung lehrt erst, jene Unverhältnismäßigkeit der Gegenstände zu vermeiden, und die Aufspürung des Einfachsten und Höchsten der Weltweisheit zu überlassen. Der ältere Dichter steigt nicht höher, als er es gerade nötig hat, um seinen mannigfaltigen Vorrat in eine leichtfaßliche Ordnung zu stellen, und hütet sich wohl, die Mannigfaltigkeit zu verlassen, die ihm Stoff genug und auch die nötigen Vergleichungspunkte darbietet. Ich möchte fast sagen, das Chaos muß in jeder Dichtung durch den regelmäßigen Flor der Ordnung schimmern. Den Reichtum der Erfindung macht nur eine leichte Zusammenstellung faßlich und anmutig, dagegen auch das bloße Ebenmaß die unangenehme Dürre einer Zahlenfigur hat. Die beste Poesie liegt uns ganz nahe, und ein gewöhnlicher Gegenstand ist nicht selten ihr liebster Stoff. Für den Dichter ist die Poesie an beschränkte Werkzeuge gebunden, und eben dadurch wird sie zur Kunst. Die Sprache überhaupt hat ihren bestimmten Kreis. Noch enger ist der Umfang einer besonderen Volkssprache. Durch Übung und Nachdenken lernt der Dichter seine Sprache kennen. Er weiß, was er mit ihr leisten kann, genau, und wird keinen törichten Versuch machen, sie über ihre Kräfte anzuspannen. Nur selten wird er alle ihre Kräfte in *einen* Punkt zusammen drängen, denn sonst wird er ermüdend, und vernichtet selbst die kostbare Wirkung einer gutangebrachten Kraftäußerung. Auf seltsame Sprünge richtet sich nur ein Gaukler, kein Dichter ab. Überhaupt können die Dichter nicht genug von den Musikern und Malern lernen. In diesen Künsten wird es recht auffallend, wie nötig es ist, wirtschaftlich mit den Hülfsmitteln der Kunst umzugehn, und wie viel auf geschickte Verhältnisse ankommt. Dagegen könnten freilich jene Künstler auch von uns die poetische Unabhängigkeit und den innern Geist jeder Dichtung und Erfindung, jedes echten Kunstwerks überhaupt, dankbar annehmen. Sie sollen poetischer und wir musikalischer und malerischer sein – beides nach der Art und Weise unserer Kunst. Der Stoff ist nicht der Zweck der Kunst, aber die Ausführung ist es. Du wirst selbst sehen, welche

Gesänge dir am besten geraten, gewiß die, deren Gegenstände dir am geläufigsten und gegenwärtigsten sind. Daher kann man sagen, daß die Poesie ganz auf Erfahrung beruht. Ich weiß selbst, daß mir in jungen Jahren ein Gegenstand nicht leicht zu entfernt und zu unbekannt sein konnte, den ich nicht am liebsten besungen hätte. Was wurde es? ein leeres, armseliges Wortgeräusch, ohne einen Funken wahrer Poesie. Daher ist auch ein Märchen eine sehr schwierige Aufgabe, und selten wird ein junger Dichter sie gut lösen.« [...]

»Die Sprache«, sagte Heinrich, »ist wirklich eine kleine Welt in Zeichen und Tönen. Wie der Mensch sie beherrscht, so möchte er gern die große Welt beherrschen, und sich frei darin ausdrücken können. Und eben in dieser Freude, das, was außer der Welt ist, in ihr zu offenbaren, das tun zu können, was eigentlich der ursprüngliche Trieb unsers Daseins ist, liegt der Ursprung der Poesie.«

»Es ist recht übel«, sagte Klingsohr, »daß die Poesie einen besondern Namen hat, und die Dichter eine besondere Zunft ausmachen. Es ist gar nichts Besonderes. Es ist die eigentümliche Handlungsweise des menschlichen Geistes. Dichtet und trachtet nicht jeder Mensch in jeder Minute?« – Eben trat Mathilde ins Zimmer, als Klingsohr noch sagte: »Man betrachte nur die Liebe. Nirgends wird wohl die Notwendigkeit der Poesie zum Bestand der Menschheit so klar, als in ihr. Die Liebe ist stumm, nur die Poesie kann für sie sprechen. Oder die Liebe ist selbst nichts, als die höchste Naturpoesie. Doch ich will dir nicht Dinge sagen, die du besser weißt als ich.«

»Du bist ja der Vater der Liebe«, sagte Heinrich, indem er Mathilden umschlang, und beide seine Hand küßten.

(Heinrich von Ofterdingen Kap. VIII, Schriften, Bd. I, S. 285ff)

Wilhelm Heinrich Wackenroder
(1773–1798)

Kunst, »die Blume menschlicher Empfindung«, duftend für Gott – ihre Vielfalt – das »Kunstgefühl«

So hört Er auch die innere Empfindung der Menschen in verschiedenen Zonen und in verschiedenen Zeitaltern verschiedene Sprachen reden, und hört, wie sie miteinander streiten und sich nicht verstehen: aber dem ewigen Geiste löst sich alles in Harmonie auf; er weiß, daß ein jeder die Sprache redet, die Er ihm angeschaffen hat, daß ein jeder sein Inneres äußert, wie er kann und soll! – wenn sie in ihrer Blindheit untereinander streiten, so weiß und erkennet Er, daß für sich ein jeglicher recht hat; er sieht mit Wohlgefallen auf jeden und auf alle, und freut sich des bunten Gemisches.

Kunst ist die Blume menschlicher Empfindung zu nennen. In ewig wechselnder Gestalt erhebt sie sich unter den mannigfaltigen Zonen der Erde zum Himmel empor, und dem allgemeinen Vater, der den Erdball mit allem, was daran ist, in seiner Hand hält, duftet auch von dieser Saat nur *ein* vereinigter Wohlgeruch.

Er erblickt in jeglichem Werke der Kunst unter allen Zonen der Erde die Spur von dem himmlischen Funken, der von Ihm ausgegangen, durch die Brust des Menschen hindurch, in dessen kleine Schöpfungen überging, aus denen er dem großen Schöpfer wieder entgegenglimmt. Ihm ist der gotische Tempel so wohlgefällig als der Tempel der Griechen; und die rohe Kriegsmusik der Wilden ist Ihm ein so lieblicher Klang, als kunstreiche Chöre und Kirchengesänge.

(Herzensergießungen eines kunstliebenden Klosterbruders, S. 56f)

Blöden Menschen ist es nicht begreiflich, daß es auf unserer Erdkugel Antipoden gebe, und daß sie selber Antipoden sind. Sie denken sich den Ort, wo sie stehen, immer als den Schwerpunkt des Ganzen, und ihrem Geiste mangeln die Schwingen, das ganze Erdenrund zu umfliegen, und das in sich selbst gegründete Ganze mit *einem* Blicke zu umspielen.

Und ebenso betrachten sie ihr Gefühl als das Zentrum alles Schönen in der Kunst, und sprechen, wie vom Richterstuhle, über alles das entscheidende Urteil ab, ohne zu bedenken, daß sie niemand zu Richtern gesetzt hat, und daß diejenigen, die von ihnen verurteilt sind, sich eben sowohl dazu aufwerfen könnten.

(Ebd., S. 57)

Das Einmaleins der Vernunft folgt unter allen Nationen der Erde denselben Gesetzen, und wird nur hier auf ein unendlich größeres, dort auf ein sehr geringes Feld von Gegenständen angewandt.

– Auf ähnliche Weise ist das *Kunstgefühl* nur ein und derselbe himmlische Lichtstrahl, welcher aber durch das mannigfach-geschliffene Glas der Sinnlichkeit unter verschiedenen Zonen sich in tausenderlei verschiedene Farben bricht.

Schönheit: ein wunderseltsames Wort! Erfindet erst neue Worte für jedes einzelne Kunstgefühl, für jedes einzelne Werk der Kunst! In jedem spielt eine andere Farbe, und für ein jedes sind andere Nerven in dem Gebäude des Menschen geschaffen.

(Ebd., S. 59)

August Wilhelm von Schlegel

(1767–1845)

Technische und philosophische Kunsttheorie – Verweigerung der Nützlichkeit – Theorie und Geschichte der Kunst – Bedingungen der Kritik – Kenner und Enthusiast

Unterschied zwischen einer philosophischen und einer bloß technischen Theorie einer Kunst. Die letzte bringt das Verfahren, wodurch man irgend etwas bewerkstelligt in ein System von Regeln. Den zu realisierenden Zweck setzt sie schon voraus. Die philosophische Theorie hingegen macht sich diesen selbst zum Gegenstande ihrer Betrachtung, sie leitet ihn erst als notwendig ab. Jene zeigt, wie etwas geleistet werden kann, diese was überhaupt geleistet werden soll.

(Die Kunstlehre, S. 11)

Ein Haus dient, um darin zu wohnen. Aber wozu dient in diesem Sinne wohl ein Gemälde oder ein Gedicht? Zu gar nichts. Viele haben es gut mit den Künsten gemeint, aber schlecht verstanden, wenn sie sie von seiten ihrer Nützlichkeit zu empfehlen gesucht haben. Das heißt sie aufs äußerste herabwürdigen und die Sache geradezu auf den Kopf stellen. Vielmehr liegt es im Wesen der schönen Künste, nicht nützlich sein zu wollen. Das Schöne ist auf gewiße Weise der Gegensatz des Nützlichen: es ist dasjenige, dem das Nützlichsein erlassen ist. Alles Nützliche ist dem untergeordnet, wozu es nützlich ist. Es muß demnach etwas geben, das letzter Zweck oder Zweck an sich ist, sonst würde man mit dem Nützlichen in einer unendlichen Reihe immer wieder an etwas anderes verwiesen, und der Begriff des Nützlichen hätte am Ende gar keine Realität.

(Ebd., S. 13)

Man möchte etwa denken, wenn der Theorie einmal das allgemeine Faktum der vorhandenen Kunst gegeben wäre, so könnte sie nachher der Geschichte den Abschied geben und unbekümmert um sie fortfahren zu demonstrieren, was in der Kunst geleistet werden soll. Allein dies darf sie nicht aus dem doppelten Grunde: weil ihre Gegenstände nicht von der Art sind, daß sie nach dem bloßen Begriff erkannt werden könnten, sie muß also immerfort auf die Gegenstände selbst hinweisen; und weil die Aufgaben der schönen Kunst sämtlich von der Art sind, daß ihre Möglichkeit nur durch die wirkliche Lösung eingesehen wird. Sie muß mithin, sowohl ihrer Verständlichkeit als ihrer Beglaubigung wegen ihren Begriffen eine Reihe entsprechender Anschauungen unterlegen, welche ihr die Geschichte darbietet. Diese bleibt für sie der ewige Kodex, dessen Offenbarungen sie nur immer vollkommener zu deuten und zu enthüllen bemüht ist.

Mit einem Wort, was wir soeben abgeleitet haben, ist, damit ich es auf die schlichteste Weise ausdrücke, die von je und je anerkannte Wahrheit, daß die schöne Kunst sich nur vermittelst der Beispiele lehren lasse.

Wenn nun die Kunstgeschichte das unentbehrliche Korrelat der Kunsttheorie ist, so wird nötig sein, die Zweifel zu heben, welche sich gegen die Möglichkeit einer Kunstgeschichte erheben dürften. Die hauptsächlichsten möchten etwa folgende sein.

Gegenstand der Geschichte, haben wir gesagt, kann nur dasjenige sein, worin ein unendlicher Fortschritt stattfindet. Jede einzelne Kunsterscheinung müßte also in einer unbestimmbar weiten Entfernung von der höchsten Vollkommenheit vorgestellt werden: und doch nennen wir nur das ein echtes Kunstwerk, was in sich vollendet ist: was nicht vortrefflich, hat in der schönen Kunst gar keinen Wert. Die ganze Kunstgeschichte würde also aus Erscheinungen zusammengesetzt sein, denen im Gebiete echter Kunst eigentlich kein Platz gebührte. Wie läßt sich nun dieser Widerspruch ausgleichen? Die Kunst erscheint überall an ein nationales und lokales Element gebunden, also unter Beschränkungen. Der ewig rege Kunstgeist bildet sich immer von neuem aus dem Stoffe jedes Zeitalters, aus jeder bestimmten Umgebung gleichsam einen Körper an, organisiert sich eine Gestalt. Je nachdem nun dieser Stoff widerstrebender oder tauglicher und bildsamer ist, wird auch die äußere Organisation der Kunst gröber und zarter ausfallen, und es wird ihm mehr oder weniger gelingen, sich darin frei zu bewegen, und sich mit aller Fülle, Energie, Leichtigkeit und Evidenz zu offenbaren. Dies ist es, was man mit dem Ausspruche meint, ein Volk, ein Zeitalter sei poetischer als das andere. Der Mangel kann freilich bis zur gänzlichen Negation gehen: und eine solche Prosa in den Gesinnungen, Ansichten, Sitten, Einrichtungen usw. kann in einer bestimmten Nationalität so fixiert sein, daß sie ohne eine ganz neue Ordnung der Dinge nicht aufzuheben ist, und daß so lange wahre Poesie und Kunst unmöglich bleiben. – Sonst aber muß jedes Kunstwerk aus seinem Standpunkte betrachtet werden; es braucht nicht ein absolut Höchstes zu erreichen, es ist vollendet, wenn es ein Höchstes in seiner Art, in seiner Sphäre, seiner Welt ist; und so erklärt sich, wie es zugleich ein Glied in einer unendlichen Reihe von Fortschritten, und dennoch an und für sich befriedigend und selbständig sein kann.

(Ebd., S. 19f)

Die Fähigkeit zu beurteilen beruht also darauf, daß man die Eindrücke nicht ihrer Beschaffenheit, sondern ihren außerwesentlichen Bedingungen nach in seine Gewalt bekomme: daß man sie festhalten, sie beliebig in der Erinnerung erneuern, sie mit anderen zusammenstellen, und ganze Reihen von Eindrücken zu einem Gesamteindruck vereinigen könne. Dies letzte ist das schwerste dabei und was man am spätesten lernt. Man wird finden, daß die meisten Menschen an einem Kunstwerke nur das einzelne loben oder tadeln: von dieser oder jener Schönheit daran, wie man es zu nennen pflegt, sind sie ergriffen; das Ganze als solches aber ist für sie eigentlich gar nicht vorhanden, besonders wenn es von bedeutendem Umfange ist. Bei den bildenden Künsten, die in ihren Hervorbringungen alles gleichzeitig darstellen, werden die Betrachter unmittelbar hierzu aufgefordert; weniger bei der Poesie und Musik und allem was sukzessiv ins Gemüt kommt. Wie wenige sind einer solchen Spannung der Aufmerksamkeit fähig, daß sie z. B. in einer so reichen Komposition, wie ein Schauspiel von Shakespeare ist, sich von Anfang bis zu Ende alles gegenwärtig erhalten könnten, alles aufeinander beziehen, um sich zuletzt des einen großen Eindrucks aus diesen unzähligen Eindrücken bewußt zu werden. Und doch ist dies zu einer echten Kritik unumgänglich erforderlich. Freilich hat es viele gegeben, die sich für Kritiker ausgaben und weitläufige Kunstbeurteilungen schrieben, und die doch hierzu nicht imstande waren. Das sind besonders diejenigen, die vorzugsweise oder gar ausschließend auf die sogenannte Korrektheit gehen. Man kann diesem Worte zwar einen gültigeren Sinn unterlegen; sie meinen aber damit eine Vollkommenheit der einzelnen Teile des Kunstwerks, und zwar bis in die kleinsten hinein, die ohne Beziehung auf das Ganze stattfinden soll. Man könnte dies die atomistische Kritik nennen (nach Analogie der atomistischen Physik), indem sie ein Kunstwerk wie ein Mosaik, wie eine mühsame Zusammenfügung toter Partikelchen betrachtet; da doch jedes, welches den Namen verdient, organischer Natur ist, worin das einzelne nur vermittelst des Ganzen existiert.

(Ebd., S. 27)

Man sieht häufig, daß Menschen, um für Kenner zu gelten, eine große Kälte affektieren; und daß auf der anderen Seite von Menschen, die sich einem unerzogenen Gefühl überlassen, der gründliche Kunstbeurteiler ein kalter Kritiker oder Kunstrichter gescholten wird. Dies ist eine ganz falsche Vorstellung: was mit dem Gefühl nicht aufgefaßt wird, ist in dem Kunstwerke für uns nicht vorhanden; Empfänglichkeit ist also das eine wesentliche Erfordernis zum Kenner, und insofern ist der wärmste Kritiker auch der beste. Der Anschein von Kälte rührt nur daher, daß die Anlagen, welche die wilden Ausbrüche des Gefühls in Schranken halten, bei ihm mehr ausgebildet sind. Das tiefe und ernste Gefühl hält seine Entzückungen für zu heilig, um sie an gemeinen Puppentand zu verschwenden, und weil sich die kindischen Bewunderer von diesem in ihrer Erwartung betroffen finden, daß sie dabei in oberflächlichen Enthusiasmus auflodern sollen, so klagen sie dann über Kälte und Härte. Kennerschaft und echter Enthusiasmus schließen sich also gar nicht aus.

(Ebd., S. 31)

Friedrich Schlegel
(1772–1829)

Krise der Kunst – eine neue »ästhetische Theorie« fällig – Schönheit, ein transzendentales Faktum – Philosophie und Kunst – ›potztausend‹ als Kunsturteil – »Darstellung des notwendigen Eindrucks in seinem Werden«: historische Kritik – Konvergenz von Philosophie und Kunst – das Interessante – der Künstler und sein Zentrum – »progressive Universalpoesie« – Unendlichkeit des ästhetischen Zusammenhangs: endlose Reflektierbarkeit

Noch war vielleicht kein Augenblick in der ganzen Geschichte des Geschmacks und der Dichtkunst so charakteristisch fürs Ganze, so reich an Folgen der Vergangenheit, so schwanger mit fruchtbaren Keimen für die Zukunft; die Zeit ist für eine wichtige Revolution der ästhetischen Bildung reif. Was sich jetzt nur erraten läßt, wird man künftig bestimmt wissen: daß in diesem wichtigen Augenblick unter andern großen Krisen auch das Los der echten schönen Kunst auf der Waage des Schicksals entschieden wird. Nie würde untätige Gleichgültigkeit gegen das Schöne, oder stolze Sicherheit über das schon Erreichte weniger angemessen sein; nie durfte man aber auch eine größere Belohnung der Anstrengung erwarten als die, welche der künftige Gang der ästhetischen Bildung der Modernen verspricht. Vielleicht werden die folgenden Zeitalter oft zwar nicht mit anbetender Bewunderung, aber doch nicht ohne Zufriedenheit auf das jetzige zurücksehn.

Die ästhetische Theorie hat den Punkt erreicht, von dem wenigstens ein objektives Resultat, es falle nun aus, wie es wolle, nicht weit mehr entfernt sein kann. Nach den pragmatischen Vorübungen des theoretisierenden Instinkts (erste Periode, deren Grundsatz die Autorität war) entstand die eigentliche szientifische Theorie. Ohngefähr zu gleicher Zeit entwickelten und bildeten sich die dogmatischen Systeme der rationalen und der empirischen Ästhetik (zweite Periode); und die Antinomie der verschiednen manierierten Theorien führte den ästhetischen Skeptizismus (Krise des Übergangs von der zweiten zur dritten Periode) herbei. Diese war die Vorbereitung und Veranlassung der Kritik der ästhetischen Urteilskraft (Anfänge der dritten Periode). Noch ist das Geschäft nichts weniger als beendigt. Die Ästhetiker selbst, welche gemeinschaftlich von den Resultaten der kritischen

Philosophie ausgegangen sind, sind weder in den Prinzipien noch in der Methode unter sich einig; und die kritische Philosophie selbst hat ihren hartnäckigen Kampf mit dem Skeptizismus noch nicht völlig ausgestritten. Überhaupt ist, nach der Bemerkung eines großen Denkers, im Praktischen noch viel zu tun übrig. Aber seit durch Fichte das Fundament der kritischen Philosophie entdeckt worden ist, gibt es ein sichres Prinzip, den Kantischen Grundriß der praktischen Philosophie zu berichtigen, zu ergänzen, und auszuführen; und über die Möglichkeit eines objektiven Systems der praktischen und theoretischen ästhetischen Wissenschaften findet kein gegründeter Zweifel mehr statt.

(Über das Studium der griechischen Poesie, Kritische Schriften, S. 223 f)

Der Grundirrtum der sophistischen Ästhetik ist der, die Schönheit bloß für einen gegebnen Gegenstand, für ein psychologisches Phänomen zu halten. Sie ist freilich nicht bloß der leere Gedanke von etwas, was hervorgebracht werden soll, sondern zugleich die Sache selbst, eine der ursprünglichen Handlungsweisen des menschlichen Geistes; nicht bloß eine notwendige Fiktion, sondern auch ein Faktum, nämlich ein ewiges transzendentales.

(Athenäums-Fragmente, S. 57)

In der in Deutschland erfundenen und in Deutschland geltenden Bedeutung ist ästhetisch ein Wort, welches, wie bekannt, eine gleich vollendete Unkenntnis der bezeichneten Sache und der bezeichnenden Sprache verrät. Warum wird es noch beibehalten?

(Kritische Fragmente, S. 10)

In dem, was man Philosophie der Kunst nennt, fehlt gewöhnlich eins von beiden; entweder die Philosophie oder die Kunst.

(Ebd., S. 6)

Fast alle Kunsturteile sind zu allgemein oder zu speziell. Hier in ihren eignen Produkten sollten die Kritiker die schöne Mitte suchen, und nicht in den Werken der Dichter.

(Athenäums-Fragmente, S. 46)

Wenn manche mystische Kunstliebhaber, welche jede Kritik für Zergliederung, und jede Zergliederung für Zerstörung des Genusses halten, konsequent dächten: so wäre potztausend das beste Kunsturteil über das würdigste Werk. Auch gibts Kritiken, die nichts mehr sagen, nur viel weitläufiger.

(Kritische Fragmente, S. 13)

Poesie kann nur durch Poesie kritisiert werden. Ein Kunsturteil, welches nicht selbst ein Kunstwerk ist, entweder im Stoff, als Darstellung des notwendigen Eindrucks in seinem Werden, oder durch eine schöne Form, und einen im Geist der alten römischen Satire liberalen Ton, hat gar kein Bürgerrecht im Reiche der Kunst. (Ebd., S. 22)

Es ist nichts schwerer, als das Denken eines andern bis in die feinere Eigentümlichkeit seines Ganzen nachkonstruieren, wahrnehmen und charakterisieren zu können. In der Philosophie ist dies bis jetzt bei weitem am schwersten, liege es nun daran, daß ihre Darstellung bis jetzt weniger vollkommen ist als die der Dichter, oder sei es im Wesen der Gattung selbst gegründet. Und doch kann man nur dann sagen, daß man ein Werk, einen Geist verstehe, wenn man den Gang und Gliederbau nachkonstruieren kann. Dieses gründliche Verstehen nun, welches, wenn es in bestimmten Worten ausgedrückt wird, Charakterisieren heißt, ist das eigentliche Geschäft und innere Wesen der Kritik. Man mag nun die gediegenen Resultate einer historischen Masse in einen Begriff zusammenfassen, oder aber einen Begriff nicht bloß zur Unterscheidung bestimmen, sondern in seinem Werden konstruieren, vom ersten Ursprung bis zur letzten Vollendung, mit dem Begriff zugleich die innere Geschichte des Begriffs gebend: beides ist eine Charakteristik, die höchste Aufgabe der Kritik und die innigste Vermählung der Historie und Philosophie.

(Lessings Geist aus seinen Schriften, S. 400)

Je mehr die Poesie Wissenschaft wird, je mehr wird sie auch Kunst. Soll die Poesie Kunst werden, soll der Künstler von seinen Mitteln und seinen Zwecken, ihren Hindernissen und ihren Gegenständen gründliche Einsicht und Wissenschaft haben, so muß der Dichter über seine Kunst philosophieren. Soll er nicht bloß Erfinder und Arbeiter, sondern auch Kenner in seinem Fache sein und seine Mitbürger im Reiche der Kunst verstehn können, so muß er auch Philolog werden. (Athenäums-Fragmente, S. 57)

Lesen heißt den philologischen Trieb befriedigen, sich selbst literarisch affizieren. Aus reiner Philosophie oder Poesie ohne Philologie kann man wohl nicht lesen.

(Ebd., S. 74)

Gibt es reine Gesetze der Schönheit und der Kunst, so müssen sie ohne Ausnahme gelten. Nimmt man aber diese reinen Gesetze, ohne nähere Bestimmung und Richtschnur der Anwendung, zum Maßstab der Würdigung der modernen Poesie: so kann das Urteil nicht anders ausfallen, als daß die moderne Poesie, die jenen reinen Gesetzen fast durchgängig widerspricht, durchaus gar keinen Wert hat. Sie macht nicht einmal Ansprüche auf Objektivität, welches doch die erste Bedingung des reinen und unbedingten ästhetischen Werts ist, und ihr Ideal ist das Interessante, d. h. subjektive ästhetische Kraft.

(Ideen, S. 115)

Ein Künstler ist, wer sein Zentrum in sich selbst hat. Wem es da fehlt, der muß einen bestimmten Führer und Mittler außer sich wählen, natürlich nicht auf immer, sondern nur fürs erste. Denn ohne lebendiges Zentrum kann der Mensch nicht sein, und hat er es noch nicht in sich, so darf er es nur in einem Menschen suchen, und nur ein Mensch und dessen Zentrum kann das seinige reizen und wecken.

(Ebd., S. 94)

Die romantische Poesie ist eine progressive Universalpoesie. Ihre Bestimmung ist nicht bloß, alle getrennten Gattungen der Poesie wieder zu vereinigen und die Poesie mit der Philosophie und Rhetorik in Berührung zu setzen. Sie will und soll auch Poesie und Prosa, Genialität und Kritik, Kunstpoesie und Naturpoesie bald mischen, bald verschmelzen, die Poesie lebendig und gesellig und das Leben und die Gesellschaft poetisch machen, den Witz poetisieren und die Formen der Kunst mit gediegnem Bildungsstoff jeder Art anfüllen und sättigen und durch die Schwingungen des Humors beseelen. Sie umfaßt alles, was nur poetisch ist, vom größten wieder mehrere Systeme in sich enthaltenden Systeme der Kunst bis zu dem Seufzer, dem Kuß, den das dichtende Kind aushaucht in kunstlosen Gesang. Sie kann sich so in das Dargestellte verlieren, daß man glauben möchte, poetische Individuen jeder Art zu charakterisieren, sei ihr Eins und Alles; und doch gibt es noch keine Form, die so dazu gemacht wäre, den Geist des Autors vollständig auszudrücken: so daß manche Künstler, die nur auch einen Roman schreiben wollten, von ungefähr sich selbst dargestellt haben. Nur sie kann gleich dem Epos ein Spiegel der ganzen umgebenden Welt, ein Bild des Zeitalters werden. Und doch kann auch sie am meisten zwischen dem Dargestellten und dem Darstellenden, frei von allem realen und idealen Interesse, auf den Flügeln der poetischen Reflexion in der Mitte schweben, diese Reflexion immer wieder potenzieren und wie in einer endlosen Reihe von Spiegeln vervielfachen. Sie ist der höchsten und der allseitigsten Bildung fähig; nicht bloß von innen heraus, sondern auch von außen hinein; indem sie jedem, was ein Ganzes in ihren Produkten sein soll, alle Teile ähnlich organisiert, wodurch ihr die Aussicht auf eine grenzenlos wachsende Klassizität eröffnet wird. Die romantische Poesie ist unter den Künsten, was der Witz der Philosophie, und die Gesellschaft, Umgang, Freundschaft und Liebe im Leben ist. Andre Dichtarten sind fertig und können nun vollständig zergliedert werden. Die romantische Dichtart ist noch im Werden; ja das ist ihr eigentliches Wesen, daß sie ewig nur werden, nie vollendet sein kann. Sie kann durch keine Theorie erschöpft werden, und nur eine divinatorische Kritik dürfte es wagen, ihr Ideal charakterisieren zu wollen. Sie allein ist unendlich, wie sie allein frei ist und das als ihr erstes Gesetz anerkennt, daß die Willkür des Dichters kein Gesetz über sich leide. Die romantische Dichtart ist die einzige, die mehr als Art und gleichsam die Dichtkunst selbst ist: denn in einem gewissen Sinn ist oder soll alle Poesie romantisch sein.

(Athenäums-Fragmente, S. 38f)

Jean Paul
(1763–1825)

Das Schöne, nur durch Schönes zu bezeichnen – so viele Dichtungs-Definitionen, so viele Leser – die Poesie, den Kerker der Realität sprengend – singend, »was niemand zu sagen wagt, in schlechter Zeit« – »wilde Paarung ohne Priester« – »den Blick von den Sachen wenden gegen ihr Zeichen hin« – das Gedicht als Spiegel

Die rechte Ästhetik wird daher nur einst von einem, der Dichter und Philosoph zugleich zu sein vermag, geschrieben werden; er wird eine angewandte für den Philosophen geben, und eine angewandtere für den Künstler. Wenn die transzendente bloß eine mathematische Klanglehre ist, welche die Töne der poetischen Leier in Zahlen-Verhältnisse auflöset: so ist die gemeinere nach Aristoteles eine *Harmonistik* (Generalbaß), welche wenigstens negativ tonsetzen lehrt. Eine *Melodistik* gibt der Ton- und der Dichtkunst nur der Genius des Augenblicks; was der Ästhetiker dazu liefern kann, ist selber Melodie, nämlich dichterische Darstellung, welcher alsdann die verwandte zutönt. Alles Schöne kann nur wieder durch etwas Schönes sowohl bezeichnet werden als erweckt.

(Vorschule der Ästhetik, Werke, Bd. 9, S. 24 f)

Wenigstens würde in Bildern sich das verwandte Leben besser spiegeln als in toten Begriffen – nur aber für jeden anders; denn nichts bringt die Eigentümlichkeit der Menschen mehr zur Sprache als die Wirkung, welche die Dichtkunst auf sie macht; und daher werden ihrer Definitionen ebenso viele sein als ihrer Leser und Zuhörer.

(Ebd., S. 30)

Ungleich der Wirklichkeit, die ihre prosaische Gerechtigkeit und ihre Blumen in unendlichen Räumen und Zeiten austeilet, muß eben die Poesie in geschlossenen beglücken; sie ist die einzige Friedensgöttin der Erde und der Engel, der uns, und wär' es nur auf Stunden, aus Kerkern auf Sterne führt; wie Achilles' Lanze muß sie jede Wunde heilen, die sie sticht. Gäbe es denn sonst etwas Gefährlicheres als einen Poeten, wenn dieser *unsere* Wirklichkeit noch vollends mit *seiner* und uns also mit einem eingekerkerten Kerker umschlösse?

»Gerade das Höchste, was aller unserer Wirklichkeit, auch der schönsten des Herzens ewig abgeht, das gibt sie [die Dichtkunst] und malt auf den Vorhang der Ewigkeit das zukünftige Schauspiel; sie ist kein platter Spiegel der Gegenwart, sondern der Zauberspiegel der Zeit, welche nicht ist. Jenes Etwas, dessen Lücken unser Denken und unser Anschauen entzweiet und trennt, dieses Heiligste zieht sie durch ihre Zauberei von Himmel näher herab; und wie die Moral der gebende und zeigende Arm aus der Wolke ist, so ist sie das helle süße Auge aus der Wolke.

Sie kann spielen, aber nur mit dem Irdischen, nicht mit dem Himmlischen. Sie soll die Wirklichkeit, die einen göttlichen Sinn haben muß, weder vernichten, noch wiederholen, sondern entziffern. Alles Himmlische wird erst durch Versetzung mit dem Wirklichen, wie der Regen des Himmels erst auf der Erde, für uns hell und labend. Doch beide muß uns nicht das Tal, sondern der Berg zubringen. Indes muß dem Dichter wie den Engeln die Erkenntnis des Göttlichen die erste am Morgen sein, und die des Geschaffnen die spätere abends; denn aus einem Gott kommt wohl eine Welt, aber nicht aus einer Welt ein Gott.«

»Bei Gott!« sagte der Unbekannte. »Niemals«, fuhr ich fort, »ist daher vielleicht der Dichter wichtiger als in solchen Tagen, denen er unwichtiger erscheint, d. h. in unsern. Wer in die historische Zukunft hinaussieht, der findet unter den wachsenden Städten und Thronen, welche den Himmel immer mehr zu einem blauen Streif verbauen – in dem immer tiefern Einsinken der Völker in die weiche Erde der Sinnlichkeit – im tiefern Eingraben der goldhungrigen Selbstsucht – ach in tausend Zeichen einer Zeit, worin Religion, Staat und Sitten abblühen, da findet man keine Hoffnung ihrer Emporhebung mehr – außer bloß durch zwei Arme, welche nicht der weltliche und der geistliche sind, aber zwei ähnliche, die Wissenschaft und die Dichtkunst. Letztere ist der stärkere. Sie darf singen, was niemand zu sagen wagt in schlechter Zeit. Große oder verschämte Gefühle, die sich vor der Welt verhüllen, krönt sie auf dem höchsten Throne; wenn jene sich wie Sterne am Tage verbergen, so gleicht sie dem Sterne der Weisen, der nach den Alten am Tage leuchtete. Wenn die Welt- und Geschäft-Menschen täglich stärker den Erdgeschmack der Zeit annehmen müssen, in der sie leben: so bricht der Genius, wie der Nachtschmetterling, der sich unter der Erde entpuppet, mit unversehrten Flügeln aus den Schollen in die Lüfte auf. [...] Aber da die rechte Poesie keine Welt nimmt, ohne die bessere dafür zu geben: so leidet nur die gemeine Seele, die von einem Almosen des Augenblicks zum andern lebt, ohne den Schatz eines Innern zu haben, und welche zwar, wie sonst die alten Städte im Frühling, den Tod, nämlich dessen Bildnis hinausschafft, aber ohne das Leben hereinzubringen. Ist denn das Sterben in der Dichtkunst nicht ein Sterben vor Freude? Und wenn sie das Leben in einen Traum verkehrt – sogar das gelehrte literarische lässet sich so ansehen –: hat sie nicht die gestirnte Nacht im Hinterhalt, in welche der Traum hinein erwacht?«

(Ebd., S. 47f)

Ist Dichten Weissagen: so ist romantisches das Ahnen einer größern Zukunft, als hinieden Raum hat; die romantischen Blüten schwimmen um uns, wie nie gesehene Samenarten durch das allverbindende Meer aus der neuen Welt, noch ehe sie gefunden war, an Norwegens Strand anschwammen.

(Ebd., S. 89)

[...] nämlich Witz und Schönheit sind an sich Vorzüge, schon ohne den Grad; aber Vernunft, Phantasie, so wie körperliche Stärke etc. zeichnen nur einen Besitzer *ungewöhnlicher* Grade aus –; zweitens sind Witz und Schönheit *gesellige* Kräfte und Triumphe (denn was gewänne ein *witziger* Einsiedler oder eine *schöne* Einsiedlerin?); und Siege des Gefallens kann man nicht selber als sein eigner Eilbote überbringen, ohne unterwegs geschlagen zu werden.

(Ebd., S. 169)

Spielt denn nicht die ganze Poesie, erstlich mit Bildern, dann mit den Klängen des Reims und Metrums? Sogar von der Wahrheit, welche allen witzigen Ähnlichkeiten unterzulegen ist, kommt etwas, obwohl wenig, den wortspielenden zu; denn wenn in der Ursprache stets der Klang des Zeichens der Nachhall der Sachen war: so steht einige Ähnlichkeit der Sachen bei der Gleichheit ihres Widerhalles zu erwarten. [...] Der zweite wahre Reiz des Wortspiels ist das Erstaunen über den Zufall, der durch die Welt zieht, spielend mit Klängen und Weltteilen. Jeder Zufall, als eine wilde Paarung ohne Priester, gefällt uns vielleicht, weil darin der Satz der Ursachlichkeit (Kausalität) selber, wie der Witz, Unähnliches zu gatten scheinend, sich halb versteckt und halb bekennt. Glauben wir einen Zufall als einen reinen anzuschauen – ohne alle Möglichkeit eingemischter Ursachlichkeit –, so vergnügt er uns eben nicht, und wir gebrauchen dann nicht einmal das Wort Zufall. Man denke z. B., daß in dieser Minute ein französischer

Akademist etwas über die Ästhetik vorlieset und dabei Zuckerwasser trinkt – ich über die Ästhetik schreibe – zu gleicher Zeit vier Zuchthäusler in Nürnberg einen Selbstmörder (nach Heß) zu Grabe tragen – ein Pole den andern Bruder nennt (nach Schulz), wie sonst einander die Spanier – in Dessau ein Schauspiel angeht (weils Sonntag ist) [...].

Ein dritter Grund des Gefallens am Wortspiele ist die daraus vorleuchtende Geistes-Freiheit, welche imstande ist, den Blick von der Sache zu wenden gegen ihr Zeichen hin.

(Ebd., S. 193f)

DER DICHTER

Seh' ich im Gedichte nicht den Dichter als Menschen, sagt der eine, so sind mir alle seine Spiegelungen des Großen bloße Vorspiegelungen. Und seh' ich, sagt der andere, im Gedichte nichts weiter als den lebendigen Menschen, der es gemacht: so hab' ich sein Gedicht nicht nötig, denn die Alltäglichkeit steht auf allen Märkten feil. Aber der rechte Dichter vereinigt beide, weil das Gedicht ein Strom ist, der wohl den Boden zeigt, worauf er fließt, aber ihn durchsichtig macht und unter ihm in einer größern Tiefe, als er selber hat, den unergründlichen Himmel ausbreitet und spiegelnd ihn mit dem obern verwölbt.

(Der Komet, Werke, Bd. 11, S. 668f)

Karl Wilhelm F. Solger
(1780–1819)

Vom schönen Gegenstand erfüllt – Schönes: Gebiet der praktischen Philosophie – Widerspruch seiner Bestandteile: im »Handeln der Kunst« aufgehoben – Auflösung des Werkbegriffs – Ironie: Schaffen und Vernichten

Die Schönheit also allein bringt uns den Himmel auf die Erde; denn sie allein gewährt uns einen vollkommenen und seligen Genuß. In ihrem Gefolge aber ist die Liebe, von welcher wir wohl sagen können, daß sie allein die Wirkung der Schönheit sei, indem dieselbe in das besondre Leben und seine Verhältnisse eindringt.

Denn wenn wir zuerst einen schönen Körper wahrnehmen, und zwar auf eine würdige, ihm angemessene Art, so wird unser ganzes Gemüt nur Ein Trieb und erschöpft sich ganz in diesem, und dieser ist vollkommen erfüllt und beseligt durch die schöne Gestalt, welche selbst nichts anderes ist als die Erfüllung und das vollkommen erreichte Ziel des Triebes. Und so wie unsere Seele mit unseren wahrnehmenden Sinnen durchaus eins und dasselbe ist, so ist es auch die Seele mit dem schönen Leibe, welcher sie in sich trägt, wie ein reines Kristallgefäß ein reines und ungetrübtes Wasser, von welchem es auf keine Weise zu unterscheiden ist. Wenn wir aber so wahrnehmen, so können wir dies wohl eine vollkommene Wahrnehmung nennen, gegen die alle Eindrücke auf die Sinne, die wir noch von den Wirkungen des Verstandes in uns unterscheiden, unvollkommen und mangelhaft sind. Wir unterscheiden uns gar nicht mehr von unserem Gegenstand, es ist gleichsam kein Raum mehr in unserer Seele, der nicht von ihm dicht angefüllt wäre. So verschwindet das absondernde Bewußtsein, unser Zustand ist Entzückung, worin wir unser selbst nicht mehr mächtig, sondern vollkommen dem schönen Gegenstande hingegeben sind.

(Erwin, Vier Gespräche über das Schöne, S. 29)

Das Schöne als Gegenstand oder Stoff einer theoretischen Erkenntniß, kann nicht als für sich selbst bestehend und gegeben betrachtet werden. Es treten Widersprüche darin hervor, die nicht zulassen, daß die Idee des Schönen als wirklich gerettet werde. Alles was den Bloßen gemeinen Verstand bedingt, muß sich im Schönen aufheben. Jener besteht nur durch Gegensätze, die sich ins Unendliche bedingen; die Schönheit hingegen besteht in der vollkommenen Vereinigung der Gegensätze. Daraus läßt sich einsehen, daß die für den gemeinen Verstand vorhandene Existenz, die gewöhnliche Wirklichkeit, das Schöne nicht in sich aufnehmen und ertragen kann.

Wir müssen daher das *Schöne* als einen Theil der *praktischen Philosophie* ansehen. Das Theoretische gilt nur darin, in sofern es von dem Praktischen bestimmt wird und dieses sich selbst ins Theoretische verwandelt.

(Vorlesungen über Ästhetik, S. 72)

Alle diese Gegensätze zeigen deutlich, daß es überhaupt kein Schönes giebt, so lange wir es als bloß Theoretisches betrachten, daß in der wirklichen Welt kein Schönes ist. Dies lehrt uns das Schicksal des Schönen im Tragischen und Komischen vorzüglich. Es geht mithin aus dieser theoretischen Betrachtung hervor, daß das Schöne an und für sich nicht besteht, und es fragt sich weiter, wie wir uns denken sollen, daß es ein Schönes geben kann. Daß es ein Schönes geben muß, ist gewiß; aber wie kann es entstehen und bestehen?

Das Ergebniß der bisherigen Untersuchung war: 1) daß das Schöne aus Bestandtheilen zusammengesetzt ist, die sich selbst aufheben; 2) daß es durch eine Beziehung dieser Bestandtheile auf einander erhalten werden könnte, daß aber diese entweder bloße Verstandesbeziehung wird, oder in dem Punkte des Zusammenfassens sich aufhebt. – Das Schöne kann nur durch einen Standpunkt gerettet werden, wo der volle Widerspruch der Bestandtheile selbst als eine Beziehung erscheint, wo die Beziehung eine vollkommene wird, so daß sie Anschauung ist, und eine völlige Einheit der Gegensätze stattfindet, die zugleich als Akt der Beziehung erkannt wird.

Wenn wir in den widersprechenden Bestandtheilen den Akt des Überganges selbst erkennen, wenn diese Thätigkeit darin das wirklich Gegenwärtige ist, so müssen auch die Bestandtheile in dieser Thätigkeit gegenwärtig sein, obgleich sie sich aufheben, weil wir die Thätigkeit, wodurch sie sich aufheben, allein als das Gegenwärtige und Wirkliche wahrnehmen. – Können wir den Akt fassen, durch welchen die Idee in die Wirklichkeit gestoßen wird, und gleichwohl nicht aufhört, Idee zu sein: so wäre der Übergang das, was wir als wirklich vor uns hätten, und die Extreme würden nur in diesem Übergange von uns aufgefaßt. Das Schöne kann also nur in einer Thätigkeit liegen, welche so aufgefaßt wird, daß wir die Gegensätze in dem Akt ihres Überganges erkennen. Eine solche Thätigkeit ist die *Kunst.*

Die Kunst muß vom menschlichen Bewußtsein ausgehen und kann keine Naturthätigkeit sein. Der Stoff sondert sich vom Bewußtsein ab, so daß beide nur in der relativen Verknüpfung für einander da sind; dadurch entsteht uns eine Außenwelt, die für die Kunst schwindet. Die Kunst soll im innersten Bewußtsein bloß durch Thätigkeit desselben die beiderseitigen Elemente zusammenfassen. Sie ist etwas ganz Innerliches, da sie bloß im Bewußtsein ist, und zugleich etwas ganz Äußerliches, in sofern sie allen Stoff als Inneres erkennt. Denn nur dann nehmen wir ein Kunstwerk würdig wahr, wenn wir es als Element unseres Bewußtseins selbst betrachten.

(Ebd., S. 108f)

Das *Handeln der Kunst* kann also kein rein-praktisches sein. So wie vorher die rein-theoretische Ansicht nicht bestehen konnte, so auf der andern Seite auch nicht das rein-praktische Handeln. Die Zweckmäßigkeit darf nicht Maaßstab der höheren künstlerischen Thätigkeit sein; denn gerade durch jene werden die Elemente in Allgemeines und Besonderes geschieden. Es muß vielmehr hier ein Handeln stattfinden, in welchem die ursprüngliche Einheit des Allgemeinen und Besonderen vorausgesetzt wird, beides, wie im Wollen, so in der wirklichen Ausführung eins und dasselbe ist, mit einem Worte: ein Handeln in der Idee oder nach der Idee. Dies ist das Handeln der Kunst.

(Ebd., S. 111)

Die andere Seite der Geistesthätigkeit des Künstlers ist die, worin sich diese vollendet, indem die Wirklichkeit sich darin auflöst. Der Künstler muß die wirkliche Welt vernichten, nicht bloß in sofern sie Schein, sondern in sofern sie selbst Ausdruck der Idee ist. Diese Stimmung des Künstlers, wodurch er die wirkliche Welt als das Nichtige setzt, nennen wir die künstlerische *Ironie.* Kein Kunstwerk kann ohne die Ironie entstehen, die mit der Begeisterung den Mittelpunkt der künstlerischen Thätigkeit ausmacht.

(Ebd., S. 124f)

Die Ironie ist keine einzelne, zufällige Stimmung des Künstlers, sondern der innerste Lebenskeim der ganzen Kunst. Man hüte sich daher, einen untergeordneten Standpunkt der Ironie gelten zu lassen, oder es für Übermuth des Künstlers zu halten, wenn er die Gesetze des gemeinen Lebens, z. B. die moralischen, verwirft. Die Ironie hat die Welt vor sich, wie sie dem höchsten Bewußtsein erscheint, wenn dieses die Idee als wirklich auffaßt.

(Ebd., S. 245)

Jetzt also, fuhr ich fort, versenke dich ganz in den Gedanken, daß ein Besonderes, welches nichts anderes als der Ausdruck der Idee wäre, [...] ein undenkbares Unding sein würde; denn so müßte es aufhören das Besondere oder Wirkliche zu sein. Geht also die Idee durch den künstlerischen Verstand in die Besonderheit über, so drückt sie sich nicht allein darin ab, erscheint auch nicht bloß als zeitlich und vergänglich, sondern sie wird das gegenwärtige Wirkliche, und, da außer ihr nichts ist, die Nichtigkeit und das Vergehen selbst, und unermeßliche Trauer muß uns ergreifen, wenn wir das Herrlichste, durch sein notwendiges irdisches Dasein in das Nichts zerstieben sehen. Und doch können wir die Schuld davon auf nichts anderes wälzen, als auf das Vollkommene selbst in seiner Offenbarung für das zeitliche Erkennen; denn das bloß Irdische, wenn wir es allein wahrnehmen, hält sich zusammen durch Eingreifen ineinander, und nie abreißendes Entstehen und Vergehen. Dieser Augenblick des Überganges nun, in welchem die Idee selbst notwendig zunichte wird, muß der wahre Sitz der Kunst, und darin Witz und Betrachtung, wovon jedes zugleich mit entgegengesetztem Bestreben schafft und vernichtet, eins und dasselbe sein. Hier also muß der Geist des Künstlers alle Richtungen in einen, alles überschauenden Blick zusammenfassen, und diesen über allem schwebenden, alles vernichtenden Blick nennen wir die Ironie.

(Erwin, Vier Gespräche über das Schöne, S. 387)

Friedrich Wilhelm Joseph Schelling
(1775–1854)

Identität von Objektivem und Subjektivem im Anschauen – bewußt und bewußtlos: Kunstanschauung – Schönheit: »das Unendliche endlich dargestellt« – Kunst als Organon der Philosophie – deren Rückkehr zur Poesie auf dem Weg einer neuen Mythologie – Stellung der Kunst im Universum, dem »absoluten Kunstwerk«

Alles Wissen beruht auf der Übereinstimmung eines Objektiven mit einem Subjektiven.

(System des transzendentalen Idealismus, Einleitung, § 1, Werke Bd. II, S. 13)

Dieses Objektive, was durch *mich* handelt, soll nun aber doch wieder *ich* sein. Nun bin aber *ich* nur das Bewußte, jenes andere dagegen das Unbewußte. Also das Unbewußte in meinem Handeln soll identisch sein mit dem Bewußten. Nun läßt sich aber doch diese Identität im freien Handeln selbst nicht nachweisen, denn eben zum Behuf des freien Handelns (d. h. des Objektivwerdens jenes Objektiven) hebt sie sich auf. Also müßte jene Identität jenseits dieses Objektivwerdens aufgezeigt werden. Aber was im freien Handeln das Objektive, von uns unabhängig, wird, ist diesseits des Erscheinens das *Anschauen,* also müßte sich jene Identität im Anschauen nachweisen lassen.

(Ebd., S. 279)

Durch die erste Bestimmung, nämlich daß bewußte und bewußtlose Tätigkeit *in einer und derselben Anschauung* objektiv werden, unterscheidet sich diese Anschauung von der, welche wir in der praktischen Philosophie ableiten konnten, wo die Intelligenz nur für die innere Anschauung bewußt, für die äußere aber bewußtlos war.

Durch die zweite Bestimmung, nämlich daß das Ich in einer und derselben Anschauung *für sich selbst* bewußt und bewußtlos zugleich werde, unterscheidet sich die hier postulierte Anschauung von der, welche wir in den Naturprodukten haben, wo wir zwar jene Identität erkennen, aber nicht als Identität, deren Prinzip im Ich selbst liegt. Jede Organisation ist ein Monogramm jener ursprünglichen Identität, aber um sich in diesem Reflex zu erkennen, muß das Ich sich unmittelbar schon in jener Identität erkannt haben.

Wir haben nichts zu tun, als die Merkmale dieser jetzt abgeleiteten Anschauung zu analysieren, um die Anschauung selbst zu finden, welche zum voraus zu urteilen keine andere als die *Kunstanschauung* sein kann.

(Ebd., S. 285)

Jede ästhetische Produktion geht aus vom Gefühl eines unendlichen Widerspruchs, also muß auch das Gefühl, was die Vollendung des Kunstprodukts begleitet, das Gefühl einer solchen Befriedigung sein, und dieses Gefühl muß auch wiederum in das Kunstwerk selbst übergehen. Der äußere Ausdruck des Kunstwerks ist also der Ausdruck der Ruhe und der stillen Größe, selbst da, wo die höchste Spannung des Schmerzes oder der Freude ausgedrückt werden soll.

Jede ästhetische Produktion geht aus von einer an sich unendlichen Trennung der beiden Tätigkeiten, welche in jedem freien Produzieren getrennt sind. Da nun aber diese beiden Tätigkeiten im Produkt als vereinigt dargestellt werden sollen, so wird durch dasselbe ein Unendliches endlich dargestellt. Aber das Unendliche endlich dargestellt ist Schönheit. Der Grundcharakter jedes Kunstwerks, welcher die beiden vorhergehenden in sich begreift, ist also die *Schönheit,* und ohne Schönheit ist kein Kunstwerk.

(Ebd., S. 294)

Die ganze Philosophie geht aus, und muß ausgehen von einem Prinzip, das als das absolut Identische schlechthin nicht objektiv ist. Wie soll nun aber dieses absolut Nichtobjektive doch zum Bewußtsein hervorgerufen und verstanden werden, was notwendig ist, wenn es Bedingung des Verstehens der ganzen Philosophie ist? Daß es durch Begriffe ebensowenig aufgefaßt als dargestellt werden könne, bedarf keines Beweises. Es bleibt also nichts übrig, als daß es in einer unmittelbaren Anschauung dargestellt werde, welche aber wiederum selbst unbegreiflich, und da ihr Objekt etwas schlechthin Nichtobjektives sein soll, sogar in sich selbst widersprechend zu sein scheint. Wenn es denn nun aber doch eine solche Anschauung gäbe, welche das absolute Identische, an sich weder Sub- noch Objektive zum Objekt hat, und wenn man sich wegen dieser Anschauung, welche nur eine intellektuelle sein kann, auf die unmittelbare Erfahrung beriefe, wodurch kann denn nun auch diese Anschauung wieder objektiv, d. h. wie kann außer Zweifel gesetzt werden, daß sie nicht auf einer bloß subjektiven Täuschung beruhe, wenn es nicht eine allgemeine und von allen Menschen anerkannte Objektivität jener Anschauung gibt? Diese allgemein anerkannte und auf keine Weise hinwegzuleugnende Objektivität der intellektuellen Anschauung ist die Kunst selbst. Denn die ästhetische Anschauung eben ist die objektiv gewordene intellektuelle. Das Kunstwerk nur reflektiert mir, was sonst durch nichts reflektiert wird, jenes absolut Identische, was selbst im Ich schon sich getrennt hat; was also der Philosoph schon im ersten Akt des Bewußtseins sich trennen läßt, wird, sonst für jede Anschauung unzugänglich, durch das Wunder der Kunst aus ihren Produkten zurückgestrahlt.

(Ebd., S. 298f)

Wenn es nun aber die Kunst allein ist, welcher das, was der Philosoph nur subjektiv darzustellen vermag, mit allgemeiner Gültigkeit objektiv zu machen gelingen kann, so ist, um noch diesen Schluß daraus zu ziehen, zu erwarten, daß die Philosophie, so wie sie in der Kindheit der Wissenschaft von der Poesie geboren und genährt worden ist, und mit ihr alle diejenigen Wissenschaften, welche durch sie der Vollkommenheit entgegengeführt werden, nach ihrer Vollendung als ebensoviel einzelne Ströme in den allgemeinen Ozean der Poesie zurückfließen, von welchem sie ausgegangen waren. Welches aber das Mittelglied der Rückkehr der Wissenschaft zur Poesie sein werde, ist im allgemeinen nicht schwer zu sagen, da ein solches Mittelglied in der Mythologie existiert hat, ehe diese, wie es jetzt scheint, unauflösliche Trennung geschehen ist. Wie aber eine neue Mythologie, welche nicht Erfindung des einzelnen Dichters, sondern eines neuen, nur Einen Dichter gleichsam vorstellenden Geschlechts sein kann, selbst entstehen könne, dies ist ein Problem, dessen Auflösung allein von den künftigen Schicksalen der Welt und dem weiteren Verlauf der Geschichte zu erwarten ist.

(Ebd., S. 303)

Die Kunst construiren heißt, ihre Stellung im Universum bestimmen. Die Bestimmung dieser Stelle ist die einzige Erklärung, die es von ihr gibt.

(Philosophie der Kunst, 1. Abschnitt, Construktion der Kunst überhaupt und im allgemeinen, S. 17)

Die unmittelbare Ursache aller Kunst ist Gott. – Denn Gott ist durch seine absolute Identität der Quell aller Ineinsbildung des Realen und Idealen, worauf alle Kunst beruht. Oder: Gott ist der Quell der Ideen. Nur in Gott sind ursprünglich die Ideen. Nun ist aber die Kunst Darstellung der Urbilder, also Gott selbst die unmittelbare Ursache, die letzte Möglichkeit aller Kunst, er selbst der Quell aller Schönheit.

Die wahre Construktion der Kunst ist Darstellung ihrer Formen als Formen der Dinge, wie sie an sich, oder wie sie im Absoluten sind. – Denn [...] das Universum [ist] in Gott als ewige Schönheit und als absolutes Kunstwerk gebildet; nicht minder sind alle Dinge, wie sie an sich oder in Gott sind, ebenso absolut schön, als sie absolut wahr sind. Demnach sind auch die Formen der Kunst, da sie die Formen schöner Dinge sind, Formen der Dinge, wie sie in Gott, oder wie sie an sich sind, und da alle Construktion Darstellung der Dinge im Absoluten ist, so ist die Construktion der Kunst insbesondere *Darstellung ihrer Formen* als Formen der Dinge, wie sie im Absoluten sind, und demnach auch des Universums selbst als absoluten Kunstwerks, wie es in ewiger Schönheit in Gott gebildet ist.

(Ebd., S. 30f)

Georg Wilhelm Friedrich Hegel
(1770–1831)

Die Kunst ein Vergangenes – Bedürfnis nach der Wissenschaft von ihr – Allgemeines anschaulich individualisiert – das Kunstwerk ein Zwiegespräch – Denken, die höhere Darstellungsform der Idee – deren sinnliches Scheinen im Schönen – das Kunstschöne über dem Naturschönen – Gehaltsästhetik: ihre historischen Stufen, symbolisch, klassisch, romantisch – Denken und poetisches Bilden – Poesie als höchste Kunstform – ihr Material – Einteilung ihrer Gattungen unter dem Gesichtspunkt der Darstellung – episch, lyrisch, dramatisch – der handelnde Mensch als Subjekt und Gegenstand dramatischer Darstellung – darstellendes Erkenntnis-Handeln – erkennende Selbstdarstellung durch Handeln und Rede: ein ästhetisch geschlossenes Dreieck im Hegelschen System

Wie es sich nun auch immer hiermit verhalten mag, so ist es einmal der Fall, daß die Kunst nicht mehr diejenige Befriedigung der geistigen Bedürfnisse gewährt, welche frühere Zeiten und Völker in ihr gesucht und nur in ihr gefunden haben; eine Befriedigung, welche wenigstens von seiten der Religion aufs innigste mit der Kunst verknüpft war. Die schönen Tage der griechischen Kunst wie die goldene Zeit des späteren Mittelalters sind vorüber. Die Reflexionsbildung unseres heutigen Lebens macht es uns, sowohl in Beziehung auf den Willen als auch auf das Urteil, zum Bedürfnis, allgemeine Gesichtspunkte festzuhalten und danach das Besondere zu regeln, so daß allgemeine Formen, Gesetze, Pflichten, Rechte, Maximen als Bestimmungsgründe gelten und das hauptsächlich Regierende sind. Für das Kunstinteresse aber wie für die Kunstproduktion fordern wir im allgemeinen mehr eine Lebendigkeit, in welcher das Allgemeine nicht als Gesetz und Maxime vorhanden sei, sondern als mit dem Gemüte und der Empfindung identisch wirke, wie auch in der Phantasie das Allgemeine und Vernünftige als mit einer konkreten sinnlichen Erscheinung in Einheit gebracht enthalten ist. Deshalb ist unsere Gegenwart ihrem allgemeinen Zustande nach der Kunst nicht günstig. Selbst der ausübende Künstler ist nicht etwa nur durch die um ihn her laut werdende Reflexion, durch die allgemeine Gewohnheit des Meinens und Urteilens über die Kunst verleitet und angesteckt, in seine Arbeiten selbst mehr Gedanken hineinzubringen; sondern die ganze geistige Bildung ist von der Art, daß er selber innerhalb solcher reflektierenden Welt und ihrer Verhältnisse steht und nicht etwa durch Willen und Entschluß davon abstrahieren oder durch besondere Erziehung oder Entfernung von den Lebensverhältnissen sich eine besondere, das Verlorene wieder ersetzende Einsamkeit erkünsteln und zuwege bringen könnte.

In allen diesen Beziehungen ist und bleibt die Kunst nach der Seite ihrer höchsten Bestimmung für uns ein Vergangenes. Damit hat sie für uns auch die echte Wahrheit und Lebendigkeit verloren und ist mehr in unsere *Vorstellung* verlegt, als daß sie in der Wirklichkeit ihre frühere Notwendigkeit behauptete und ihren höheren Platz einnähme. Was durch Kunstwerke jetzt in uns erregt wird, ist außer dem unmittelbaren Genuß zugleich unser Urteil, indem wir den Inhalt, die Darstellungsmittel des Kunstwerks und die Angemessenheit und Unangemessenheit beider unserer denkenden Betrachtung unterwerfen. Die *Wissenschaft* der Kunst ist darum in unserer Zeit noch viel mehr Bedürfnis als zu den Zeiten, in welchen die Kunst für sich als Kunst schon volle Befriedigung gewährte. Die Kunst ladet uns zur denkenden Betrachtung ein, und zwar nicht zu dem Zwecke, Kunst wieder hervorzurufen, sondern, was die Kunst sei, wissenschaftlich zu erkennen.

(Ästhetik Bd. I, S. 21f)

Denn das Kunstwerk soll einen Inhalt nicht in seiner Allgemeinheit als solchen, sondern diese Allgemeinheit schlechthin individualisiert, sinnlich vereinzelt vor die Anschauung stellen. Geht das Kunstwerk nicht aus diesem Prinzipe hervor, sondern hebt es die Allgemeinheit mit dem Zweck abstrakter Lehre heraus, dann ist das Bildliche und Sinnliche nur ein äußerlicher und überflüssiger Schmuck und das Kunstwerk ein in ihm selbst gebrochenes, in welchem Form und Inhalt nicht mehr als ineinander verwachsen erscheinen. Das sinnliche Einzelne und das geistig Allgemeine sind sodann einander äußerlich geworden.

(Ebd., S. 60)

Hiegegen steht zu behaupten, daß die Kunst die *Wahrheit* in Form der sinnlichen Kunstgestaltung zu enthüllen, jenen versöhnten Gegensatz darzustellen berufen sei und somit ihren Endzweck in sich, in dieser Darstellung und Enthüllung selber habe. Denn andere Zwecke, wie Belehrung, Reinigung, Besserung, Gelderwerb, Streben nach Ruhm und Ehre, gehen das Kunstwerk als solches nichts an und bestimmen nicht den Begriff desselben.

(Ebd., S. 64)

Wie sehr es nun aber auch eine in sich übereinstimmende und abgerundete Welt bilden mag, so ist das Kunstwerk selbst doch als wirkliches, vereinzeltes Objekt nicht *für sich,* sondern *für uns,* für ein Publikum, welches das Kunstwerk anschaut und es genießt. Die Schauspieler z. B. bei Aufführung eines Dramas sprechen nicht nur untereinander, sondern mit uns, und nach beiden Seiten hin sollen sie verständlich sein. Und so ist jedes Kunstwerk ein Zwiegespräch mit jedem, welcher davorsteht.

(Ebd., S. 259)

Das Kunstwerk aber ist nicht so unbefangen für sich, sondern es ist wesentlich eine Frage, eine Anrede an die widerklingende Brust, ein Ruf an die Gemüter und Geister. – Obschon die Kunstversinnlichung in dieser Beziehung nicht zufällig ist, so ist sie doch umgekehrt auch nicht die höchste Weise, das geistig Konkrete zu fassen. Die höhere Form, der Darstellung durch das sinnlich Konkrete gegenüber, ist das Denken, das zwar in relativem Sinne abstrakt, aber nicht einseitiges, sondern konkretes Denken sein muß, um wahrhaftig und vernünftig zu sein.

(Ebd., S. 79)

Sagten wir nun, die Schönheit sei Idee, so ist *Schönheit* und *Wahrheit* einerseits *dasselbe.* Das Schöne nämlich muß wahr an sich selbst sein. Näher aber *unterscheidet* sich ebensosehr das Wahre von dem Schönen. *Wahr* nämlich ist die Idee, wie sie als

Idee ihrem Ansich und allgemeinen Prinzip nach ist und als solches gedacht wird. Dann ist nicht ihre sinnliche und äußere Existenz, sondern in dieser nur die *allgemeine Idee* für das Denken. Doch die Idee soll sich auch äußerlich realisieren und bestimmte vorhandene Existenz als natürliche und geistige Objektivität gewinnen. Das Wahre, das als solches ist, existiert auch. Indem es nun in diesem seinem äußerlichen Dasein unmittelbar für das Bewußtsein ist und der Begriff unmittelbar in Einheit bleibt mit seiner äußeren Erscheinung, ist die Idee nicht nur wahr, sondern *schön*. Das *Schöne* bestimmt sich dadurch als das sinnliche *Scheinen* der Idee. Denn das Sinnliche und Objektive überhaupt bewahrt in der Schönheit keine Selbständigkeit in sich, sondern hat die Unmittelbarkeit seines *Seins* aufzugeben, da dies Sein nur Dasein und Objektivität des Begriffs und als eine Realität gesetzt ist, die den *Begriff* als in Einheit mit seiner Objektivität und deshalb in diesem objektiven Dasein, das nur als Scheinen des Begriffs gilt, die Idee selber zur Darstellung bringt.

(Ebd., S. 117)

Das Schöne ist die Idee als unmittelbare Einheit des Begriffs und seiner Realität, jedoch die Idee, insofern diese ihre Einheit unmittelbar in sinnlichem und realem Scheinen da ist.

(Ebd., S. 121)

[...] Im gewöhnlichen Leben zwar ist man gewohnt, von *schöner* Farbe, einem *schönen* Himmel, *schönem* Strome, ohnehin von *schönen* Blumen, *schönen* Tieren und noch mehr von *schönen* Menschen zu sprechen, doch läßt sich, obschon wir uns hier nicht in den Streit einlassen wollen, inwiefern solchen Gegenständen mit Recht die Qualität Schönheit beigelegt und so überhaupt das Naturschöne neben das Kunstschöne gestellt werden dürfe, hiegegen zunächst schon behaupten, daß das Kunstschöne *höher* stehe als die Natur. Denn die Kunstschönheit ist die *aus dem Geiste geborene und wiedergeborene* Schönheit, und um soviel der Geist und seine Produktionen höher steht als die Natur und ihre Erscheinungen, um soviel auch ist das Kunstschöne höher als die Schönheit der Natur. [...]

(Ebd., S. 14)

Die Form der romantischen Kunst bestimmt sich, wie dies bis hieher in unserer Betrachtung jedesmal der Fall war, aus dem inneren Begriffe des Gehalts, welchen darzustellen die Kunst berufen ist, und so müssen wir uns zunächst das eigentümliche Prinzip des neuen Inhaltes klarzumachen versuchen, der jetzt als der absolute Inhalt der Wahrheit zu einer neuen Weltanschauung und Kunstgestaltung ins Bewußtsein tritt.

Auf der Stufe des *Anfangs* der Kunst bestand der Trieb der Phantasie in dem Aufstreben aus der Natur zur Geistigkeit. Dies Streben aber blieb nur ein Suchen des Geistes, welcher daher, insofern er noch nicht den eigentlichen Inhalt für die Kunst abgab, sich auch nur als äußerliche Form für die Naturbedeutungen oder subjektivitätslosen Abstraktionen des substantiellen Inneren, die den eigentlichen Mittelpunkt bildeten, geltend machen konnte.

Das Umgekehrte *zweitens* fanden wir in der klassischen Kunst. Hier ist die Geistigkeit, obschon sie sich erst durch die Aufhebung der Naturbedeutungen für sich selber herauszuringen vermag, die Grundlage und das Prinzip des Inhalts, die Naturerscheinung im Leiblichen und Sinnlichen die äußere Form. Diese Form jedoch blieb nicht wie auf der ersten Stufe nur oberflächlich, unbestimmt und von ihrem Gehalt undurchdrungen, sondern die Vollendung der Kunst erreichte gerade dadurch ihren Gipfel, daß sich das Geistige vollständig durch seine äußere Erscheinung hindurchzog, das Natürliche in dieser schönen Einigung idealisierte und zur gemäßen Realität des Geistes in seiner substantiellen Individualität selber machte. Dadurch ward die klassische Kunst die begriffsgemäße Darstellung des Ideals, die Vollendung des Reichs der Schönheit. Schöneres kann nicht sein und werden.

Dennoch gibt es Höheres als die schöne Erscheinung des Geistes in seiner unmittelbaren – wenn auch vom Geist als ihm adäquat erschaffenen – sinnlichen Gestalt. Denn diese Einigung, die sich im Elemente des Äußeren vollbringt und dadurch die sinnliche Realität zum angemessenen Dasein macht, widerstrebt ebensosehr wieder dem wahren Begriff des Geistes und drängt ihn aus seiner Versöhnung im Leiblichen auf sich selbst, zur Versöhnung seiner in sich selber zurück. Die einfache, gediegene Totalität des Ideals löst sich auf und zerfällt in die gedoppelte Totalität des in sich selber seienden Subjektiven und der äußeren Erscheinung, um den Geist durch diese Trennung die tiefere Versöhnung in seinem eigenen Elemente des Inneren erreichen zu lassen. Der

Geist, der die Angemessenheit seiner mit sich, die Einheit seines Begriffs und seiner Realität zum Prinzip hat, kann sein entsprechendes Dasein nur in seiner heimischen, eigenen geistigen Welt der Empfindung, des Gemüts, überhaupt der Innerlichkeit finden. Dadurch kommt der Geist zu dem Bewußtsein, sein Anderes, seine *Existenz,* als Geist an ihm und in ihm selber zu haben und damit erst seine Unendlichkeit und Freiheit zu genießen. [...]
(Ebd., S. 498f)

Das Denken aber hat nur Gedanken zu seinem Resultat; es verflüchtigt die Form der Realität zur Form des reinen Begriffs, und wenn es auch die wirklichen Dinge in ihrer wesentlichen Besonderheit und ihrem wirklichen Dasein faßt und erkennt, so erhebt es dennoch auch dies Besondere in das allgemeine ideelle Element, in welchem allein das Denken bei sich selber ist. Dadurch entsteht der erscheinenden Welt gegenüber ein neues Reich, das wohl die Wahrheit des Wirklichen, aber eine Wahrheit ist, die nicht wieder im *Wirklichen* selbst als gestaltende Macht und eigene Seele desselben offenbar wird. Das Denken ist nur eine Versöhnung des Wahren und der Realität im *Denken,* das poetische Schaffen und Bilden aber eine Versöhnung in der wenn auch nur geistig vorgestellten Form *realer Erscheinung* selber.
(Ebd., Bd. II, S. 342)

Die *Poesie* nun, die redende Kunst, ist das dritte, die *Totalität,* welche die Extreme der *bildenden* Künste und der *Musik* auf einer höheren Stufe, in dem Gebiete der geistigen Innerlichkeit selber, in sich vereinigt. Denn einerseits enthält die Dichtkunst wie die Musik das Prinzip des Sichvernehmens des Inneren als Inneren, das der Baukunst, Skulptur und Malerei abgeht; andererseits breitet sie sich im Felde des inneren Vorstellens, Anschauens und Empfindens selber zu einer objektiven Welt aus, welche die Bestimmtheit der Skulptur und Malerei nicht durchaus verliert und die Totalität einer Begebenheit, eine Reihenfolge, einen Wechsel von Gemütsbewegungen, Leidenschaften, Vorstellungen und den abgeschlossenen Verlauf einer Handlung vollständiger als irgendeine andere Kunst zu entfalten befähigt ist.
(Ebd., S. 327f)

Bei dieser Zurückziehung des geistigen Inhalts aus dem sinnlichen Material fragt es sich nun sogleich, was denn jetzt in der Poesie, wenn es der Ton nicht sein soll, die eigentliche Äußerlichkeit und Objektivität ausmachen werde. Wir können einfach antworten: das *innere Vorstellen* und *Anschauen* selbst. Die *geistigen* Formen sind es, die sich an die Stelle des Sinnlichen setzen und das zu gestaltende Material, wie früher Marmor, Erz, Farbe und die musikalischen Töne, abgeben. Denn wir müssen uns hier nicht dadurch irreführen lassen, daß man sagen kann, Vorstellungen und Anschauungen seien ja der *Inhalt* der Poesie. Dies ist allerdings, wie sich später noch ausführlicher zeigen wird, richtig; ebenso wesentlich steht aber auch zu behaupten, daß die Vorstellung, die Anschauung, Empfindung usf. die spezifischen Formen seien, in denen von der Poesie jeder Inhalt gefaßt und zur Darstellung gebracht wird – so daß diese Formen, da die sinnliche Seite der Mitteilung das nur Beiherspielende bleibt, das eigentliche Material liefern, welches der Dichter künstlerisch zu behandeln hat. Die Sache, der Inhalt soll zwar auch in der Poesie zur Gegenständlichkeit für den Geist gelangen: die Objektivität jedoch vertauscht ihre bisherige äußere Realität mit der inneren und erhält ein Dasein nur im Bewußtsein selbst, als etwas bloß geistig Vorgestelltes und Angeschautes. Der Geist wird so auf seinem eigenen Boden sich gegenständlich und hat das sprachliche Element nur als Mittel, teils der Mitteilung, teils der unmittelbaren Äußerlichkeit, aus welcher er als aus einem bloßen Zeichen von Hause aus in sich zurückgegangen ist. Deshalb bleibt es auch für das eigentlich Poetische gleichgültig, ob ein Dichtwerk gelesen oder angehört wird, und es kann auch ohne wesentliche Verkümmerung seines Wertes in andere Sprachen übersetzt, aus gebundener in ungebundene Rede übertragen und somit in ganz andere Verhältnisse des Tönens gebracht werden.

(Ebd., S. 331)

Als Totalität der Kunst nun, die durch keine Einseitigkeit ihres Materials mehr auf eine besondere Art der Ausführung ausschließlicher angewiesen ist, macht die Dichtkunst die unterschiedenen Weisen der Kunstproduktion überhaupt zu ihrer bestimmten Form und hat deshalb den *Einteilungsgrund* für die Gliederung der *Dichtarten* nur aus dem *allgemeinen* Begriffe des künstlerischen Darstellens zu entnehmen.

(Ebd., S. 399)

Die *dritte* Darstellungsweise endlich verknüpft die beiden früheren zu einer neuen Totalität, in welcher wir ebensosehr eine objektive Entfaltung als auch deren Ursprung aus dem Inneren von Individuen vor uns sehen, so daß sich das *Objektive* somit als dem *Subjekt* angehörig darstellt, umgekehrt jedoch das Subjektive einerseits in seinem Übergange zur realen Äußerung, andererseits in dem Lose zur Anschauung gebracht ist, das die Leidenschaft als notwendiges Resultat ihres eigenen Tuns herbeiführt. Hier wird also wie im *Epischen* eine Handlung in ihrem Kampfe und Ausgang vor uns hingebreitet, geistige Mächte sprechen sich aus und bestreiten sich, Zufälle treten verwickelnd ein, und das menschliche Wirken verhält sich zum Wirken eines alles bestimmenden Fatums oder einer leitenden, weltregierenden Vorsehung; die Handlung geht aber nicht in der nur äußeren Form ihres realen Geschehens als ein vergangenes, durch bloße Erzählung verlebendigtes Begebnis an unserem inneren Auge vorüber; sondern wir sehen sie gegenwärtig aus dem besonderen Willen, aus der Sittlichkeit oder Unsittlichkeit der individuellen Charaktere hervortreten, die dadurch in *lyrischem* Prinzipe zum Mittelpunkt werden. Zugleich aber exponieren sich die Individuen nicht nur ihrem *Inneren* als solchem nach, sondern erscheinen in der Durchführung ihrer zu Zwecken vorschreitenden Leidenschaft und messen dadurch, nach Art der das Substantielle in seiner Gediegenheit heraushebenden epischen Poesie, den Wert jener Leidenschaften und Zwecke an den objektiven Verhältnissen und vernünftigen Gesetzen der konkreten Wirklichkeit, um nach Maßgabe dieses Wertes und der Umstände, unter denen das Individuum sich durchzusetzen entschlossen bleibt, ihr Schicksal dahinzunehmen. Diese Objektivität, die aus dem Subjekte herkommt, sowie dies Subjektive, das in seiner Realisation und objektiven Gültigkeit zur Darstellung gelangt, ist der Geist in seiner Totalität und gibt als *Handlung* die Form und den Inhalt der *dramatischen* Poesie ab. – Indem nun dieses konkrete Ganze in sich selbst ebenso subjektiv ist, als es sich auch in seiner äußeren Realität zur Erscheinung bringt, so wird hier in betreff auf das wirkliche Darstellen, außer dem malerischen Sichtbarmachen des Lokals usf., für das eigentlich Poetische die *ganze* Person des Vortragenden in Anspruch genommen, so daß der *lebendige* Mensch selbst das Material der Äußerung ist.

(Ebd., S. 401)

In dieser Weise allein tritt die Handlung als *Handlung* auf, als wirkliches Ausführen innerer Absichten und Zwecke, mit deren Realität sich das Subjekt als mit sich selbst zusammenschließt und darin sich selber will und genießt und nun auch mit seinem ganzen Selbst für das, was aus demselben ins äußere Dasein übergeht, einstehen muß. Das dramatische Individuum bricht selber die Frucht seiner eigenen Taten.

(Ebd., S. 516)

So ist die Idee *erstlich* das *Leben;* der Begriff, der, unterschieden von seiner Objektivität, einfach in sich, seiner Objektivität durchdringt und als Selbstzweck an ihr sein Mittel hat und sie als sein Mittel setzt, aber in diesem Mittel immanent und darin der realisierte mit sich identische Zweck ist. – Diese Idee hat um ihrer Unmittelbarkeit willen die *Einzelheit* zur Form ihrer Existenz. Aber die Reflexion ihres absoluten Prozesses in sich selbst ist das Aufheben dieser unmittelbaren Einzelheit; dadurch macht der Begriff, der in ihr als Allgemeinheit das *Innre* ist, die Äußerlichkeit zur Allgemeinheit oder setzt seine Objektivität als Gleichheit mit sich selbst. So ist die Idee

zweitens die Idee des *Wahren* und *Guten,* als *Erkennen* und *Wollen.* Zunächst ist sie endliches Erkennen und endliches Wollen, worin das Wahre und Gute sich noch unterscheiden und beide nur erst als Ziel sind. Der Begriff hat sich zunächst zu sich selbst befreit und sich nur erst eine *abstrakte Objektivität* zur Realität gegeben. Aber der Prozeß dieses endlichen Erkennens und Handelns macht die zunächst abstrakte Allgemeinheit zur Totalität, wodurch sie *vollkommene Objektivität* wird. – Oder von der andern Seite betrachtet, *macht* der endliche, das ist der subjektive Geist, sich die *Voraussetzung* einer objektiven Welt, wie das Leben eine solche Voraussetzung *hat;* aber seine Tätigkeit ist, diese Voraussetzung aufzuheben, und sie zu einem Gesetzten zu machen. So ist seine Realität für ihn die objektive Welt, oder umgekehrt, die objektive Welt ist die Idealität, in der er sich selbst erkennt.

Drittens erkennt der Geist die Idee als seine *absolute Wahrheit,* als die Wahrheit, die an und für sich ist; die unendliche Idee, in welcher Erkennen und Tun sich ausgeglichen hat, und die das *absolute Wissen ihrer selbst* ist.

(Logik Bd. II, S. 468f)

Das *wahre Sein* des Menschen ist vielmehr *seine Tat;* in ihr ist die Individualität *wirklich,* und sie ist es, welche das *Gemeinte* in seinen beiden Seiten aufhebt. Einmal das Gemeinte als ein leibliches ruhendes Sein; die Individualität stellt sich vielmehr in der Handlung als das *negative* Wesen dar, welches nur *ist,* insofern es Sein aufhebt. Alsdenn hebt die Tat die Unaussprechlichkeit der Meinung ebenso in Ansehung der selbstbewußten Individualität auf, welche in der Meinung eine unendlich bestimmte und bestimmbare ist. In der vollbrachten Tat ist diese schlechte Unendlichkeit vernichtet. Die Tat ist ein einfach Bestimmtes, Allgemeines, in einer Abstraktion zu Befassendes; sie ist Mord, Diebstahl, oder Wohltat, tapfere Tat usf., und es kann von ihr *gesagt* werden, was *sie ist.*

(Phänomenologie des Geistes, S. 242f)

Dies Äußere macht zuerst nur als *Organ* das Innere sichtbar oder überhaupt zu einem Sein für anderes; denn das Innere, insofern es in dem Organe ist, ist es *die Tätigkeit* selbst. Der sprechende Mund, die arbeitende Hand, wenn man will, auch noch die Beine dazu, sind die verwirklichenden und vollbringenden Organe, welche das Tun *als Tun,* oder das Innre als solches an ihnen haben; die Äußerlichkeit aber, welche es durch sie gewinnt, ist die Tat als eine von dem Individuum abgetrennte Wirklichkeit. Sprache und Arbeit sind Äußerungen, worin das Individuum nicht mehr an ihm selbst sich behält und besitzt, sondern das Innre ganz außer sich kommen läßt, und dasselbe Anderem preisgibt. Man kann darum ebensosehr sagen, daß diese Äußerungen das Innre zu sehr, als daß sie es zu wenig ausdrücken; *zu sehr,* – weil das Innere selbst in ihnen ausbricht, bleibt kein Gegensatz zwischen ihnen und diesem; sie geben nicht nur einen *Ausdruck* des Innern, sondern es selbst unmittelbar; *zu wenig,* – weil das Innere in Sprache und Handlung sich zu einem Andern macht, so gibt es sich damit dem Elemente der Verwandlung preis, welches das gesprochene Wort und die vollbrachte Tat verkehrt, und etwas anders daraus macht, als sie an und für sich als Handlungen dieses bestimmten Individuums sind.

(Ebd., S. 234f)

Søren A. Kierkegaard
(1813–1855)

Der unglückliche Dichter – Verzweiflung – entweder/oder – das Ethische der Wahl, das Ästhetische der Indifferenz – ästhetische Existenz – das Böse in ästhetischen Kategorien aufgefaßt – Schönheit und Arbeit – die »künstlerische Mitteilung« – »doppelt-reflektiert«

Was ist ein Dichter? Ein unglücklicher Mensch, der tiefe Qualen in seinem Herzen birgt, dessen Lippen aber so geformt sind, daß, indem der Seufzer und der Schrei über sie ausströmen, sie klingen wie eine schöne Musik. Es geht ihm wie jenen Unglücklichen, die im Ochsen des Phalaris langsam bei gelindem Feuer gepeinigt wurden, ihre Schreie drangen nicht bis an das Ohr des Tyrannen, um ihn zu entsetzen, ihm klangen sie wie eine süße Musik. Und die Menschen scharen sich um den Dichter und sagen zu ihm: Singe bald wieder; das heißt: möchten doch neue Leiden deine Seele martern, und möchten doch die Lippen so geformt bleiben wie bisher; denn der Schrei würde uns bloß ängstigen, die Musik aber, die ist lieblich. Und die Rezensenten treten hinzu, die sagen: Ganz recht, so soll es sein nach den Regeln der Ästhetik. Nun, versteht sich, ein Rezensent gleicht einem Dichter ja aufs Haar, nur hat er nicht die Qualen im Herzen, nicht die Musik auf den Lippen. Sieh, darum will ich lieber Schweinehirt sein auf Amagerbro und von den Schweinen verstanden sein, als Dichter sein und mißverstanden sein von den Menschen.

(Entweder–Oder, 1. Teil, S. 27)

Willst Du aber nicht Dichter sein, so gibt es keinen andern Weg für Dich als den ich Dir gezeigt habe: verzweifle!

So wähle denn die Verzweiflung, denn die Verzweiflung ist selbst eine Wahl, denn zweifeln kann man, ohne es zu wählen, verzweifeln aber kann man nicht, ohne es zu wählen. Und indem man verzweifelt, wählt man wieder, und was wählt man da, man wählt sich selbst, nicht in seiner Unmittelbarkeit, nicht als dieses zufällige Individuum, sondern man wählt sich selbst in seiner ewigen Gültigkeit.

(Ebd., 2. Teil, Gleichgewicht, Ästhetisches/Ethisches, S. 768)

Ein Verzweifelnder verzweifelt über *etwas*. So sieht es einen Augenblick aus, aber es ist nur ein Augenblick; im selben Augenblick zeigt sich die wahre Verzweiflung oder die Verzweiflung in ihrer Wahrheit. Indem er über *etwas* verzweifelt, verzweifelt er eigentlich über *sich selbst* und will nun von sich selbst los. Wenn so der Herrschsüchtige, dessen Losung »entweder Cäsar oder gar nichts« lautet, nicht Cäsar wird, so verzweifelt er darüber. Aber das bedeutet etwas anderes: daß er, gerade weil er nicht Cäsar wurde, nun nicht aushalten kann, er selbst zu sein. Er verzweifelt also eigentlich nicht darüber, daß er nicht Cäsar wurde, sondern über sich selbst, daß er nicht Cäsar wurde. Dieses Selbst, das, wenn er Cäsar geworden wäre, seine ganze Lust gewesen wäre, in einem anderen Sinne übrigens gleichwohl verzweifelt, dieses Selbst ist ihm nun das Unerträglichste von allem. Es ist im tieferen Sinne nicht das, was ihm das Unerträglichste ist, daß er nicht Cäsar wurde, sondern dieses Selbst, das nicht Cäsar wurde, ist ihm das Unerträglichste, oder noch richtiger, dies ist ihm das Unerträglichste, ja, daß er von sich selbst nicht loskommen kann. Wenn er Cäsar geworden wäre, so wäre er verzweifelt sich selbst losgeworden; aber nun wurde er nicht Cäsar und kann verzweifelt sich selbst nicht loswerden. Wesentlich ist er gerade verzweifelt, denn er hat nicht sein Selbst, er ist nicht er selbst. Wenn er Cäsar geworden wäre, wäre er doch nicht er selbst, sondern sich selbst los geworden; und da er nicht Cäsar wird, verzweifelt er darüber, daß er sich selbst nicht loswerden kann. Es spricht deshalb für einen oberflächlichen Betrachter [der vermutlich niemals einen Verzweifelten gesehen hat, auch nicht sich selbst], wenn man über einen Verzweifelten sagt, daß das seine Strafe wäre: er verzehrt sich selbst. Denn gerade das ist es, woran er verzweifelt, und gerade das ist es, was er zu seiner Qual nicht kann, da durch die Verzweiflung Feuer in etwas geraten ist, was nicht brennen kann oder nicht verbrennen, im Selbst.

(Die Krankheit zum Tode, S. 38f)

Mein Freund! Was ich Dir schon so oft gesagt habe, ich sage es noch einmal, oder besser, ich rufe es Dir zu: entweder – oder; *aut – aut;* denn ein einzelnes *aut,* das berichtigend hinzutritt, macht die Sache nicht klar, da das, worum es hier geht, zu bedeutungsvoll ist, als daß man sich mit einem Teil begnügen, zu zusammenhängend in sich, als daß man es partiell besitzen könnte. Es gibt Lebensverhältnisse, auf die ein Entweder–Oder anzuwenden eine Lächerlichkeit oder eine Art von Geistesschwäche wäre; es gibt aber auch Menschen, deren Seele zu dissolut ist, um zu begreifen, was in solch einem Dilemma liegt, deren Persönlichkeit es an Energie fehlt, um mit Pathos sagen zu können: entweder – oder.

(Entweder–Oder, 2. Teil, S. 704)

Deine Wahl ist eine ästhetische Wahl; eine ästhetische Wahl aber ist keine Wahl. Überhaupt ist das Wählen ein eigentlicher und stringenter Ausdruck für das Ethische. Überall, wo in strengerem Sinne von einem Entweder – Oder die Rede ist, kann man stets sicher sein, daß das Ethische mit im Spiele ist. Das einzige absolute Entweder – Oder, das es gibt, ist die Wahl zwischen Gut und Böse, die aber ist auch absolut ethisch. Die ästhetische Wahl ist entweder völlig unmittelbar und insofern keine Wahl, oder sie verliert sich in der Mannigfaltigkeit.

(Ebd., S. 715)

Mein Entweder – Oder bezeichnet nicht zunächst die Wahl zwischen Gut und Böse, es bezeichnet die Wahl, durch die man Gut und Böse wählt oder sie ausschließt. Die Frage ist hier, unter welchen Bestimmungen man das ganze Dasein betrachten und selber leben will. Daß, wer Gut und Böse wählt, das Gute wählt, ist zwar wahr, aber das zeigt sich erst hinterher; denn das Ästhetische ist nicht das Böse, sondern die Indifferenz, und daher eben sagte ich, daß das Ethische die Wahl konstituiere. Es ist deshalb nicht so sehr die Rede davon, daß man wähle, ob man das Gute oder das Böse will, als vielmehr davon, daß man das Wollen wählt; damit aber ist wiederum das Gute und das Böse gesetzt.

(Ebd., S. 718)

Was heißt es aber, ästhetisch leben, und was heißt es, ethisch leben? Was ist das Ästhetische in einem Menschen, und was ist das Ethische? Hierauf möchte ich antworten: das Ästhetische in einem Menschen ist das, wodurch er unmittelbar ist, was er ist; das Ethische ist das, wodurch er wird, was er wird. Wer in und von dem Ästhetischen, durch und für das Ästhetische in ihm lebt, der lebt ästhetisch.

(Ebd., S. 729)

Die ästhetische Anschauung betrachtet auch die Persönlichkeit im Verhältnis zur Umwelt, und der Ausdruck für dieses in seiner Rückkehr in die Persönlichkeit ist Genuß. Der ästhetische Ausdruck für den Genuß in dessen Verhältnis zur Persönlichkeit aber ist Stimmung. In der Stimmung nämlich ist die Persönlichkeit zugegen, aber sie ist dämmernd zugegen. Wer ästhetisch lebt, sucht nämlich so weit wie möglich ganz und gar in der Stimmung aufzugehen, er sucht sich ganz in ihr zu verbergen, daß nichts in ihm bleibe, was nicht mit in sie eingebogen werden könnte, denn ein solcher Rest wirkt immer störend, er ist eine Kontinuierlichkeit, die ihn zurückhalten möchte. Je mehr also die Persönlichkeit in der Stimmung hindämmert, um so mehr ist das Individuum im Moment, und dies ist wiederum der adäquateste Ausdruck für die ästhetische Existenz: sie ist im Moment. Daher die ungeheuren Oszillationen, denen der, welcher ästhetisch lebt, ausgesetzt ist. Wer ethisch lebt, kennt die Stimmung auch, aber sie ist ihm nicht das Höchste; weil er sich selbst unendlich gewählt hat, sieht er die Stimmung unter sich.

(Ebd., S. 790f)

Übrigens wirkt das Böse vielleicht nie verführerischer, als wenn es solchermaßen unter ästhetischen Bestimmungen auftritt; es gehört ein hohes Maß von ethischem Ernst dazu, das Böse nie in ästhetischen Kategorien auffassen zu wollen. Eine solche Betrachtung des Bösen schleicht sich hinterlistig in jeden Menschen ein, und die überwiegend ästhetische Bildung, wie sie der Zeit eigen ist, trägt nicht wenig dazu bei.

(Ebd., S. 786f)

Oder sollte das Leben dadurch, daß ein Mensch arbeiten muß, um zu leben, seine Schönheit verlieren? Ich bin hier an dem alten Punkt: das hängt davon ab, was man unter Schönheit versteht. Es ist schön, die Lilien auf dem Felde, obwohl sie weder spinnen noch nähen, so gekleidet zu sehen, daß selbst Salomo in all seinem Glanze nicht so prächtig gewesen ist; es ist schön, die Vögel zu sehen, wie sie sorglos ihre Nahrung finden; es ist schön, Adam und Eva in einem Paradies zu sehen, in dem sie alles haben können, worauf sie nur hindeuten; noch schöner aber ist es doch, zu sehen, wie ein Mann durch seine Arbeit erwirbt, was er braucht. Es ist schön zu sehen, wie eine Vorsehung alles sättigt und für alles sorgt; noch schöner aber ist es, einen Mann zu sehen, der gleichsam seine eigene Vorsehung ist.

(Ebd., S. 853f)

Die ethische Anschauung, daß jeder Mensch einen Beruf hat, hat also zwei Vorzüge vor der ästhetischen Theorie vom Talent. Teils nämlich erklärt sie nichts Zufälliges in der Existenz, sondern das Allgemeine, teils zeigt sie das Allgemeine in seiner wahren Schönheit. Erst dann nämlich ist das Talent schön, wenn es als Beruf gedeutet ist, und erst dann ist die Existenz schön, wenn jeder Mensch einen Beruf hat.

(Ebd., S. 867)

Die Subjektivität und damit die Innerlichkeit und die Aneignung sind dem objektiven Denken völlig gleichgültig; seine Mitteilung ist deshalb direkt. Selbstverständlich braucht sie deshalb keineswegs leicht zu sein, aber sie ist direkt, sie hat nicht die List und Kunst der Doppelreflexion, sie hat nicht die gottesfürchtige und humane Sorgfalt jenes subjektiven Denkens im Sich-Mitteilen, sie läßt sich direkt verstehen; sie läßt sich ableiern. Das objektive Denken ist deshalb bloß auf sich selbst aufmerksam und ist darum keine Mitteilung, wenigstens keine künstlerische Mitteilung, die doch immer erfordern würde, daß man den Empfänger bedenke und auf die Form der Mitteilung im Verhältnis zum Mißverständnis des Empfängers achte.

(Unwissenschaftliche Nachschrift, 2. Teil, S. 203)

Überall, wo im Erkennen das Subjektive von Wichtigkeit, die Aneignung also die Hauptsache ist, da ist die Mitteilung ein Kunstwerk, sie ist doppelt-reflektiert, und ihre erste Form ist gerade das Hintergründige, daß die Subjektivitäten gottesfürchtig auseinandergehalten werden müssen, damit sie nicht in Objektivität zusammengerinnen. Dies ist das Abschiedswort der Objektivität an die Subjektivität.

Die gewöhnliche Mitteilung, das objektive Denken, hat keine Geheimnisse, erst das doppelt-reflektierte subjektive Denken hat Geheimnisse, das heißt: sein ganzer wesentlicher Inhalt ist wesentlich Geheimnis, weil er sich nicht direkt mitteilen läßt. Das ist die Bedeutung des Geheimnisses. Daß die Erkenntnis sich nicht direkt aussagen läßt, weil das Wesentliche an der Erkenntnis gerade die Aneignung ist, bewirkt, daß sie für jeden ein Geheimnis bleibt, der nicht auf dieselbe Weise bei sich selbst doppelt-reflektiert ist; aber daß dies die wesentliche Form der Wahrheit ist, bewirkt, daß diese nicht auf andere Art gesagt werden kann. Wer es deshalb direkt mitteilen will, ist dumm; und wer es von ihm fordern will, ist auch dumm.

(Ebd., S. 207)

Georg Büchner
(1813–1837)

»ach, die Kunst!« – Realismus aus Liebe zum Leben jenseits von schön und häßlich – das Medusenhaupt der Kunst

EIN ZIMMER

Danton, Camille, Lucile.

CAMILLE Ich sage euch, wenn sie nicht alles in hölzernen Kopien bekommen, verzettelt in Theatern, Konzerten und Kunstausstellungen, so haben sie weder Augen noch Ohren dafür. Schnitzt einer eine Marionette, wo man den Strick hereinhängen sieht, an dem sie gezerrt wird, und deren Gelenke bei jedem Schritt in fünffüßigen Jamben krachen – welch ein Charakter, welche Konsequenz! Nimmt einer ein Gefühlchen, eine Sentenz, einen Begriff, und zieht ihm Rock und Hosen an, macht ihm Hände und Füße, färbt ihm das Gesicht und läßt das Ding sich drei Akte hindurch herumquälen, bis es sich zuletzt verheiratet oder sich totschießt – ein Ideal! Fiedelt einer eine Oper, welche das Schweben und Senken im menschlichen Gemüt wiedergibt wie eine Tonpfeife mit Wasser die Nachtigall – ach, die Kunst!

Setzt die Leute aus dem Theater auf die Gasse: die erbärmliche Wirklichkeit! – Sie vergessen ihren Herrgott über seinen schlechten Kopisten. Von der Schöpfung, die glühend, brausend und leuchtend, um und in ihnen, sich jeden Augenblick neu gebiert, hören und sehen sie nichts. Sie gehen ins Theater, lesen Gedichte und Romane, schneiden den Fratzen darin die Gesichter nach und sagen zu Gottes Geschöpfen: Wie gewöhnlich! – Die

Griechen wußten, was sie sagten, wenn sie erzählten, Pygmalions Statue sei wohl lebendig geworden, habe aber keine Kinder bekommen.

DANTON Und die Künstler gehn mit der Natur um wie David, der im September die Gemordeten, wie sie aus der Force auf die Gasse geworfen wurden, kaltblütig zeichnete und sagte: Ich erhasche die letzten Zuckungen des Lebens in diesen Bösewichtern.

(Danton, 2. Akt, S. 29f)

Über Tisch war Lenz wieder in guter Stimmung; man sprach von Literatur, er war auf seinem Gebiete. Die idealistische Periode fing damals an; Kaufmann war ein Anhänger davon, Lenz widersprach heftig. Er sagte: Die Dichter, von denen man sage, sie geben die Wirklichkeit, hätten auch keine Ahnung davon, doch seien sie immer noch erträglicher als die, welche die Wirklichkeit verklären wollten. Er sagte: Der liebe Gott hat die Welt wohl gemacht, wie sie sein soll, und wir können wohl nicht was Besseres klecksen; unser einziges Bestreben soll sein, ihm ein wenig nachzuschaffen. Ich verlange in allem – Leben, Möglichkeit des Daseins, und dann ist's gut; wir haben dann nicht zu fragen, ob es schön, ob es häßlich ist. Das Gefühl, daß, was geschaffen sei, Leben habe, stehe über diesen beiden und sei das einzige Kriterium in Kunstsachen. Übrigens begegne es uns nur selten: in Shakespeare finden wir es, und in den Volksliedern tönt es einem ganz, in Goethe manchmal entgegen; alles übrige kann man ins Feuer werfen. Die Leute können auch keinen Hundsstall zeichnen. Da wollte man idealistische Gestalten, aber alles, was ich davon gesehen, sind Holzpuppen. Dieser Idealismus ist die schmählichste Verachtung der menschlichen Natur. Man versuche es einmal und senke sich in das Leben des Geringsten und gebe es wieder in den Zuckungen, den Andeutungen, dem ganzen feinen, kaum bemerkten Mienenspiel; er hätte dergleichen versucht im »Hofmeister« und den »Soldaten«. Es sind die prosaischsten Menschen unter der Sonne; aber die Gefühlsader ist in fast allen Menschen gleich, nur ist die Hülle mehr oder weniger dicht, durch die sie brechen muß. Man muß nur Aug und Ohren dafür haben. Wie ich gestern neben am Tal hinaufging, sah ich auf einem Steine zwei Mädchen sitzen: die eine band ihr Haar auf, die andre half ihr; und das goldne Haar hing herab, und ein ernstes bleiches Gesicht, und doch so jung und die schwarze Tracht, und die andre so sorgsam bemüht. Die schönsten, innigsten Bilder der altdeutschen Schule geben kaum eine Ahnung davon. Man möchte manchmal ein Medusenhaupt sein, um so eine Gruppe in Stein verwandeln zu können, und den Leuten zurufen. Sie standen auf, die schöne Gruppe war zerstört; aber wie sie so hinabstiegen, zwischen den Felsen, war es wieder ein anderes Bild.

Die schönsten Bilder, die schwellendsten Töne gruppieren, lösen sich auf. Nur eins bleibt: eine unendliche Schönheit, die aus einer Form in die andere tritt, ewig aufgeblättert, verändert. Man kann sie aber freilich nicht immer festhalten und in Museen stellen und auf Noten ziehen und dann alt und jung herbeirufen und die Buben und Alten darüber radotieren und sich entzücken lassen. Man muß die Menschheit lieben, um in das eigentümliche Wesen jedes einzudringen; es darf einem keiner zu gering, keiner zu häßlich sein, erst dann kann man sie verstehen; das unbedeutendste Gesicht macht einen tiefern Eindruck als die bloße Empfindung des Schönen, und man kann die Gestalten aus sich heraustreten lassen, ohne etwas vom Äußern hineinzukopieren, wo einem kein Leben, keine Muskel, kein Puls entgegenschwillt und -pocht.

(Lenz, S. 72)

Eduard Mörike

(1804–1875)

AUF EINE LAMPE

Noch unverrückt, o schöne Lampe, schmückest du,
An leichten Ketten zierlich aufgehangen hier,
Die Decke des nun fast vergess'nen Lustgemachs.
Auf deiner weißen Marmorschale, deren Rand
Der Efeukranz von goldengrünem Erz umflicht,
Schlingt fröhlich eine Kinderschar den Ringelreih'n.
Wie reizend alles! lachend, und ein sanfter Geist
Des Ernstes doch ergossen um die ganze Form –
Ein Kunstgebild' der echten Art. Wer achtet sein?
Was aber schön ist, selig scheint es in ihm selbst.

(Werke Bd. 1, S. 93)

Arthur Schopenhauer
(1788–1860)

Metaphysik des Schönen – die ästhetische Freude als Befreiung vom Willen – sich selbst loswerden als Bedingung objektiver Erkenntnis: die Begabung des Künstlers – das »unaussprechlich Innige« der Musik als höchster Kunst: Sprache des An-Sich – »die Melodie, zu der die Welt der Text ist«

Das eigentliche Problem der Metaphysik des Schönen läßt sich sehr einfach so ausdrücken: wie ist Wohlgefallen und Freude an einem Gegenstande möglich ohne irgendeine Beziehung desselben auf unser Wollen?

Jeder nämlich fühlt, daß Freude und Wohlgefallen an einer Sache eigentlich nur aus ihrem Verhältnis zu unserm Willen oder, wie man es gern ausdrückt, zu unsern Zwecken entspringen kann; so daß eine Freude ohne Anregung des Willens ein Widerspruch zu sein scheint. Dennoch erregt ganz offenbar das Schöne als solches unser Wohlgefallen, unsere Freude, ohne daß es irgendeine Beziehung auf unsere persönlichen Zwecke, also unsern Willen hätte.

Meine Lösung ist gewesen, daß wir im Schönen allemal die wesentlichen und ursprünglichen Gestalten der belebten und unbelebten Natur, also Platos Ideen derselben auffassen und daß diese Auffassung zu ihrer Bedingung ihr wesentliches Korrelat, das *willensreine Subjekt des Erkennens,* d. h. eine reine Intelligenz ohne Absichten und Zwecke habe. Dadurch verschwindet beim Eintritt einer ästhetischen Auffassung der Wille ganz aus dem Bewußtsein. Er allein aber ist die Quelle aller unserer Betrübnisse und Leiden. Dies ist der Ursprung jenes Wohlgefallens und jener Freude, welche die Auffassung des Schönen begleitet. Sie beruht also auf der Wegnahme der ganzen Möglichkeit des Leidens. – Wollte man etwa einwenden, daß dann auch die Möglichkeit der Freude aufgehoben wäre; so ist man zu erinnern, daß, wie ich öfter dargetan habe, das Glück, die Befriedigung *negativer* Natur, nämlich bloß das Ende eines Leidens, der Schmerz hingegen das Positive ist. Daher bleibt beim Verschwinden alles Wollens aus dem Bewußtsein doch der Zustand der Freude, d. h. der Abwesenheit alles Schmerzes und hier sogar der Abwesenheit der Möglichkeit desselben bestehn, indem das Individuum, in ein rein erkennendes und nicht mehr wollendes Subjekt verwandelt, sich seiner und seiner Tätigkeit eben als eines solchen doch bewußt bleibt. Wie wir wissen, ist die Welt als *Wille* die erste (ordine prior) und die als *Vorstellung* die zweite Welt (ordine posterior). Jene ist die Welt des Verlangens und daher des Schmerzes und tausendfältigen Wehes. Die zweite aber ist an sich selbst wesentlich schmerzlos: dazu enthält sie ein sehenswertes Schauspiel, durchweg bedeutsam, aufs wenigste belustigend. Im Genuß desselben besteht die ästhetische Freude. – Reines Subjekt des Erkennens werden heißt sich selbst loswerden; weil aber dies die Menschen meistens nicht können, sind sie zur rein objektiven Auffassung der Dinge, welche die Begabung des Künstlers ausmacht, in der Regel unfähig.

(Paralipomena Kap. 19/Zur Metaphysik des Schönen und zur Ästhetik § 205, Bd. V, S. 490f)

Wir haben in der ästhetischen Betrachtungsweise *zwei unzertrennliche Bestandteile* gefunden: die Erkenntnis des Objekts, nicht als einzelnen Dinges, sondern als Platonischer *Idee*, d. h. als beharrende Form dieser ganzen Gattung von Dingen; sodann das Selbstbewußtsein des Erkennenden nicht als Individuums, sondern als *reinen, willenlosen Subjekts der Erkenntnis.* Die Bedingung, unter welcher beide Bestandteile immer vereint eintreten, war das Verlassen der an den Satz vom Grund gebundenen Erkenntnisweise, welche hingegen zum Dienste des Willens, wie auch zur Wissenschaft, die allein taugliche ist.

(Die Welt als Wille und Vorstellung, I, 3, § 38, Bd. 1, S. 279)

Daß also das *Kunstwerk* die Auffassung der Ideen, in welcher der ästhetische Genuß besteht, so sehr erleichtert, beruht nicht bloß darauf, daß die Kunst durch Hervorhebung des Wesentlichen und Aussonderung des Unwesentlichen die Dinge deutlicher und charakteristischer darstellt, sondern ebensosehr darauf, daß das zur rein objektiven Auffassung des Wesens der Dinge erforderte gänzliche Schweigen des Willens am sichersten dadurch erreicht wird, daß das angeschaute Objekt selbst gar nicht im Gebiete der Dinge liegt, welche einer Beziehung zum Willen fähig sind, indem es kein Wirkliches, sondern ein bloßes Bild ist. Dies nun gilt nicht allein von den Werken der bildenden Kunst, sondern ebenso von der Poesie: auch ihre Wirkung ist bedingt durch die anteilslose, willenslose und dadurch rein objektive Auffassung. Diese ist es gerade, welche einen angeschauten Gegenstand *malerisch*, einen Vorgang des wirklichen Lebens *poetisch* erscheinen läßt; indem nur sie über die Gegenstände der Wirklichkeit jenen zauberischen Schimmer verbreitet, welchen man bei sinnlich angeschauten Objekten das Malerische, bei den nur in der Phantasie geschauten das Poetische nennt. Wenn die Dichter den heitern Morgen, den schönen Abend, die stille Mondnacht u. dgl. mehr besingen; so ist ihnen unbewußt der eigentliche Gegenstand ihrer Verherrlichung das reine Subjekt des Erkennens, welches durch jene Naturschönheiten hervorgerufen wird und bei dessen Auftreten der Wille aus dem Bewußtsein verschwindet, wodurch diejenige Ruhe des Herzens eintritt, welche außerdem auf der Welt nicht zu erlangen ist. (Ebd., Kap. 30, S. 477f)

Das unaussprechlich Innige aller Musik, vermöge dessen sie als ein so ganz vertrautes und doch ewig fernes Paradies an uns vorüberziehen, so ganz verständlich und doch so unerklärlich ist, beruht darauf, daß sie alle Regungen unsers innersten Wesens wiedergibt, aber ganz ohne die Wirklichkeit und fern von ihrer Qual. [...]

Wenn ich nun in dieser ganzen Darstellung der Musik bemüht gewesen bin, deutlich zu machen, daß sie in einer höchst allgemeinen Sprache das innere Wesen, das An-sich der Welt, welches wir nach seiner deutlichsten Äußerung unter dem Begriff Willen denken, ausspricht, in einem einartigen Stoff, nämlich bloßen Tönen, und mit der größten Bestimmtheit und Wahrheit; wenn ferner, meiner Ansicht und Bestrebung nach, die Philosophie nichts anderes ist als eine vollständige und richtige Wiederholung und Aussprechung des Wesens der Welt in sehr allgemeinen Begriffen, da nur in solchen eine überall ausreichende und anwendbare Übersicht jenes ganzen Wesens möglich ist; so wird, wer mir gefolgt und in meiner Denkungsart eingegangen ist, es nicht so sehr paradox finden, wenn ich sage, daß, gesetzt, es gelänge, eine vollkommen richtige, vollständige und in das einzelne gehende Erklärung der Musik, also eine ausführliche Wiederholung dessen, was sie ausdrückt, in Begriffen zu geben, diese sofort auch eine genügende Wiederholung und Erklärung der Welt in Begriffen oder einer solchen ganz gleichlautend, also die wahre Philosophie sein würde. [...] (Ebd., § 52, S. 368f)

Allgemein und zugleich populär redend, kann man den Ausspruch wagen: die Musik überhaupt ist die Melodie, zu der die Welt der Text ist.

(Paralipomena, § 219, V, S. 508)

Adalbert Stifter
(1805–1868)

Schönheit: »jener Abschluß in der Seele« – die Marmorstatue: keine Einzelschönheiten – aus der Summe der Teile ergibt sich nicht der ästhetische Gesamteindruck

Es ist diese Ruhe jene allseitige Übereinstimmung aller Teile zu einem Ganzen, erzeugt durch jene Besonnenheit, die in höchster kunstliebender Begeisterung nie fehlen darf, durch jenes Schweben über dem Kunstwerke und das ordnende Überschauen desselben, wie stark auch Empfindungen oder Taten in demselben stürmen mögen, die das Kunstschaffen des Menschen dem Schaffen Gottes ähnlich macht, und Maß und Ordnung blicken läßt, die uns so entzücken. Bewegung regt an, Ruhe erfüllt, und so entsteht jener Abschluß in der Seele, den wir Schönheit nennen.

(Der Nachsommer, S. 387)

Das Erste, was ich an diesem Tage tat, war, daß ich zu dem marmornen Standbilde ging. Ich hatte es gestern, da wir über die Treppe hinabstiegen, nicht mehr deutlich und nur von einem Blitze oberflächlich beleuchtet gesehen. Die Finsternis war auf der Treppe schon zu groß gewesen. Heute stand es in der ruhigen und klaren Helle des Tages, welche das Glasdach auf die Treppe sendete, schmucklos und einfach da. Ich hatte nicht gedacht, daß das Bild so groß sei. Ich stellte mich ihm gegenüber, und betrachtete es lange. Mein Gastfreund hatte Recht, ich konnte keine eigentliche einzelne Schönheit entdecken, was wir im neuen Sinne Schönheit heißen, und ich erinnerte mich auf der Treppe sogar, daß ich oft von einem Buche oder von einem Schauspiele ja von einem Bilde sagen gehört hatte, es sei voller Schönheiten, und dem Standbilde gegenüber fiel mir ein, wie unrecht entweder ein solcher Spruch sei, oder, wenn er berechtigt ist, wie arm ein Werk sei, das nur Schönheiten hat, selbst dann, wenn es voll von ihnen ist, und das nicht selber eine Schönheit ist; denn ein großes Werk, das sah ich jetzt ein, hat keine Schönheiten, und um so weniger, je einheitlicher und einziger es ist. Ich geriet sogar auf den Gedanken und auf die Erfahrung, die ich mir nie klar gemacht hatte, daß, wenn man sagt, dieser Mann diese Frau habe eine schöne Stimme schöne Augen einen schönen Mund, eben damit zugleich gesagt ist, das andere sei nicht so schön; denn sonst würde man nicht Einzelnes herausheben. Was bei einem lebenden Menschen gilt, dachte ich, gilt bei einem Kunstwerke nicht, bei welchem alle Teile gleich schön sein müssen, so daß keiner auffällt, sonst ist es eben als Kunstwerk nicht rein, und ist im strengsten Sinne genommen, keines. Dessenohngeachtet, daß ich, oder vielmehr eben darum, weil ich keine einzelnen Schönheiten an dem Standbilde zu entdecken vermochte, machte es, wie ich mir jetzt ganz klar bewußt war, wieder einen außerordentlichen Eindruck auf mich. Der Eindruck war aber nicht einer, wie ich ihn öfter vor schönen Sachen hatte, ja selbst vor Dichtungen, sondern er war, wenn ich den Ausdruck gebrauchen darf, allgemeiner geheimer unenträtselbarer, er wirkte eindringlicher und gewaltiger; aber seine Ursache lag auch in höheren Fernen, und mir wurde begreiflich, ein welch hohes Ding die Schönheit sei, wie schwerer sie zu erfassen und zu bringen sei, als einzelne Dinge, die die Menschen erfreuen, und wie sie in dem großen Gemüte liege, und von da auf die Mitmenschen hinausgehe, um Großes zu stiften und zu erzeugen. Ich empfand, daß ich in diesen Tagen in mir um vieles weiter gerückt werde.

(Ebd., S. 388 ff)

Charles Baudelaire
(1821–1867)

Mein Schönes – ein schöner Frauen-, ein schöner Männerkopf – Dandy – Schönheit, Geheimnis, Unglück – Satan

Es gibt ebenso viele Schönheiten, wie es übliche Weisen gibt, das Glück zu suchen.

(Salon de 1846, S. 897)

Ich habe die Definition des Schönen gefunden – meines Schönen. Es ist etwas Glühendes und Trauriges, ein wenig Vages, das der Ergänzung freien Lauf läßt. Ich kann beispielsweise meine Ideen auf einen sinnlich wahrnehmbaren Gegenstand anwenden, etwa auf einen der interessantesten Gegenstände in der Gesellschaft: das Gesicht einer Frau. Ein bezaubernder und schöner Kopf, ein Frauenkopf [...] das ist ein Kopf, der zugleich träumen macht – aber verschwommen – von Verlangen und von Traurigkeit; der eine Idee von Melancholie mit sich trägt, von Müdigkeit, von Sättigung oder auch das Gegenteil, Glut, ein Wunsch nach Leben, verbunden mit einer zurückfließenden Bitternis, als käme sie von Entbehrung oder von Hoffnungslosigkeit. Das Geheimnis, das Leid sind ebenfalls Charakterzüge des Schönen.

Ein schöner Männerkopf hat es nicht nötig [...] diese Idee von Verlangen mit sich zu tragen [...] Aber dieser Kopf wird auch etwas Glühendes und Trauriges enthalten – geistige Bedürfnisse, düster zurückgestaute Ambitionen – die Idee einer grollenden Kraft, und ohne Verwendung –, manchmal die Idee einer rachevollen Unempfindlichkeit (denn der Idealtyp des Dandy darf in diesem Zusammenhang nicht vernachlässigt werden) – manchmal auch – und das ist einer der interessantesten Charakterzüge des Schönen – das Geheimnis, und endlich (daß ich den Mut finde, zuzugestehen, bis zu welchem Punkt ich mich in der Ästhetik modern fühle) das Unglück. Ich behaupte nicht, daß sich die Lust nicht mit dem Schönen verbinden könne, aber ich sage, daß die Lust eines ihrer vulgärsten Ornamente ist, während die Melancholie sozusagen sein erlauchter Begleiter ist, so sehr, daß ich mir kaum einen Typ von Schönheit vorstellen kann (wäre mein Gehirn ein verhexter Spiegel?) ohne Unglück. Gestützt auf diese Ideen – andere würden sagen: besessen davon – wird man verstehen, daß es mir schwer fallen würde, daraus nicht den Schluß zu ziehen: der vollkommene Typ der männlichen Schönheit sei Satan, im Sinne von Milton.

(Mon cœur mis à nu, S. 1255)

Friedrich Theodor Vischer
(1807–1887)

Das Schöne nicht für sich – Schuld der Phantasie – das Schöne: subjektiv-objektiv – Kunsttätigkeit – Motiv, Konzeption, Skizze – Ausführung

Das Schöne ist für jemand da, es erwartet und fordert den Anschauenden, und dies widerstreitet auf keine Weise der durch die Absolutheit seines Gehalts ihm zukommenden Selbstgenügsamkeit und in sich ruhenden Sättigung; denn ein Anderes ist mit Notwendigkeit wirken, ein Anderes eine eitle Wirkung eitel suchen.

(Ästhetik I § 70, S. 188)

Die sinnliche Bestimmtheit des Gegenstands ist aber nichts Anderes als die durchsichtige Form der in ihm erscheinenden Idee. Die in die Idee mit vollkommener Zwangslosigkeit harmonisch aufge-Sinne; der Gegenstand erscheint daher wesentlich als ein bewegter. Diese Bewegung ist aber zugleich eine Bewegung zum Subjekte, das wie der Gegenstand wirkliche Idee in der Form sinnlicher Bestimmtheit ist. Nun ist aber im Gegenstande die Form von der Idee so durchdrungen, daß seine Zufälligkeit freigelassen und in die Idee mit vollkommener Zwanglosigkeit harmonisch aufgenommen ist. Das Subjekt sucht dieselbe freie Harmonie, und diesem Suchen fließt der Gegenstand durchaus homogen entgegen, indem er es durch die Sinnlichkeit und in derselben geistig erfüllt und befriedigt. Diese wesentlich personbildende Bewegung im Schönen als harmonisches Hinüberfließen in das Subjekt heißt *Anmut* oder *Grazie*.

(Ebd., § 72, S. 194)

So kann zwar nicht die ästhetische Stimmung selbst, wohl aber die wissenschaftliche Ergründung dieser Stimmung beweisen, daß der Gegenstand derselben in seiner, den Gegensatz des Allgemeinen und der erscheinenden Einzelheit tilgenden Form ein reines Bild der unmittelbaren Harmonie der Kräfte der Persönlichkeit enthält und daher der ästhetisch Gestimmte mit Recht fordert, daß der so bestimmte Gegenstand diese Harmonie als etwas allgemein Menschliches in jedem Subjekte vorbereitet antreffen, hervorrufen und mit ihr in Einer Bewegung aufgehen soll. Wo daher die Übereinstimmung über einen solchen Gegenstand ausbleibt, läßt sich durch denselben zweiten Akt nachweisen, daß entweder das Subjekt ausnahmsweise einseitig organisiert oder diese Harmonie nicht vorbereitet sei, und allerdings fordert sie eine Vorbereitung, worin auch ein Denken miteinbegriffen ist, aber nicht als besonderes, sondern als Denken in Formen, ein Formverständnis.

(Ebd., § 80, S. 217)

Das Subjekt und Objekt müssen aber in Eines zusammengehen, und diese Bewegung muß mit einem völligen Zurücktreten vom Objekt, einer Einkehr des Subjekts in sich beginnen: ein Zustand der *Stimmung*, worin das erste Bild des Gegenstands in einen gestaltlosen Nebel versinkt, aber in der unterscheidungslosen Verschmelzung desto inniger das ganze Leben des Selbst mit ihm in Eines aufgeht; eine reine Lust, worin sowohl die Erhebung und Entrückung aus der Welt des getrübten Daseins empfunden als auch die neue Gestaltung geahnt wird; ein Insichsein, das als Außersichsein erscheint; bewußtlose und unwillkürliche Trunkenheit der *Begeisterung:* der Anfang des dichterischen Wahnsinns.

(Ästhetik II § 394, S. 409)

Die Phantasie hebt zwar die Mängel des Naturschönen auf, aber in rein subjektiver Form, d. h. in einem Bilde, das nur dem Innern des durch Phantasie tätigen Subjekts angehört. Das Schöne ist aber wesentlich Erscheinung, also für ein anschauendes Subjekt. Diese *Schuld* der Phantasie ist näher eine Schuld der besonderen Phantasie an die allgemeine. Die Phantasie selbst, wie sie noch innerlich eingeschlossen ist, fühlt diesen Mangel als Drang zur Aufschließung.

(Ästhetik III § 487, S. 2f)

Entstehen soll also ein Drittes, das objektiv ist, wie das Naturschöne, und subjektiv in dem doppelten Sinne, daß das Objekt Träger der reinen, aus dem Innern des phantasiebegabten Subjekts erzeugten Form und daß es der Vermittler ist, durch welchen dieselbe in die Phantasie des anschauenden Subjekts eingeht, die an ihm zum Nachschaffen sich entzündet: die subjektiv-objektive Wirklichkeit des Schönen, worin die Mängel seiner bloß objektiven und bloß subjektiven Existenz aufgehoben und die Vorzüge beider Existenzformen vereinigt sind.

(Ebd., § 489, S. 7)

An dem so beschaffenen Stoffe muß zu diesem Zweck eine Tätigkeit ausgeübt werden, welche als Vollstreckung des Phantasiebildes die doppelte Natur hat, daß sie nur die andere, in ihr als Anlage, Ansatz schon enthaltene Seite der Phantasietätigkeit, ebensosehr aber ein wesentlich Neues ist. Denn sie muß den Stoff durch Stoff, also sinnlich bewältigen, und setzt daher ein besonderes Vermögen und eine besondere Übung voraus, ein Können: *Kunst.*

(Ebd., § 491, S. 11)

Der erste Schritt des Übergangs zur Ausführung ist eine Willensregung, welche durch das Bewußtsein entsteht, daß der zum innern Bilde gewordene Stoff einen Reichtum an Schönheiten in sich schließt, die das vorschwebende Material aufzunehmen geeignet ist: d. h. ein bestimmter Stoff wird *Motiv*. Daraus erwächst der Entschluß der Darstellung, und erfaßt mit diesem Entschlusse heißt das innere Bild *Konzeption.* Die erste Probe der Objektivität hat dieser geistige Entwurf zu bestehen in der vorläufigen Form eines Umrisses: der *Skizze.*

(Ebd., § 493, S. 17f)

Bei dieser Probe muß alsbald zutage kommen, daß wirkliche Objektivität etwas Anderes ist als die nur innere. Gehalten an diesen Maßstab erscheint vor allem die organische Gliederung des Bildes zu einem Ganzen noch durchaus unreif. Der Prozeß dieser Gliederung muß daher mit bestimmterem Bewußtsein an der Hand der vorläufigen Ausführung (Skizze) wiederholt werden und heißt nun *Komposition.* Diese organisierende Tätigkeit umfaßt den geistigeren, näher auf Seiten des inneren Ideals liegenden Teil der Vorarbeit zur Ausführung.

(Ebd., § 494, S. 23)

Karl Rosenkranz
(1805–1879)

Die Hölle des Schönen – das Häßliche zwischen Schönheit und Karikatur – Unfreiheit als Mutter des Häßlichen

[...] Die Hölle ist nicht blos eine religiös-ethische, sie ist auch eine ästhetische. Wir stehen inmitten des Bösen und des Übels, aber auch inmitten des Häßlichen. Die Schrecken der Unform und der Mißform, der Gemeinheit und Scheußlichkeit, umringen uns in zahllosen Gestalten von pygmäenhaften Anfängen bis zu jenen riesigen Verzerrungen, aus denen die infernale Bosheit zähnefletschend uns angrins't. In diese Hölle des Schönen wollen wir hier niedersteigen. Es ist unmöglich, ohne zugleich in die Hölle des Bösen, in die wirkliche Hölle, sich einzulassen, denn das häßlichste Häßliche ist nicht das, was aus der Natur in Sümpfen, in verkrüppelten Bäumen, in Kröten und Molchen, in glotzenden Fischungeheuern und massiven Dickhäutern, in Ratten und Affen uns anwidert: es ist die Selbstsucht, die ihren Wahnsinn in den tückischen und frivolen Geberden, in den Furchen der Leidenschaft, in dem Scheelblick des Auges und – im Verbrechen offenbart. [...]

(Ästhetik des Häßlichen, S. 3f)

[...] Ich habe mich bemühet, den Begriff des Häßlichen als die Mitte zwischen dem des Schönen und dem des Komischen von seinen ersten Anfängen bis zu derjenigen Vollendung zu entwikkeln, die er sich in der Gestalt des Satanischen gibt. Ich rolle gleichsam den Kosmos des Häßlichen auf von seinen ersten chaotischen Nebelflecken, von der Amorphie und Asymmetrie an, bis zu seinen intensiven Formationen in der unendlichen Mannigfaltigkeit der Desorganisation des Schönen durch die Caricatur. Die Formlosigkeit, die Incorrectheit und die Deformität der Verbildung machen die verschiedenen Stufen dieser in sich consequenten Reihe von Metamorphosen aus. Es ist versucht worden, zu zeigen, wie das Häßliche an dem Schönen seine positive Voraussetzung hat, dasselbe verzerrt, statt des Erhabenen das Gemeine, statt des Gefälligen das Widrige, statt des Ideales die Caricatur erzeugt. [...]

(Ebd., Vorwort, S. IVf)

[...] Wahre Freiheit ist in allewege die Mutter des Schönen, Unfreiheit des Häßlichen. Das Häßliche wird aber, wie das Schöne, als der negative Doppelgänger desselben, die Unfreiheit nach zwei Seiten hin entfalten können: einmal nach der Seite hin, daß die Unfreiheit da eine Schranke setzt, wo, nach dem Begriff der Freiheit, keine sein sollte; und sodann nach der Seite, daß die Unfreiheit da eine Schranke aufhebt, wo eine solche, nach dem Begriff der Freiheit, sein sollte. Das eine Mal erzeugt sie die Gemeinheit, das andere Mal die Widrigkeit. Die Unfreiheit endlich, wie sie, in der Form eines apodiktischen Urtheils, sich mit ihrem Wesen, das sie freilich zum Unwesen verkehrt, mit der Nothwendigkeit der Freiheit, selbst vergleicht, wird zur Verzerrung der Freiheit und Schönheit, zur Caricatur. Sie ist in ihrem Ursprung häßlich, denn sie ist im Inhalt wie in der Form der ausdrückliche Widerspruch der Freiheit und Schönheit mit sich selbst. Aber in der Caricatur wird durch den bestimmten Reflex in ihr Urbild die Macht des Häßlichen wieder gebrochen; sie kann relativ wieder zur Freiheit und Schönheit durchdringen, denn sie erinnert nicht nur an das Ideal, dem sie widerspricht, sondern sie kann dies auch mit einer gewissen Selbstbefriedigung thun, die in dem Schein des positiven Behagens der absoluten Nullität an sich selbst komisch wird. [...]

(Ebd., S. 62f)

Konrad Fiedler

(1841–1895)

In der Kunst im höchsten Sinne ist das Können nichts anderes als ein Wissen, freilich ein Wissen, welches sich nicht anders dokumentieren kann als durch jenes Können, welches aber so wenig von diesem getrennt ist, daß es Nichtwissen genannt zu werden verdient, wo es nicht als Können auftritt. Dies wird meist verkannt, indem viele meinen, wenn es nur auf das Wissen ankäme, so seien sie auch Künstler, es fehle ihnen aber die Geschicklichkeit zum Können. Von Kunst im eigentlichen Sinne kann nur erst da die Rede sein, wo im Können nichts anderes zum Vorschein kommt, als ein Wissen und wo das Wissen nicht etwa durch das Können zum Ausdruck gelangt, sondern sich bis zur Stufe des

Könnens gesteigert hat. Das Können in der eigentlichen Kunst ist nichts anderes als ein Wissen, auf dem Gebiete der anschaulichen Vorstellungen; und ebenso könnte man das Wissen in der Wissenschaft ein Können auf dem Gebiete der Begriffe nennen.

(Schriften über Kunst II, S. 386f)

Gustav Theodor Fechner

(1801–1887)

Der ästhetische Totaleindruck – »Lustwert« – das Erfahrungsangebot des Natur-Tourismus und das billige, potenzierte Vorstellungs-Glück des Reiseliedes – Ästhetik als Kitsch

Welche Theile, Elemente, Momente, Seiten des Kunstwerkes selbst, welche Factoren, Stufen, Seiten des Eindruckes, welche Gesetze der Wohlgefälligkeit man nun auch bei der ästhetischen Analyse unterscheiden und dazu zuziehen mag, so sind als *allgemeinste* Foderungen der Kritik an das Kunstwerk zu stellen: dass der Eindruck alles Einzelnen sich überhaupt in einem einheitlichen Totaleindrucke abschliesse und dieser vielmehr im Sinne der Lust als Unlust sei, dass die blos sinnliche Lust an Höhe überstiegen und das sittliche Princip nicht verletzt werde, kurz dass die Bedingungen der Schönheit im engern Sinne dadurch erfüllt werden. Kunstwerke haben die ausdrückliche Bestimmung, diese Bedingungen, die sich in der Natur höchstens zufällig vereinigt finden, in vortheilhaftester Vereinigung zu verwirklichen, wonach Manche sogar nur Kunstschönheit als wirkliche Schönheit wollen gelten lassen.

Die an das Kunstwerk gestellte Foderung eines einheitlichen Totaleindruckes coordinirt sich der Foderung, daß es einen möglichst starken und hohen Lusteindruck zu machen habe, nicht sowohl, als sie vielmehr selbst in diese Foderung hineintritt.

(Bemerkungen über Analyse und Kritik der Kunstwerke. Vorschule der Ästhetik II, S. 15)

Aus dem widerspruchslosen Zusammentreffen von Lustbedingungen, die für sich wenig leisten, geht ein grösseres, oft viel grösseres Lustresultat hervor, als dem Lustwerthe der einzelnen Bedingungen für sich entspricht, ein grösseres, als dass es als Summe der Einzelwirkungen erklärt werden könnte; ja es kann selbst durch ein Zusammentreffen dieser Art ein positives Lustergebnis erzielt, die Schwelle der Lust überstiegen werden, wo die einzelnen Factoren zu schwach dazu sind; nur dass sie vergleichungsweise mit andern einen Vortheil der Wohlgefälligkeit spürbar werden lassen müssen.

(Princip der ästhetischen Hülfe oder Steigerung, ebd., Bd. I, S. 51)

Es reist jemand durch die Berge; er ist gesund, sein Sinn ist offen, die grosse und mannigfache Natur, die Einfachheit, und doch Neuheit der Sitten des Volkes, die wechselnde Reisegesellschaft, die Alpenwirthschaft, das braune Mädchen, der sonderbare Engländer, das Einschlafen beim Rauschen des Waldes, beim Rieseln der Bergwässer mit dem Gedanken an die Heimath, mit der Erwartung der Scenen des folgenden Tages, am Morgen die frische Bergluft, die aufsteigende Sonne, der Duft der Kräuter, die Kraft der Glieder, die innere Lust; ist die Gesammtwirkung davon nicht auch Poesie, und wer wird diese Poesie der Wirklichkeit für das schönste Gedicht geben wollen.

Und doch verkennen wir auch wieder nicht die Vorzüge des Gedichtes. Was ich da anführte, konnte Alles in einer Reise zusammensein und zusammenwirken, aber ist es denn so leicht der Fall und ist es denn so rein der Fall. Kann uns nicht das Gedicht alle abstumpfende Müdigkeit, alle Langeweile, alle Unreinlichkeit, allen Zank mit Gewinnsucht und Gemeinheit, alle Widerlichkeit ersparen, die wir bei der wirklichen Reise, und wäre es übrigens die schönste, mit in den Kauf nehmen müssen. Rein fasst es zusammen, was zu einer rein befriedigenden Wirkung auf das Gemüth zusammenstimmt, begleitet es mit der Musik des Verses und kann als Reiselied die Reise selbst verschönern helfen. Dazu können wir es statt der seltenen und kostspieligen Reise in jedem Augenblicke umsonst haben. Und endlich können Gedichte unsere Vorstellung in höhere Gebiete als die der Wirklichkeit führen, in welche sich eben nur mit der Vorstellung reisen lässt.

(Vorzugsstreit zwischen Kunst und Natur, ebd., Bd. I, S. 150f)

Friedrich Nietzsche
(1844–1900)

Das Problem der Wissenschaft in der Optik der Kunst – die Kunst in der Optik des Lebens – Stimulans zum Leben – Dasein als ästhetisches Phänomen – künstlerischer Zeugungsakt – Kraft, Rausch – Psychologie des Schönen: menschlich-allzumenschlich – Perspektivität und unendliche Interpretierbarkeit des Daseins: Anthropologisierung und Ontologisierung ästhetischer Kategorien – Zeugung des schaffenden, höheren Menschen – Werk versus Glück – »die Welt als ein sich selbst gebärendes Kunstwerk«

Was ich damals zu fassen bekam, etwas furchtbares und Gefährliches, ein Problem mit Hörnern, nicht notwendig gerade ein Stier, jedenfalls ein *neues* Problem: heute würde ich sagen, daß es das *Problem der Wissenschaft* selbst war – Wissenschaft zum ersten Male als problematisch, als fragwürdig gefaßt, aber das Buch, in dem mein jugendlicher Mut und Argwohn sich damals ausließ – was für ein *unmögliches* Buch mußte aus einer so jugendwidrigen Aufgabe erwachsen! Aufgebaut aus lauter vorzeitigen übergrünen Selbsterlebnissen, welche alle hart an der Schwelle des Mitteilbaren lagen, hingestellt auf den Boden der *Kunst* – denn das Problem der Wissenschaft kann nicht auf dem Boden der Wissenschaft erkannt werden –, ein Buch vielleicht für Künstler mit dem Nebenhange analytischer und retrospektiver Fähigkeiten (das heißt für eine Ausnahme-Art von Künstlern, nach denen man suchen muß und nicht einmal suchen möchte...), voller psychologischer Neurungen und Artisten-Heimlichkeiten, mit einer Artisten-Metaphysik im Hintergrunde, ein Jugendwerk voller Jugendmut und Jugend-Schwermut, unabhängig, trotzig-selbständig auch noch, wo es sich einer Autorität und eignen Verehrung zu beugen scheint, kurz ein Erstlingswerk auch in jedem schlimmen Sinne des Wortes, trotz seines greisenhaften Problems, mit jedem Fehler der Jugend behaftet, vor allem mit ihrem »Viel zu lang«, ihrem »Sturm und Drang«: andererseits, in Hinsicht auf den Erfolg, den es hatte (insonderheit bei dem großen Künstler, an den es sich wie zu einem Zwiegespräch wendete, bei Richard Wagner) ein *bewiesenes* Buch, ich meine ein solches, das jedenfalls »den Besten seiner Zeit« genuggetan hat. Daraufhin sollte es schon mit einiger Rücksicht und Schweigsamkeit behandelt werden; trotzdem will ich nicht gänzlich unterdrücken, wie unangenehm es mir jetzt erscheint, wie fremd es jetzt nach sechzehn Jahren vor mir steht –, vor einem älteren, hundertmal verwöhnteren, aber keineswegs kälter gewordenen Auge, das auch jener Aufgabe selbst nicht fremder wurde, an welche sich jenes verwegene Buch zum ersten Male herangewagt hat – *die Wissenschaft unter der Optik des Künstlers zu sehen, die Kunst aber unter der des Lebens* . . .

(Geburt der Tragödie, Versuch einer Selbstkritik, Werke I, S. 10 f)

[...] was tut alle Kunst? lobt sie nicht? verherrlicht sie nicht? wählt sie nicht aus? zieht sie nicht hervor? Mit dem allem *stärkt* oder *schwächt* sie gewisse Wertschätzungen... Ist dies nur ein Nebenbei? ein Zufall? Etwas, bei dem der Instinkt des Künstlers gar nicht beteiligt wäre? Oder aber: ist es nicht die Voraussetzung dazu, daß der Künstler *kann*...? Geht dessen unterster Instinkt auf die Kunst oder nicht vielmehr auf den Sinn der Kunst, das *Leben?* auf eine *Wünschbarkeit von Leben?* – Die Kunst ist das große Stimulans zum Leben: wie könnte man sie als zwecklos, als ziellos, als *l'art pour l'art* verstehn?

(Götzendämmerung, Streifzüge eines Unzeitgemäßen, II, S. 1004)

Denn dies muß uns vor allem, zu unserer Erniedrigung *und* Erhöhung, deutlich sein, daß die ganze Kunstkomödie durchaus nicht für uns, etwa unsrer Besserung und Bildung wegen, aufgeführt wird, ja daß wir ebensowenig die eigentlichen Schöpfer jener Kunstwelt sind: wohl aber dürfen wir von uns selbst annehmen, daß wir für den wahren Schöpfer derselben schon Bilder und künstlerische Projektionen sind und in der Bedeutung von Kunstwerken unsre höchste Würde haben – denn nur als *ästhetisches Phänomen* ist das Dasein und die Welt ewig *gerechtfertigt:* – während freilich unser Bewußtsein über diese unsre Bedeutung kaum ein andres ist, als es die auf Leinwand gemalten Krieger von der auf ihr dargestellten Schlacht haben. Somit ist unser ganzes Kunstwissen im Grunde ein völlig illusorisches, weil wir als Wissende mit jenem Wesen nicht eins und identisch sind, das sich, als einziger Schöpfer und Zuschauer jener Kunstkomödie, einen ewigen Genuß bereitet. Nur soweit der Genius im Aktus der künstlerischen Zeugung mit jenem Urkünstler der Welt verschmilzt, weiß er etwas über das ewige Wesen der Kunst; denn in jenem Zustande ist er, wunderbarerweise, dem unheimlichen

Bild des Märchens gleich, das die Augen drehn und sich selber anschaun kann; jetzt ist er zugleich Subjekt und Objekt, zugleich Dichter, Schauspieler und Zuschauer.

(Geburt der Tragödie, I, S. 40)

Zur Psychologie des Künstlers. – Damit es Kunst gibt, damit es irgendein ästhetisches Tun und Schauen gibt, dazu ist eine physiologische Vorbedingung unumgänglich: der *Rausch.* Der Rausch muß erst die Erregbarkeit der ganzen Maschine gesteigert haben: eher kommt es zu keiner Kunst. Alle noch so verschieden bedingten Arten des Rausches haben dazu die Kraft: vor allem der Rausch der Geschlechtserregung, diese älteste und ursprünglichste Form des Rausches. Insgleichen der Rausch, der im Gefolge aller großen Begierden, aller starken Affekte kommt; der Rausch des Festes, des Wettkampfs, des Bravourstücks, des Siegs, aller extremen Bewegung; der Rausch der Grausamkeit; der Rausch in der Zerstörung; der Rausch unter gewissen meteorologischen Einflüssen, zum Beispiel der Frühlingsrausch; oder unter dem Einfluß der Narkotika; endlich der Rausch des Willens, der Rausch eines überhäuften und geschwellten Willens. – Das Wesentliche am Rausch ist das Gefühl der Kraftsteigerung und Fülle. Aus diesem Gefühle gibt man an die Dinge ab, man *zwingt* sie von uns zu nehmen, man vergewaltigt sie – man heißt diesen Vorgang *idealisieren.* Machen wir uns hier von einem Vorurteil los: das Idealisieren besteht *nicht,* wie gemeinhin geglaubt wird, in einem Abziehn oder Abrechnen des Kleinen, des Nebensächlichen. Ein ungeheures *Heraustreiben* der Hauptzüge ist vielmehr das Entscheidende, so daß die andern darüber verschwinden.

Man bereichert in diesem Zustande alles aus seiner eignen Fülle: was man sieht, was man will, man sieht es geschwellt, gedrängt, stark, überladen mit Kraft. Der Mensch dieses Zustandes verwandelt die Dinge, bis sie seine Macht widerspiegeln – bis sie Reflexe seiner Vollkommenheit sind. Dies Verwandeln-*müssen* ins Vollkommne ist – Kunst. Alles selbst, was er nicht ist, wird trotzdem ihm zur Lust an sich; in der Kunst genießt sich der Mensch als Vollkommenheit.

(Götzendämmerung, II, S. 995)

Schön und häßlich. – Nichts ist bedingter, sagen wir *beschränkter*, als unser Gefühl des Schönen. Wer es losgelöst von der Lust des Menschen am Menschen denken wollte, verlöre sofort Grund und Boden unter den Füßen. Das »Schöne an sich« ist bloß ein Wort, nicht einmal ein Begriff. Im Schönen setzt sich der Mensch als Maß der Vollkommenheit; in ausgesuchten Fällen betet er sich darin an. Eine Gattung *kann* gar nicht anders als dergestalt zu sich allein ja sagen. Ihr *unterster* Instinkt, der der Selbsterhaltung und Selbsterweiterung, strahlt noch in solchen Sublimitäten aus. Der Mensch glaubt die Welt selbst mit Schönheit überhäuft – er *vergißt* sich als deren Ursache. Er allein hat sie mit Schönheit beschenkt, ach! nur mit einer sehr menschlich-allzumenschlichen Schönheit... Im Grunde spiegelt sich der Mensch in den Dingen, er hält alles für schön, was ihm sein Bild zurückwirft: das Urteil »schön« ist seine *Gattungs-Eitelkeit*... Dem Skeptiker nämlich darf ein kleiner Argwohn die Frage ins Ohr flüstern: ist wirklich damit die Welt verschönt, daß gerade der Mensch sie für schön nimmt? Er hat sie *vermenschlicht:* das ist alles. Aber nichts, gar nichts verbürgt uns, daß gerade der Mensch das Modell des Schönen abgäbe. Wer weiß, wie er sich in den Augen eines höheren Geschmacksrichters ausnimmt? Vielleicht gewagt? vielleicht selbst erheiternd? vielleicht ein wenig arbiträr?... »O Dionysos, Göttlicher, warum ziehst du mich an den Ohren?« fragte Ariadne einmal bei einem jener berühmten Zwiegespräche auf Naxos ihren philosophischen Liebhaber. »Ich finde eine Art Humor in deinen Ohren, Ariadne: warum sind sie nicht noch länger?« [...]

Nichts ist schön, nur der Mensch ist schön: auf dieser Naivität ruht alle Ästhetik, sie ist deren *erste* Wahrheit. Fügen wir sofort noch deren zweite hinzu: nichts ist häßlicher als der *entartende* Mensch – damit ist das Reich des ästhetischen Urteils umgrenzt.

(Ebd., S. 1001)

Unser neues »Unendliches«. – Wie weit der perspektivische Charakter des Daseins reicht oder gar ob es irgendeinen andren Charakter noch hat, ob nicht ein Dasein ohne Auslegung, ohne »Sinn« eben zum »Unsinn« wird, ob, andrerseits, nicht alles Dasein essentiell ein *auslegendes* Dasein ist – das kann, wie billig, auch durch die fleißigste und peinlich-gewissenhafteste Analysis und Selbstprüfung des Intellekts nicht ausgemacht werden: da der menschliche Intellekt bei dieser Analysis nicht umhin kann, sich selbst unter seinen perspektivischen Formen zu sehn und *nur* in ihnen zu sehn. Wir können nicht um unsre Ecke sehn: es ist eine hoffnungslose Neugierde, wissen zu wollen, was es noch für andre Arten Intellekt und Perspektive geben *könnte:* zum Beispiel ob irgendwelche Wesen die Zeit zurück oder abwechselnd vorwärts und rückwärts empfinden können (womit eine andre Richtung des Lebens und ein andrer Begriff von Ursache und Wirkung gegeben wäre). Aber ich denke, wir sind heute zum mindesten ferne von der lächerlichen Unbescheidenheit, von unsrer Ecke aus zu dekretieren, daß man nur von dieser Ecke aus Perspektiven haben *dürfe.* Die Welt ist uns vielmehr noch einmal »unendlich« geworden: insofern wir die Möglichkeit nicht abweisen können, daß sie *unendliche Interpretationen in sich schließt.* Noch einmal faßt uns der große Schauder – aber wer hätte wohl Lust, *dieses* Ungeheure von unbekannter Welt nach alter Weise sofort wieder zu vergöttlichen? Und etwa *das* Unbekannte fürderhin als »*den* Unbekannten« anzubeten? Ach es sind zu viele *ungöttliche* Möglichkeiten der Interpretation mit in dieses Unbekannte eingerechnet, zu viel Teufelei, Dummheit, Narrheit der Interpretation – unsre eigne menschliche, allzumenschliche selbst, die wir kennen...

(Die fröhliche Wissenschaft, II, S. 259 f)

Daß der *Wert der Welt* in unserer Interpretation liegt (– daß vielleicht irgendwo noch andre Interpretationen möglich sind als bloß menschliche –), daß die bisherigen Interpretationen perspektivische Schätzungen sind, vermöge deren wir uns im Leben, d. h. im Willen zur Macht, zum Wachstum der Macht, erhalten, daß jede *Erhöhung des Menschen* die Überwindung engerer Interpretationen mit sich bringt, daß jede erreichte Verstärkung und Machterweiterung neue Perspektiven auftut und an neue Horizonte glauben heißt – das geht durch meine Schriften. Die Welt, die *uns etwas angeht,* ist falsch, d. h. ist kein Tatbestand, sondern eine Ausdichtung und Rundung über einer mageren Summe von Beobachtungen; sie ist »im Fluß«, als etwas Werdendes, als eine sich immer neu verschiebende Falschheit, die sich niemals der Wahrheit nähert: denn – es gibt keine »Wahrheit«.

(Aus dem Nachlaß der 80er Jahre, III, S. 497)

An einem Philosophen ist es eine Nichtswürdigkeit zu sagen, »das Gute und das Schöne sind eins«; fügt er gar noch hinzu »auch das Wahre«, so soll man ihn prügeln. Die Wahrheit ist häßlich.
Wir haben die *Kunst,* damit wir *nicht an der Wahrheit zugrunde gehen.*

(Nachlaß, III, S. 832)

Mein Hauptsatz: es gibt keine moralischen Phänomene, sondern nur eine moralische Interpretation dieser Phänomene. Diese Interpretation selbst ist außermoralischen Ursprungs.

(Ebd., S. 485)

Mit der Kunst gegen die Vermoralisierung kämpfen. – Kunst als Freiheit von der moralischen Verengung und Winkel-Optik; oder als Spott über sie. Die Flucht in die Natur, wo ihre *Schönheit* mit der *Furchtbarkeit* sich paart. Konzeption des *großen* Menschen.

(Ebd., S. 625)

Schaffen – das ist die große Erlösung vom Leiden, und des Lebens Leichtwerden. Aber daß der Schaffende sei, dazu selber tut Leid not und viel Verwandelung.

Ja, viel bitteres Sterben muß in eurem Leben sein, ihr Schaffenden! Also seid ihr Fürsprecher und Rechtfertiger aller Vergänglichkeit.

Daß der Schaffende selber das Kind sei, das neu geboren werde, dazu muß er auch die Gebärerin sein wollen und der Schmerz der Gebärerin.

(Also sprach Zarathustra, II, S. 345)

Ihr Schaffenden, ihr höheren Menschen! Wer gebären muß, der ist krank; wer aber geboren hat, ist unrein.

Fragt die Weiber: man gebiert nicht, weil es Vergnügen macht. Der Schmerz macht Hühner und Dichter gackern.

Ihr Schaffenden, an euch ist viel Unreines. Das macht, ihr mußtet Mütter sein.

Ein neues Kind, oh, wie viel neuer Schmutz kam auch zur Welt! Geht beiseite! Und wer geboren hat, soll seine Seele rein waschen!

(Ebd., S. 527)

– Und noch einmal versank Zarathustra in sich und setzte sich wieder auf den großen Stein nieder und sann nach. Plötzlich sprang er empor –,

»*Mitleiden! Das Mitleiden mit dem höheren Menschen!*« schrie er auf, und sein Antlitz verwandelte sich in Erz. »Wohlan! *Das* – hatte seine Zeit!

Mein Leid und mein Mitleiden – was liegt daran! Trachte ich denn nach *Glücke?* Ich trachte nach meinem *Werke!*

Wohlan! Der Löwe kam, meine Kinder sind nahe, Zarathustra ward reif, meine Stunde kam: –

Dies ist *mein* Morgen, *mein* Tag hebt an: *herauf nun, herauf, du großer Mittag!*« –

Also sprach Zarathustra und verließ seine Höhle, glühend und stark, wie eine Morgensonne, die aus dunklen Bergen kommt.

(Ebd., S. 561)

Die Welt als ein sich selbstgebärendes Kunstwerk –

(Nachlaß, III, S. 495)

Theodor Lipps
(1851–1914)

Ästhetik: eine psychologische Disziplin – Beschreibung der Bedingungen ästhetischer Wirkung: im Objekt, im Subjekt

Die Ästhetik ist die Wissenschaft vom Schönen; implicite auch vom Häßlichen. »Schön« heißt ein Objekt darum, weil es ein eigentümliches Gefühl in mir weckt oder zu wecken geeignet ist, nämlich dasjenige, das wir als »Schönheitsgefühl« zu bezeichnen pflegen. In jedem Falle ist »Schönheit« der Name für die Fähigkeit eines Objektes, in mir eine bestimmte *Wirkung* hervorzubringen.

Diese Wirkung nun ist, wie auch immer sie näher sich bestimmen mag, als Wirkung in *mir,* eine psychologische Tatsache. Die Ästhetik will die Natur dieser Wirkung feststellen, will dieselbe analysieren, beschreiben, abgrenzen. Und sie will sie *verständlich* machen. Zu letzterem Zwecke muß sie die Faktoren angeben, die in mir zu solcher Wirkung sich vereinigen; sie muß insbesondere die Bedingungen aufzeigen, die bei einem Objekte erfüllt sein müssen, wenn es diese Wirkung hervorzubringen fähig sein soll; und sie muß die Gesetzmäßigkeit auffinden, nach welcher diese Bedingungen wirken. Diese Aufgabe ist eine psychologische. Die Ästhetik ist also eine psychologische Disziplin.

(Grundlegung der Ästhetik, Einleitung, S. 1)

Sigmund Freud
(1856–1939)

Die ›Laienfrage‹ des Psychologen an die Kunst, die sich selbst nicht versteht – das spielende Kind und der phantasierende Dichter – »der Glückliche phantasiert nie« – Zeitstruktur des Wünschens – der Held der Tagträume – ästhetische »Verlockungsprämie« und »Vorlust« – Entspannung – Genuß eigener Phantasien, Unterlaufen der Scham-Zensur

Uns Laien hat es immer mächtig gereizt zu wissen, woher diese merkwürdige Persönlichkeit, der Dichter, seine Stoffe nimmt – etwa im Sinne der Frage, die jener Kardinal an den Ariosto richtete – und wie er es zustande bringt, uns mit ihnen so zu ergreifen, Erregungen in uns hervorzurufen, deren wir uns vielleicht nicht einmal für fähig gehalten hätten. Unser Interesse hiefür wird nur gesteigert durch den Umstand, daß der Dichter selbst, wenn wir ihn befragen, uns keine oder keine befriedigende Auskunft gibt, und wird gar nicht gestört durch unser Wissen, daß die beste Einsicht in die Bedingungen der dichterischen Stoffwahl und in das Wesen der poetischen Gestaltungskunst nichts dazu beitragen würde, uns selbst zu Dichtern zu machen [...]

Sollten wir die ersten Spuren dichterischer Betätigung nicht schon beim Kinde suchen? Die liebste und intensivste Beschäftigung des Kindes ist das Spiel. Vielleicht dürfen wir sagen: Jedes spielende Kind benimmt sich wie ein Dichter, indem es sich eine eigene Welt erschafft oder, richtiger gesagt, die Dinge seiner Welt in eine neue, ihm gefällige Ordnung versetzt. Es wäre dann unrecht zu meinen, es nähme diese Welt nicht ernst; im Gegenteil, es nimmt sein Spiel sehr ernst, es verwendet große Affektbeträge darauf. Der Gegensatz zu Spiel ist nicht Ernst, sondern – Wirklichkeit. Das Kind unterscheidet seine Spielwelt sehr wohl, trotz aller Affektbesetzung, von der Wirklichkeit und lehnt seine imaginierten Objekte und Verhältnisse gerne an greifbare und sichtbare Dinge der wirklichen Welt an. Nichts anderes als diese Anlehnung unterscheidet das »Spielen« des Kindes noch vom »Phantasieren«.

Der Dichter tut nun dasselbe wir das spielende Kind; er erschafft eine Phantasiewelt, die er sehr ernst nimmt, d. h. mit großen Affektbeträgen ausstattet, während er sie von der Wirklichkeit scharf sondert.

(Der Dichter und das Phantasieren, S. 171 f)

Eigentlich können wir auf nichts verzichten, wir vertauschen nur eines mit dem andern; was ein Verzicht zu sein scheint, ist in Wirklichkeit eine Ersatz- oder Surrogatbildung. So gibt auch der Heranwachsende, wenn er aufhört zu spielen, nichts anderes auf als die Anlehnung an reale Objekte; anstatt zu *spielen, phantasiert* er jetzt. Er baut sich Luftschlösser, schafft das, was man Tagträume nennt.

(Ebd., S. 172)

Man darf sagen, der Glückliche phantasiert nie, nur der Unbefriedigte. Unbefriedigte Wünsche sind die Triebkräfte der Phantasien, und jede einzelne Phantasie ist eine Wunscherfüllung, eine Korrektur der unbefriedigenden Wirklichkeit.

(Ebd., S. 173 f)

Die Produkte dieser phantasierenden Tätigkeit, die einzelnen Phantasien, Luftschlösser oder Tagträume dürfen wir uns nicht als starr und unveränderlich vorstellen. Sie schmiegen sich vielmehr den wechselnden Lebenseindrücken an, verändern sich mit jeder Schwankung der Lebenslage, empfangen von jedem wirksamen neuen Eindrucke eine sogenannte »Zeitmarke«. Das Verhältnis der Phantasie zur Zeit ist überhaupt sehr bedeutsam. Man darf sagen: eine Phantasie schwebt gleichsam zwischen drei Zeiten, den drei Zeitmomenten unseres Vorstellens. Die seelische Arbeit knüpft an einen aktuellen Eindruck, einen Anlaß in der Gegenwart an, der imstande war, einen der großen Wünsche der Person zu wecken, greift von da aus auf die Erinnerung eines früheren, meist infantilen, Erlebnisses zurück, in dem jener Wunsch erfüllt war, und schafft nun eine auf die Zukunft bezogene Situation, welche sich als die Erfüllung jenes Wunsches darstellt, eben den Tagtraum oder die Phantasie, die nun die Spuren ihrer Herkunft vom Anlaß und von der Erinnerung an sich trägt. Also Vergangenes, Gegenwärtiges, Zukünftiges wie an der Schnur des durchlaufenden Wunsches aneinandergereiht.

(Ebd., S. 174)

Dürfen wir wirklich den Versuch machen, den Dichter mit dem »Träumer am hellichten Tag«, seine Schöpfungen mit Tagträumen zu vergleichen? Da drängt sich wohl eine erste Unterscheidung auf; wir müssen die Dichter, die fertige Stoffe übernehmen wie die alten Epiker und Tragiker, sondern von jenen, die ihre Stoffe frei zu schaffen scheinen. Halten wir uns an die letzteren und suchen wir für unsere Vergleichung nicht gerade jene Dichter aus, die von der Kritik am höchsten geschätzt werden, sondern die anspruchsloseren Erzähler von Romanen, Novellen und Geschichten, die dafür die zahlreichsten und eifrigsten Leser und Leserinnen finden. An den Schöpfungen dieser Erzähler muß uns vor allem ein Zug auffällig werden; sie alle haben einen Helden, der im Mittelpunkt des Interesses steht, für den der Dichter unsere Sympathie mit allen Mitteln zu gewinnen sucht und den er wie mit einer besonderen Vorsehung zu beschützen scheint. Wenn ich am Ende eines Romankapitels den Helden bewußtlos, aus schweren Wunden blutend verlassen habe, so bin ich sicher, ihn zu Beginn des nächsten in sorgsamster Pflege und auf dem Wege der Herstellung zu finden, und wenn der erste Band mit dem Untergange des Schiffes im Seesturme geendigt hat, auf dem unser Held sich befand, so bin ich sicher, zu Anfang des zweiten Bandes von seiner wunderbaren Rettung zu lesen, ohne die der Roman ja keinen Fortgang hätte. Das Gefühl der Sicherheit, mit dem ich den Helden durch seine gefährlichen Schicksale begleite, ist das nämliche, mit dem ein wirklicher Held sich ins Wasser stürzt, um einen Ertrinkenden zu retten, oder sich dem feindlichen Feuer aussetzt, um eine Batterie zu stürmen, jenes eigentliche Heldengefühl, dem einer unserer besten Dichter den köstlichen Ausdruck geschenkt hat: »Es kann dir nix g'schehen« (Anzengruber). Ich meine aber, an diesem verräterischen Merkmal der Unverletzlichkeit erkennt man ohne Mühe – Seine Majestät das Ich, den Helden aller Tagträume wie aller Romane.

(Ebd., S. 175f)

Noch in vielen der sogenannten psychologischen Romane ist mir aufgefallen, daß nur eine Person, wiederum der Held, von ihnen geschildert wird; in ihrer Seele sitzt gleichsam der Dichter und schaut die anderen Personen von außen an. Der psychologische Roman verdankt im ganzen wohl seine Besonderheit der Neigung des modernen Dichters, sein Ich durch Selbstbeobachtung in Partial-Ichs zu zerspalten und demzufolge die Konfliktströmungen seines Seelenlebens in mehreren Helden zu personifizieren.

(Ebd., S. 177)

Das andere Problem, mit welchen Mitteln der Dichter bei uns die Affektwirkungen erziele, die er durch seine Schöpfungen hervorruft, haben wir überhaupt noch nicht berührt. Ich möchte Ihnen wenigstens noch zeigen, welcher Weg von unseren Erörterungen über die Phantasien zu den Problemen der poetischen Effekte führt.

Sie erinnern sich, wir sagten, daß der Tagträumer seine Phantasien vor anderen sorgfältig verbirgt, weil er Gründe verspürt, sich ihrer zu schämen. Ich füge nun hinzu, selbst wenn er sie uns mitteilen würde, könnte er uns durch solche Enthüllung keine Lust bereiten. Wir werden von solchen Phantasien, wenn wir sie erfahren, abgestoßen oder bleiben höchstens kühl gegen sie. Wenn aber der Dichter uns seine Spiele vorspielt oder uns das erzählt, was wir für seine persönlichen Tagträume zu erklären geneigt sind, so empfinden wir hohe, wahrscheinlich aus vielen Quellen zusammenfließende Lust. Wie der Dichter das zustande bringt, das ist sein eigenstes Geheimnis; in der Technik der Überwindung jener Abstoßung, die gewiß mit den Schranken zu tun hat, welche sich zwischen jedem einzelnen Ich und den anderen erheben, liegt die eigentliche *Ars poetica.* Zweierlei Mittel dieser Technik können wir erraten: Der Dichter mildert den Charakter des egoistischen Tagtraumes durch Abänderungen und Verhüllungen und besticht uns durch rein formalen, d. h. ästhetischen Lustgewinn, den er uns in der Darstellung seiner Phantasien bietet. Man nennt einen solchen Lustgewinn, der uns geboten wird, um mit ihm die Entbindung größerer Lust aus tiefer reichenden psychischen Quellen zu ermöglichen, eine *Verlockungsprämie* oder eine *Vorlust.* Ich bin der Meinung, daß alle ästhetische Lust, die uns der Dichter verschafft, den Charakter solcher Vorlust trägt und daß der eigentliche Genuß des Dichtwerkes aus der Befreiung von Spannungen in unserer Seele hervorgeht. Vielleicht trägt es sogar zu diesem Erfolge nicht wenig bei, daß uns der Dichter in den Stand versetzt, unsere eigenen Phantasien nunmehr ohne jeden Vorwurf und ohne Schämen zu genießen. Hier stünden wir nun am Eingange neuer, interessanter und verwickelter Untersuchungen, aber, wenigstens für diesmal, am Ende unserer Erörterungen.

(Ebd., S. 178 f)

Karl Marx

(1818–1883)

Ökonomische Basis und ideologischer Überbau – zur Korrespondenz von Kunst- und Gesellschaftsentwicklung – die Rolle der Mythologie beim künstlerischen Stoffwechsel mit der Natur – Antike: bleibendes Muster aus gesellschaftlich rückständiger Zeit – Produktivkräfte und Produktionsverhältnisse – die »Melodie« der versteinerten Verhältnisse – die Wirklichkeit als »sinnlich menschliche Tätigkeit« – Entfremdung der Arbeit – menschliches Privileg: Arbeit nach den »Gesetzen der Schönheit« – die Entwicklung der menschlichen Sinne: Arbeit der Weltgeschichte – Tendenz und Realismus – Kunst als Ware – Talent und Nachfrage – der Künstler und die Arbeitsteilung

Unsere Theorie ist kein Dogma, sondern die Darlegung eines Entwicklungsprozesses, und dieser Prozeß schließt aufeinanderfolgende Phasen ein.

(Brief von Engels an Florence Kelley-Wischnewetzky, 28. Dezember 1886. MEW Bd. 36, S. 589)

Die Produktion der Ideen, Vorstellungen, des Bewußtseins ist zunächst unmittelbar verflochten in die materielle Tätigkeit und den materiellen Verkehr der Menschen, Sprache des wirklichen Lebens. Das Vorstellen, Denken, der geistige Verkehr der Menschen erscheinen hier noch als direkter Ausfluß ihres materiellen Verhaltens. Von der geistigen Produktion, wie sie in der Sprache der Politik, der Gesetze, der Moral, der Religion, Metaphysik usw. eines Volkes sich darstellt, gilt dasselbe. Die Menschen sind die Produzenten ihrer Vorstellungen, Ideen etc., aber die wirklichen, wirkenden Menschen, wie sie bedingt sind durch eine bestimmte Entwicklung ihrer Produktivkräfte und des denselben entsprechenden Verkehrs bis zu seinen weitesten Formationen hinauf. Das Bewußtsein kann nie etwas andres sein als das bewußte Sein, und das Sein der Menschen ist ihr wirklicher Lebensprozeß. Wenn in der ganzen Ideologie die Menschen und ihre Verhältnisse wie in einer Camera obscura auf den Kopf gestellt erscheinen, so geht dies Phänomen ebensosehr aus ihrem historischen Lebensprozeß hervor wie die Umdrehung der Gegenstände auf der Netzhaut aus ihrem unmittelbar physischen.

Ganz im Gegensatz zur deutschen Philosophie, welche vom Himmel auf die Erde herabsteigt, wird hier von der Erde zum Himmel gestiegen. D. h., es wird nicht ausgegangen von dem, was die Menschen sagen, sich einbilden, sich vorstellen, auch nicht von den gesagten, gedachten, eingebildeten, vorgestellten Menschen, um davon aus bei den leibhaftigen Menschen anzukommen; es wird von den wirklich tätigen Menschen ausgegangen und aus ihrem wirklichen Lebensprozeß auch die Entwicklung der ideologischen Reflexe und Echos dieses Lebensprozesses dargestellt. Auch die Nebelbildungen im Gehirn der Menschen sind notwendige Sublimate ihres materiellen, empirisch konstatierbaren und an materielle Voraussetzungen geknüpften Lebensprozesses. Die Moral, Religion, Metaphysik und sonstige Ideologie und die ihnen entsprechenden Bewußtseinsformen behalten hiermit nicht länger den Schein der Selbständigkeit. Sie haben keine Geschichte, sie haben keine Entwicklung, sondern die ihre materielle Produktion und ihren materiellen Verkehr entwickelnden Menschen ändern mit dieser ihrer Wirklichkeit auch ihr Denken und die Produkte ihres Denkens. Nicht das Bewußtsein bestimmt das Leben, sondern das Leben bestimmt das Bewußtsein.

(Die deutsche Ideologie, S. 81f. MEW Bd. 3, S. 26f)

Bei der Kunst ist bekannt, daß bestimmte Blütezeiten derselben keineswegs im Verhältnis zur allgemeinen Entwicklung der Gesellschaft, also auch der materiellen Grundlage, gleichsam des Knochenbaus ihrer Organisation, stehn. Z. B. die Griechen verglichen mit den modernen oder auch Shakespeare. Von gewissen Formen der Kunst. Z. B. des Epos, sogar anerkannt, daß sie, in ihrer Weltepoche machenden, klassischen Gestalt nie produziert werden können, sobald die Kunstproduktion als solche eintritt;

also daß innerhalb des Bereichs der Kunst selbst gewisse bedeutende Gestaltungen derselben nur auf einer unentwickelten Stufe der Kunstentwicklung möglich sind. Wenn dies im Verhältnis der verschiedenen Kunstarten innerhalb des Bereichs der Kunst selbst der Fall ist, ist es schon weniger auffallend, daß es im Verhältnis des ganzen Bereichs der Kunst zu allgemeinen Entwicklung der Gesellschaft der Fall ist. Die Schwierigkeit besteht nur in der allgemeinen Fassung dieser Widersprüche. Sobald sie spezifiziert werden, sind sie schon erklärt.

Nehmen wir z. B. das Verhältnis der griechischen Kunst und dann Shakespeares zur Gegenwart. Bekannt, daß die griechische Mythologie nicht nur das Arsenal der griechischen Kunst, sondern ihr Boden. Ist die Anschauung der Natur und der gesellschaftlichen Verhältnisse, die der griechischen Phantasie und daher der griechischen [Mythologie] zugrunde liegt, möglich mit Selfaktors und Eisenbahnen und Lokomotiven und elektrischen Telegraphen? Wo bleibt Vulkan gegen Roberts et Co., Jupiter gegen den Blitzableiter und Hermes gegen den Crédit mobilier? Alle Mythologie überwindet und beherrscht und gestaltet die Naturkräfte in der Einbildung und durch die Einbildung; verschwindet also mit der wirklichen Herrschaft über dieselben. Was wird aus der Fama neben Printinghouse Square? Die griechische Kunst setzt die griechische Mythologie voraus, d. h. die Natur und die gesellschaftlichen Formen selbst schon in einer unbewußt künstlerischen Weise verarbeitet durch die Volksphantasie. Das ist ihr Material. Nicht jede beliebige Mythologie, d. h. nicht jede beliebige unbewußt künstlerische Verarbeitung der Natur (hier darunter alles Gegenständliche, also die Gesellschaft eingeschlossen). Ägyptische Mythologie konnte nie der Boden oder der Mutterschoß griechischer Kunst sein. Aber jedenfalls *eine* Mythologie. Also keinesfalls eine Gesellschaftsentwicklung, die alles mythologische Verhältnis zur Natur ausschließt, alles mythologisierende Verhältnis zur ihr; also vom Künstler eine von Mythologie unabhängige Phantasie verlangt.

Von einer andren Seite: Ist Achilles möglich mit Pulver und Blei? Oder überhaupt die »Iliade« mit der Druckerpresse oder gar Druckmaschine? Hört das Singen und Sagen und die Muse mit dem Preßbengel nicht notwendig auf, also verschwinden nicht notwendige Bedingungen der epischen Poesie?

Aber die Schwierigkeit liegt nicht darin, zu verstehen, daß griechische Kunst und Epos an gewisse gesellschaftliche Entwicklungsformen geknüpft sind. Die Schwierigkeit ist, daß sie für uns noch Kunstgenuß gewähren und in gewisser Beziehung als Norm und unerreichbare Muster gelten.

Ein Mann kann nicht wieder zum Kinde werden, oder er wird kindisch. Aber freut ihn die Naivität des Kindes nicht, und muß er nicht selbst wieder auf einer höhren Stufe streben, seine Wahrheit zu reproduzieren? Lebt in der Kindernatur nicht in jeder Epoche ihr eigner Charakter in seiner Naturwahrheit auf? Warum sollte die geschichtliche Kindheit der Menschheit, wo sie am schönsten entfaltet, als eine nie wiederkehrende Stufe nicht ewigen Reiz ausüben? Es gibt ungezogene Kinder und altkluge Kinder. Viele der alten Völker gehören in diese Kategorie. Normale Kinder waren die Griechen. Der Reiz ihrer Kunst für uns steht nicht im Widerspruch zu der unentwickelten Gesellschaftsstufe, worauf sie wuchs. Ist vielmehr ihr Resultat und hängt vielmehr unzertrennlich damit zusammen, daß die unreifen gesellschaftlichen Bedingungen, unter denen sie entstand und allein entstehn konnte, nie wiederkehren können.

(Einleitung zur Kritik der politischen Ökonomie von 1857, MEW, Bd. 13, S. 640 ff)

Sowenig man das, was ein Individuum ist, nach dem beurteilt, was es sich selbst dünkt, ebensowenig kann man eine solche Umwälzungsepoche aus ihrem Bewußtsein beurteilen, sondern muß vielmehr dies Bewußtsein aus den Widersprüchen des materiellen Lebens, aus dem vorhandenen Konflikt zwischen gesellschaftlichen Produktivkräften und Produktionsverhältnissen erklären. Eine Gesellschaftsformation geht nie unter, bevor alle Produktivkräfte entwickelt sind, für die sie weit genug ist, und neue höhere Produktionsverhältnisse treten nie an die Stelle, bevor die materiellen Existenzbedingungen derselben im Schoß der alten Gesellschaft selbst ausgebrütet worden sind.

(Zur Kritik der politischen Ökonomie. Vorwort. MEW Bd. 13, S. 9)

Man muß diese versteinerten Verhältnisse dadurch zum Tanzen zwingen, daß man ihnen ihre eigene Melodie vorsingt.

(Zur Kritik der Hegelschen Rechtsphilosophie. Einleitung. MEW Bd. 1, S. 381)

Der Hauptmangel alles bisherigen Materialismus (den Feuerbachschen mit eingerechnet) ist, daß der Gegenstand, die Wirklichkeit, Sinnlichkeit nur unter der Form des *Objekts oder der Anschauung* gefaßt wird; nicht aber als *sinnlich menschliche Tätigkeit, Praxis;* nicht subjektiv.

(Thesen über Feuerbach I. MEW Bd. 3, S. 5)

Mit der *Verwertung* der Sachenwelt nimmt die *Entwertung* der Menschenwelt in direktem Verhältnis zu. Die Arbeit produziert nicht nur Waren; sie produziert sich selbst und den Arbeiter als eine *Ware,* und zwar in dem Verhältnis, in welchem sie überhaupt Waren produziert.

Dies Faktum drückt weiter nichts aus als: Der Gegenstand, den die Arbeit produziert, ihr Produkt, tritt ihr als ein *fremdes Wesen,* als eine von dem Produzenten *unabhängige Macht* gegenüber. Das Produkt der Arbeit ist die Arbeit, die sich in einem Gegenstand fixiert, sachlich gemacht hat, es ist die *Vergegenständlichung* der Arbeit. Die Verwirklichung der Arbeit ist ihre Vergegenständlichung. Diese Verwirklichung der Arbeit erscheint in dem nationalökonomischen Zustand als *Entwirklichung* des Arbeiters, die Vergegenständlichung als *Verlust und Knechtschaft des Gegenstandes,* die Aneignung als *Entfremdung, als Entäußerung.*

(Ökonomisch-philosophische Manuskripte. MEW: Ergänzungsband 1. Teil, S. 511 f)

Zwar produziert auch das Tier. Es baut sich ein Nest, Wohnungen, wie die Biene, Biber, Ameise etc. Allein es produziert nur, was es unmittelbar für sich oder sein Junges bedarf; es produziert einseitig, während der Mensch universell produziert; es produziert nur unter der Herrschaft des unmittelbaren physischen Bedürfnisses, während der Mensch selbst frei vom physischen Bedürfnis produziert und erst wahrhaft produziert in der Freiheit von demselben; es produziert nur sich selbst, während der Mensch die ganze Natur reproduziert; sein Produkt gehört unmittelbar zu seinem physischen Leib, während der Mensch frei seinem Produkt gegenübertritt. Das Tier formiert nur nach dem Maß und dem Bedürfnis der species, der es angehört, während der Mensch nach dem Maß jeder species zu produzieren weiß und überall das inhärente Maß dem Gegenstand anzulegen weiß; der

Mensch formiert daher auch nach den Gesetzen der Schönheit.
(Ebd., S. 517)

Der Mensch eignet sich sein allseitiges Wesen auf eine allseitige Art an, also als ein totaler Mensch. Jedes seiner *menschlichen* Verhältnisse zur Welt, Sehn, Hören, Riechen, Schmecken, Fühlen, Denken, Anschauen, Empfinden, Wollen, Tätigsein, Lieben, kurz, alle Organe seiner Individualität, wie die Organe, welche unmittelbar in ihrer Form als gemeinschaftliche Organe sind, sind in ihrem *gegenständlichen* Verhalten oder in ihrem *Verhalten zum Gegenstand* die Aneignung desselben; [...]

Das Privateigentum hat uns so dumm und einseitig gemacht, daß ein Gegenstand erst der *unsrige* ist, wenn wir ihn haben, [er] also als Kapital für uns existiert oder von uns unmittelbar besessen, gegessen, getrunken, an unserem Leib getragen, von uns bewohnt etc., kurz, *gebraucht* wird. Obgleich das Privateigentum alle diese unmittelbaren Verwirklichungen des Besitzes selbst wieder nur als *Lebensmittel* faßt und das Leben, zu dessen Mittel sie dienen, ist das *Leben* des *Privateigentums* Arbeit und Kapitalisierung.

An die Stelle *aller* physischen und geistigen Sinne ist daher die einfache Entfremdung *aller* dieser Sinne, der Sinn des *Habens* getreten. [...]

Die Aufhebung des Privateigentums ist daher die vollständige *Emanzipation* aller menschlichen Sinne und Eigenschaften; aber sie ist diese Emanzipation gerade dadurch, daß diese Sinne und Eigenschaften *menschlich,* sowohl subjektiv als objektiv, geworden sind. [...]

Dem *Auge* wird ein Gegenstand anders als dem *Ohr,* und der Gegenstand des Auges *ist* ein andrer als der des *Ohrs.* Die Eigentümlichkeit jeder Wesenskraft ist gerade ihr *eigentümliches Wesen,* also auch die eigentümliche Weise ihrer Vergegenständlichung, ihres *gegenständlichen-wirklichen,* lebendigen *Seins.* Nicht nur im Denken, sondern mit *allen* Sinnen wird daher der Mensch in der gegenständlichen Welt bejaht.

Andrerseits: subjektiv gefaßt: Wie erst die Musik den musikalischen Sinn des Menschen erweckt, wie für das unmusikalische Ohr die schönste Musik *keinen* Sinn hat, [kein] Gegenstand ist, weil mein Gegenstand nur die Bestätigung einer meiner Wesenskräfte sein kann, also nur so für mich sein kann, wie meine Wesenskraft als subjektive Fähigkeit für sich ist, weil der Sinn eines

Gegenstandes für mich (nur Sinn für einen ihm entsprechenden Sinn hat) grade so weit geht, als *mein* Sinn geht, darum sind die *Sinne* des gesellschaftlichen Menschen *andre* Sinne wie die des ungesellschaftlichen; erst durch den gegenständlich entfalteten Reichtum des menschlichen Wesens wird der Reichtum der subjektiven *menschlichen* Sinnlichkeit, wird ein musikalisches Ohr, ein Auge für die Schönheit der Form, kurz, werden erst menschlicher Genüsse fähig *Sinne,* Sinne, welche als *menschliche* Wesenskräfte sich bestätigen, teils erst ausgebildet, teils erst erzeugt. Denn nicht nur die 5 Sinne, sondern auch die sogenannten geistigen Sinne, die praktischen Sinne (Wille, Liebe etc.), mit einem Wort der *menschliche* Sinn, die Menschlichkeit der Sinne, wird erst durch das Dasein *seines* Gegenstandes, durch die *vermenschlichte* Natur. Die *Bildung* der fünf Sinne ist eine Arbeit der ganzen bisherigen Weltgeschichte. Der unter dem rohen praktischen Bedürfnis befangene *Sinn* hat auch nur einen *bornierten* Sinn. Für den ausgehungerten Menschen existiert nicht die menschliche Form der Speise, sondern nur ihr abstraktes Dasein als Speise; ebensogut könnte sie in rohster Form vorliegen, und es ist nicht zu sagen, wodurch sich diese Nahrungstätigkeit von der *tierischen* Nahrungstätigkeit unterscheide. Der sorgenvolle, bedürftige Mensch hat keinen *Sinn* für das schönste Schauspiel; der Mineralienkrämer sieht nur den merkantilischen Wert, aber nicht die Schönheit und eigentümliche Natur des Minerals; er hat keinen mineralogischen Sinn; also die Vergegenständlichung des menschlichen Wesens, sowohl in theoretischer als praktischer Hinsicht, gehört dazu, sowohl um den *Sinn* des Menschen *menschlich* zu machen, als um für den ganzen Reichtum des menschlichen und natürlichen Wesens entsprechenden *menschlichen Sinn* zu schaffen.

(Ebd., S. 117ff. MEW: S. 539ff)

Aber der Fortschritt, der noch zu machen wäre, ist der, daß diese Motive mehr durch den Verlauf der Handlung selbst lebendig, aktiv, sozusagen naturwüchsig in den Vordergrund treten, daß dagegen die argumentierende Debatte (in der ich mit Vergnügen übrigens Ihre alte Rednergabe vor den Assisen und der Volksversammlung her wieder fand) mehr und mehr überflüssig wird. Sie scheinen dies Ideal selbst als Ziel anzuerkennen, indem Sie den Unterschied zwischen dem Bühnendrama und dem Literaturdrama machen; ich glaube, der »Sickingen« ließe sich, freilich schwer (denn die Vollendung ist wahrhaftig nichts Geringes), im angedeuteten Sinn in ein Bühnendrama verwandeln.

(Engels an Ferdinand Lassalle, 18. Mai 1859, MEW: Bd. 29, S. 600 ff)

Ihr Mr. Arthur Grant ist ein Meisterstück.

Wenn ich etwas zu kritisieren habe, so ist es dies, daß die Erzählung vielleicht doch nicht realistisch genug ist. Realismus bedeutet, meines Erachtens, außer der Treue des Details die getreue Wiedergabe typischer Charaktere unter typischen Umständen.

(Engels an Miss Harkness, April 1888. MEW: Bd. 37, S. 42)

Ein Schriftsteller ist ein produktiver Arbeiter, nicht insofern er Ideen produziert, sondern insofern er den Buchhändler bereichert, der den Verlag seiner Schriften betreibt, oder sofern er der Lohnarbeiter eines Kapitalisten ist.

Der Gebrauchswert der Ware, worin sich die Arbeit eines produktiven Arbeiters verkörpert, mag von der futilsten Art sein. Diese stoffliche Bestimmung hängt mit dieser ihrer Eigenschaft gar nicht zusammen, die vielmehr nur ein bestimmtes gesellschaftliches Produktionsverhältnis ausdrückt. Es ist eine Bestimmung der Arbeit, die nicht aus ihrem Inhalt oder ihrem Resultat, sondern aus ihrer bestimmten gesellschaftlichen Form stammt.

(Theorien über den Mehrwert, MEW: Bd. 26, 1. Teil, S. 128)

Z. B. Milton, who did the »Paradise Lost« for 5 £, war ein *unproduktiver Arbeiter*. Der Schriftsteller dagegen, der Fabrikarbeit für seinen Buchhändler liefert, ist ein *produktiver Arbeiter*. Milton produzierte das »Paradise Lost« aus demselben Grund, aus dem ein Seidenwurm Seide produziert. Es war eine Betätigung *seiner* Natur. Er verkaufte später das Produkt für 5 £. Aber der Leipziger Literaturproletarier, der unter Direktion seines Buchhändlers Bücher (z. B. Kompendien der Ökonomie) fabriziert, ist ein *produktiver Arbeiter;* denn sein Produkt ist von vornherein unter das Kapital subsumiert und findet nur zu dessen Verwertung statt. Eine Sängerin, die auf ihre eigene Faust ihren Gesang verkauft, ist ein *unproduktiver Arbeiter*. Aber dieselbe Sängerin, von einem entrepreneur engagiert, der sie singen läßt, um Geld zu machen, ist ein *produktiver Arbeiter;* denn sie produziert Kapital.

(Ebd., S. 377)

Ob ein Individuum wie Raffael sein Talent entwickelt, hängt ganz von der Nachfrage ab, die wieder von der Teilung der Arbeit und den daraus hervorgegangenen Bildungsverhältnissen der Menschen abhängt. [...]

Die exklusive Konzentration des künstlerischen Talents in Einzelnen und seine damit zusammenhängende Unterdrückung in der großen Masse ist Folge der Teilung der Arbeit. Wenn selbst in gewissen gesellschaftlichen Verhältnissen Jeder ein ausgezeichneter Maler wäre, so schlösse dies noch gar nicht aus, daß Jeder auch ein origineller Maler wäre, so daß auch hier der Unterschied zwischen »menschlicher« und »einziger« Arbeit in bloßen Unsinn sich verläuft. Bei einer kommunistischen Organisation der Gesellschaft fällt jedenfalls fort die Subsumtion des Künstlers unter die lokale und nationale Borniertheit, die rein aus der Teilung der Arbeit hervorgeht, und die Subsumtion des Individuums unter diese bestimmte Kunst, so daß es ausschließlich Maler, Bildhauer usw. ist und schon der Name die Borniertheit seiner geschäftlichen Entwicklung und seine Abhängigkeit von der Teilung der Arbeit hinlänglich ausdrückt. In einer kommunistischen Gesellschaft gibt es keine Maler, sondern höchstens Menschen, die unter Anderm auch malen.

(Die deutsche Ideologie, MEW: Bd. 3, S. 378 f)

Leo Trotzkij
(1879–1940)

Der Vogel der Poesie singt erst nach Sonnenuntergang – Ende der »Staffelei-Kunst«? – »der Stil – das ist die Klasse« – der politische Stil – Politik, »ein gigantisches Gemälde« – es gibt keine proletarische Kultur – das Bedürfnis nach Kunst – das künstlerische Individuum – Kunst, Technik, Natur

Der singvogel der poesie lässt sich, wie die eule, der vogel der weisheit, nur nach sonnenuntergang vernehmen. Bei tage werden taten vollbracht, in der dämmerung aber beginnen gefühl und vernunft sich über das vollbrachte rechenschaft abzulegen. [...] Mit aller klarheit lässt sich dieses gesetz, wie schon gesagt, auch im bereich der kunst beobachten. Die traditionelle gleichsetzung der dichter mit den propheten kann man bestenfalls in dem sinne akzeptieren, dass die dichter ihre epoche mit der gleichen verspätung widerspiegeln wie die propheten. Wenn es gelegentlich vorkommt, dass propheten und dichter .ihrer zeit voraus sind., so bedeutet das nur, daß sie gewissen erfordernissen der gesellschaftlichen entwicklung mit geringerer verspätung ausdruck verliehen haben als ihre übrigen kollegen.

(Literatur und Revolution, S. 18)

[...] schlimm ist es, wenn der gegenwärtigen kunst [...] das kurzfristige ultimatum gestellt wird: sie müsse aufhören, .staffelei.-kunst zu sein und sich mit dem leben verbinden. Mit anderen worten: die dichter, maler, bildhauer und schauspieler sollen aufhören widerzuspiegeln und darzustellen, gedichte zu schreiben, bilder zu malen, skulpturen zu schaffen und auf der bühne dialoge zu führen und sollen ihre kunst unmittelbar ins leben hineintragen. Wie? Wohin? Durch welche tore? Natürlich muss man jeden versuch begrüssen, den volksfesten, versammlungen und demonstrationen möglichst mehr rhythmus, klang und farbe zu verleihen. Aber man muss doch nur ein minimum an historischem augenmaass besitzen, um zu begreifen, dass bei unserer gegenwärtigen wirtschaftlichen und kulturellen armut noch die gebeine mehrerer generationen vermodern müssen, bevor die kunst mit dem alltag verschmilzt, das heisst, bis zu einem derartigen aufschwung des alltags, dass er völlig von der kunst geformt wird. Ob gut, ob schlecht, aber die .staffelei.-kunst wird noch viele jahre lang ein mittel der künstlerischen und gesellschaftlichen erziehung der massen bleiben und ihrem ästhetischen genuss dienen: nicht nur die malerei, sondern auch die lyrik, der roman, die komödie, die tragödie, die bildhauerei und die symphonie. Wollte man aus lauter opposition gegen die kontemplative, impressionistische, bourgeoise kunst der letzten jahrzehnte die kunst als mittel der darstellung, als anschauliche erkenntnis ablehnen – es hiesse wahrhaft der klasse, die eine neue gesellschaft aufbaut, ein instrument von allergrösster wichtigkeit aus der hand schlagen.

(Ebd., S. 115f)

.Der stil – das ist die klasse.. Jedoch wird der stil keineswegs mit der klasse geboren. Die klasse findet ihren stil auf außerordentlich kompliziertem wege. Wie einfach wäre es, wenn ein schriftsteller, nur weil er ein seiner klasse treuer proletarier ist, sich an einer strassenecke aufbauen und erklären könnte: .ich bin der stil des proletariats.!

.Der stil – das ist die klasse. – und nicht nur in der kunst, sondern vor allen dingen in der politik. Die politik aber ist das einzige gebiet, auf dem das proletariat wirklich seinen eigenen stil geschaffen hat. Aber wie? Nicht etwa durch einfachen syllogismus: jede klasse hat ihren eigenen stil; das proletariat ist eine klasse; sie beauftragt irgendeine proletarische gruppe, einen eigenen politischen stil auszubilden. Nein! der weg war bei weitem komplizierter. Die ausarbeitung der proletarischen politik verlief über wirtschaftliche streiks, über den koalitionskampf, über die französischen und englischen utopisten, über die teilnahme der arbeiter an den revolutionskämpfen unter führung der bürgerlichen demokratie, über das .manifest der kommunistischen partei., über die gründung der sozialdemokratie, die sich jedoch, im Ablauf der dinge, dem .stil. anderer klassen unterwarf, über die spaltung der sozialdemokratie und die loslösung der kommunisten, über den kampf der kommunisten um eine einheitsfront und eine reihe von etappen, die noch bevorstehen. Die gesamte energie des proletariats, die ihm nach sicherstellung der elementaren lebensbedürfnisse noch zur verfügung blieb, verwandte und verwendet das proletariat auf die ausarbeitung dieses politischen .stils.. Während sich der historische aufstieg bei der bourgeoisie auf allen gebieten des gesellschaftlichen lebens verhältnismässig gleichmässig vollzog: sie wurde reich, organisierte sich, bildete sich philosophisch und ästhetisch und sammelte erfahrungen im herrschen – bekommt der ganze werdegang bei dem als klasse wirtschaftlich bettelarmen proletariat einen angespannt einseitigen, revolutionär-politischen charakter, der seinen höchsten ausdruck in der kommunistischen partei erreicht.

Vergleicht man den künstlerischen aufstieg mit dem politischen, so müsste man sagen, dass wir uns auf dem gebiet der kunst jetzt ungefähr dort befinden, wo die hilflosen bewegungen der masse erstmalig mit dem aufbau utopischer systeme durch die intelligenzler, einschließlich einzelner arbeiter, in berührung kamen.

(Ebd., S. 175f)

Eine eigene politische kultur hat unser proletariat – in einem maasse, dass es seine diktatur sichern kann – eine künstlerische aber besitzt es nicht.

(Ebd., S. 173)

Unser Russland aber ist jetzt ein gigantisches gemälde, an dem man noch jahrhunderte zu arbeiten haben wird.

(Ebd., S. 47)

Gebt uns. – so heisst es – und sei es auch etwas ungefüges, aber etwas eigenes, gemässes. Das ist heuchelei, lüge.

Ungefüge kunst ist keine kunst und darum für die werktätigen unnötig. Die .ungefüge. methode schliesst im grunde genommen ein gut teil verachtung der masse gegenüber ein und ist kennzeichnend für eine gewisse sorte von politikastern, die ein organisches misstrauen gegenüber der kraft einer klasse hegen, sie aber schmeichlerisch rühmen, wenn .alles zum besten steht.. Diese formel pseudo-proletarischer simplifizierung plappern auch aufrichtige einfaltspinsel den demagogen nach. Das ist kein marxismus, sondern reaktionäres narodnikitum, eben mal so auf .proletarische. ideologie zurechtgestutzt. Die kunst für das proletariat kann nicht eine kunst zweiter güte sein.

(Ebd., S. 174)

[...] in der epoche der diktatur kann von der schaffung einer neuen kultur, d. h. von einem aufbau in allergrösstem historischem maasstab keine rede sein; und jener mit nichts früherem vergleichbare kulturelle aufbau, der einsetzt, wenn die notwendigkeit der eisernen klammern der diktatur entfällt, wird schon keinen klassencharakter mehr tragen. Hieraus muss man die allgemeine schlussfolgerung ziehen, dass es eine proletarische kunst nicht nur nicht gibt, sondern auch nicht geben wird; und es besteht wahrhaftig keinerlei veranlassung dazu, dies zu bedauern: das proletariat hat ja gerade dazu die macht ergriffen, um ein für allemal der klassenkultur ein ende zu setzen und der menschheitskultur den weg zu bahnen. Das scheinen wir nicht selten zu vergessen.

(Ebd., S. 158)

Das künstlerische schaffen ist stets eine komplizierte neuverwendung alter formen unter dem einfluss neuer impulse, die von einem gebiet ausgehen, das ausserhalb der kunst selbst liegt. In diesem weiten sinn ist die kunst dienend.

(Ebd., S. 153)

Dass das bedürfnis nach kunst nicht durch wirtschaftliche voraussetzungen hervorgerufen wird, ist nicht zu bestreiten. Aber auch das bedürfnis nach nahrung wird nicht durch die wirtschaft geschaffen. Im gegenteil, das bedürfnis nach nahrung und wärme schafft die wirtschaft. Es ist vollkommen richtig, dass man nach den prinzipien des marxismus allein niemals ein kunstwerk beurteilen, ablehnen oder akzeptieren darf. Die erzeugnisse des künstlerischen schaffens müssen in erster linie nach ihren eigenen gesetzen, d. h. nach den gesetzen der kunst beurteilt werden. Aber nur der marxismus ist fähig zu erklären, warum und woher in einer gegebenen epoche eine bestimmte richtung in der kunst entstanden ist, d. h. wer und warum das verlangen nach solchen und nicht nach anderen künstlerischen formen geäussert hat.

(Ebd., S. 152)

Selbst in den phantasien eines irren gibt es nichts, was der kranke nicht vorher von aussen erhalten hätte. Aber es wäre ein irrsinn zweiten grades, solche phantasien für die exakte widerspiegelung der aussenwelt zu halten. Nur ein erfahrener und mit einfühlungsvermögen begabter psychiater, der die vergangenheit des kranken kennt, wird aus dem text der wahnvorstellungen die gebrochenen und verzerrten splitter der wirklichkeit herausfinden. Künstlerisches schaffen ist natürlich kein irrsinn. Aber es ist auch eine brechung, modifizierung und umgestaltung der realität nach den besonderen gesetzen der kunst. So phantastisch die kunst auch sein mag, ihr steht kein anderes material zur verfügung als das, was ihr unsere dreidimensionale welt und die engere welt der klassengesellschaft liefert. Selbst wenn der künstler das paradies oder die hölle darstellt, realisiert er in seinen phantasmagorien nur die erfahrungen seines eigenen lebens bis hin zu der unbezahlten rechnung seiner zimmervermieterin.

(Ebd., S. 150)

Man sagt uns, der schriftsteller fange da an, wo die individualität beginne, was bedeuten würde, dass der ursprung seines schaffens in seiner einmaligen seele und nicht in der klasse läge. Es stimmt, dass es ohne individualität keinen schriftsteller gibt: wenn aber die individualität des dichters – und nur diese – sich in seinem schaffen offenbart, wozu dann eine interpretation der kunst? Wozu brauchen wir dann, sagen wir, eine literaturkritik? Wenn der künstler ein wirklicher künstler ist, dann wird er seine einmalige individualität auf jeden fall besser ausdrücken als der über ihn schwatzende kritiker. Es geht aber doch darum, dass, wenn individualität einmalig ist, dies doch keineswegs bedeutet, dass sie unzerlegbar sei. Die individualität besteht aus ererbtem, nationalem, klassenmässigem zeitlich vorübergehendem, alltäglichem – und gerade in der eigenart der kombination und in den proportionen der psychisch-chemischen mischung drückt sich die individualität aus. Eine der wichtigsten aufgaben der kritik besteht darin, die individualität des künstlers (d. h. seine kunst) in ihre bestandteile zu zerlegen und ihr verhältnis zueinander darzulegen. Dadurch bringt die kritik den künstler demjenigen leser näher, der ebenso seine eigene .unwiederholbare., nur künstlerisch nicht zum ausdruck gebrachte und nicht .auserwählte seele. hat, die aber eine kombination aus denselben art- und stammeselementen darstellt, wie sie der seele des dichters eigen sind. Und nun stellt sich heraus, dass als brücke von seele zu seele nicht das unwiederholbare dient, sondern das gemeinsame. Das unwiederholbare lässt sich überhaupt nur durch das gemeinsame begreifen. Das gemeinsame aber wird beim menschen durch die tiefsten und unwiderlegbarsten voraussetzungen bestimmt, die seine .seele. formen: durch die sozialen voraussetzungen seiner erziehung, seiner existenz, seiner arbeit und seines umgangs. Die sozialen voraussetzungen aber in der geschichtlichen menschlichen gesellschaft liegen vor allen dingen in der klassenzugehörigkeit. Eben deshalb ist das klassenkriterium auf allen gebieten der ideologie so fruchtbar, darunter auch in der kunst, und in der kunst ganz besonders, denn sie drückt oft die tiefsten und geheimsten sozialen regungen aus. Es versteht sich, dass das soziale kriterium die formale kritik nicht ausschliesst, sondern mit ihr hand in hand geht, d. h. also mit dem technischen kriterium der meisterschaft, das jedoch auch das individuelle mit einer gemeinsamen grösse prüft, denn ohne eine zurückführung des individuellen auf das allgemeine gäbe es weder eine verständigung unter den menschen noch ein denken, noch eine poesie.

(Ebd., S. 51f)

In übereinstimmung mit der ganzen tendenz der industriellen kultur meinen wir, dass die künstlerische phantasie in der sphäre der materiellen gütererzeugung auf die ausarbeitung der idealen form einer sache als sache gerichtet sein wird und nicht als ein ornament auf dieser oder als ästhetische prämie zum gegenstand. [...]

Das muss durchaus nicht die unbedingte liquidierung der .staffelei.-kunst bedeuten, und sei es auch in ferner zukunft. Aber die unmittelbare zusammenarbeit der kunst mit allen zweigen der technik wird, wie es scheint, doch in den vordergrund rücken.

(Ebd., S. 210)

Aber nicht nur zwischen der kunst und der industrie wird die trennwand fallen, sondern gleichzeitig auch zwischen der kunst und der natur. Nicht in jenem rousseauschen sinne, dass die kunst sich dem naturzustand nähern wird, sondern im gegenteil, dass die natur .künstlicher. werden wird. Die gegenwärtige verteilung von berg und tal, von feldern und wiesen, steppen, wäldern und meeresküsten darf man keinesfalls als endgültig bezeichnen. Gewisse veränderungen – und nicht einmal geringe – hat der mensch bereits im bild der natur hervorgebracht; aber das sind im vergleich zu dem, was noch kommen wird, nur schülerhafte experimente.

[...] Schliesslich wird er die erde, wenn auch nicht nach seinem vor- und ebenbild, so doch nach seinem geschmack umbauen. Wir haben keinen grund zu der befürchtung, dass dieser geschmack ein schlechter sein wird.

(Ebd., S. 211)

Georg Lukács
(1885–1971)

Genesis des Ästhetischen – zwischenmenschliche Verständigung und komplexe Mimesis – magische Evokation – Leben und Kunst – ästhetische Subjekt-Objekt-Beziehung – künstlerische und wissenschaftliche Darstellung – intensive und extensive Totalität – Widerspiegelung: der »objektive Horizont des Werkes«

Das Ästhetische entsteht [...] auf einem komplizierten Umwege: die schon an sich mimetischen Bewegungen, Verhaltensarten, in den täglichen Verrichtungen des Menschen, in ihrem Verkehr miteinander werden nochmals nachgeahmt; diese Widerspiegelungen von in Handlungen umgesetzten Widerspiegelungen ahmen nunmehr nicht mehr bloß zu bestimmten unmittelbar praktischen Zwecken bestimmte Erscheinungen der Wirklichkeit nach, sondern gruppieren ihre Abbilder nach völlig neuen Prinzipien: sie konzentrieren sich darauf, bestimmte Gedanken, Überzeugungen, Gefühle, Leidenschaften etc. im Zuschauer wachzurufen. (Ästhetik I.1. Werke Bd. 11, S. 380f)

Von den Wechselwirkungen in der Genesis der Kunst haben wir bereits gesprochen. Wir sind sogar so weit gegangen, aufzuzeigen, daß die Entstehung der Kunst, auch abgesehen von der Entwicklung der Technik, bestimmte Voraussetzungen im Leben haben muß. Diese Voraussetzungen zeigen sogleich den Zusammenhang des Lebens mit der Kunst und simultan damit das Trennende zwischen beiden, worin sich allerdings zugleich das Prinzip ihrer Wechselbeziehung offenbart. Es ist klar, daß selbst auf primitivsten Stufen keine Kunst – etwa pantomimischer Tanz – entstehen könnte, wenn der Verkehr der Menschen miteinander nicht – beabsichtigt oder unbeabsichtigt – evokative Wirkungen und eine verständnisvolle Empfänglichkeit für sie produziert hätte. Diese unmittelbare Verständlichkeit von Gesten, Bewegungen etc. bildet [...] einen unerläßlichen Bestandteil des Verkehrs der Menschen untereinander. Die Verständlichkeit der Bewegung, der Gebärde, der Stimme, des Tonfalls etc. im Verhalten des Mitmenschen ist ebenso unentbehrlich, wie die Sprache, wir haben auch gesehen, daß die Verständlichkeit einen besonderen Charakter hat, sie wird eben vermittels des Signalsystems I' hervorgebracht und aufgenommen. Wenn diese nun nicht mehr bloß im Leben in Bewegung gesetzt wird, um einen bestimmten Zweck zu erreichen (z. B. drohende Gebärde, um in anderen Menschen den Affekt der Furcht zu erwecken), sondern um entsprechende Erscheinungen des Lebens »nachzuahmen« und zwar so, daß nicht bloß einzelne Momente mimetisch wiederholt hervortreten, sondern ein ganzer Vorgangskomplex des Lebens eine derartige Darstellung erfährt, so ist damit die Zweckhaftigkeit des Nachbildens keineswegs völlig aufgehoben. Wir haben ja früher gezeigt, daß solche Ganzheiten als mimetische Abbildungen eines Lebensvorgangs sehr konkreten magischen Zwecken dienen können. Jedoch gerade vom Standpunkt der uns hier interessierenden Psychologie des Schaffens und seiner Wirkung aus entsteht ein qualitativer Unterschied, ein Sprung: erstens münden die einzelnen evokativ-mimetischen Vorgänge nicht in eine reale Praxis, sondern in eine andere mimetische Evokation. So erfolgt auf die Evokation von Drohen und Furchterwecken nicht das Töten oder die Verwundung selbst, die zwar auch im Leben Affekte hervorruft, jedoch keineswegs um ihrer Evokation willen geschieht. Wenn dieser Vorgang nun im pantomimischen Tanz nachgeahmt wird, wird das Wachrufen von Gefühlen etc. zum wahrhaften Verbindungsmittel der einzelnen Momente; das, was im Leben reales Ziel und Endpunkt einer Aktion war, verwandelt sich in ein bloßes Glied einer Kette von Evokationen und das – von »außen«, von der Magie – gesetzte Ziel des Ganzen steht außerhalb dieses Ablaufs selbst. Denn die magisch-mimetische Zielsetzung erfordert, wie seinerzeit gezeigt wurde, eine doppelte Erfüllung: einerseits eine transzendente, für die die Gesamtheit der mimetischen Darstellung nur ein Mittel ist, nämlich die Beeinflussung der Geister oder Mächte in der gewünschten Richtung; andererseits eine unmittelbare und immanente, nämlich den evokativen Effekt durch das Vollbringen auf die Zuschauer. Für uns ist hier nur das letztere wichtig, denn soweit die erste Zielsetzung subjektiv wirksam wird, vermischen sich die dadurch ausgelösten Gefühle etc. untrennbar mit den unmittelbar erregten Evokationen.

Schon aus dieser Lage folgt notwendig der entscheidende und endgültig bleibende Unterschied zwischen Leben und Kunst: in jenem steht der Mensch ständig der Wirklichkeit selbst gegenüber, in dieser bloß ihrem mimetischen Abbild. Der Kernpunkt dieses Unterschiedes vom Standpunkt des Subjekts gesehen ist: unbedingte Herrschaft der Praxis im Leben, unmittelbare Ausschaltung der Praxis den ästhetischen Gebilden gegenüber. Das hat sowohl für Produktion wie Rezeptivität eine quantitative und qualitative Steigerung der Rolle des Signalsystems I' zur Folge: aus der bloß dienenden Teilnahme an der realen Praxis wird es zur leitenden und führenden, bestimmenden Macht im Dasein und in der Verknüpfung der einzelnen Momente der Mimesis.

(Ästhetik I.2. Werke Bd. 12, S. 101 f)

Wir können hier nur [...] darauf hinweisen, daß die Wechselbeziehungen zwischen Objektivität und Subjektivität zum gegenständlichen Wesen der Kunstwerke gehören. Nicht auf die Wirkung auf X oder Y kommt es an, sondern auf die gegenständliche Struktur des Kunstwerks als so oder so Wirkendes. Was auf jedem anderen Gebiet des menschlichen Lebens ein philosophischer Idealismus wäre, nämlich daß kein Objekt ohne Subjekt existieren könne, ist im Ästhetischen ein Wesenszug seiner spezifischen Gegenständlichkeit. (Natürlich existiert der in der Skulptur bearbeitete Marmorblock als Stück Marmor ebenso unabhängig von jedem Bewußtsein, wie vor seiner Bearbeitung, wie jedes Objekt in der Natur oder in der Gesellschaft. Erst durch die bildhauerische Arbeit und ausschließlich in bezug auf sie besteht die von uns angezeigte und später ausführlich zu behandelnde Subjekt-Objekt-Beziehung.)

(Ästhetik I.1. Werke Bd. 11, S. 229)

Ästhetisch erhält die Erscheinung ihren Wert daher, daß sie adäquat, sinnlich-evokativ, in zu Typen erhobenen Einzelfällen, das Wesen auf dem Niveau der zweiten, ästhetisch geschaffenen Unmittelbarkeit zum Ausdruck bringt. Ethisch kann zwar, wie wir oben gesehen haben, eine Haltung angestrebt werden, in der das, was im Handeln der Menschen sichtbar wird, eine angemessene Offenbarung ihrer sittlichen Innerlichkeit erhalten soll. Jedoch selbst bei der denkbar höchsten Annäherung dürfen die gewichtigen Unterschiede, ja Gegensätze nicht außer acht gelassen werden. Sie ergeben sich daraus, daß das Ästhetische eine bestimmte Art der Widerspiegelung der Wirklichkeit ist, das Ethische hingegen eine Wirklichkeit selbst, die praktische Verwirklichung des menschlichen Wesens in seinen Wechselbeziehungen zu seinen Mitmenschen darstellt. Darum hat das adäquate Inerscheinungtreten des Wesens in beiden Fällen völlig divergente Tendenzen und Bedeutungen. Ästhetisch handelt es sich im wörtlichsten Sinne um ein Zusammenfallen von Wesen und Erscheinung, da diese ja – gerade mit Hilfe der unmittelbaren Selbständigkeit dieses Geradesoseins – nur in ihrer organischen, untrennbaren Einheit Bausteine einer welthaften Einheit der abgebildeten Wirklichkeit sein können. In der Ethik wird zwar jede einzelne Verwirklichung der Gebote ebenfalls auf die Totalität jener Welt bezogen, in der sie stattfindet, da es sich jedoch hier um eine soziale Realität, nicht um ihre Abbildung handelt, kann diese Beziehung auf das Ganze nur hypothetisch, nur postulativ sein.

(Ästhetik I.2. Werke Bd. 12, S. 580)

Die grundlegenden Darstellungsmethoden von Wissenschaft und Kunst schließen sich gegenseitig aus, so sehr ihre letzten Forschungsgrundlagen (gedankliche Reproduktion der Wirklichkeit) dieselben sind, so sehr die eine in der fruchtbarsten Weise die Elemente der anderen – der eigenen grundlegenden Methode untergeordnet und in sie organisch eingebaut – benutzen kann und unter Umständen benutzen muß. Aber eine »künstlerische« Darstellung mit wissenschaftlichen Zielen wird stets sowohl eine Pseudowissenschaft wie eine Pseudokunst sein und eine »wissenschaftliche« Lösung der spezifisch künstlerischen Aufgaben ergibt ebenso inhaltlich eine Pseudowissenschaft und formell eine Pseudokunst.

(Reportage oder Gestaltung? Werke Bd. 4, S. 41)

Die künstlerische Widerspiegelung der Wirklichkeit geht von denselben Gegensätzen aus wie jede andere Widerspiegelung der Wirklichkeit. Ihr Spezifikum besteht darin, daß sie für ihre Auflösung einen anderen Weg sucht als die wissenschaftliche. Diesen spezifischen Charakter der künstlerischen Widerspiegelung der Wirklichkeit können wir am besten so charakterisieren, daß wir von dem erreichten Ziel gedanklich ausgehen, um von dort aus die Voraussetzungen seines Erreichens zu beleuchten. Dieses Ziel ist in jeder großen Kunst: ein Bild der Wirklichkeit zu geben, in welchem der Gegensatz von Erscheinung und Wesen, von Einzelfall und Gesetz, von Unmittelbarkeit und Begriff usw. so aufgelöst wird, daß beide im unmittelbaren Eindruck des Kunstwerks zur spontanen Einheit zusammenfallen, daß sie für den Rezeptiven eine unzertrennliche Einheit bilden. Das Allgemeine erscheint als Eigenschaft des Einzelnen und des Besonderen, das Wesen wird sichtbar und erlebbar in der Erscheinung, das Gesetz zeigt sich als spezifisch bewegende Ursache des speziell dargestellten Einzelfalles.

(Kunst und objektive Wahrheit. Werke Bd. 4, S. 616)

Das Kunstwerk muß also alle wesentlichen, objektiven Bestimmungen, die das von ihm gestaltete Stück Leben objektiv determinieren, in richtigem und richtig proportioniertem Zusammenhang widerspiegeln. Es muß sie so widerspiegeln, daß dieses Stück Leben in sich und aus sich heraus verständlich, nacherlebbar werde, daß es als eine Totalität des Lebens erscheine. Dies bedeutet nicht, daß jedes Kunstwerk sich zum Ziel setzen muß, die objektive, extensive Totalität des Lebens widerzuspiegeln. Im Gegenteil: die extensive Totalität der Wirklichkeit geht notwendig über den möglichen Rahmen einer jeden künstlerischen Gestaltung hinaus; sie kann nur vom unendlichen Prozeß der Gesamtwissenschaft in ständig wachsender Annäherung gedanklich reproduziert werden. Die Totalität des Kunstwerks ist vielmehr eine intensive: der abgerundete und in sich abgeschlossene Zusammenhang jener Bestimmungen, die – objektiv – für das gestaltete Stück Leben von ausschlaggebender Bedeutung sind, die seine Existenz und seine Bewegung, seine spezifische Qualität und seine Stellung im ganzen des Lebensprozesses determinieren. In diesem Sinne ist das kleinste Lied ebenso eine intensive Totalität wie das mächtigste Epos.

(Ebd., S. 619f)

Die Unmittelbarkeit des Naturalismus stellt die Welt dar, so wie sie in den Erlebnissen der Figuren selbst direkt erscheint. Um eine vollendete Echtheit zu erlangen, geht der naturalistische Schriftsteller weder inhaltlich noch formell über den Horizont seiner Gestalten hinaus; ihr Horizont ist zugleich der des Werks. Es ist nun klar, daß hier ein Problem der künstlerischen Weltanschauung berührt wird. Für die älteren Schriftsteller war es selbstverständlich, die objektiven Mächte des Lebens zum Ausgangspunkt, zur Grundlage zu nehmen. Sie kümmerten sich nicht darum, wieweit die Helden der Dichtung ihr eigenes Schicksal begreifen. Fontane zum Beispiel, der hierin durchaus »unmodern« empfindet, gestaltet im tragischen Liebesabenteuer Schach von Wuthenows die gesellschaftlich-menschlichen Voraussetzungen der Jenaer Katastrophe. Obwohl selbst die Ahnung solcher Zusammenhänge weit über die Denkfähigkeit seines Helden hinausgeht. Der Naturalist lehnt ein solches Abheben der Gestaltungsprinzipien der objektiven Wirklichkeit von den Denk- und Empfindungsgrenzen seiner Helden ab. Selbst bei Hauptmann wird der Bauernkrieg für uns nur so weit sichtbar, als sein Florian Geyer imstande ist, ihn zu erleben.

Dies ist das geistige und weltanschauliche Grundprinzip des Naturalismus, das allerdings in seiner Tragweite sowohl den Begründern wie den Überwindern des Naturalismus unbekannt geblieben ist. Darum haben diese letzten zwar die Ausdrucksmittel des Naturalismus oft scharfsinnig und richtig kritisiert, aber seine geistig-weltanschaulichen Grundlagen unverändert übernommen und weitergeführt. Dadurch jedoch mußten die Schranken des Naturalismus immer wieder auftauchen. Denn das bloß sprachliche Hinausgehen über den Ausdrucksdurchschnitt des Alltagslebens, die artistische Verfeinerung in der Wiedergabe von Stimmungen, ja selbst eine gedankliche Erhebung – sei es in den Reflexionen der Schriftsteller oder im Dialog der Figuren – ändert nichts an der Hauptsache, wenn der objektive Horizont des Werkes nicht dem der von ihm widergespiegelten gesellschaftlichen Wirklichkeit gemäß ist, wenn er nicht den subjektiven Horizont der einzelnen Gestalten überwölbt, widerlegt, an seine Stelle rückt und dadurch verständlich macht.

(Überwindung des Naturalismus, in: Skizzen einer Geschichte der neueren deutschen Literatur, S. 160f)

Bertolt Brecht
(1898–1956)

Gesang in »finsteren Zeiten« – schön ist ein Tun – die Unentbehrlichkeit des Begriffs der Schönheit – wem nützt sie? – Geschmacksbildung und Lebenskunst – Ästhetik des wissenschaftlichen Zeitalters – Abbildung und Belehrung – verfremdende Unterbrechung – Gestus – gezeigtes Zeigen – Realismus

In den finsteren Zeiten
Wird da auch gesungen werden?
Da wird auch gesungen werden.
Von den finsteren Zeiten. (Werke Bd. 9, S. 641)

SCHLECHTE ZEIT FÜR LYRIK

Ich weiß doch: nur der Glückliche
Ist beliebt. Seine Stimme
Hört man gern. Sein Gesicht ist schön.

Der verkrüppelte Baum im Hof
Zeigt auf den schlechten Boden, aber
Die Vorübergehenden schimpfen ihn einen Krüppel
Doch mit Recht.

Die grünen Boote und die lustigen Segel des Sundes
Sehe ich nicht. Von allem
Sehe ich nur der Fischer rissiges Garnnetz.
Warum rede ich nur davon
Daß die vierzigjährige Häuslerin gekrümmt geht?
Die Brüste der Mädchen
Sind warm wie ehedem.

In meinem Lied ein Reim
Käme mir fast vor wie Übermut.
In mir streiten sich
Die Begeisterung über den blühenden Apfelbaum
Und das Entsetzen über die Reden des Anstreichers.
Aber nur das zweite
Drängt mich zum Schreibtisch.

(Ebd., S. 743 f)

Was ist schön?

Schön ist es, wenn man die Schwierigkeiten löst.

Schön ist also ein Tun. Wenn wir sagen wollen, warum eine Musik schön ist, dann müssen wir fragen, welch ein Tun hier schön ist. Wir sprechen also dann vom Musizieren. Schönes Musizieren ist ein Musizieren, in dem Schwierigkeiten gelöst werden. Die Musik, welche auf diese Weise entsteht, ist unter Umständen noch längere Zeit schön, weil immer wieder die Empfindungen auftreten, welche die Lösung der Schwierigkeiten bewirkt haben.

Solch ein Schönheitsbegriff ist vergänglich und hat Grade. Es gibt Schwierigkeiten tiefer und weniger tiefer Art, lang und kurz dauernde, Schwierigkeiten großer und kleiner oder wichtiger und unwichtiger Gruppen. Sie zu lösen, ist ganz verschieden schön und nicht ewig schön.

(Notizen zur Philosophie, Werke Bd. 20, S. 154)

Es wird sich herausstellen, daß wir nicht ohne den Begriff Schönheit auskommen. Es ist keine Schande, diesen Begriff zu benötigen, aber es macht doch verlegen. Denn es ist ein so vager, vieldeutiger Begriff, anscheinend ganz vom »Geschmack« abhängig, der »bekanntlich« individuell ist, so daß sich darüber »nicht streiten läßt«.

(Lyrik und Logik, Werke Bd. 19, S. 386)

Die ästhetischen Maßstäbe sind zugunsten der Maßstäbe des Gebrauchswerts zurückzustellen. Die Möglichkeit, eine neue Ästhetik zu schaffen, ist zu verneinen (das Gewäsch über die Schönheit der Maschinen!), das heißt, *gegenüber der Beurteilung der Formulierung ist die Frage zu erheben: Wem nützt sie?* Wir leben in einer Situation, wo etwas ästhetisch glänzend Geformtes falsch sein kann. Das Schöne darf uns nicht mehr als wahr erscheinen, da das Wahre nicht als schön empfunden wird. Man muß dem Schönen durchaus mißtrauen.

(Forderungen an eine neue Kritik, Werke Bd. 18, S. 113)

10.6.50
lese eine arbeit über gorki und mich, von einer arbeiterstudentin in leipzig verfaßt. ideologie, ideologie, ideologie. nirgends ein ästhetischer begriff; das ganze ähnelt der beschreibung einer speise, bei der nichts über den geschmack vorkommt. wir müßten zunächst ausstellungen und kurse für geschmacksbildung veranstalten, dh für lebensgenuß.

(Arbeitsjournal, S. 929)

Alle Künste tragen bei zu größten aller Künste, der Lebenskunst.

(Nachträge zum kleinen Organon für das Theater, Werke Bd. 16, S. 702)

Die Ästhetik, das Erbstück einer depravierten und parasitär gewordenen Klasse, befand sich in einem so beklagenswerten Zustand, daß ein Theater sowohl Ansehen als Bewegungsfreiheit gewinnen mußte, wenn es sich lieber Theater nannte. Dennoch war, was als Theater eines wissenschaftlichen Zeitalters praktiziert wurde, nicht Wissenschaft, sondern Theater, und die Häufung von Neuerungen bei dem Fortfall praktischer Demonstrationsmöglichkeiten in der Nazizeit und im Krieg legen nun den Versuch nahe, diese Spezies Theater auf seine Stellung in der Ästhetik hin zu prüfen oder jedenfalls Umrisse einer denkbaren

Ästhetik für diese Spezies anzudeuten. Es wäre zu schwierig, etwa die Theorie der theatralischen Verfremdung außerhalb einer Ästhetik darzustellen.

Es könnte ja heute sogar eine Ästhetik der exakten Wissenschaften geschrieben werden. Galilei schon spricht von der Eleganz bestimmter Formeln und dem Witz der Experimente, Einstein schreibt dem Schönheitssinn eine entdeckerische Funktion zu, und der Atomphysiker R. Oppenheimer preist die wissenschaftliche Haltung, die »ihre Schönheit hat und der Stellung des Menschen auf Erden wohl angemessen scheint«.

Widerrufen wir also, wohl zum allgemeinen Bedauern, unsere Absicht, aus dem Reich des Wohlgefälligen zu emigrieren, und bekunden wir, zu noch allgemeinerem Bedauern, nunmehr die Absicht, uns in diesem Reich niederzulassen.

(Kleines Organon für das Theater, Werke Bd. 16, S. 662)

Ein Theater, das die Produktivität zur Hauptquelle der Unterhaltung macht, muß sie auch zum Thema machen, und mit ganz besonderem Eifer heute, wo der Mensch allenthalben durch den Menschen gehindert wird, sich zu produzieren, das heißt seinen Unterhalt zu ergattern, unterhalten zu werden und selber zu unterhalten. Das Theater muß sich in der Wirklichkeit engagieren, um wirkungsvolle Abbilder der Wirklichkeit herstellen zu können und zu dürfen.

(Ebd., S. 672)

Ohne Ansichten und Absichten kann man keine Abbildungen machen. Ohne Wissen kann man nichts zeigen; wie soll man da wissen, was wissenswert ist?

(Ebd., S. 687)

Mehr und mehr werden wir gestört durch die Primitivität und Sorglosigkeit der Abbildungen menschlichen Zusammenlebens, und dies nicht nur bei den alten Werken, sondern auch bei zeitgenössischen, wenn sie nach alten Rezepten gemacht sind. Unsere ganze Art zu genießen, beginnt unzeitgemäß zu werden.

(Ebd., S. 667)

Die Abbildungen müssen [...] zurücktreten vor dem Abgebildeten, dem Zusammenleben der Menschen, und das Vergnügen an ihrer Vollkommenheit soll in das höhere Vergnügen gesteigert werden, daß die zutage getretenen Regeln in diesem Zusammenleben als vorläufig und unvollkommene behandelt sind. In diesem läßt das Theater den Zuschauer produktiv, über das Schauen hinaus. In seinem Theater mag er seine schrecklichen und nie endenden Arbeiten, die ihm den Unterhalt geben sollen, genießen als Unterhaltung, samt den Schrecken seiner unaufhörlichen Verwandlung. Hier produziere er sich in der leichtesten Weise; denn die leichteste Weise der Existenz ist in der Kunst.

(Ebd., S. 700)

Da das Publikum ja nicht eingeladen werde, sich in die Fabel wie in einen Fluß zu werfen, um sich hierin und dorthin unbestimmt treiben zu lassen, müssen die einzelnen Geschehnisse so verknüpft sein, daß die Knoten auffällig werden. Die Geschehnisse dürfen sich nicht unmerklich folgen, sondern man muß mit dem Urteil dazwischenkommen können.

(Ebd., S. 694)

Ein *Gestus* zeichnet die Beziehungen von Menschen zueinander.

(Gestik, Werke Bd. 16, S. 753)

[...] der gesellschaftliche Gestus ist der für die Gesellschaft relevante Gestus, der Gestus, der auf die gesellschaftlichen Zustände Schlüsse zuläßt.

(Was ist ein gesellschaftlicher Gestus, Werke, Bd. 15, S. 484)

Die Chinesen zeigen nicht nur das Verhalten der Menschen, sondern auch das Verhalten der Schauspieler. Sie zeigen, wie die Schauspieler die Gesten der Menschen in ihrer Art vorführen. Denn die Schauspieler übersetzen die Sprache des Alltags in ihre eigene Sprache. Sieht man also einem chinesischen Schauspieler zu, dann sieht man nicht weniger als drei Personen gleichzeitig, einen Zeigenden und zwei Gezeigte.

Zu zeigen: Ein junges Mädchen bereitet Tee. Der Schauspieler zeigt zunächst, daß Tee bereitet wird. Dann zeigt er, wie man Tee in vorgeschriebener Weise bereitet. Das sind bestimmte, immer wiederkehrende Gesten, die vollendet sind. Dann zeigt er gerade dieses Mädchen, etwa, daß sie heftig ist oder duldsam oder verliebt. Dabei zeigt er, wie der Schauspieler Heftigkeit oder Duldsamkeit oder Verliebtheit ausdrückt, in wiederkehrenden Gesten.

(Über den Beruf des Schauspielers, Werke Bd. 15, S. 427f)

26. 11. 48
solang man unter realismus einen stil und nicht eine haltung versteht, ist man formalist, nichts anderes. ein realistischer künstler ist, wer in künstlerischen werken der wirklichkeit gegenüber eine ergiebige haltung einnimmt. (zur wirklichkeit des künstlers gehört auch sein publikum.)

(Arbeitsjournal S. 863)

Realistisch heißt: den gesellschaftlichen Kausalkomplex aufdekkend / die herrschenden Gesichtspunkte als die Gesichtspunkte der Herrschenden entlarvend / vom Standpunkt der Klasse aus schreibend, welche für die dringendsten Schwierigkeiten, in denen die menschliche Gesellschaft steckt, die breitesten Lösungen bereit hält / das Moment der Entwicklung betonend / konkret und das Abstrahieren ermöglichend.

Das sind riesige Anweisungen, und sie können noch ergänzt werden. Und wir werden dem Künstler erlauben, seine Phantasie, seine Originalität, seinen Humor, seine Erfindungskraft dabei einzusetzen.

(Volkstümlichkeit und Realismus, Werke Bd. 19, S. 326)

Die Lage wird dadurch so kompliziert, daß weniger denn je eine einfache »Wiedergabe der Realität« etwas über die Realität aussagt. Eine Photographie der Kruppwerke oder der AEG ergibt beinahe nichts über diese Institute. Die eigentliche Realität ist in die Funktionale gerutscht. Die Verdinglichung der menschlichen Beziehungen, also etwa die Fabrik, gibt die letzteren nicht mehr heraus. Es ist also tatsächlich »etwas aufzubauen«, etwas »Künstliches«, »Gestelltes«. Es ist also ebenso tatsächlich Kunst nötig.

(Über Film, Werke Bd. 18, S. 161f)

Ernst Bloch
(1885–1977)

Die antizipierte Glorie – prospektiver Realismus – in Freuds Unbewußtem ist »nichts Neues« – utopischer Gehalt der Tagträume – »Orplid« – »Kunst ist keine Speise« – ästhetischer Vor-Schein – der utopische »Goldgrund der Kunst« – Rembrandts Licht – das »Noch-nirgendwo-Medium« der Töne – die Wir-Sprache der Musik

Die inselhaft vorhandenen ästhetischen Bildnisse sind aufregende, aber vorerst nur virtuell aufglühende Glasgemälde, welche die Menschen andeuten, weiterdeuten, doch auch wieder entlassen. Und solches ist daher das Kriterium der rein *ästhetischen* Erhellung, auf ihre letzten Kategorien hin angesehen: *wie könnten die Dinge vollendet werden, ohne daß sie apokalyptisch aufhören;* wie könnte jedes Ding und jeder Mensch an seine oberste Grenze, dem Sprung entgegen, getrieben werden, dargestellt, das heißt immer noch, wenn auch mit expressionistischer Abkürzung und Direktheit, gespiegelt und doch, was darüber das Wichtigste ist, vollkommen erleuchtet, solange das innere-obere Licht noch verborgen ist und der Sprung seiner ganz anders verwandelnden Einsetzung des Herzens Jesu in die Dinge, die Menschen und die Welt noch aussteht. Wo dieses letzte ästhetische Bemühen nicht ermattet und derart absperrend, verblendend, heidnisch immanent gerät, wird das große Kunstwerk ein Abglanz, ein Stern der Antizipation und ein Trostgesang auf dem Heimweg durch Dunkelheit; und doch eben nur Ferne, Scheinen, Abglanz, erklärter Widerspruch aller Vollendung auf Erden, außerstande, den bedürftigen Menschen selbst bereits in der verzweifelt antizipierten Glorie wohnhaft zu machen.

(Geist der Utopie, S. 151 f)

Wo der prospektive Horizont durchgehends mit visiert wird, erscheint das Wirkliche als das, was es in concreto ist: als Wegegeflecht von dialektischen Prozessen, die in einer unfertigen Welt geschehen, in einer Welt, die überhaupt nicht veränderbar wäre ohne die riesige Zukunft: reale Möglichkeit in ihr. Mitsamt jenem Totum, das nicht das isolierte Ganze eines jeweiligen Prozeßabschnitts darstellt, sondern das Ganze der überhaupt im Prozeß anhängigen, also noch tendenzhaft und latent beschaffenen Sache. Das allein ist Realismus, er ist allerdings jenem Schematismus unzugänglich, der schon vorher alles weiß, der seine einförmige, ja selber formalistische Schablone für Realität hält. Die Wirklichkeit ohne reale Möglichkeit ist nicht vollständig, die Welt ohne zukunfttragende Eigenschaften verdient so wenig wie die des Spießers einen Blick, eine Kunst, eine Wissenschaft. *Konkrete Utopie steht am Horizont jeder Realität; reale Möglichkeit umgibt bis zuletzt die offenen dialektischen Tendenzen-Latenzen.* Von ihnen ist die unabgeschlossene Bewegung der unabgeschlossenen Materie – und Bewegung ist, nach dem tiefen Aristotelischen Wort, »unvollendete Entelechie« – erzrealistisch durchzogen.

(Das Prinzip Hoffnung, S. 257f)

Das Unbewußte der Psychoanalyse ist mithin, wie erkennbar, *niemals ein Noch-Nicht-Bewußtes,* ein Element der Progressionen; es besteht vielmehr aus Regressionen. Demgemäß macht auch das Bewußtwerden dieses Unbewußten nur Gewesenes kenntlich; das heißt: *im Freudschen Unterbewußtsein ist nichts Neues.*

(Ebd., S. 61)

Dem wachen Traum als weitem ist es ferner wichtig, sich nach außen hin mitzuteilen. Er ist dazu fähig, wogegen der Nachttraum, wie jedes allzu private Erlebnis, nur schwer erzählt werden kann, so erzählt, daß auch der Hörer den besonderen Gefühlston der Sache mitgeteilt erhält. Dagegen sind die Tagträume wegen ihrer Offenheit verständlich, wegen ihrer allgemein interessierenden Wunschbilder kommunizierbar. Die Wunschbilder setzen hier sogleich äußere Gestalt, in einer besser geplanten Welt oder auch in einer ästhetisch gesteigerten, in einer ohne Enttäuschung.

(Ebd., S. 105)

Der Bericht Mörikes, den unmittelbaren Übergang von Tagphantasie in Dichtung betreffend, findet sich in seinem Roman »Maler Nolten« und lautet, als transponierte Autobiographie, folgendermaßen: »Ich hatte in der Zeit, da ich noch auf der Schule studierte, einen Freund; dessen Denkart und ästhetisches Bestreben mit dem meinigen Hand in Hand ging; wir trieben in den Freistunden unser Wesen miteinander, wir bildeten uns bald eine eigene Sphäre von Poesie... Lebendig, ernst und wahrhaft stehen sie noch alle vor meinem Geiste, die Gestalten unserer Einbildung, und wem ich nur einen einzigen Strahl der dichterischen Sonne, die uns damals erwärmte, so recht golden, wie sie war, in die Seele spielen könnte, der würde mir wenigstens ein heiteres Wohlgefallen nicht versagen, er würde selbst dem reiferen Manne es verzeihen, wenn er noch einen müßigen Spaziergang in die duftige Landschaft dieser Poesie machte und sogar ein Stückchen alten Gesteins von der geliebten Ruine mitbrächte. Wir erfanden für unsere Dichtung einen außerhalb der bekannten Welt gelegenen Boden, eine abgeschlossene Insel, worauf ein kräftiges Heldenvolk gewohnt haben soll. Die Insel hieß Orplid, und ihre Lage dachte man sich im Stillen Ozean zwischen Neuseeland und Südamerika.«

(Ebd., S. 108)

Vom Schönen wird gesagt, daß es erfreue, ja sogar genossen werde. Doch hat es seinen Lohn damit noch nicht dahin, Kunst ist keine Speise. Denn sie bleibt auch nach ihrem Genuß, sie hängt selbst in den süßesten Fällen noch in ein »vorgemaltes« Land hinaus. Der Wunschtraum geht hier ins unstreitig Bessere hinaus, dabei ist er, zum Unterschied von den meisten politischen, bereits werkhaft geworden, ein *gestaltet* Schönes. Allein: lebt in dem so Gestalteten mehr als einiges scheinendes Spiel? Das zwar äußerst kunstvoll sein mag, doch zum Unterschied vom Kindlichen auf nichts Ernstes vorbereitet und es bedeutet. Ist in dem ästhetischen Klingeln oder auch Klingen irgend bare Münze, irgendeine Aussage, die unterschrieben werden kann? Gemälde reizen weniger zu dieser Frage, denn die Farbe steht nur in sinnlicher Gewißheit, ist sonst aber schwächer mit Wahrheitsanspruch belastet als das Wort. Dient doch das Wort nicht nur der Dichtung, sondern auch der wahrheitsgemäßen Mitteilung; Sprache macht für letztere empfindlicher als Farbe, selbst als Zeichnung. Jede gute Kunst freilich beendet in gestalteter Schöne ihre Stoffe, trägt Dinge, Menschen, Konflikte in schönem Schein aus. Wie steht es aber *ehrlich* mit diesem Ende, mit einer Reife, in der doch nur Erfundenes reift? Wie verhält es sich mit einem Reichtum, der nur illusionär, im Augenschein, im Ohrenschein sich mitteilt? Wie verhält es sich andererseits mit Schillers immerhin prophetischem Satz, daß, was als Schönheit hier empfunden, uns als Wahrheit einst entgegengehen werde? Wie verhält es sich mit dem Satz Plotins, dann Hegels, daß Schönheit sinnliche Erscheinung der *Idee* sei?

(Ebd., S. 242f)

Der Fall hat auch die Künstler allemal bewegt, gerade indem sie selber ernste waren. Gerade diese fühlten sich, indem sie keine Spieler sein wollten, abgeriegelte oder dekadente, der Wahrheitsfrage verpflichtet. Wie hinreichend will Schönes auch bildhaft wahr sein in den Beschreibungen und Erzählungen großer realistischer Dichter. Das nicht nur in der Schicht sinnlicher Gewißheit, sondern auch in derjenigen breit eröffneter gesellschaftlicher Zusammenhänge, naturhafter Prozesse.

(Ebd., S. 245)

Und doch haben die Künstler, auch als noch so konkrete, die ästhetische Wahrheitsfrage nicht *erledigt,* sie haben sie höchstens auf wünschenswerte und bedeutende Weise ihrerseits vermehrt und präzisiert. Denn gerade am realistischen Kunstwerk zeigt sich: es ist als *Kunstwerk* doch noch etwas anderes als ein Quell historischer, naturkundlicher Kenntnisse, gar Erkenntnisse.

(Ebd., S. 246)

Anders gesagt: die Frage nach der Wahrheit der Kunst wird philosophisch die nach der gegebenenfalls vorhandenen Abbildlichkeit des schönen Scheins, nach seinem Realitätsgrad in der keineswegs einschichtigen Realität der Welt, nach dem Ort seines Objekt-Korrelats. Utopie als Objektbestimmtheit, mit dem Seinsgrad des Realmöglichen, erlangt so an dem schillernden Kunstphänomen ein besonders reiches Problem der Bewährung. Und die Antwort auf die ästhetische Wahrheitsfrage lautet: Künstlerischer Schein ist überall dort nicht nur bloßer Schein, sondern eine in Bilder eingehüllte, nur in Bildern bezeichenbare Bedeutung von Weitergetriebenem, wo die *Exaggerierung und Ausfabelung einen im Bewegt-Vorhandenen selber umgehenden und bedeutenden Vor-Schein von Wirklichem darstellen,* einen gerade ästhetisch-immanent spezifisch darstellbaren.

(Ebd., S. 247)

In dieser Linie liegt also die Lösung der ästhetischen Wahrheitsfrage: *Kunst ist ein Laboratorium und ebenso ein Fest ausgeführter Möglichkeiten,* mitsamt den durcherfahrenen Alternativen darin, wobei die Ausführung wie das Resultat in der Weise des fundierten Scheins geschehen, nämlich des welthaft vollendeten Vor-Scheins. In großer Kunst sind Übersteigerung wie Ausfabelung am sichtbarsten aufgetragen auf tendenzielle Konsequenz und konkrete Utopie. Ob allerdings der Ruf nach Vollendung – man kann ihn das gottlose Gebet der Poesie nennen – auch nur einigermaßen praktisch wird und nicht bloß im ästhetischen Vor-Schein bleibt, darüber wird nicht in der Poesie entschieden, sondern in der Gesellschaft. Erst beherrschte Geschichte, mit eingreifendem Gegenzug gegen Hemmungen, mit ausführender Beförderung der Tendenz, verhilft dazu, daß Wesenhaftes im Abstand der Kunst auch wachsend Erscheinung im Umgang des Lebens werde. Das ist dann allerdings dasselbe wie richtig gewordener – Bildersturm, nicht als Vernichtung der Kunstbilder, doch als Einbruch in sie – zum Zweck der Fruktifizierung des in ihnen, gegebenenfalls, nicht nur typisch, sondern paradigmatisch, also beispielgebend Enthaltenen. Und überall dort, wo Kunst sich nicht zur Illusion verspielt, ist Schönheit, gar Erhabenheit dasjenige, was eine Ahnung künftiger Freiheit vermittelt. Oft gerundet, nie geschlossen: diese goethische Lebensmaxime ist auch die der Kunst – mit dem Gewissens- und Gehalt-Akzent letzthin auf dem Ungeschlossenen.

(Ebd., 249 f)

Und der Hintergrund der Perspektive, der *Goldgrund der Kunst* ist und bleibt – der Kategorie Vor-Schein gemäß – eine realmögliche Wunschlandschaft; diese liegt, wenn auch mit noch so verschiedenen Qualitäten und Hierarchien, in den Fenstern der Kunst. Sie reicht bis zu jener immer noch immanenten Kunst, die von einer Welt beschienen ist, die noch nicht da ist und als Faust-Himmel, das ist, als erlangte Identität des Gegenstands mit dem Inhalt des menschlichen Auftriebs, im Vor-Schein steht. Aber auch innerhalb dieser weitgespannten Reihe ist Realismus in der Kunst keine beschreibende oder erklärende Bestandsaufnahme, sondern er hält, auf aktivierende Weise, einen Spiegel immanenter Antizipation vor, er ist tendenzhaft-utopischer Realismus.

All das verhindert, daß Schönes gleichmütig empfangen und genossen wird. Wollen ist bereits beim Empfangen vorausgesetzt, damit dieses ein den Menschen betreffendes sein kann. Menschen unterhalten und ein Feuer unterhalten, beides kann und soll verwandt sein. Der bewegte Wille war gar aus dem *Bilden selber* am wenigsten entfernbar, aus der Herstellung des Schönen. Auch vom Pathos des Erzeugens her, von diesem der bürgerlichen Welt von Anfang an eingeschriebenen, wurde also die anders bürgerliche: die formale Betrachtungslust durchkreuzt. Kunst erschien von hier aus besonders als tätige Umarbeitung, als eine die Welt durchaus erweiternde und wesenhaft vermehrende.

(Ebd., S. 950)

Rembrandts Paradoxlicht kommt so in der ganzen Welt nicht vor, ist aber auch nicht, trotz seines durchgehenden Reflektierens, aus irgendeiner alten Metaphysik von Himmelslicht emaniert: es ist *Perspektivenlicht der Hoffnung,* tief in Nähe und Verlassenheit herabgeleitet, beantwortet. Die offene kosmische Perspektive ist vom Dunkelraum ausgelöscht, doch das Licht, das sich ebenso gegen ihn abhebt wie aus Einsamkeit und Schwärze rätselhaft hervorbricht, malt die Wahrheit der Hoffnung oder des Glanzes, der gar nicht da ist, in den Dunkelgrundierungen der vorhandenen Welt. Dieses sprunghafte, nur durch Reflexe vermittelte Einscheinen macht das Exotische der Rembrandtschen Beleuchtung, das Echo einer märchenhaften Ferne, in der die für sie empfänglichen oder ihr zugehörenden Gegenstände ganz nahe ausgemalt sind. Nur von daher das Glimmernde, aber auch die Liebe zu dem in Seide, Perlen, Juwelen, Goldhelm Aufschimmernden. Nur von daher die notwendige Arabisierung in den Saskia- und Judenbildern: die Ferne Licht spricht am vernehmlichsten durchs Märchenland Orient; ein transzendentes Bagdad glüht in der Nacht. Und nur von daher schließlich, in der Tiefe, das Licht nicht als Welt-, auch nicht als Überwelt-Element, sondern als mystischer Seinsausdruck der ihm zugehörigen Figuren. So am stillsten in dem Münchner Auferstehungsbild, mit dem Christus ganz unten am Rand, bleich leuchtend, auch noch dem mythologischen Himmelslicht entronnen und überlegen, das hinter dem niederfahrenden Engel herunterbricht: ein Ex oriente lux, das selber erst im Aufgang steht und von dieser Leiche in höchster Entlegenheit widerstrahlt. Alle Bilder Rembrandts, auch die profanen, sind vom Hintergrund her komponiert, und seine Farben – aus Nacht, Weihrauch, Myrrhen, Gold – malen die Perspektive: Hohlraum mit Funken.

(Ebd., S. 938)

Und wenn Orpheus gegen den Tod die Harfe schlägt, und das siegreich, so schlägt er sie doch erst im Tod so siegreich, nämlich im Hades. Es mag eine Legende sein, daß Sterbende, in ihrem zurücksinkenden Zustand, Musik vernehmen. Oder vielmehr ein bildlicher Ausdruck, so wie der umgekehrte, bedeutend nüchternere, wonach der Mensch in schmerzlichen Zuständen die Engel im Himmel pfeifen hört. [...] Aber wenn es noch dahingestellt sein mag, ob Sterbende Musik hören, so hören doch Lebende in der Musik höchst wahlverwandt ein Sterben; Todesraum grenzt vermittelt an Musik. Er grenzt an ihre häufige Introvertiertheit, er grenzt vor allem an ihr unsichtiges Material, an ihre beständige Tendenz, im Unsichtbaren, worin sie beginnt, wohin sie weiterzielt, ein Universum ohne Äußerlichkeit zu bezeichnen.

(Ebd., S. 1290)

Das bedeutet der härtesten Nicht-Utopie gegenüber keinerlei Gewisses, doch ein Vermögen, sie auf ihrem eigenen Boden zu verneinen. Mit nichts ohne Zweifel als mit noch verwehenden Klangbildungen, aber diese enthalten Lebendigkeiten eines Endes, die nicht möglich wären, wenn am Ende nichts anderes möglich wäre als Vergehen und Tod. Eine Freiheit von Druck, Tod und Schicksal äußert sich im Noch-nirgendwo-Medium des Tons, die sich in bestimmter Sichtbarkeit nicht geäußert hat und noch nicht äußern kann.

(Ebd., S. 1294)

So steht Musik insgesamt an den Grenzen der Menschheit, aber an jenen, wo die Menschheit, mit neuer Sprache und der *Ruf-Aura um getroffene Intensität, erlangte Wir-Welt,* sich erst bildet. Und gerade die Ordnung im musikalischen Ausdruck meint ein Haus, ja einen Kristall, aber aus künftiger Freiheit, einen Stern, aber als neue Erde.

(Ebd., S. 1297)

Jean-Paul Sartre

(geb. 1905)

Wider Kants »Zweckmäßigkeit ohne Zweck« – das Kunstwerk als Appell und Wert – sittliche Weltordnung und ästhetische Intuition – Zeit zu handeln – Kunst für andere, durch andere

Kants Formulierung von der »Zweckmäßigkeit ohne Zweck« scheint mir ganz und gar nicht geeignet zu sein, das Kunstwerk zu definieren. Sie unterstellt, daß das ästhetische Objekt nur den Schein einer Zweckmäßigkeit darstelle und sich darauf beschränke, ein freies und geregeltes Spiel der Phantasie anzuregen. Dabei wird aber außer acht gelassen, daß die Phantasie des Zuschauers nicht nur eine regulative, sondern auch eine konstruktive Funktion hat; sie spielt nicht, sie wird aufgefordert, über die vom Künstler hinterlassenen Zeichen hinaus das schöne Objekt noch einmal zusammenzusetzen. Die Phantasie kann an sich selbst ebensowenig Genüge haben wie die anderen Funktionen des Geistes; sie ist immer außerhalb, immer an ein Unternehmen gebunden. Eine Zweckmäßigkeit ohne Zweck gäbe es, wenn irgendein Objekt eine derart geregelte Weisung böte, daß wir ihm auch dann einen Zweck unterlegen müßten, wenn wir ihm keinen zuweisen können. Wenn man das Schöne so definiert, dann kann man – und das ist durchaus die Absicht Kants – die Schönheit der Kunst der naturgegebenen Schönheit gleichsetzen, denn eine Blume z. B. bietet soviel Ebenmaß, derart harmonische Farben, so gleichmäßige Rundungen, daß man sofort versucht ist, für alle diese Eigenschaften eine zweckmäßige Erklärung zu finden und darin beliebig viele auf einen unbekannten Zweck gerichtete Möglichkeiten zu sehen. Gerade darin liegt der Irrtum: die Schönheit der Natur ist mit der Schönheit der Kunst in keiner Weise vergleichbar. Das Kunstwerk *hat keinen* Zweck, darin stimmen wir mit Kant überein. Es *ist* aber ein Zweck. Kants Formulierung läßt den Appell außer acht, der aus jedem Bild, aus jeder Statue, aus jedem Buch spricht. Kant glaubt, das Kunstwerk existiere zunächst an sich und werde dann erst gesehen. Während es tatsächlich nur existiert, wenn man es *betrachtet,* und während es zunächst reiner Appell, reiner Anspruch auf Existenz ist. Es ist kein Werkzeug, dessen Existenz klar auf der Hand liegt und dessen Zweck unbestimmt ist: es bietet sich als eine Aufgabe an, die erfüllt werden soll, es stellt sich ohne weiteres auf das Niveau des Kategorischen Imperativs. Man ist vollkommen frei, dieses Buch auf dem Tische liegen zu lassen. Wenn man es aber aufschlägt, übernimmt man die Verantwortung dafür. Denn die Freiheit erweist sich nicht in der Freude über eine freie subjektive Tätigkeit, sondern in einem schöpferischen Akt, den ein Imperativ fordert. Diesen absoluten Zweck, diesen transzendenten und doch gebilligten Imperativ, den man eben in aller Freiheit auf sich nimmt, nennt man einen Wert. Das Kunstwerk stellt einen Wert dar, weil es ein Appell ist.

(Was ist Literatur? S. 30 f)

Wenn wir aber von der moralischen Forderung ausgehen, die das ästhetische Empfinden unwissentlich umhüllt, dann haben wir einen guten Start: man muß den guten Willen des Lesers *historisch machen,* d. h. man muß wenn möglich durch die formale Anordnung unseres Werkes seine Absicht wecken, den Menschen in jedem Falle als absoluten Endzweck zu behandeln, und man muß durch das *Sujet* seine Absicht auf seine Nächsten lenken, d. h. auf die Unterdrückten unserer Welt. Wir werden aber nichts getan haben, wenn wir dem Leser darüber hinaus, im Raster des Werkes selber, nicht zeigen, daß es ihm einfach unmöglich ist, die konkreten Menschen als Endzwecke in der zeitgenössischen Gesellschaft zu behandeln. Man wird ihn also bei der Hand nehmen, bis er gewahr wird, daß das, was er will, tatsächlich die Abschaffung der Ausbeutung des Menschen durch den Menschen ist und daß die *sittliche Weltordnung,* die er plötzlich in die ästhetische Intuition gelegt hatte, nur ein Ideal ist, dem wir uns nur mit einer langwierigen historischen Evolution annähern werden.

(Ebd., S. 162)

Die Zeit des *Beschreibens* oder des *Erzählens* ist vorbei; wir können uns auch nicht mehr aufs *Erklären* beschränken. Beschreibung ist, wäre sie auch psychologisch, ein rein kontemplatives Vergnügen; Erklärung ist Billigung, sie entschuldigt alles; beides setzt voraus, daß die Würfel schon gefallen sind. Wenn aber selbst die Wahrnehmung Handlung ist, wenn die Welt zeigen für uns immer eine Enthüllung der Welt im Hinblick auf eine mögliche Veränderung ist, dann haben wir in dieser Zeit des Fatalismus dem Leser an jedem konkreten Fall klarzumachen, daß er die

Macht hat, etwas zu tun und zu lassen, kurzum zu handeln.

(Ebd., S. 171)

Die vereinte Anstrengung des Autors und des Lesers läßt das konkrete und imaginäre Objekt erstehen, das das Werk des Geistes ist. Kunst gibt es nur für und durch den andern.

(Ebd., S. 28)

Herbert Marcuse

(geb. 1898)

Die affirmative Unverbindlichkeit des ästhetischen Glücksversprechens – die schamlose Schaustellung des Unterdrückten durch die Schönheit – Kunst als »Große Weigerung« – ästhetische Metasprache – das Transzendierende der Form – vom möglichen Ende der Kunst – ästhetische Revolution – Schönheit der Lebenswelt

Das kulturelle Ideal hat die Sehnsucht nach einem glücklicheren Leben aufgenommen: nach Menschlichkeit, Güte, Freude, Wahrheit, Solidarität. Doch sie alle sind mit dem affirmativen Vorzeichen versehen: einer höheren, reineren, nicht-alltäglichen Welt anzugehören. Sie werden entweder zur Pflicht der einzelnen Seele verinnerlicht (so soll die Seele erfüllen, was im äußeren Dasein des Ganzen ständig verraten wird) oder als Gegenstände der Kunst dargestellt (so wird ihre Realität einem Reich zugewiesen, das wesentlich nicht das des tatsächlichen Lebens ist). Wenn das kulturelle Ideal hier vor allem an der Kunst exemplifiziert wird, so hat das seinen Grund: Nur in der Kunst hat die bürgerliche Gesellschaft die Verwirklichung ihrer eigenen Ideale geduldet und sie als allgemeine Forderung ernst genommen. Was in der Tatsächlichkeit als Utopie, Phantasterei, Umsturz gilt, ist dort gestattet. In der Kunst hat die affirmative Kultur die vergessenen Wahrheiten gezeigt, über die im Alltag die Realitätsgerechtigkeit triumphiert. Das Medium der Schönheit entgiftet die Wahrheit und rückt sie ab von der Gegenwart. Was in der Kunst geschieht, verpflichtet zu nichts. Sofern solche schöne Welt nicht überhaupt als längst vergangene dargestellt wird (das klassische Kunstwerk siegender Humanität, Goethes Iphigenie, ist ein »historisches«

Drama), wird sie, eben durch den Zauber der Schönheit, entaktualisiert.
Im Medium der Schönheit durften die Menschen am Glück teilhaben. Aber auch nur im Ideal der Kunst wurde die Schönheit mit gutem Gewissen bejaht, denn an sich hat sie eine gefährliche, die gegebene Gestalt des Daseins bedrohende Gewalt. Die unmittelbare Sinnlichkeit der Schönheit verweist unmittelbar auf sinnliches Glück. Nach Hume gehört es zum entscheidenden Charakter der Schönheit, Lust zu erregen: Lust ist nicht nur eine Begleiterscheinung der Schönheit, sondern konstituiert ihr Wesen selbst. Und für Nietzsche erweckt die Schönheit »die aphrodisische Seligkeit« wieder: er polemisiert gegen Kants Definition des Schönen als interesselosen Wohlgefallens und hält ihr Stendhals Satz entgegen, daß die Schönheit »une promesse de bonheur« sei. Darin liegt ihre Gefahr in einer Gesellschaft, die das Glück rationieren und regulieren muß. Schönheit ist eigentlich schamlos: sie stellt zur Schau, was nicht offen verheißen werden darf und was den meisten versagt ist.

(Kultur und Gesellschaft I. Über den affirmativen Charakter der Kultur, S. 82f)

Nur im Medium der idealen Schönheit, in der Kunst, durfte das Glück als kultureller Wert mit dem Ganzen des gesellschaftlichen Lebens reproduziert werden. Nicht in den beiden anderen Kulturgebieten, die sich sonst mit der Kunst in die Darstellung der idealen Wahrheit teilen: Philosophie und Religion. Die Philosophie wurde in ihrer idealistischen Richtung immer mißtrauischer gegen das Glück; und die Religion gewährte ihm erst im Jenseits einen Raum. Die ideale Schönheit war die Gestalt, in der die Sehnsucht sich aussprechen und das Glück genossen werden konnte; so wurde die Kunst zu einem Vorboten möglicher Wahrheit. Die klassische deutsche Ästhetik hat das Verhältnis zwischen Schönheit und Wahrheit in der Idee einer ästhetischen Erziehung des Menschengeschlechts aufgefaßt. Schiller sagt, daß das »politische Problem« einer besseren Organisation der Gesellschaft »durch das ästhetische den Weg nehmen muß, weil es die Schönheit ist, durch welche man zu der Freiheit wandert«. Und in seinem Gedicht »Die Künstler« spricht er das Verhältnis zwischen der bestehenden und der kommenden Kultur in den Versen aus: »Was wir als Schönheit hier empfunden / Wird einst als

Wahrheit uns entgegengehn.« Nach dem Maß an gesellschaftlich zugelassener Wahrheit und an Gestalt gewordenem Glück ist die Kunst innerhalb der affirmativen Kultur das höchste und für die Kultur repräsentativste Gebiet. [...]

Die Schönheit der Kunst ist – anders als die Wahrheit der Theorie – verträglich mit der schlechten Gegenwart: in ihr kann sie Glück gewähren. Die wahre Theorie erkennt das Elend und die Glücklosigkeit des Bestehenden. Auch wo sie den Weg zur Veränderung zeigt, spendet sie keinen mit der Gegenwart versöhnenden Trost. In einer glücklosen Welt muß aber das Glück immer ein Trost sein: der Trost des schönen Augenblicks in der nicht endenwollenden Kette von Unglück. Der Genuß des Glücks ist in den Augenblick einer Episode zusammengedrängt. Der Augenblick aber trägt die Bitterkeit seines Verschwindens in sich. Und bei der Isoliertheit der einsamen Individuen ist niemand da, bei dem das eigene Glück nach dem Verschwinden des Augenblicks aufbewahrt wäre, niemand, der nicht derselben Isolierung verfiele. Die Vergänglichkeit, die nicht eine Solidarität der Überlebenden zurückläßt, bedarf der Verewigung, um überhaupt ertragbar zu sein, denn sie wiederholt sich in jedem Augenblick des Daseins und nimmt den Tod gleichsam in jedem Augenblick vorweg. Weil jeder Augenblick den Tod in sich trägt, muß der schöne Augenblick als solcher verewigt werden, um überhaupt so etwas wie Glück möglich zu machen. Die affirmative Kultur verewigt in dem von ihr gebotenen Glück den schönen Augenblick; sie verewigt das Vergängliche.

(Ebd., S. 85 f)

Ob ritualisiert oder nicht, enthält Kunst die Rationalität der Negation. In ihren fortgeschrittenen Positionen ist sie die Große Weigerung – der Protest gegen das, was ist. Die Weisen, in denen die Menschen und Dinge dazu gebracht werden, zu erscheinen, zu singen, zu tönen und zu sprechen, sind Weisen, ihre tatsächliche Existenz zu widerlegen, zu durchbrechen und neuzuschaffen. Aber diese Weisen der Negation zahlen der antagonistischen Gesellschaft Tribut, mit der sie verbunden sind. Getrennt von der Sphäre der Arbeit, worin die Gesellschaft sich und ihr Elend reproduziert, bleibt die von ihnen geschaffene Welt der Kunst bei all ihrer Wahrheit ein Privileg und ein Schein.

(Der eindimensionale Mensch, S. 83)

Jedes authentische Werk der Literatur, Kunst, Musik... spricht eine Metasprache, die andere Tatsachen und Bedingungen übermittelt als jene, die der am [meßbaren] Verhalten orientierten Sprache zugänglich sind – darin besteht ihre irreduzible, unübersetzbare Substanz.

(Kultur und Gesellschaft II. Bemerkungen zu einer Neubestimmung der Kultur, S. 155)

Die dichterische Sprache scheint all ihre Kraft und Wahrheit aus ihrem Anderssein, ihrer Transzendenz zu ziehen.

(Versuch über die Befreiung, S. 57)

[Die Kunst] kann ihre eigene Sprache nur so lange sprechen, wie die Bilder lebendig sind, welche die etablierte Ordnung ablehnen und widerlegen.

(Der eindimensionale Mensch, S. 82)

Die Form ist es, deretwegen die Kunst die gegebene Wirklichkeit transzendiert, in der etablierten Wirklichkeit gegen die etablierte Wirklichkeit arbeitet; und dieses transzendente Moment wohnt der Kunst, der künstlerischen Dimension inne. Kunst ändert Erfahrung, indem sie deren Objekte rekonstruiert in Wort, Ton und Bild.

(Versuch über die Befreiung, S. 65 f)

Wenn die Kultur einmal die Erfüllung selbst wachzuhalten hat und nicht mehr bloß die Sehnsucht, wird sie es nicht mehr in den Inhalten tun können, die als solche schon affirmativen Charakter tragen. »Dankbarkeit« wird dann vielleicht wirklich ihr Wesen sein, wie Nietzsche es von aller schönen und großen Kunst behauptet hat. Die Schönheit wird eine andere Verkörperung finden, wenn sie nicht mehr als realer Schein dargestellt werden, sondern die Realität und die Freude an ihr ausdrücken soll. Nur aus der anspruchslosen Schaustellung mancher griechischer Statuen, aus der Musik Mozarts und des alten Beethoven läßt sich eine Vorahnung solcher Möglichkeiten gewinnen. Vielleicht wird aber auch die Schönheit und ihr Genuß überhaupt nicht mehr der Kunst anheimfallen. Vielleicht wird die Kunst als solche gegenstandslos werden.

(Kultur und Gesellschaft I. Über den affirmativen Charakter der Kultur, S. 99)

[...] Die Kunst kämpft gegen die Verdinglichung, indem sie die versteinerten Menschen und Dinge zum Sprechen bringt – zum Singen, vielleicht auch zum Tanzen. Das Vergessen vergangenen Leids und vergangenen Glücks erleichtert das Leben *unter* dem repressiven Realitätsprinzip; die Erinnerung will das Vergehen des Leids und die Ewigkeit der Lust – *gegen* das Realitätsprinzip. Ihr Wille ist ohnmächtig: das Glück selbst ist an Leid gebunden. Aber wenn die Erinnerung im Kampf für die Veränderung aufbewahrt ist, wird auch um eine noch immer in den Revolutionen unterdrückte Revolution gekämpft.

Diese permanente Revolution will nicht die immer verbesserte Produktivität, die immer stärkere Anstrengung, die immer effektivere Ausbeutung der Natur. Diese Revolution will die Stillstellung des Willens zur Macht, die Befriedung im Genuß des Daseienden, die Abschaffung der menschenunwürdigen Arbeit, die Schönheit als Lebenswelt. [...]

(Die Permanenz der Kunst, Wider eine bestimmte marxistische Ästhetik, S. 77)

Walter Benjamin
(1892–1940)

Das Schöne an den Altar der Wahrheit flüchtend, der liebende Verfolger – das Verbrennen des Werks im Feuer seines Wahrheitsgehalts – die Schönheit als Geheimnis – Kunstkritik und Kommentar, Wahrheitsgehalt und Sachgehalt – historische Distanz – das Ausdruckslose – Unterbrechung – Einzigkeit des Kunstwerks – technische Reproduzierbarkeit – Aura-Zerfall – Chok – Film als Massenkunst – taktische Rezeption – Kunst als Dokument der Barbarei – dialektisch-historische Kunstbetrachtung – politisch-literarische Tendenz – künstlerischer und technischer Stand der Produktionsverhältnisse – der Konsument als Produzent – vermißte Vermittlung (Adorno) – 13 Thesen wider den Kunstsnobismus

Wenn die Wahrheit schön genannt wird, so ist dies im Zusammenhang des »Symposions« zu begreifen, das die Stufenfolgen der erotischen Begehrungen beschreibt. Eros – so muß verstanden werden – wird seinem ursprünglichen Bestreben nicht untreu, wenn er sein Sehnen auf die Wahrheit richtet; denn auch die

Wahrheit ist schön. Sie ist es nicht sowohl an sich als für den Eros. Waltet doch das gleiche Verhältnis im menschlichen Lieben: der Mensch ist schön für den Liebenden, an sich ist er es nicht; und zwar deswegen, weil sein Leib in einer höheren Ordnung als der des Schönen sich darstellt. So auch die Wahrheit: schön ist sie nicht sowohl an sich als für den der sie sucht. Haftet ein Hauch von Relativität dem an, so ist nicht im entferntesten darum die Schönheit, die der Wahrheit eignen soll, ein metaphorisches Epitheton geworden. Das Wesen der Wahrheit als des sich darstellenden Ideenreiches verbürgt vielmehr, daß niemals die Rede von der Schönheit des Wahren beeinträchtigt werden kann. In der Wahrheit ist jenes darstellende Moment das Refugium der Schönheit überhaupt. So lange nämlich bleibt das Schöne scheinhaft, antastbar, als es sich frank und frei als solches einbekennt. Sein Scheinen, das verführt, solange es nichts will als scheinen, zieht die Verfolgung des Verstandes nach und läßt seine Unschuld einzig da erkennen, wo es an den Altar der Wahrheit flüchtet. Dieser Flucht folgt Eros, nicht Verfolger, sondern als Liebender; dergestalt, daß die Schönheit um ihres Scheines willen immer beide flieht: den Verständigen aus Furcht und aus Angst den Liebenden. Und nur dieser kann es bezeugen, daß Wahrheit nicht Enthüllung ist, die das Geheimnis vernichtet, sondern Offenbarung, die ihm gerecht wird. Ob Wahrheit dem Schönen gerecht zu werden vermag? diese Frage ist die innerste im »Symposion«. Platon beantwortet sie, indem er der Wahrheit es zuweist, dem Schönen das Sein zu verbürgen. In diesem Sinne also entwickelt er die Wahrheit als den Gehalt des Schönen. Nicht aber tritt er zutage in der Enthüllung, vielmehr erweist er sich in einem Vorgang, den man gleichnisweise bezeichnen dürfte als das Aufflammen der in den Kreis der Ideen eintretenden Hülle, als eine Verbrennung des Werkes, in welcher seine Form zum Höhepunkt ihrer Leuchtkraft kommt.

(Ursprung des deutschen Trauerspiels, Schriften 1.1, S. 210f)

Mag daher Schein sonst überall Trug sein – der schöne Schein ist die Hülle vor dem notwendigen Verhülltesten. Denn weder die Hülle noch der verhüllte Gegenstand ist das Schöne, sondern dies ist der Gegenstand in seiner Hülle. Enthüllt aber würde er unendlich unscheinbar sich erweisen. Hier gründet die uralte Anschauung, daß in der Enthüllung das Verhüllte sich verwandelt, daß es

»sich selbst gleich« nur unter der Verhüllung bleiben wird. Also wird allem Schönen gegenüber die Idee der Enthüllung zu der der Unenthüllbarkeit. Sie ist die Idee der Kunstkritik. Die Kunstkritik hat nicht die Hülle zu heben, vielmehr durch deren genaueste Erkenntnis als Hülle erst zur wahren Anschauung des Schönen sich zu erheben. Zu der Anschauung, die der sogenannten Einfühlung niemals und nur unvollkommen einer reineren Betrachtung des Naiven sich eröffnen wird: zur Anschauung des Schönen als Geheimnis. Niemals noch wurde ein wahres Kunstwerk erfaßt, denn wo es unausweichlich als Geheimnis sich darstellte. Nicht anders nämlich ist jener Gegenstand zu bezeichnen, dem im letzten die Hülle wesentlich ist. Weil nur das Schöne und außer ihm nichts verhüllend und verhüllt wesentlich zu sein vermag, liegt im Geheimnis der göttlichen Seinsgrund der Schönheit. So ist denn der Schein in ihr eben dies: nicht die überflüssige Verhüllung der Dinge an sich, sondern die notwendige von Dingen für uns.

(Goethes Wahlverwandtschaften. Schriften 1.1, S. 195)

Die Kritik sucht den Wahrheitsgehalt eines Kunstwerkes, der Kommentar seinen Sachgehalt. Das Verhältnis der beiden bestimmt jenes Grundgesetz des Schrifttums, demzufolge der Wahrheitsgehalt eines Werkes, je bedeutender es ist, desto unscheinbarer und inniger an seinen Sachgehalt gebunden ist. Wenn sich demnach als die dauernden gerade jene Werke erweisen, deren Wahrheit am tiefsten ihrem Sachgehalt eingesenkt ist, so stehen im Verlaufe dieser Dauer die Realien dem Betrachtenden im Werk desto deutlicher vor Augen, je mehr sie in der Welt absterben. Damit tritt aber der Erscheinung nach Sachgehalt und Wahrheitsgehalt, in der Frühzeit des Werkes geeint, auseinander mit seiner Dauer, weil der letzte immer gleich verborgen sich hält, wenn der erste hervordringt. Mehr und mehr wird für jeden späteren Kritiker die Deutung des Auffallenden und Befremdenden, des Sachgehaltes, demnach zur Vorbedingung. Man darf ihn mit dem Paläographen vor einem Pergamente vergleichen, dessen verblichener Text überdeckt wird von den Zügen einer kräftigeren Schrift, die auf ihn sich bezieht. Wie der Paläograph mit dem Lesen der letztern beginnen müßte, so der Kritiker mit dem Kommentieren. Und mit einem Schlag entspringt ihm daraus ein unschätzbares Kriterium seines Urteils: nun erst kann er die kritische Grundfrage stellen, ob der Schein des Wahrheitsgehaltes dem Sachgehalt oder das Leben des Sachgehaltes dem Wahrheitsgehalt zu verdanken ist. Denn indem sie im Werk auseinandertreten, entscheiden sie über seine Unsterblichkeit. In diesem Sinne bereitet die Geschichte der Werke ihre Kritik vor, und daher vermehrt die historische Distanz deren Gewalt. Will man, um eines Gleichnisses willen, das wachsende Werk als den Scheiterhaufen ansehen, so steht davor der Kommentator wie der Chemiker, der Kritiker gleich dem Alchimisten. Wo jenem Holz und Asche allein die Gegenstände seiner Analyse bleiben, bewahrt für diesen nur die Flamme selbst ein Rätsel: das des Lebendigen. So fragt der Kritiker nach der Wahrheit, deren lebendige Flamme fortbrennt über den schweren Scheiten des Gewesenen und der leichten Asche des Erlebten. (Ebd., S. 125 f)

Die Schönheit hat nichts Eigenstes für den Unwissenden. Dem ist das deutsche Trauerspiel spröde wie weniges. Sein Schein ist abgestorben, weil es der roheste war. Was dauert, ist das seltsame Detail der allegorischen Verweisungen: ein Gegenstand des Wissens, der in den durchdachten Trümmerbauten nistet. Kritik ist Mortifikation der Werke. Dem kommt das Wesen dieser mehr als jeder andern Produktion entgegen. Mortifikation der Werke: nicht also – romantisch – Erweckung des Bewußtseins in den lebendigen, sondern Ansiedlung des Wissens, in ihnen, den abgestorbenen. Schönheit, die dauert, ist ein Gegenstand des Wissens. Und ist es fraglich, ob die Schönheit, welche dauert, so noch heißen dürfe – fest steht, daß ohne Wissenswürdiges im Innern es kein Schönes gibt. Die Philosophie darf nicht versuchen, es abzustreiten, daß sie das Schöne der Werke wieder erweckt. [...] ohne ein zumindest ahnendes Erfassen vom Leben des Details durch die Struktur bleibt alle Neigung zu dem Schönen Träumerei. Struktur und Detail sind letzten Endes stets historisch geladen. Es ist der Gegenstand der philosophischen Kritik zu erweisen, daß die Funktion der Kunstform eben dies ist: historische Sachgehalte, wie sie jedem bedeutenden Werk zugrunde liegen, zu philosophischen Wahrheitsgehalten zu machen. Diese Umbildung der Sachgehalte zum Wahrheitsgehalt macht den Verfall der Wirkung, in dem von Jahrzehnt zu Jahrzehnt das Ansprechende der früheren Reize sich mindert, zum Grund einer Neugeburt, in welcher alle ephemere Schönheit vollends dahinfällt und das Werk als Ruine sich behauptet. Im allegorischen Aufbau des barocken Trauerspiels zeichnen solch trümmerhafte Formen des geretteten Kunstwerks von jeher deutlich sich ab.

(Ursprung des deutschen Trauerspiels. Schriften 1.1, S. 357f)

Beschwörung will das negative Gegenbild der Schöpfung sein. Auch sie behauptet aus dem Nichts die Welt hervorzubringen. Mit beiden hat das Kunstwerk nichts gemein. Nicht aus dem Nichts tritt es hervor, sondern aus dem Chaos. Ihm jedoch wird es nicht, wie nach dem Idealismus der Emanationslehre die geschaffene Welt es tut, sich entringen. Künstlerisches Schaffen »macht« nichts aus dem Chaos, durchdringt es nicht; genauso wenig wird, wie Beschwörung dies in Wahrheit tut, aus Elementen jenes Chaos Schein sich mischen lassen. Dies bewirkt die Formel. Form jedoch verzaubert es auf einen Augenblick zur Welt. Daher darf kein Kunstwerk gänzlich ungebannt lebendig scheinen, ohne bloßer Schein zu werden und aufzuhören, Kunstwerk zu sein. Das ihm wogende Leben muß erstarrt und wie in einem Augenblick gebannt erscheinen. Dies in ihm Wesende ist bloße Schönheit, bloße Harmonie, die das Chaos – und in Wahrheit eben nur dieses, nicht die Welt – durchflutet, im Durchfluten aber zu beleben nur scheint. Was diesem Schein Einhalt gebietet, die Bewegung bannt und der Harmonie ins Wort fällt ist das Ausdruckslose. Jenes Leben gründet das Geheimnis, dies Erstarren den Gehalt im Werke. Wie die Unterbrechung durch das gebietende Wort es vermag, aus der Ausflucht eines Weibes die Wahrheit gerade da herauszuholen, wo sie unterbricht, so zwingt das Ausdruckslose, die zitternde Harmonie einzuhalten, und verewigt durch seinen Einspruch ihr Beben. In dieser Verewigung muß sich das Schöne verantworten, aber nun scheint es in eben dieser Verantwortung unterbrochen, und so hat es denn die Ewigkeit seines Gehalts eben von Gnaden jenes Einspruchs. Das Ausdruckslose ist die kritische Gewalt, welche Schein vom Wesen in der Kunst zwar zu trennen nicht vermag, aber ihnen verwehrt, sich zu mischen. Diese Gewalt hat es als moralisches Wort. Im Ausdruckslosen erscheint die erhabene Gewalt des Wahren, wie es nach Gesetzen der moralischen Welt die Sprache der wirklichen bestimmt. Dieses nämlich zerschlägt, was in allem schönen Schein als die Erbschaft des Chaos noch überdauert: die falsche irrende Totalität – die absolute. Dieses erst vollendet das Werk, welches es zum Stückwerk zerschlägt, zum Fragmente der wahren Welt, zum Torso eines Symbols.

(Goethes Wahlverwandtschaften. Schriften 1.1, S. 180)

Der zitierbare Gestus. – »Jedes Satzes Wirkung«, heißt es in einem dramaturgischen Lehrgedicht von Brecht, »wurde abgewartet und aufgedeckt. Und abgewartet wurde, bis die Menge die Sätze auf die Waagschale gelegt hatte.« Kurz, das Spiel wurde unterbrochen. Man darf hier weiter ausgreifen und sich darauf besinnen, daß das Unterbrechen eines der fundamentalen Verfahren aller Formgebung ist. Es reicht über den Bezirk der Kunst weit hinaus. Es liegt, um nur eines herauszugreifen, dem Zitat zugrunde. Einen Text zitieren, schließt ein: seinen Zusammenhang unterbrechen. Es ist daher wohl verständlich, daß das epische Theater, das auf die Unterbrechung gestellt ist, ein in spezifischem Sinne zitierbares ist. Die Zitierbarkeit seiner Texte hätte nichts Besonderes. Anders steht es mit den Gesten, die im Verlaufe des Spiels am Platze sind.

(Was ist das epische Theater? Versuche über Brecht, S. 26)

Noch bei der höchst vollendeten Reproduktion fällt eines aus: das Hier und Jetzt des Kunstwerks – sein einmaliges Dasein an dem Orte, an dem es sich befindet. An diesem einmaligen Dasein aber und an nichts sonst vollzog sich die Geschichte, der es im Laufe seines Bestehens unterworfen gewesen ist. Dahin rechnen sowohl die Veränderungen, die es im Laufe der Zeit in seiner physischen Struktur erlitten hat, wie die wechselnden Besitzverhältnisse, in die es eingetreten sein mag.

(Das Kunstwerk im Zeitalter seiner technischen Reproduzierbarkeit. Schriften 1.2, S. 475 f)

Die Einzigkeit des Kunstwerks ist identisch mit seinem Eingebettetsein in den Zusammenhang der Tradition. Diese Tradition selber ist freilich etwas durchaus Lebendiges, etwas außerordentlich Wandelbares. Eine antike Venusstatue z. B. stand in einem anderen Traditionszusammenhange bei den Griechen, die sie zum Gegenstand des Kultus machten, als bei den mittelalterlichen Klerikern, die einen unheilvollen Abgott in ihr erblickten. Was aber beiden in gleicher Weise entgegentrat, war ihre Einzigkeit, mit einem anderen Wort: ihre Aura. Die ursprüngliche Art der Einbettung des Kunstwerks in den Traditionszusammenhang fand ihren Ausdruck im Kult. Die ältesten Kunstwerke sind, wie wir wissen, im Dienst eines Rituals entstanden, zuerst eines magischen, dann eines religiösen. Es ist nun von entscheidender Bedeutung, daß diese auratische Daseinsweise des Kunstwerks niemals durchaus von seiner Ritualfunktion sich löst. Mit anderen Worten: *Der einzigartige Wert des »echten« Kunstwerks hat seine Fundierung im Ritual, in dem es seinen originären und ersten Gebrauchswert hatte.* Diese mag so vermittelt sein wie sie will, sie ist auch noch in den profansten Formen des Schönheitsdienstes als säkularisiertes Ritual erkennbar. (Ebd., S. 480)

[...] die technische Reproduzierbarkeit des Kunstwerks emanzipiert dieses zum ersten Mal in der Weltgeschichte von seinem parasitären Dasein am Ritual. Das reproduzierte Kunstwerk wird in immer steigendem Maße die Reproduktion eines auf Reproduzierbarkeit angelegten Kunstwerks. Von der photographischen Platte z. B. ist eine Vielheit von Abzügen möglich; die Frage nach dem echten Abzug hat keinen Sinn. *In dem Augenblick aber, da der Maßstab der Echtheit an der Kunstproduktion versagt, hat sich auch die gesamte soziale Funktion der Kunst umgewälzt. An die Stelle ihrer Fundierung aufs Ritual tritt ihre Fundierung auf eine andere Praxis: nämlich ihre Fundierung auf Politik.*

(Ebd., S. 481 f)

Man kann, was hier ausfällt, im Begriff der Aura zusammenfassen und sagen: was im Zeitalter der technischen Reproduzierbarkeit des Kunstwerks verkümmert, das ist seine Aura. Der Vorgang ist symptomatisch; seine Bedeutung weist über den Bereich der Kunst hinaus. Die Reproduktionstechnik, so ließe sich allgemein formulieren, löst das Reproduzierte aus dem Bereich der Tradition ab. Indem sie die Reproduktion vervielfältigt, setzt sie an die Stelle seines einmaligen Vorkommens sein massenweises. Und indem sie der Reproduktion erlaubt, dem Aufnehmenden in seiner jeweiligen Situation entgegenzukommen, aktualisiert sie das Reproduzierte.

(Ebd., S. 477)

[...] wenn Veränderungen im Medium der Wahrnehmung, deren Zeitgenossen wir sind, sich als Verfall der Aura begreifen lassen,

so kann man dessen gesellschaftliche Bedingungen aufzeigen.
Es empfiehlt sich, den oben für geschichtliche Gegenstände vorgeschlagenen Begriff der Aura an dem Begriff einer Aura von natürlichen Gegenständen zu illustrieren. Diese letztere definieren wir als einmalige Erscheinung einer Ferne, so nah sie sein mag. An einem Sommernachmittag ruhend einem Gebirgszug am Horizont oder einem Zweig folgen, der seinen Schatten auf den Ruhenden wirft – das heißt die Aura dieser Berge, dieses Zweiges atmen. An der Hand dieser Beschreibung ist es ein Leichtes, die gesellschaftliche Bedingtheit des gegenwärtigen Verfalls der Aura einzusehen. Er beruht auf zwei Umständen, die beide mit der zunehmenden Bedeutung der Massen im heutigen Leben zusammenhängen. Nämlich: *Die Dinge sich räumlich und menschlich »näherzubringen« ist ein genau so leidenschaftliches Anliegen der gegenwärtigen Massen wie es ihre Tendenz einer Überwindung des Einmaligen jeder Gegebenheit durch die Aufnahme von deren Reproduktion ist.* Tagtäglich macht sich unabweisbarer das Bedürfnis geltend, des Gegenstands aus nächster Nähe im Bild, vielmehr im Abbild, in der Reproduktion, habhaft zu werden. Und unverkennbar unterscheidet sich die Reproduktion, wie illustrierte Zeitung und Wochenschau sie in Bereitschaft halten, vom Bilde. Einmaligkeit und Dauer sind in diesem so eng verschränkt wie Flüchtigkeit und Wiederholbarkeit in jener. Die Entschälung des Gegenstandes aus seiner Hülle, die Zertrümmerung der Aura, ist die Signatur einer Wahrnehmung, deren »Sinn für das Gleichartige in der Welt« so gewachsen ist, daß sie es mittels der Reproduktion auch dem Einmaligen abgewinnt.

(Ebd., S. 479 f)

Ein Gemälde würde, dieser Betrachtungsweise nach, an einem Anblick dasjenige wiedergeben, woran sich das Auge nicht sattsehen kann. Womit es den Wunsch erfüllt, der sich in seinen Ursprung projizieren läßt, wäre etwas, was diesen Wunsch unablässig nährt. Was die Photographie vom Gemälde trennt und warum es auch nicht ein einziges übergreifendes Prinzip der »Gestaltung« für beide geben kann, ist also klar: dem Blick, der sich an einem Gemälde nicht sattsehen kann, bedeutet eine Photographie viel mehr das, was die Speise dem Hunger ist oder der Trank dem Durst.

Die Krisis der künstlerischen Wiedergabe, die sich so abzeichnet, läßt sich als integrierender Teil einer Krise in der Wahrnehmung selbst darstellen. – Was die Lust am Schönen unstillbar macht, ist das Bild der Vorwelt, die Baudelaire durch die Tränen des Heimwehs verschleiert nennt. »Ach, du warst in abgelebten Zeiten / Meine Schwester oder meine Frau« – dies Geständnis ist der Tribut, den das Schöne als solches fordern kann. Soweit die Kunst auf das Schöne ausgeht und es, wenn auch noch so schlicht, »wiedergibt«, holt sie es (wie Faust die Helena) aus der Tiefe der Zeit herauf. Das findet in der technischen Reproduktion nicht mehr statt. (In ihr hat das Schöne keine Stelle.) In dem Zusammenhange, da Proust die Dürftigkeit und den Mangel an Tiefe in den Bildern beanstandet, die ihm die mémoire volontaire von Venedig vorlegt, schreibt er, beim bloßen Wort »Venedig« sei ihm dieser Bilderschatz ebenso abgeschmackt wie eine Ausstellung von Photographien vorgekommen. Wenn man das Unterscheidende an den Bildern, die aus der mémoire involontaire auftauchen, darin sieht, daß sie eine Aura haben, so hat die Photographie an dem Phänomen eines »Verfalls der Aura« entscheidend teil. Was an der Daguerreotypie als das Unmenschliche, man könnte sagen Tödliche mußte empfunden werden, war das (übrigens anhaltende) Hereinblicken in den Apparat, da doch der Apparat das Bild des Menschen aufnimmt, ohne ihm dessen Blick zurückzugeben. Dem Blick wohnt aber die Erwartung inne, von dem erwidert zu werden, dem er sich schenkt. Wo diese Erwartung erwidert wird (die ebensowohl, im Denken, an einen intentionalen Blick der Aufmerksamkeit sich heften kann wie an einen Blick im schlichten Wortsinn), da fällt ihm die Erfahrung der Aura in ihrer Fülle zu. »Die Wahrnehmbarkeit«, so urteilt Novalis, »ist eine Aufmerksamkeit.« Die Wahrnehmbarkeit, von welcher er derart spricht, ist keine andere als die der Aura. Die Erfahrung der Aura beruht also auf der Übertragung einer in der menschlichen Gesellschaft geläufigen Reaktionsform auf das Verhältnis des Unbelebten oder der Natur zum Menschen. Der Angesehne oder angesehen sich Glaubende schlägt den Blick auf. Die Aura einer Erscheinung erfahren, heißt, sie mit dem Vermögen belehnen, den Blick aufzuschlagen.

(Über einige Motive bei Baudelaire. Schriften 1.2, S. 645 f)

So ist das Erlebnis beschaffen, dem Baudelaire das Gewicht einer Erfahrung gegeben hat. Er hat den Preis bezeichnet, um welchen die Sensation der Moderne zu haben ist: die Zertrümmerung der Aura im Chokerlebnis.

(Ebd., S. 652f)

So unterwarf die Technik das menschliche Sensorium einem Training komplexer Art. Es kam der Tag, da einem neuen und dringlichen Reizbedürfnis der Film entsprach. Im Film kommt die chokförmige Wahrnehmung als formales Prinzip zur Geltung. Was am Fließband den Rhythmus der Produktion bestimmt, liegt beim Film dem der Rezeption zugrunde.

(Ebd., S. 630f)

Man vergleiche die Leinwand, auf der der Film abrollt, mit der Leinwand, auf der sich das Gemälde befindet. Das letztere lädt den Betrachter zur Kontemplation ein; vor ihm kann er sich seinem Assoziationsablauf überlassen. Vor der Filmaufnahme kann er das nicht. Kaum hat er sie ins Auge gefaßt, so hat sie sich schon verändert. Sie kann nicht fixiert werden. [...]

In der Tat wird der Assoziationsablauf dessen, der diese Bilder betrachtet, sofort durch ihre Veränderung unterbrochen. Darauf beruht die Chokwirkung des Films, die wie jede Chokwirkung durch gesteigerte Geistesgegenwart aufgefangen sein will.

(Das Kunstwerk im Zeitalter seiner technischen Reproduzierbarkeit. Schriften 1.2, S. 502f)

Die technische Reproduzierbarkeit des Kunstwerks verändert das Verhältnis der Masse zur Kunst. Aus dem rückständigsten, zum Beispiel einem Picasso gegenüber, schlägt es in das fortschrittlichste, zum Beispiel angesichts eines Chaplin, um. Dabei ist das fortschrittliche Verhalten dadurch gekennzeichnet, daß die Lust am Schauen und am Erleben in ihm eine unmittelbare und innige Verbindung mit der Haltung des fachmännischen Beurteilers eingeht. [...]

Im Kino fallen kritische und genießende Haltung des Publikums zusammen. Und zwar ist der entscheidende Umstand dabei: nirgends mehr als im Kino erweisen sich die Reaktionen der einzelnen, deren Summe die massive Reaktion des Publikums ausmacht, von vornherein durch ihre unmittelbar bevorstehende Massierung bedingt. Und indem sie sich kundgeben, kontrollieren sie sich.

(Ebd., S. 497)

Der vor dem Kunstwerk sich Sammelnde versenkt sich darein; er geht in dieses Werk ein, wie die Legende es von einem chinesischen Maler beim Anblick seines vollendeten Bildes erzählt. Dagegen versenkt die zerstreute Masse ihrerseits das Kunstwerk in sich. Am sinnfälligsten die Bauten. Die Architektur bot von jeher den Prototyp eines Kunstwerks, dessen Rezeption in der Zerstreuung und durch das Kollektivum erfolgt. Die Gesetze ihrer Rezeption sind die lehrreichsten.

(Ebd., S. 504)

Die taktische Rezeption erfolgt nicht sowohl auf dem Wege der Aufmerksamkeit als auf dem der Gewohnheit. Der Architektur gegenüber bestimmt diese letztere weitgehend sogar die optische Rezeption. Auch sie findet von Hause aus viel weniger in einem angespannten Aufmerken als in einem beiläufigen Bemerken statt. Diese an der Architektur gebildete Rezeption hat aber unter gewissen Umständen kanonischen Wert. Denn: Die Aufgaben, welche in geschichtlichen Wendezeiten dem menschlichen Wahrnehmungsapparat gestellt werden, sind auf dem Wege der bloßen Optik, also der Kontemplation, gar nicht zu lösen. Sie werden allmählich nach Anleitung der taktischen Rezeption, durch Gewöhnung, bewältigt.

(Ebd., S. 505)

Die Abgehobenheit, in der die Kulturgeschichte ihre Inhalte präsentiert, ist für den historischen Materialisten eine scheinhafte und von einem falschen Bewußtsein gestiftete. Er steht ihr zurückhaltend gegenüber. Berechtigen zu solcher Zurückhaltung würde ihn die bloße Inspektion des Gewesenen selbst: was er an Kunst und an Wissenschaft überblickt, ist samt und sonders von einer Abkunft, die er nicht ohne Grauen betrachten kann. Es dankt sein Dasein nicht nur der Mühe der großen Genien, die es geschaffen haben, sondern in mehr oder minderem Grade auch der namenlosen Fron ihrer Zeitgenossen. Es ist niemals ein Dokument der Kultur, ohne zugleich ein solches der Barbarei zu sein.

[...] Ist der Begriff der Kultur für den historischen Materialismus ein problematischer, so ist ihr Zerfall in Güter, die der Menschheit ein Objekt des Besitzes würden, ihm eine unvollziehbare Vorstellung. Das Werk der Vergangenheit ist ihm nicht abgeschlossen. Keiner Epoche sieht er es dinghaft, handlich in den Schoß fallen, und an keinem Teil. Als ein Inbegriff von Gebilden, die unabhängig, wenn nicht von dem Produktionsprozeß, in dem sie entstanden, so doch von dem, in welchem sie überdauern, betrachtet werden, trägt der Begriff der Kultur ihm einen fetischistischen Zug. Sie erscheint verdinglicht. Ihre Geschichte wäre nichts als der Bodensatz, den die durch keinerlei echte, d. i. politische Erfahrung im Bewußtsein der Menschen aufgestöberten Denkwürdigkeiten gebildet haben.

(Eduard Fuchs, der Sammler und der Historiker. Angelus Novus, S. 311)

Der historische Materialist muß das epische Element der Geschichte preisgeben. Sie wird ihm Gegenstand einer Konstruktion, deren Ort nicht die leere Zeit, sondern die bestimmte Epoche, das bestimmte Leben, das bestimmte Werk bildet. Er sprengt die Epoche aus der dinghaften *geschichtlichen Kontinuität* heraus, so auch das Leben aus der Epoche, so das Werk aus dem Lebenswerk. Doch der Ertrag dieser Konstruktion ist der, daß im Werke das Lebenswerk, im Lebenswerk die Epoche und in der Epoche der Geschichtsverlauf aufbewahrt und aufgehoben ist.

[...] Die Erfahrung mit der Geschichte ins Werk zu setzen, die für jede Gegenwart eine ursprüngliche ist – das ist die Aufgabe des historischen Materialismus. Er wendet sich an ein Bewußtsein der Gegenwart, welches das Kontinuum der Geschichte aufsprengt.

(Ebd., S. 304)

[...] die Wertordnung, die bei Winckelmann oder Goethe einst die Kunstbetrachtung bestimmte, hat bei Fuchs jeden Einfluß verloren. Freilich wäre es irrig, darum zu meinen, daß so die dialektische Kunstbetrachtung selber aus den Angeln gehoben sei. Das kann früher der Fall nicht sein als die disiecta membra, welche der Idealismus als *geschichtliche Darstellung* einerseits und als *Würdigung* andererseits in der Hand hält, Eines geworden und als solche überholt worden sind. Das zu leisten, bleibt einer Geschichtswissenschaft vorbehalten, deren Gegenstand nicht von einem Knäuel purer Tatsächlichkeiten, sondern von der gezählten Gruppe von Fäden gebildet wird, die den Einschuß einer Vergangenheit in die Textur der Gegenwart darstellen. (Man würde fehl gehen, diesen Einschuß mit dem bloßen Kausalnexus gleichzusetzen. Er ist vielmehr ein durchaus dialektischer, und jahrhundertelang können Fäden verloren gewesen sein, die der aktuale Geschichtsverlauf sprunghaft und unscheinbar wieder aufgreift.) Der geschichtliche Gegenstand, der der puren Faktizität enthoben ist, bedarf keiner *Würdigung*. Denn er bietet nicht vage Analogien zur Aktualität, sondern konstituiert sich in der präzisen dialektischen Aufgabe, die ihr zu lösen obliegt.

(Ebd., S. 313 f)

Sein Gedanke ist, dem Kunstwerk das Dasein in der Gesellschaft zurückzugeben, von der es so sehr abgeschnürt worden war, daß der Ort, an dem er es auffand, der Kunstmarkt war, auf dem es, gleich weit von seinen Verfertigern wie von denen, die es verstehen konnten, entfernt, zur Ware eingeschrumpft, überdauert. Der Fetisch des Kunstmarktes ist der Meistername. Geschichtlich wird es vielleicht als das größte Verdienst von Fuchs erscheinen, die Befreiung der Kunsthistorie von dem Fetisch des Meisternamens in die Wege geleitet zu haben. »Deshalb ist«, heißt es bei Fuchs von der Plastik der Tang-Periode, »die vollständige Namenlosigkeit dieser Grab-Beigaben, die Tatsache, daß man auch nicht in einem einzigen Fall die individuellen Schöpfer eines solchen Werkes kennt, ein wichtiger Beweis dafür, daß es sich in dem allen niemals um einzelne künstlerische Erlebnisse handelte, sondern um die Art und Weise, wie die Welt und die Dinge damals von der Gesamtheit angeschaut wurden.« Als einer der ersten entwickelte Fuchs den besonderen Charakter der Massenkunst und damit Impulse, die er vom historischen Materialismus erhalten hatte. (Ebd., S. 333)

Zeigen möchte ich Ihnen, daß die Tendenz einer Dichtung politisch nur stimmen kann, wenn sie auch literarisch stimmt. Das heißt, daß die politisch richtige Tendenz eine literarische Tendenz einschließt. Und, um das gleich hinzuzufügen: diese literarische Tendenz, die implicit oder explicit in jeder *richtigen* politischen Tendenz enthalten ist – die und nichts anderes macht die Qualität des Werks. *Darum* also schließt die richtige politische Tendenz eines Werkes seine literarische Qualität ein, weil sie seine literarische *Tendenz* einschließt.

(Der Autor als Produzent. Versuche über Brecht, S. 96 f)

Anstatt nämlich zu fragen: wie steht ein Werk zu den Produktionsverhältnissen der Epoche? ist es mit ihnen einverstanden, ist es reaktionär oder strebt es ihre Umwälzung an, ist es revolutionär? – anstelle dieser Frage oder jedenfalls vor dieser Frage möchte ich eine andere Ihnen vorschlagen. Also ehe ich frage: wie steht eine Dichtung *zu* den Produktionsverhältnissen der Epoche? möchte ich fragen: wie steht sie *in* ihnen? Diese Frage zielt unmittelbar auf die Funktion, die das Werk innerhalb der schriftstellerischen Produktionsverhältnisse einer Zeit hat. Sie zielt mit anderen Worten unmittelbar auf die schriftstellerische *Technik* der Werke. (Ebd., S. 97f)

Die beste Tendenz ist falsch, wenn sie die Haltung nicht vormacht, in der man ihr nachzukommen hat. Und diese Haltung kann der Schriftsteller nur da vormachen, wo er überhaupt etwas macht: nämlich schreibend. Die Tendenz ist die notwendige, niemals die hinreichende Bedingung einer organisierenden Funktion der Werke. Diese erfordert weiterhin das anweisende, unterweisende Verhalten des Schreibenden. Und heute ist das mehr denn je zu fordern. *Ein Autor, der die Schriftsteller nichts lehrt, lehrt niemanden.* Also ist maßgebend der Modellcharakter der Produktion, der andere Produzenten erstens zur Produktion anzuleiten, zweitens einen verbesserten Apparat ihnen zur Verfügung zu stellen vermag. Und zwar ist dieser Apparat um so besser, je mehr er Konsumenten der Produktion zuführt, kurz aus Lesern oder aus Zuschauern Mitwirkende zu machen imstande ist. Wir besitzen bereits ein derartiges Modell, von dem ich hier aber nur andeutend sprechen kann. Es ist das epische Theater von Brecht. (Ebd., S. 110)

Vielmehr sehe ich die Momente, in denen der Text [Benjamins »Passagenwerk«] hinter sein eigenes Apriori zurückfällt, in enger Beziehung mit seinem Verhältnis zum dialektischen Materialismus – und gerade an dieser Stelle spreche ich nicht nur für mich sondern ebenso für Max, mit dem ich diese Frage aufs eingehendste durchgesprochen habe. Lassen Sie mich hier so simpel und hegelisch mich ausdrücken wie nur möglich. Täusche ich mich nicht sehr, so gebricht es dieser Dialektik an einem: der Vermittlung. Es herrscht durchwegs eine Tendenz, die pragmatischen Inhalte Baudelaires unmittelbar auf benachbarte Züge der Sozialgeschichte seiner Zeit und zwar möglichst solche ökonomischer Art zu beziehen. Ich denke etwa an die Stelle über die Weinsteuer, gewisse Ausführungen über die Barrikaden [...]

(Theodor W. Adorno an Walter Benjamin, 10. November 1938, Briefe 2, S. 784f)

Mögen immer Baudelaires Weingedichte motiviert sein durch Weinsteuer und Barrières, die Wiederkehr jener Motive im œuvre Baudelaires ist nicht anders zu bestimmen als durch die gesellschaftliche und ökonomische Gesamttendenz des Zeitalters, d. h. im Sinn der Fragestellung Ihrer Arbeit sensu strictissimo durch die Analyse der Warenform in Baudelaires Epoche. Niemand kennt die damit verbundenen Schwierigkeiten besser als ich: das Phantasmagoriekapitel des Wagner hat sich fraglos ihnen noch nicht gewachsen gezeigt. Die Passagen in ihrer definitiven Gestalt werden sich jener Verpflichtung nicht entziehen können. Der unmittelbare Rückschluß von der Weinsteuer auf L'Ame du Vin schiebt den Phänomenen eben jene Art von Spontaneität, Handgreiflichkeit und Dichte zu, deren sie im Kapitalismus sich begeben haben. In dieser Art des unmittelbaren, fast möchte ich wiederum sagen, des anthropologischen Materialismus, steckt ein tief romantisches Element, und ich spüre es um so deutlicher, je krasser und rauher die Baudelairesche Formwelt mit der Notdurft des Lebens von Ihnen konfrontiert wird. Die »Vermittlung«, die ich vermisse, und verdeckt finde durch materialistisch-historiographische Beschwörung, ist nun aber nichts anderes als eben die Theorie, die Ihre Arbeit ausspart. Das Aussparen der Theorie affiziert die Empirie. Es verleiht ihr einen trügend epischen Charakter auf der einen Seite und bringt auf der andern Seite die Phänomene, als eben bloß subjektiv erfahrene um ihr eigentliches geschichtsphilosophisches Gewicht. Man kann es auch so ausdrücken: das theologische Motiv, die Dinge beim Namen zu nennen, schlägt tendenziell um in die staunende Darstellung der bloßen Faktizität. Wollte man sehr drastisch reden, so könnte man sagen, die Arbeit sei am Kreuzweg von Magie und Positivismus angesiedelt. Diese Stelle ist verhext. Nur die Theorie vermöchte den Bann zu brechen: Ihre eigene, die rücksichtslose, gut spekulative Theorie. Es ist deren Anliegen allein, das ich gegen Sie anmelde.

(Ebd., S. 786)

DREIZEHN THESEN WIDER SNOBISTEN

(Snob im Privatkontor der Kunstkritik. Links eine Kinderzeichnung, rechts ein Fetisch. Snob: »*Da kann der ganze Picasso einpacken.*«)

I.	Der Künstler macht ein Werk.	Der Primitive äußert sich in Dokumenten.
II.	Das Kunstwerk ist nur nebenbei ein Dokument.	Kein Dokument ist als ein solches Kunstwerk.
III.	Das Kunstwerk ist ein Meisterstück.	Das Dokument dient als Lehrstück.
IV.	Am Kunstwerk lernen Künstler das Metier.	Vor Dokumenten wird ein Publikum erzogen
V.	Kunstwerke stehen eins dem andern fern durch Vollendung.	Im Stofflichen kommunizieren alle Dokumente.
VI.	Inhalt und Form sind im Kunstwerk eins: Gehalt.	In Dokumenten herrscht durchaus der Stoff.
VII.	Gehalt ist das Erprobte.	Stoff ist das Geträumte.
VIII.	Im Kunstwerk ist der Stoff ein Ballast, den die Betrachtung abwirft.	Je tiefer man sich in ein Dokument verliert, desto dichter: Stoff.
IX.	Im Kunstwerk ist das Formgesetz zentral.	Ins Dokument sind Formen nur versprengt.
X.	Das Kunstwerk ist synthetisch: Kraftzentrale.	Die Fruchtbarkeit des Dokuments will: Analyse.
XI.	Im wiederholten Anblick steigert sich ein Kunstwerk.	Ein Dokument bewältigt nur durch Überraschung.

XII.	Die Männlichkeit der Werke ist im Angriff.	Dem Dokument ist seine Unschuld eine Deckung.
XIII.	Der Künstler geht auf die Eroberung von Gehalten.	Der primitive Mensch verschanzt sich hinter Stoffen.

(Einbahnstraße. Schriften IV.1, S. 107f)

Theodor W. Adorno
(1903–1969)

»... daß nichts, was die Kunst betrifft, mehr selbstverständlich ist« – die Schwierigkeit einer nachidealistischen Ästhetik – Geschichtlichkeit ihrer Kategorien – »Nötigung zur Ästhetik« – Kunst und philosophische Erkenntnis – das begriffslose Reden des Nichtidentischen in der Kunst, ideale Transzendenz des Denkens – Rätselcharakter der Kunst – Sprachcharakter – »der Menschheit Stimme« – Gesellschaftlichkeit selbstvergessenen Ausdrucks in der Lyrik – stumme Natursprache, musikverwandt – »das klagende Gesicht der Werke« – mimetische, statt kommunikative Sprache – die nicht signifikative Musiksprache – der Name: Einheit von Darstellung und Ausdruck – Odysseus zwischen Scylla und Charybdis: die Entstehung des Kunstbegriffs: Trennung von Kunstgenuß und Handarbeit, Rezipieren und Handeln – Ideologiekritik der Kommunikation – Negativität: Dialektik von Engagement und Autonomie – Kunst als »geschichtsphilosophische Sonnenuhr«: Stand der Produktivkräfte – ästhetische Gewaltlosigkeit und Praxiskritik

Zur Selbstverständlichkeit wurde, daß nichts, was die Kunst betrifft, mehr selbstverständlich ist, weder in ihr noch in ihrem Verhältnis zum Ganzen, nicht einmal ihr Existenzrecht.

(Ästhetische Theorie, S. 9)

Die Schwierigkeit einer Ästhetik, die mehr wäre als eine krampfhaft neubelebte Branche, wäre, nach dem Ende der idealistischen Systeme: die Nähe des Produzierenden zu den Phänomenen zu verbinden mit der von keinem fixen Oberbegriff, keinem

»Spruch« gelenkten begrifflichen Kraft; verwiesen aufs begriffliche Medium, überschritte solche Ästhetik die bloße Phänomenologie von Kunstwerken. Demgegenüber bleibt der Versuch vergeblich, unterm Zwang der nominalistischen Situation zu dem überzugehen, was man wohl empirische Ästhetik nannte. Wollte man etwa, nach dem Diktat solcher Verwissenschaftlichung, von empirischen Beschreibungen klassifizierend und abstrahierend zu allgemeinen ästhetischen Normen aufsteigen, so behielte man ein Dünnes zurück, das keinen Vergleich mit den eindringenden und sachhaltigen Kategorien der spekulativen Systeme aushielte. Angewandt auf aktuelle künstlerische Praxis, taugten derartige Destillate etwa soviel wie von eh und je die künstlerischen Vorbilder. Alle ästhetischen Fragen terminieren in solchen des Wahrheitsgehalts der Kunstwerke: ist das, was ein Werk in seiner spezifischen Gestalt objektiv an Geist in sich trägt, wahr?

(Ebd., S. 498)

Vom Begriff der philosophischen Ästhetik geht ein Ausdruck des Veralteten aus, ähnlich wie von dem des Systems oder der Moral. Das Gefühl beschränkt sich keineswegs auf die künstlerische Praxis und auf die öffentliche Gleichgültigkeit gegen ästhetische Theorie.

(Ebd., S. 493)

Jedes Kunstwerk, und präsentierte es sich als eines vollkommener Harmonie, ist in sich ein Problemzusammenhang. Als solcher partizipiert es an Geschichte und überschreitet dadurch die eigene Einzigkeit. Im Problemzusammenhang eines jeglichen schlägt sich in der Monade das außer ihr Seiende nieder, wodurch sie konstituiert wird. In der Zone von Geschichte kommunizieren das ästhetisch Einzelne und sein Begriff miteinander. Geschichte ist der ästhetischen Theorie inhärent. Ihre Kategorien sind radikal geschichtlich.

(Ebd., S. 532)

Wie die Kunst konkret geschichtlich steht, das meldet konkrete Forderungen an. Mit ihrer Reflexion setzt Ästhetik ein; nur durch jene hindurch öffnet irgend sich die Perspektive dessen, was Kunst sei. Denn sie und ihre Werke sind allein, was sie werden können. Weil kein Kunstwerk seine immanente Spannung ohne

Rest aufzulösen vermag; weil Geschichte schließlich noch die Idee solcher Auflösung angreift, kann ästhetische Theorie nicht bei der Auslegung der vorhandenen Kunstwerke und ihres Begriffs sich befriedigen. Daß sie ihrem Wahrheitsgehalt sich zukehrt, treibt sie, als Philosophie, über die Werke hinaus. [...] Methodisches Prinzip ist, daß von den jüngsten Phänomenen her Licht fallen soll auf alle Kunst anstatt umgekehrt, nach dem Usus von Historismus und Philologie, die bürgerlichen Geistes zuinnerst nicht möchten, daß etwas sich ändere. Ist Valérys These wahr, das Beste im Neuen entspreche einem alten Bedürfnis, so sind die authentischen Werke Kritiken der vergangenen. Ästhetik wird normativ, indem sie solche Kritik artikuliert. Das aber hat rückwirkende Kraft; von ihr allein wäre einiges von dem zu erwarten, was allgemeine Ästhetik bloß vorspiegelt.

(Ebd., S. 533)

Wesentlich an der Kunst ist, was an ihr nicht der Fall ist, inkommensurabel dem empiristischen Maß aller Dinge. Jenes nicht der Fall Seiende an der Kunst zu denken, ist die Nötigung zur Ästhetik.

(Ebd., S. 499)

Ästhetik präsentiert der Philosophie die Rechnung dafür, daß der akademische Betrieb sie zur Branche degradierte. Sie verlangt von Philosophie, was sie versäumt: daß sie die Phänomene aus ihrem puren Dasein herausnimmt und zur Selbstbesinnung verhält, Reflexion des in den Wissenschaften Versteinerten, nicht eine eigene Wissenschaft jenseits von jenen. Damit beugt Ästhetik sich dem, was ihr Gegenstand, gleich einem jeden, unmittelbar zunächst will. Jedes Kunstwerk bedarf, um ganz erfahren werden zu können, des Gedankens und damit der Philosophie, die nichts anderes ist als der Gedanke, der sich nicht abbremsen läßt. Verstehen ist eins mit Kritik; die Fähigkeit des Verstehens, des Verstandenen als eines Geistigen innezuwerden, keine andere als die, wahr und falsch darin zu unterscheiden, wie sehr auch diese Unterscheidung abweichen muß vom Verfahren der gewöhnlichen Logik. Kunst ist, emphatisch, Erkenntnis, aber nicht die von Objekten. Ein Kunstwerk begreift einzig, wer es als Komplexion von Wahrheit begreift. Die betrifft unausweichlich sein Verhältnis zur Unwahrheit, zur eigenen und zu der außer ihm; jedes andere Urteil über Kunstwerke bliebe zufällig. Damit verlangen Kunstwerke ein adäquates Verhältnis zu sich.

(Ebd., S. 391)

Die Erkenntnis der Kunstwerke folgt eigener erkennender Beschaffenheit: sie sind die Weise von Erkenntnis, welche nicht Erkennen von Objekt ist. Solche Paradoxie ist auch die der künstlerischen Erfahrung.

(Ebd., S. 516)

Die Utopie der Erkenntnis wäre, das Begriffslose mit Begriffen aufzutun, ohne es ihnen gleichzumachen.

(Negative Dialektik, S. 19)

Nicht anders vermag der Begriff die Sache dessen zu vertreten, was er verdrängte, der Mimesis, als indem er in seinen eigenen Verhaltensweisen etwas von dieser sich zueignet, ohne an sie sich zu verlieren. Insofern ist das ästhetische Moment, obgleich aus ganz anderem Grund als bei Schelling, der Philosophie nicht akzidentell. Nicht minder jedoch ist es an ihr, es aufzuheben in der Verbindlichkeit ihrer Einsichten in Wirkliches.

(Ebd., S. 24)

Philosophie, die Kunst nachahmte, von sich aus Kunstwerk werden wollte, durchstriche sich selbst. Sie postulierte den Identitätsanspruch: daß ihr Gegenstand in ihr aufgehe, indem sie ihrer Verfahrungsweise eine Suprematie einräumte, der das Heterogene als Material a priori sich fügt, während der Philosophie ihr Verhältnis zum Heterogenen geradezu thematisch ist. Kunst und Philosophie haben ihr Gemeinsames nicht in Form oder gestaltendem Verfahren, sondern in einer Verhaltensweise, welche Pseudomorphose verbietet. Beide halten ihrem eigenen Gehalt die Treue durch ihren Gegensatz hindurch; Kunst, indem sie sich spröde macht gegen ihre Bedeutungen; Philosophie, indem sie an kein Unmittelbares sich klammert. Der philosophische Begriff läßt nicht ab von der Sehnsucht, welche die Kunst als begriffslose beseelt und deren Erfüllung ihrer Unmittelbarkeit als einem Schein entflieht. Organon des Denkens und gleichwohl die Mauer zwischen diesem und dem zu Denkenden, negiert der Begriff jene Sehnsucht. Solche Negation kann Philosophie weder umgehen noch ihr sich beugen. An ihr ist die Anstrengung, über den Begriff durch den Begriff hinauszugelangen.

(Ebd., S. 25)

Entäußerte wirklich der Gedanke sich an die Sache, gälte er dieser, nicht ihrer Kategorie, so begänne das Objekt unter dem verweilenden Blick des Gedankens selber zu reden.

(Ebd., S. 36)

Philosophie erniedrigte sich zur tröstlichen Affirmation, wenn sie sich und andere darüber betröge, daß sie, womit immer sie ihre Gegenstände in sich selbst bewegt, ihnen auch von außen einflößen muß. Was in ihnen selbst wartet, bedarf des Eingriffs, um zu sprechen.

(Ebd., S. 37)

Alle Kunstwerke, und Kunst insgesamt, sind Rätsel; das hat von altersher die Theorie der Kunst irritiert. Daß Kunstwerke etwas sagen und mit dem gleichen Atemzug es verbergen, nennt den Rätselcharakter unterm Aspekt der Sprache.

(Ästhetische Theorie, S. 182)

Kunstwerke, die der Betrachtung und dem Gedanken ohne Rest aufgehen, sind keine.

(Ebd., S. 184)

Das Rätsel lösen ist soviel wie den Grund seiner Unlösbarkeit angeben: der Blick, mit dem die Kunstwerke den Betrachter anschauen.

(Ebd., S. 185)

Der Sprachcharakter der Kunst führt auf die Reflexion, was aus der Kunst rede; das eigentlich, der Hervorbringende nicht und nicht der Empfangende, ist ihr Subjekt. Überdeckt wird das vom Ich der Lyrik, das für Jahrhunderte sich einbekannte und den Schein der Selbstverständlichkeit der poetischen Subjektivität zeitigte. (Ebd., S. 249)

Denn der Gehalt eines Gedichts ist nicht bloß der Ausdruck individueller Regungen und Erfahrungen. Sondern diese werden überhaupt erst dann künstlerisch, wenn sie, gerade vermöge der Spezifikation ihres ästhetischen Geformtseins, Anteil am Allgemeinen gewinnen. Nicht, daß was das lyrische Gedicht ausdrückt, unmittelbar das sein müßte, was alle erleben. Seine Allgemeinheit ist keine volonté de tous, keine der bloßen Kommunikation dessen, was die anderen nur eben nicht kommunizieren können. Sondern die Versenkung ins Individuierte erhebt das lyrische Gedicht dadurch zum Allgemeinen, daß es Unentstelltes, Unerfaßtes, noch nicht Subsumiertes in die Erscheinung setzt und so geistig etwas vorwegnimmt von einem Zustand, in dem kein schlecht Allgemeines, nämlich zutiefst Partikulares mehr das andere, Menschliche fesselte. Von rückhaltloser Individuation erhofft sich das lyrische Gebilde das Allgemeine. [...]

Jene Allgemeinheit des lyrischen Gehalts jedoch ist wesentlich gesellschaftlich. Nur der versteht, was das Gedicht sagt, wer in dessen Einsamkeit der Menschheit Stimme vernimmt; ja, noch die Einsamkeit des lyrischen Wortes selber ist von der individualistischen und schließlich atomistischen Gesellschaft vorgezeichnet, so wie umgekehrt seine allgemeine Verbindlichkeit von der Dichte seiner Individuation lebt.

(Noten zur Literatur I. Rede über Lyrik und Gesellschaft, S. 74f)

Kunstwerke jedoch haben ihre Größe einzig daran, daß sie sprechen lassen, was die Ideologie verbirgt. Ihr Gelingen selber geht, mögen sie es wollen oder nicht, übers falsche Bewußtsein hinaus.

(Ebd., S. 77)

Die höchsten lyrischen Gebilde sind darum die, in denen das Subjekt, ohne Rest von bloßem Stoff, in der Sprache tönt, bis die Sprache selber laut wird. Die Selbstvergessenheit des Subjekts, das der Sprache als einem Objektiven sich anheimgibt, und die Unmittelbarkeit und Unwillkürlichkeit seines Ausdrucks sind dasselbe: so vermittelt die Sprache Lyrik und Gesellschaft im Innersten. Darum zeigt Lyrik dort sich am tiefsten gesellschaftlich verbürgt, wo sie nicht der Gesellschaft nach dem Munde redet, wo sie nichts mitteilt, sondern wo das Subjekt, dem der Ausdruck glückt, zum Einstand mit der Sprache selber kommt, dem, wohin diese von sich aus möchte.

(Ebd., S. 85)

Der reine Ausdruck der Kunstwerke befreit vom dinghaft Störenden, auch dem sogenannten Naturstoff, konvergiert mit Natur, so wie in den authentischesten Gebilden Anton Weberns der reine Ton, auf den sie sich kraft subjektiver Sensibilität reduzieren, umschlägt in den Naturlaut; den einer beredten Natur freilich, ihre Sprache, nicht ins Abbild eines Stücks von ihr. Die subjektive Durchbildung der Kunst als einer nichtbegrifflichen Sprache ist im Stande von Rationalität die einzige Figur, in der etwas wie Sprache der Schöpfung widerscheint, mit der Paradoxie der Verstelltheit des Widerscheinenden. Kunst versucht, einen Ausdruck nachzuahmen, der nicht eingelegte menschliche Intention wäre. Diese ist lediglich ihr Vehikel. Je vollkommener das Kunstwerk, desto mehr fallen die Intentionen von ihr ab. Natur mittelbar, der Wahrheitsgehalt von Kunst, bildet unmittelbar ihr Gegenteil. Ist die Sprache der Natur stumm, so trachtet Kunst, das Stumme zum Sprechen zu bringen, dem Mißlingen exponiert durch den unaufhebbaren Widerspruch zwischen dieser Idee, die verzweifelte Anstrengung gebietet, und der, welcher die Anstrengung gilt, der eines schlechthin Unwillentlichen.

(Ästhetische Theorie, S. 121)

Daß die bedeutungsferne Sprache keine sagende ist, stiftet ihre Affinität zum Verstummen. Vielleicht ist aller Ausdruck, nächstverwandt dem Transzendierenden, so dicht am Verstummen, wie in großer neuer Musik nichts so viel Ausdruck hat wie das Verlöschende, der aus der dichten Gestalt nackt heraustretende Ton, in dem Kunst vermöge ihrer eigenen Bewegung in ihr Naturmoment mündet. (Ebd., S. 123)

Ästhetischer Ausdruck ist Vergegenständlichung des Ungegenständlichen, und zwar derart, daß es durch seine Vergegenständlichung zum zweiten Ungegenständlichen wird, zu dem, was aus dem Artefakt spricht, nicht als Imitation des Subjekts. Andererseits bedarf gerade die Objektivation des Ausdrucks, die mit Kunst koinzidiert, des Subjekts, das sie herstellt und seine eigenen mimetischen Regungen, bürgerlich gesprochen, verwertet. Ausdrucksvoll ist Kunst, wo aus ihr, subjektiv vermittelt, ein Objektives spricht: Trauer, Energie, Sehnsucht. Ausdruck ist das klagende Gesicht der Werke. Sie zeigen es dem, der ihren Blick erwidert [...] (Ebd., S. 170)

[…] die neue Kunst bemüht sich um die Verwandlung der kommunikativen Sprache in eine mimetische. Vermöge ihres Doppelcharakters ist Sprache Konstituens der Kunst und ihr Todfeind. Etruskische Krüge in der Villa Giula sind sprechend im höchsten Maß und aller mitteilenden Sprache inkommensurabel. Die wahre Sprache der Kunst ist sprachlos, ihr sprachloses Moment hat den Vorrang vor dem signifikativen der Dichtung, das auch der Musik nicht ganz abgeht. Das Sprachähnliche an den Vasen berührt sich am ehesten mit einem Da bin ich oder Das bin ich, einer Selbstheit, die nicht erst durchs identifizierende Denken aus der Interdependenz des Seienden herausgeschnitten ward. So scheint ein Nashorn, das stumme Tier, zu sagen: ich bin ein Nashorn. Die Rilkesche Zeile »denn da ist keine Stelle, / die dich nicht sieht«, von der Benjamin groß dachte, hat jene nicht signifikative Sprache der Kunstwerke in kaum übertroffener Weise kodifiziert: Ausdruck ist der Blick der Kunstwerke. Ihre Sprache ist im Verhältnis zur signifikativen ein Älteres aber Uneingelöstes: so wie wenn die Kunstwerke, indem sie durch ihr Gefügtsein dem Subjekt sich anbilden, wiederholten, wie es entspringt, sich entringt. Ausdruck haben sie, nicht wo sie das Subjekt mitteilen, sondern wo sie von der Urgeschichte der Subjektivität, der von Beseelung erzittern. […]

Der Ausdruck der Kunstwerke ist das nicht Subjektive am Subjekt, dessen eigener Ausdruck weniger als sein Abdruck; nichts so ausdrucksvoll wie die Augen von Tieren – Menschenaffen –, die objektiv darüber zu trauern scheinen, daß sie keine Menschen sind. (Ebd., S. 171 f)

Musik ist sprachähnlich. Ausdrücke wie musikalisches Idiom, musikalischer Tonfall, sind keine Metaphern. Aber Musik ist nicht Sprache. Ihre Sprachähnlichkeit weist den Weg ins Innere, doch auch ins Vage. Wer Musik wörtlich als Sprache nimmt, den führt sie irre.

Sprachähnlich ist sie als zeitliche Folge artikulierter Laute, die mehr sind als bloß Laut. Sie sagen etwas, oft ein Menschliches. Sie sagen es desto nachdrücklicher, je höher die Musik geartet ist. Die Folge der Laute ist der Logik verwandt: es gibt Richtig und Falsch. Aber das Gesagte läßt von der Musik nicht sich ablösen. Sie bildet kein System aus Zeichen.

(Fragment über Musik und Sprache, S. 71 f)

Gegenüber der meinenden Sprache ist Musik eine von ganz anderem Typus. In ihm liegt ihr theologischer Aspekt. Was sie sagt, ist als Erscheinendes bestimmt zugleich und verborgen. Ihre Idee ist die Gestalt des göttlichen Namens. Sie ist entmythologisiertes Gebet, befreit von der Magie des Einwirkens; der wie immer auch vergebliche menschliche Versuch, den Namen selber zu nennen, nicht Bedeutungen mitzuteilen.

(Ebd., S. 73)

Der Ruf des Schreckens, mit dem das Ungewohnte erfahren wird, wird zu seinem Namen. Er fixiert die Transzendenz des Unbekannten gegenüber dem Bekannten und damit den Schauder als Heiligkeit. Die Verdoppelung der Natur in Schein und Wesen, Wirkung und Kraft, die den Mythos sowohl wie die Wissenschaft erst möglich macht, stammt aus der Angst des Menschen, deren Ausdruck zur Erklärung wird.

(Dialektik der Aufklärung, S. 17)

Aufklärung ist radikal gewordene, mythische Angst.

(Ebd., S. 18)

In einer homerischen Erzählung ist die Verschlingung von Mythos, Herrschaft und Arbeit aufbewahrt. Der zwölfte Gesang der Odyssee berichtet von der Vorbeifahrt an den Sirenen. Ihre Lokkung ist die des sich Verlierens im Vergangenen. Der Held aber, an den sie ergeht, ist im Leiden mündig geworden. In der Vielfalt der Todesgefahren, in denen er sich durchhalten mußte, hat sich ihm die Einheit des eigenen Lebens, die Identität der Person gehärtet. Wie Wasser, Erde und Luft scheiden sich ihm die Bereiche der Zeit. Ihm ist die Flut dessen, was war, vom Felsen der Gegenwart zurückgetreten, und die Zukunft lagert wolkig am Horizont. Was Odysseus hinter sich ließ, tritt in die Schattenwelt: so nahe noch ist das Selbst dem vorzeitlichen Mythos, dessen Schoß es sich entrang, daß ihm die eigene erlebte Vergangenheit zur mythischen Vorzeit wird. Durch feste Ordnung der Zeit sucht es, dem zu begegnen. Das dreigeteilte Schema soll den gegenwärtigen Augenblick von der Macht der Vergangenheit befreien, indem es diese hinter die absolute Grenze des Unwiederbringlichen verweist und als praktikables Wissen dem Jetzt zur Verfügung stellt. Der Drang, Vergangenes als Lebendiges zu erretten, anstatt als Stoff des Fortschritts zu benutzen, stillte sich allein in der Kunst, der selbst Geschichte als Darstellung vergangenen Lebens zugehört. Solange Kunst darauf verzichtet, als Erkenntnis zu gelten, und sich dadurch von der Praxis abschließt, wird sie von der gesellschaftlichen Praxis toleriert wie die Lust. Der Gesang der Sirenen aber ist noch nicht zur Kunst entmächtigt. Sie wissen »alles, was irgend geschah auf der viel ernährenden Erde«, zumal woran Odysseus selbst teilhatte, »wie viel in den Ebenen Trojas Argos' Söhn' und die Troer vom Rat der Götter geduldet«. Indem sie jüngst Vergangenes unmittelbar beschwören, bedrohen sie mit dem unwiderstehlichen Versprechen von Lust, als welches ihr Gesang vernommen wird, die patriarchale Ordnung, die das Leben eines jeden nur gegen sein volles Maß an Zeit zurückgibt. Wer ihrem Gaukelspiel folgt, verdirbt, wo einzig immerwährende Geistesgegenwart der Natur die Existenz abtrotzt. Wenn die Sirenen von allem wissen, was geschah, so fordern sie die Zukunft als Preis dafür, und die Verheißung der frohen Rückkehr ist der Trug, mit dem das Vergangene den Sehnsüchtigen einfängt. Odysseus ist gewarnt von Kirke, der Gottheit der Rückverwandlung ins Tier, der er widerstand, und die ihn dafür stark macht, anderen Mächten der Auflösung zu widerstehen. Aber die Lokkung der Sirenen bleibt übermächtig. Keiner, der ihr Lied hört, kann sich entziehen. Furchtbares hat die Menschheit sich antun müssen, bis das Selbst, der identische, zweckgerichtete, männliche Charakter des Menschen geschaffen war, und etwas davon wird noch in jeder Kindheit wiederholt. Die Anstrengung, das Ich zusammenzuhalten, haftet dem Ich auf allen Stufen an, und stets war die Lockung, es zu verlieren, mit der blinden Entschlossenheit zu seiner Erhaltung gepaart. Der narkotische Rausch, der für die Euphorie, in der das Selbst suspendiert ist, mit todähnlichem Schlaf büßen läßt, ist eine der ältesten gesellschaftlichen Veranstaltungen, die zwischen Selbsterhaltung und -vernichtung vermitteln, ein Versuch des Selbst, sich selber zu überleben. Die Angst, das Selbst zu verlieren und mit dem Selbst die Grenze zwischen sich und anderem Leben aufzuheben, die Scheu vor Tod und Destruktion, ist einem Glücksversprechen verschwistert, von dem in jedem Augenblick die Zivilisation bedroht war. Ihr Weg war der von Gehorsam und Arbeit, über dem Erfüllung immerwährend bloß als Schein, als entmachtete Schönheit leuchtet. Der Gedanke des Odysseus, gleich feind dem eigenen Tod und eigenen Glück, weiß darum. Er kennt nur zwei Möglichkeiten des Entrinnens. Die eine schreibt er den Gefährten vor. Er verstopft ihnen die Ohren mit Wachs, und sie müssen nach Leibeskräften rudern. Wer bestehen will, darf nicht auf die Lockung des Unwiederbringlichen hören, und er vermag es nur, indem er sie nicht zu hören vermag. Dafür hat die Gesellschaft stets gesorgt. Frisch und konzentriert müssen die Arbeitenden nach vorwärts blicken und liegenlassen, was zur Seite liegt. Den Trieb, der zur Ablenkung drängt, müssen sie verbissen in zusätzliche Anstrengung sublimieren. So werden sie praktisch. – Die andere Möglichkeit wählt Odysseus selbst, der Grundherr, der die anderen für sich arbeiten läßt. Er hört, aber ohnmächtig an den Mast gebunden, und je größer die Lockung wird, um so stärker läßt er sich fesseln, so wie nachmals die Bürger auch sich selber das Glück um so hartnäckiger verweigerten, je näher es ihnen mit dem Anwachsen der eigenen Macht rückte. Das Gehörte bleibt für ihn folgenlos, nur mit dem Haupt vermag er zu winken, ihn loszubinden, aber es ist zu spät, die Gefährten, die selbst nicht hören, wissen nur von der Gefahr des Lieds, nicht von seiner Schönheit und lassen ihn am Mast, um ihn und sich zu retten. Sie reproduzieren das Leben des Unterdrückers in eins mit dem eigenen, und jener vermag nicht mehr aus seiner gesellschaftlichen Rolle herauszutreten. Die Bande, mit denen er sich unwiderruflich an die Praxis gefesselt hat, halten zugleich die Sirenen aus der Praxis fern: ihre Lockung wird zum bloßen Gegenstand der Kontemplation neutralisiert, zur Kunst. Der Gefesselte wohnt einem Konzert bei, reglos lauschend wie später die Konzertbesucher, und sein begeisterter Ruf nach Befreiung verhallt schon als Applaus. So treten Kunstgenuß und Handarbeit im Abschied von der Vorwelt auseinander. Das Epos enthält bereits die richtige Theorie. Das Kulturgut steht zur kommandierten Arbeit in genauer Korrelation, und beide gründen im unentrinnbaren Zwang zur gesellschaftlichen Herrschaft über die Natur.

(Ebd., S. 32 ff)

ISOLIERUNG DURCH VERKEHR

Daß das Verkehrsmittel isoliert, gilt nicht bloß im geistigen Bezirk. Nicht bloß setzt sich die verlogene Sprache des Ansagers im Radio als Bild der Sprache im Gehirn fest und hindert die Menschen, zueinander zu sprechen, nicht bloß übertönt die Anpreisung von Pepsi-Cola die der Niederlegung von Kontinenten, nicht bloß steht das gespenstische Modell der Kinohelden vor der Umarmung der Halbwüchsigen und noch des Ehebruchs. Der Fortschritt hält die Menschen buchstäblich auseinander. Der kleine Schalter am Bahnhof oder auf der Bank machte es dem Angestellten möglich, mit dem Kollegen zu tuscheln und das karge Geheimnis mit ihm zu teilen; die Glasfenster moderner Büros, die Riesensäle, in denen zahllose Angestellte gemeinsam Platz finden und vom Publikum wie von den Managern leicht zu überwachen sind, gestatten keine Privatunterhaltungen und Idyllen mehr. Auch auf Ämtern ist der Steuerzahler nun vor Zeitvergeudung der Besoldeten geschützt. Sie sind im Kollektiv isoliert. Aber das Verkehrsmittel trennt die Menschen auch physisch. Die Eisenbahn wurde durch Autos abgelöst. Durch den eigenen Wagen werden Reisebekanntschaften auf halb-bedrohliche hitchhikers reduziert. Die Menschen reisen streng voneinander isoliert auf Gummireifen. Dafür wird in jedem Einfamilienwagen nur gesprochen, was im anderen erörtert wird; das Gespräch in der Einfamilie ist durch die praktischen Interessen reguliert. Wie jede Familie mit einem bestimmten Einkommen denselben Prozentsatz auf Wohnung, Kino, Zigaretten wendet, ganz wie Statistik es vorschreibt, so sind die Themen je nach den Wagenklassen schematisiert. Wenn sie an Sonntagen oder auf Reisen in den Gasthöfen zusammentreffen, deren Menus und Räume auf entsprechenden Preisniveaus miteinander identisch sind, so finden die Besucher, daß sie mit zunehmender Isolierung einander immer ähnlicher geworden sind. Die Kommunikation besorgt die Angleichung der Menschen durch ihre Vereinzelung.

(Ebd., S. 198)

Schließlich zur Terminologie: was ich in der »Einleitung in die Musiksoziologie« Vermittlung genannt habe, ist nicht, wie Silbermann annimmt, dasselbe wie Kommunikation. Den Begriff der Vermittlung habe ich dort, ohne dies Philosophische im mindesten verleugnen zu wollen, streng im Hegelschen Sinn gebraucht. Vermittlung ist ihm zufolge die in der Sache selbst, nicht eine zwischen der Sache und denen, an welche sie herangebracht wird. Das letztere allein jedoch wird unter Kommunikation verstanden. Ich meine, mit anderen Worten, die sehr spezifische, auf die Produkte des Geistes zielende Frage, in welcher Weise gesellschaftliche Strukturmomente, Positionen, Ideologien und was immer in den Kunstwerken selbst sich durchsetzen. Die außerordentliche Schwierigkeit des Problems habe ich ungemildert hervorgehoben, und damit die einer Musiksoziologie, die nicht mit äußerlichen Zuordnungen sich begnügt; nicht damit, zu fragen, wie die Kunst in der Gesellschaft steht, wie sie in ihr wirkt, sondern die erkennen will, wie Gesellschaft in den Kunstwerken sich objektiviert. Die Frage nach der Kommunikation, die ich, und zwar als kritische, für ebenso relevant halte wie Silbermann, ist davon sehr verschieden. Bei der Kommunikation ist aber nicht nur zu bedenken, was jeweils offeriert und was nicht kommuniziert wird; auch nicht nur, wie die Rezeption erfolgt, übrigens ein Problem qualitativer Differenzierung, von dessen Schwierigkeiten einzig der sich eine Vorstellung macht, der einmal im Ernst versucht hat, Hörerreaktionen genau zu beschreiben. Es gehört dazu wesentlich, *was* kommuniziert wird.

(parva aesthetica, S. 38)

Nichts in der Kunst, auch nicht in der sublimiertesten, was nicht aus der Welt stammte; nichts daraus unverwandelt. Alle ästhetischen Kategorien sind ebenso in ihrer Beziehung auf die Welt wie in der Lossage von ihr zu bestimmen.

(Ästhetische Theorie, S. 209)

Jede der beiden Alternativen negiert mit der anderen auch sich selbst: engagierte Kunst, weil sie, als Kunst notwendig von der Realität abgesetzt, die Differenz von dieser durchstreicht; die des l'art pour l'art, weil sie durch ihre Verabsolutierung auch jene unauslöschliche Beziehung auf die Realität leugnet, die in der Verselbständigung von Kunst gegen das Reale als ihr polemisches Apriori enthalten ist. Zwischen den beiden Polen zergeht die Spannung, an der Kunst bis zum jüngsten Zeitalter ihr Leben hatte.

(Noten zur Literatur III. Engagement, S. 110)

Ob Kunst heute möglich sei, ist nicht von oben her zu entscheiden, nach dem Maß der gesellschaftlichen Produktionsverhältnisse. Die Entscheidung hängt ab vom Stand der Produktivkräfte.

(Ästhetische Theorie, S. 374)

Die Kritik, welche Kunst a priori übt, ist die an Tätigkeit als dem Kryptogramm von Herrschaft. Praxis tendiert ihrer schieren Form nach zu dem hin, was abzuschaffen ihre Konsequenz wäre; Gewalt ist ihr immanent und erhält sich in ihren Sublimierungen, während Kunstwerke, noch die aggressivsten, für Gewaltlosigkeit stehen.

(Ebd., S. 358f)

Charles Sanders Peirce
(1839–1914)

Logik-Ethik-Ästhetik – letztgültiger Zweck des Handelns: »ästhetische Güte« – ästhetische Pansemiotik: der triadische Zeichenbezug, die Schönheitsempfindung als eine Art »Firstness« zweiter Potenz, Selbstbezüglichkeit als Konsistenzgarantie des Zeichenzusammenhangs und des Bewußtseins – das ästhetisch-konsistente Ziel der »comunity of investigators« – das Universum als Argument und Gedicht

Welche Meinung man auch immer hinsichtlich des Bereiches der Logik vertreten mag, man wird allgemein darin übereinstimmen, daß ihr Herz die Klassifikation und Kritik von Argumenten ist. Nun ist es aber typisch für die Natur eines Argumentes, daß kein Argument existieren kann, ohne auf eine spezielle Klasse von Argumenten bezogen zu sein. Der Akt des Schließens besteht in dem Gedanken, daß die Konklusion wahr ist, weil *in jedem analogen Fall* eine analoge Konklusion wahr *sein würde.* Insofern ist die Logik mit dem Schlußfolgern gleichaltrig. Wer auch immer schlußfolgert, vertritt *ipso facto* virtuell eine logische Doktrin, seine *logica utens.* Diese Klassifikation ist keine bloße Qualifikation des Argumentes. Sie schließt wesenhaft seine *Billigung* ein – eine *qualitative Billigung.* Nun setzt solche Selbst-Billigung Selbst-Kontrolle voraus. Nicht, daß wir unsere Billigung so betrachten, als sei sie *als solche* ein willentlicher Akt, sondern in dem Sinne, daß wir den Akt des Schließens, den wir billigen, für willentlich halten. D. h., wenn wir nicht billigten, sollten wir nicht schließen. Es gibt geistige Operationen, die so völlig außerhalb unserer Kontrolle liegen wie das Wachsen unserer Haare. *Sie* zu billigen oder nicht zu billigen, wäre überflüssig. Aber wenn wir ein Experiment aufbauen, um eine Theorie zu testen, oder wenn wir uns eine zusätzliche Linie in ein geometrisches Diagramm eingefügt vorstellen, um eine Frage in der Geometrie zu bestimmen, dann sind das *willentliche Akte,* die unsere Logik, sei es jetzt die natürliche oder die wissenschaftliche, *billigt.* Nun ist die *Billigung* eines *willentlichen Aktes* eine *moralische* Billigung. *Die Ethik ist das Studium der Frage, welche Zwecke des Handelns wir überlegtermaßen willens sein sollen anzunehmen.* D. h. ⟨sie ist⟩ das Studium richtigen Handelns, das in Übereinstimmung mit Zwecken steht, die wir willens sind, überlegtermaßen anzunehmen. Das ist alles, so scheint es mir, was der Begriff der Rechtschaffenheit an Inhalt *haben kann.* Der rechtschaffene Mensch ist derjenige, der seine Leidenschaften kontrolliert und sie mit solchen Zwecken in Übereinstimmung bringt, die er willens ist, überlegtermaßen als *letzgültige* anzunehmen. Läge es in der Natur des Menschen, völlig befriedigt zu sein, wenn er seinen persönlichen Vorteil zum letzten Zweck gemacht hätte, so könnte ihn deshalb nicht mehr Tadel treffen, als ein Schwein trifft, wenn es sich genauso verhält. Ein logischer Denker ist ein Denker, der bei seinen intellektuellen Operationen große Selbstkontrolle übt; und daher ist das logisch Gute einfach eine besondere Art des moralisch Guten. Ethik – und zwar die echte normative Wissenschaft der Ethik als unterschieden von dem Zweig der Anthropologie, der in unseren Tagen oft unter dem Namen Ethik läuft –, diese eigentliche Ethik ist die normative Wissenschaft *par excellence,* weil ein *Zweck* – das wesentliche Objekt der normativen Wissenschaft – in so primärer Weise zu jedem willentlichen Akt gehört, wie er zu nichts anderem gehört. Aus diesem Grunde bleibt mir einiger Zweifel, ob es wirklich eine wahre normative Wissenschaft vom Schönen gibt. Andererseits muß ein letztgültiger Zweck des Handelns, der *überlegtermaßen* angenommen wird – d. h. *aus Vernunftgründen* angenommen wird – ein Sachverhalt sein, der *aus Vernunftgründen sich selbst an sich* unabhängig von jeder darüber hinausgehenden Überlegung empfiehlt. Es muß ein *bewundernswertes Ideal* sein, das die einzige Art von Güte besitzen muß, die ein solches Ideal haben *kann;* nämlich ästhetische Güte. Aus diesem Gesichtspunkt heraus erscheint das moralische Gut als eine besondere Art des ästhetisch Guten.

(Pragmatismus-Vorlesungen, Schriften II, S. 347 f)

Nun hat ein Zeichen als solches drei Bezüge: erstens ist es ein Zeichen in Relation *zu* einem Gedanken, der es interpretiert [Symbol]; zweitens ist es ein Zeichen *für* ein Objekt, für das es jenem Gedanken gleichbedeutend steht [Index]; drittens ist es ein Zeichen *in* einer Hinsicht oder Qualität, die es mit seinem Objekt in Verbindung bringt [Ikon].

(Einige Konsequenzen aus vier Unvermögen, Schriften I, S. 198)

Es gibt folglich also drei Elemente des Denkens: erstens, die repräsentative Funktion, die es eine *Repräsentation* sein läßt, zweitens, die reine denotative Funktion Anwendung oder die reale Verbindung, die einen Gedanken in *Relation* zu einem anderen bringt, und drittens, die materielle Qualität oder das Gefühl des Soseins, das dem Gedanken seine *Qualität* gibt.

Daß eine Sinnesempfindung nicht notwendig eine Intuition oder ein erster Sinneseindruck ist, wird sehr evident im Falle der Schönheitsempfindung [...] Wenn die Sinnesempfindung »schön« durch vorhergehende Erkenntnis bestimmt wird, entsteht sie immer als ein Prädikat, d. h. wir denken, daß etwas schön ist [...] Die Empfindung der Schönheit entsteht aus einer Mannigfaltigkeit von anderen Eindrücken.

(Ebd., S. 205)

Konsistenz gehört zu jedem Zeichen, soweit es ein Zeichen ist, und infolgedessen bezeichnet jedes Zeichen – da es in erster Linie bezeichnet, daß es ein Zeichen ist – seine eigene Konsistenz.

(Ebd., S. 223)

[...] im selben Moment, wo man ein ästhetisches Ideal als letztgültigen Zweck des Handelns vorschlägt, spricht sich ein kategorischer Imperativ für oder gegen es aus [...] So scheint es mir [...], daß jedes Ziel, das konsistent verfolgt werden kann [...] jenseits aller möglichen Kritik steht [...]

Damit das Ziel unter allen Umständen unwandelbar bleibt, denn ohne das würde es kein letztes Ziel sein, ist es erforderlich, daß es Harmonie mit einer freien Entwicklung der eigenen ästhetischen Qualität des Handelnden steht. Zu gleicher Zeit ist es erforderlich, daß es nicht letztlich dazu tendiert, von den Reaktionen beeinträchtigt zu werden, die der Handelnde von jener äußeren Welt erfährt, die in der Idee des Handelns selbst schon vorausgesetzt wird. Es ist klar, daß diese beiden Bedingungen nur dann auf einmal erfüllt werden können, wenn es dahin kommt, daß die ästhetische Qualität, auf die hin die freie Entwicklung des Handelnden tendiert, und die ästhetische Qualität der letztlichen Einwirkung der Erfahrung auf ihn Teile eines ästhetischen Ganzen sind. (Schriften II, 350f)

Das Universum als ein Argument ist notwendig ein großes Kunstwerk, ein großes Gedicht – genau wie jedes wahre Gedicht ein gutes Argument ist. Doch laßt uns das Universum lieber mit einem Gemälde vergleichen – etwa mit einem impressionistischen Seestück –; dann ist jede Qualität in einer Prämisse eines der elementaren Farbpartikel des Gemäldes; ihrer aller Sinn liegt darin, daß sie zusammenwirken, um die intendierte Qualität zu konstituieren, welche dem Ganzen als ganzem zugehört. Jener Gesamteffekt liegt außerhalb unseres Gesichtskreises; aber wir können ihn in gewissem Maße einschätzen als aus den Qualitäten von Teilen des Ganzen resultierend – d. h. aus Qualitäten, welche ihrerseits aus Kombinationen elementarer Qualitäten resultieren, die zu den Prämissen gehören... (Ebd., S. 345)

Charles William Morris
(geb. 1901)

Ästhetik als Semiotik – bezeichneter Zeichenträger – Ikon – Werte als handlungsabschließende Eigenschaften – ästhetischer Wert – ästhetische Wahrnehmung – Kunst als Vollzug und als Mittel zum Vollzug

Wenn das Kunstwerk als ästhetisches Zeichen zu verstehen ist, folgt daraus, daß die ästhetische Analyse ein Sonderfall der Zeichenanalyse ist. Und da ein Zeichen durch die Angabe seiner syntaktischen, semantischen und pragmatischen Komponenten und Beziehungen vollständig gekennzeichnet ist, gilt das auch für die Analyse ästhetischer Zeichen. Die Ästhetik oder ästhetische Semiotik gehört zur allgemeinen Semiotik, und entsprechend den Teildisziplinen der Semiotik können wir *ästhetische Syntaktik, ästhetische Semantik* und *ästhetische Pragmatik* unterscheiden.
(Grundlagen der Zeichentheorie, S. 106)

Das Kunstwerk wird als »bedeutsam« oder »bezeichnend« wahrgenommen, und doch scheint das Bezeichnete in dem Werk selbst verkörpert zu sein – so daß die ästhetische Wahrnehmung fest an das Werk selbst gebunden ist und es nicht als Sprungbrett für Träumereien und Erinnerungen mißbrauchen kann. Die »immanente Bedeutung«, die »nichtreferierende Aussage« des Kunstwerks, das »interesselose Wohlgefallen« – alles Formulierungen, die sehr widersprüchlich scheinen – sind dadurch zu erklären, daß bei der Wahrnehmung des ikonischen Zeichens von bestimmten Eigenschaften nicht nur mittelbar, sondern auch unmittelbar Notiz genommen wird. Und der häufige, wiewohl verworrene Sprachgebrauch in Diskussionen über Kunst, nach dem das Wort »Bedeutung« in gleicher Weise »Sinn« und »Wert« meint, weist darauf hin, daß bei den ästhetischen Zeichen (obgleich nicht bei allen ikonischen Zeichen) die betreffenden Eigenschaften Werteigenschaften sind.

Um den Zeichenstatus des Kunstwerks abzusichern, sei eine zusätzliche Erläuterung gegeben: Oftmals lenkt der Künstler die Aufmerksamkeit auf den Zeichenträger, so daß der Interpret auf ihn nicht wie auf einen Gegenstand, sondern wie auf ein Zeichen reagiert; die Bilder sind gerahmt, Teile der Leinwand werden manchmal absichtlich unbemalt gelassen, ein Stück wird auf einer Bühne aufgeführt, auf der verschiedene technische Hilfsmittel sichtbar bleiben, der Musiker spielt in Sichtweite der Zuhörer – dies sind Kunstgriffe, die jene Form der Illusion verhindern, die den Zeichenträger nicht von den Denotaten unterscheidet. Zwar gilt für jedes Kunstwerk, daß der Zeichenträger (mit allen bereits gemachten Differenzierungen) eines seiner eigenen Denotate ist, aber er muß in der ästhetischen Wahrnehmung auch so wahrgenommen werden, d. h. beide dürfen nicht zusammen geworfen werden; der Wert muß nicht nur der direkten Anschauung zugänglich sein, sondern auch durch die Vermittlung von Zeichen gegeben sein. Eine solche Betrachtung liefert einige Grundlagen für die Definition des ästhetischen Zeichens als eines ikonischen Zeichens, dessen Designat ein Wert ist.

(Ebd., S. 98f)

Nach diesem Ansatz ist Wert eine Eigenschaft eines Gegenstandes oder eines Sachverhaltes im Verhältnis zu einem gegebenen Interesse – nämlich die Eigenschaft, auf befriedigende Weise eine

Handlung abzuschließen, deren Vollendung einen Gegenstand erfordert, der derartige Interessen befriedigt.

Ein Interesse an Nahrungsmitteln existiert nur, soweit es eine Tätigkeit gibt, die Gegenstände ausfindig macht, die zum Aufhören des Hungers führen. Solche Gegenstände ausfindig machen bedeutet so handeln, daß Gegenstände mit den erforderlichen Eigenschaften in die Lage versetzt werden, als direkte Stimuli zu wirken. Ein Gegenstand hat Nahrungswert nur im Verhältnis zum Hunger; »Wert« verweist (ebenso wie »magnetisch«) auf Verhältnisse innerhalb eines bestimmten Systems und kennzeichnet Eigenschaften von Gegenständen im Verhältnis zu Interessen. Der Wert liegt weder allein in Gegenständen, die von Interessen isoliert sind, noch allein in Interessen (und daher auch nicht in den »emotionalen« Aspekten der Interessen, die sich im Prozeß der Befriedigung befinden), die von Gegenständen isoliert sind, die die Befriedigung der Interessen ermöglichen. Werte sind handlungsabschließende Eigenschaften von Gegenständen oder Sachverhalten, die interessenbedingten Handlungen gerecht werden. (Ebd., S. 95)

Bei der ästhetischen Wahrnehmung werden die Werteigenschaften nicht nur mittelbar sondern auch unmittelbar erfaßt: mittelbar deshalb, weil sie durch Zeichen dargestellt werden, unmittelbar deshalb, weil die Zeichenträger, die verwendet werden, in unterschiedlichen Graden die Werteigenschaften in sich verkörpern, welche sie darstellen. Dabei ist der Zeichenträger nicht einfach ein Instrument, das den Interpreten auf einen anderen Gegenstand mit der fraglichen Eigenschaft hinweisen soll, auch nicht eine Gelegenheit zu Träumereien über den angegebenen Wert; die ästhetische Wahrnehmung ist eine Wahrnehmung von Objekten, sie entnimmt ihrem Objekt – bzw. Teilen ihres Objekts –, was es bedeutet. Dieser Prozeß verschafft Befriedigung, weil das Objekt den Wert, den es bedeutet, verkörpert, aber die Befriedigung ist nicht vollständig, da sie nur durch Zeichen vermittelt wird, oft sogar durch Zeichen, die das, was sie bedeuten, selbst überhaupt nicht oder nur in Teilen auf ikonische Weise verkörpern – das Kunstwerk als Ganzes bleibt ja stets ein Zeichen. (Ebd., S. 102)

Wird [...] eine Handlung blockiert, dann wird die Vergegenwärtigung des Handlungsziels oder der verschiedenen möglichen Ziele ebenso wichtig wie die Vergegenwärtigung der verschiedenen Bedingungen, die erfüllt sein müssen, wenn das Ziel oder die Ziele erreicht werden sollen. Das ästhetische Zeichen hat im allgemeinen die wichtige Funktion, die Werte, die dem Handlungsergebnis entsprechen, für die Steuerung des Handlungsablaufs verfügbar zu machen, und jeder einzelne ästhetische Zeichenträger vergegenwärtigt in objektiver Form die Lösung eines Wertkonflikts; er entspricht also im Bereich der Zwecke jener Errungenschaft, die im Bereich der Mittel der Benzinmotor darstellt. Jedoch mit einem wichtigen Unterschied: während der Motor ein physisches Mittel ist, um vielerlei Ziele zu erreichen, dienen die vielerlei Zeichenträger als Mittel, ein Kunstwerk zu realisieren (d. h. ästhetische Wahrnehmung zu erreichen). Daher hat das Kunstwerk selbst nur die Daseinsweise eines Zeichens, obwohl sein Zeichenträger (oder seine Zeichenträger) den Status physikalischer Objekte besitzt (besitzen). Dieser Umstand – verbunden mit dem ikonischen Charakter des ästhetischen Zeichens – wirft ein Licht auf die verwirrende Tatsache, daß Kunst sowohl Vollzug wie Mittel zum Vollzug ist. Da die Werteigenschaften des Designats wenigstens teilweise in dem ästhetischen Zeichenträger verkörpert sind, hat der Künstler die Welt tatsächlich entsprechend seinen innerlichen Bedürfnissen geformt und die Grundlage für befriedigende Erfahrungen geschaffen; da die in den Zeichenträgern verkörperten Werte aber nur Beispiele für einen Wert sind, der woanders zu finden ist (auch dann, wenn der Wert des Ganzen keine andere Verkörperung hat), und da das Kunstwerk durch seine Zeichenhaftigkeit diese Werte mittelbar darstellt (während der Zeichenträger sie unmittelbar darstellt), werden die Werte und die Lösung ins Bewußtsein gehoben und können durch ihre Allgemeinheit eine instrumentelle Rolle in anderen Wertsituationen übernehmen – die Ausgangssituation des Künstlers eingeschlossen, die die Matrix für die Schaffung des ästhetischen Zeichens abgab. Ich brauche kaum hinzuzufügen, daß der Künstler angesichts seines eigenen Problems ein Modell liefert, das auf viele andere Probleme ebenso anwendbar ist wie auf sein eigenes, und daß er auf diese Weise durch sein Werk die Wertstrukturen einer Gruppe oder einer Epoche verkörpern, klären und fördern kann – im Extremfall sogar die Wertstruktur der Menschen aller Orte und Zeiten. (Ebd., S. 111 f)

Jan Mukařovský
(geb. 1891)

Strukturelle Ästhetik: Dynamik der künstlerischen Struktur – Eigenbewegung und gesellschaftliche Bedingtheit – die »ästhetische Funktion« – ästhetische Norm – ästhetischer Wert – das Ästhetische als »Faktor der Lebenspraxis« – das Kunstwerk als Zeichen: autonom *und* kommunikativ

Die strukturelle Ästhetik gehört den objektivistischen Richtungen an, d. h. denen, die zum Ausgangspunkt (nicht jedoch zum ausschließlichen Ziel) ihrer Erforschung das *ästhetische Objekt* bestimmen, d. h. das Kunstwerk, ein Objekt freilich, das nicht im materiellen Sinne verstanden werden darf, sondern als das äußere Erscheinungsbild einer immateriellen Struktur, d. h. eines dynamischen Gleichgewichts der Kräfte, die durch die einzelnen Elemente dargestellt werden. Die Dynamik der künstlerischen Struktur hat ihren Ursprung darin, daß ein Teil ihrer Elemente jeweils den Stand bewahrt, der durch die Konventionen der jüngsten Vergangenheit gegeben ist, während der andere diesen Stand umgestaltet; dadurch entsteht eine Spannung, die zum Ausgleich drängt, d. h. zu einer neuen, weiteren Veränderung der künstlerischen Struktur. Obgleich jedes Kunstwerk für sich genommen eine Struktur bildet, ist die künstlerische Struktur nicht die Angelegenheit eines einzigen Werks, sondern sie dauert in der Zeit, indem sie bei ihrem Fortschreiten von einem Werk auf das andere übergeht und sich dabei ständig verändert; die Veränderungen ergeben sich aus der stetigen Umgruppierung der gegenseitigen Beziehungen und aus der relativen Wichtigkeit der einzelnen Elemente; im Vordergrund stehen immer diejenigen unter ihnen, die ästhetisch aktualisiert werden, d. h. die, welche mit dem bisherigen Stand der künstlerischen Konvention im Widerspruch stehen; die zweite Gruppe, die sich aus den Elementen zusammensetzt, die sich der bisherigen Konvention unterordnen, bildet den Hintergrund, vor dem sich die Aktualisierung der ersten Gruppe abzeichnet und vor dem sie empfunden wird. Es ist natürlich, daß die einzelnen Elemente im Laufe der Entwicklung in diesen Gruppen ihre Plätze wechseln – dies ergibt eine Umgruppierung des Ganzen.

(Kapitel aus der Poetik, S. 13f)

Das Kunstwerk ist jedoch für die strukturelle Ästhetik ein Zeichen nicht nur im Verhältnis zum Individuum, sondern auch im Hinblick auf die Gesellschaft; dies bedeutet, daß auch die Problematik des Verhältnisses zwischen Kunst und Gesellschaft einer Revision bedarf. Vor allem muß man daran erinnern, daß die Entwicklung der künstlerischen Struktur stetig ist und von einer inneren Gesetzmäßigkeit geleitet wird: die künstlerische Struktur entwickelt sich aus sich selbst heraus in einer »Eigenbewegung« – schon die Feststellung dieser Tatsache verhindert, daß ihre durch die Entwicklung gegebenen Veränderungen als ausschließliche und unmittelbare Folgen der gesellschaftlichen Entwicklung aufgefaßt werden können. Jede Veränderung der künstlerischen Struktur wird in irgendeiner Weise von außen her angeregt (motiviert), sei es direkt durch die Entwicklung der Gesellschaft, sei es durch die Entwicklung eines der Kulturbereiche (Wissenschaft, Wirtschaft, Politik, Sprache u. ä.), die freilich auch, ebenso wie die Kunst selbst, vom gesellschaftlichen Zusammenleben getragen werden; indessen beruhen die Art, wie ein äußerer Impuls liquidiert wird, und die Richtung, mit der er auf die Entwicklung der Kunst einwirkt, auf Voraussetzungen, die in der künstlerischen Struktur selbst enthalten sind (immanente Entwicklung). Die Organisation und die schöpferischen Erzeugnisse der Gesellschaft bewirken einen lückenlosen Kontakt zwischen Kunst und Gesellschaft, und dieser Kontakt ist als Gegebenheit und als Postulat schon im Schaffensprozeß enthalten: der Künstler ist ein Glied der Gesellschaft, er gehört einem bestimmten Milieu an und schafft notwendig für andere, für ein Publikum, für die Gesellschaft.

(Ebd., S. 19)

Die Kunst erscheint als Zeichen nicht nur im Verhältnis zur äußeren Welt, sondern auch in der *Komposition der künstlerischen Struktur an sich:* es wurde schon angedeutet, daß jedes Element eines Kunstwerks Träger einer bestimmten Teilbedeutung ist; die Summe dieser Teilbedeutungen, die sich fortschreitend zu höheren Einheiten ordnen, ist das Werk als Gesamtkomplex der Bedeutungen. Der Zeichen- und Bedeutungscharakter des Kunstwerks in seinen Teilen und im Ganzen offenbart sich besonders bei den sogenannten Zeitkünsten, d. h. bei den Künsten, deren Wahrnehmung an einen Zeitablauf gebunden ist: solange die

Wahrnehmung nicht abgeschlossen und der Aufbau des Werks im Gedanken des Aufnehmenden nicht als Ganzheit gegenwärtig ist, hat der Wahrnehmende keine Gewißheit über den Sinn und die Bedeutung der einzelnen Teile. Alles in einem Kunstwerk und in seiner Beziehung zur Umwelt erscheint also der strukturellen Ästhetik als Zeichen und Bedeutung; in diesem Sinne kann die strukturelle Ästhetik als Teil der allgemeinen Wissenschaft vom Zeichen, der *Semiologie,* betrachtet werden.

(Ebd., S. 23 f)

Die ästhetische *Funktion* ist einer der wichtigen Faktoren des menschlichen Tuns: jede menschliche Verrichtung kann von ihr begleitet und jede Sache kann ihre Trägerin werden. Sie ist auch kein bloßes, praktisch bedeutungsloses Epiphänomen anderer Funktionen, sondern ein das menschliche Handeln im Hinblick auf die Realität mitbestimmender Faktor; sie dient beispielsweise bei Verschiebungen in der Hierarchie der Funktionen einer bestimmten Sache, indem sie sich der dominierenden Funktion zugesellt, sie verstärkt, auf sie aufmerksam macht und sie über die anderen erhebt; bisweilen wiederum ersetzt sie die verlorengegangene Funktion einer Sache oder einer Einrichtung und bewahrt die vorübergehend entschwundene Funktion für einen neuen Gebrauch und eine neue Funktion usw. So ist die ästhetische Funktion fest mit dem gesellschaftlichen Leben verknüpft.

Die ästhetische *Norm,* das Regulativ der ästhetischen Funktion, ist keine unveränderliche Regel, sondern ein komplizierter, stetig sich erneuernder Prozeß. Mit seiner Schichtung nach älteren und jüngeren, niederen und höheren Normen usf. und mit seinen entwicklungsbedingten Wandlungen ordnet er sich in die gesellschaftliche Entwicklung ein, in dem er bald die Zugehörigkeit des einzelnen zu einer bestimmten gesellschaftlichen Umwelt, bald den Übergang des einzelnen von einer Schicht zur anderen, bald die Verschiebungen in der Gesamtstruktur der Gesellschaft begleitet und signalisiert.

Der ästhetische *Wert,* der besonders in der Kunst zur Geltung kommt, wo die ästhetische Norm eher gebrochen als eingehalten wird, gehört seinem Wesen nach zu den sozialen Erscheinungen. Nicht nur die Wandelbarkeit der aktuellen ästhetischen Wertung, sondern auch die Stetigkeit der objektiven ästhetischen Wertung müssen aus dem Verhältnis von Kunst und Gesellschaft abgeleitet werden. Der ästhetische Wert tritt in eine enge Beziehung zu den außerästhetischen Werten ein, die das Werk enthält, und durch deren Vermittlung auch mit dem System der Werte, die die Lebenspraxis *des* Kollektivs bestimmen, das das Werk aufnimmt. Das Verhältnis des ästhetischen Werts zu den außerästhetischen ist so beschaffen, daß der ästhetische Wert über die anderen dominiert, sie jedoch nicht zerstört, sondern sie nur zu einem Ganzen verknüpft. Hierbei löst er zwar jeden einzelnen vom unmittelbaren Kontakt mit dem entsprechenden, praktisch gültigen Wert, dafür aber ermöglicht er eine aktive Beziehung des Gesamtkomplexes der außerästhetischen Werte eines Werks zu der komplexen Einstellung, die die Individuen als Mitglieder eines Kollektivs mit dem Ziel einer Handlung zur Wirklichkeit einnehmen. Auf Vermittlung des ästhetischen Werts wirkt die Kunst geradenwegs auf das durch Gefühl und Willen bestimmte Verhältnis des Menschen zur Welt ein, wobei sie auf das grundlegende Regulativ menschlichen Handelns und Denkens trifft – dies im Unterschied zur Wissenschaft und Philosophie, die auf das menschliche Handeln mittels des Gedankenprozesses wirken.

Das Ästhetische, d. h. der Bereich der ästhetischen Funktion, Norm und des ästhetischen Werts, ist also weit über den Gesamtbereich menschlichen Handelns ausgebreitet; es ist ein bedeutsamer und vielseitiger Faktor der Lebenspraxis. Die ästhetischen Theorien, die es auf einen seiner Aspekte begrenzen, indem sie nur das Wohlgefallen zum Ziel der ästhetischen Absicht erklären oder das Wecken von Gefühlen, Ausdruck oder Erkenntnis usf., werden seinem Ausmaß und seiner Bedeutung nicht gerecht. Alle diese Momente und andere mehr sind in das Ästhetische, besonders in seiner höchsten Verkörperung, der Kunst, einbezogen; jeder von ihnen fällt jedoch nur der Anteil zu, der ihr bei der Bildung der Gesamteinstellung des Menschen zur Welt zukommt.

(Kapitel aus der Ästhetik, S. 110ff)

A. Das Problem des Zeichens ist neben dem Problem der Struktur und des Werts eines der grundlegenden Probleme der Geisteswissenschaften, die alle mit Material arbeiten, das mehr oder weniger ausgeprägten Zeichencharakter hat. Deshalb sind die Erkenntnisse der linguistischen Semantik auf das Material dieser Wissenschaften anzuwenden – namentlich auf die, deren semiologischer Charakter besonders offenkundig ist; sodann ist es notwendig, nach dem spezifischen Charakter dieses Materials zu differenzieren.

B. Das Kunstwerk hat den Charakter eines Zeichens. Es kann weder mit dem individuellen Stand des Bewußtseins seines Urhebers noch mit dem eines das Werk wahrnehmenden Subjekts identifiziert werden, noch mit dem, was wir das materielle Werk nannten. Es besteht als »ästhetisches Objekt«, dessen Standort sich im Bewußtsein des ganzen Kollektivs befindet. Das sinnlich wahrnehmbare materielle Werk ist gegenüber diesem immateriellen Objekt nur ein äußeres Symbol; die individuellen Bewußtseinszustände, die das materielle Werk hervorruft, repräsentieren das ästhetische Objekt nur in dem, was ihnen allen gemeinsam ist.

C. Jedes Kunstwerk ist ein *autonomes* Zeichen, das sich zusammensetzt aus 1. dem »materiellen Werk«, das die Bedeutung eines sinnlichen Symbols hat; 2. aus dem »ästhetischen Objekt«, das im Kollektivbewußtsein wurzelt und die Stelle der »Bedeutung« innehat; 3. aus dem Verhältnis zur bezeichneten Sache, das nicht auf eine besondere unterschiedliche Existenz hindeutet – soweit es sich um ein autonomes Zeichen handelt –, sondern auf den Gesamtkontext der sozialen Phänomene (Wissenschaft, Philosophie, Religion, Politik, Wirtschaft usw.) einer bestimmten Umwelt.

D. Die »Stoff«- (thematischen, inhaltlichen) Künste haben noch eine zweite semiologische Funktion: die *kommunikative,* mitteilende. Hier bleibt das sinnliche Symbol naturgemäß dasselbe wie in den übrigen Fällen; hier wird die Bedeutung ebenfalls vom ganzen ästhetischen Objekt getragen. Aber sie hat unter den Komponenten dieses Objekts einen privilegierten Träger, der als Kristallisationspunkt der dispersen mitteilenden Kraft der übrigen Elemente in Funktion tritt; dies ist der Stoff des Werks. Die Beziehung zur bezeichneten Sache deutet wie in jedem mitteilenden Zeichen auf eine unterschiedliche Existenz hin (Ereignis, Gestalt, Sache usw.). Mit dieser Qualität ähnelt also das Kunstwerk den rein kommunikativen Zeichen. Die Beziehung zwischen dem Kunstwerk und der bezeichneten Sache hat jedoch keinen existentiellen Wert, und dies ist gegenüber den rein kommunikativen Zeichen ein erheblicher Unterschied. An den Stoff eines Kunstwerks kann man nicht die Forderung einer dokumentarischen Authentizität stellen, sofern wir es als künstlerisches Gebilde beurteilen. Dies heißt nicht, daß die Modifikationen der

Beziehung zur bezeichneten Sache (also die verschiedenen Stufen der Skala »Realität – Fiktion«) ohne Bedeutung für das Kunstwerk seien: sie wirken als Faktoren seiner Struktur.

E. Beide semiologischen Funktionen, die kommunikative und die autonome, die gemeinsam in den Stoff-Künsten bestehen, schaffen miteinander eine der grundlegenden dialektischen Antinomien der Entwicklung dieser Künste; ihre Dualität kommt in der Entwicklung in den fortdauernden Pendelschwingungen der Beziehung zur Realität zur Geltung.

(Kapitel der Ästhetik, S. 145 ff)

Paul Klee
(1879–1940)

Funktionelles versus Impressives – »Vorgeschichte des Sichtbaren« – »bildnerische Polyphonie« – »Deformation« natürlicher Erscheinungsformen

Kunst gibt nicht das Sichtbare wieder, sondern macht sichtbar.

(Bildnerisches Denken, Schöpferische Konfession, S. 76)

Auch der Kunst ist zu exakter Forschung Raum genug gegeben, und die Tore dahin stehen seit einiger Zeit offen. Was für die Musik schon bis zum Ablauf des achtzehnten Jahrhunderts getan ist, bleibt auf dem bildnerischen Gebiet wenigstens Beginn. Mathematik und Physik liefern dazu die Handhabe in Form von Regeln für die Innehaltung und für die Abweichung. Heilsam ist hier der Zwang, sich zunächst mit den Funktionen zu befassen und zunächst nicht mit der fertigen Form. Algebraische, geometrische Aufgaben, mechanische Aufgaben sind Schulungsmomente in der Richtung zum Wesentlichen, zum Funktionellen gegenüber dem Impressiven. Man lernt hinter die Fassade sehen, ein Ding an der Wurzel fassen. Man lernt erkennen, was darunter strömt, lernt die Vorgeschichte des Sichtbaren. Lernt in die Tiefe graben, lernt bloßlegen. Lernt begründen, lernt analysieren.

(ebd., Exakte Versuche im Bereiche der Kunst, S. 69)

Bewegung liegt allem Werden zugrunde. In Lessings Laokoon, an dem wir einmal jugendliche Denkversuche verzettelten, wird viel Wesens aus dem Unterschied von zeitlicher zu räumlicher Kunst gemacht. Und bei genauerem Zusehen ist's doch nur gelehrter Wahn. Denn auch der Raum ist ein zeitlicher Begriff.

(ebd., Schöpferische Konfession, S. 78)

Kunst verhält sich zur Schöpfung gleichnisartig. Sie ist jeweils ein Beispiel, ähnlich wie das Irdische ein kosmisches Beispiel ist.

Die Freimachung der Elemente, ihre Gruppierung zu zusammengesetzten Unterabteilungen, die Zergliederung und der Wiederaufbau zum Ganzen auf mehreren Seiten zugleich, die bildnerische Polyphonie, die Herstellung der Ruhe durch Bewegungsausgleich, all dies sind hohe Formfragen, ausschlaggebend für die formale Weisheit, aber noch nicht Kunst im obersten Kreis. Im obersten Kreis steht hinter der Vieldeutigkeit ein letztes Geheimnis, und das Licht des Intellekts erlischt kläglich.

(Ebd., S. 79)

Ich möchte nun die Dimension des Gegenständlichen in einem neuen Sinne für sich betrachten und dabei zu zeigen versuchen, wieso der Künstler oft zu einer solchen scheinbar willkürlichen »Deformation« der natürlichen Erscheinungsform kommt.

Einmal mißt er diesen natürlichen Erscheinungsformen nicht die zwingende Bedeutung bei wie die vielen Kritik übenden Realisten. Er fühlt sich an diese Realitäten nicht so sehr gebunden, weil er an diesen Form-Enden nicht das Wesen des natürlichen Schöpfungsprozesses sieht. Denn ihm liegt mehr an den formenden Kräften als an den Form-Enden. Er ist vielleicht ohne es gerade zu wollen Philosoph. Und wenn er nicht wie die Optimisten diese Welt für die beste aller Welten erklärt und auch nicht sagen will, diese uns umgebende Welt sei zu schlecht, als daß man sie sich zum Beispiel nehmen könne, so sagt er sich doch: In dieser ausgeformten Gestalt ist sie nicht die einzige aller Welten! So besieht er sich die Dinge, die ihm die Natur geformt vor Augen führt, mit durchdringendem Blick.

Je tiefer er schaut, desto leichter vermag er Gesichtspunkte von heute nach gestern zu spannen. Desto mehr prägt sich ihm an der Stelle eines fertigen Naturbildes das allein wesentliche Bild der Schöpfung als Genesis ein.

Er erlaubt sich dann auch den Gedanken, daß die Schöpfung

heute kaum schon abgeschlossen sein könne, und dehnt damit jenes weltschöpferische Tun von rückwärts nach vorwärts, der Genesis Dauer verleihend.
Er geht noch weiter.
Er sagt sich, diesseits bleibend: Es sah diese Welt anders aus und es wird diese Welt anders aussehen.
Nach jenseits tendierend aber meint er: Auf anderen Sternen kann es wieder zu ganz anderen Formen gekommen sein.

(Ebd., Übersicht und Orientierung auf dem Gebiet der bildnerischen Mittel und ihre räumliche Ordnung, S. 92f)

Paul Valéry
(1871–1945)

Schönheit: gewußt oder wahrgenommen – Widerstand des Rätsels gegen gedankliche Ordnungsversuche – Wirkung des Schönen: Verstummen – künstlerische Abstraktion

Meine Herren,
[...] Zuerst möchte ich Ihnen sagen, daß allein schon der Name der Ästhetik mich immer wahrhaft verwundert hat, und daß er immer noch auf mich eine blendende Wirkung ausübt, wenn es nicht gar Einschüchterung ist.

(Discours sur l'Esthétique, gehalten am 2. Internationalen Kongreß für Ästhetik und Kunstwissenschaft 1937, œuvres, S. 1295)

Wenn ich wählen müßte zwischen dem Schicksal eines Menschen, der weiß wie und warum eine Sache das ist, was man »schön« nennt, und dem Schicksal, zu wissen, was Wahrnehmen ist, ich glaube wohl, ich würde das zweite wählen, mit dem Hintergedanken, daß dieses Wissen [...] mir alle Geheimnisse der Kunst liefern würde.

(Ebd., S. 1296)

Die Ästhetik der Metaphysiker forderte, das Schöne von den schönen Sachen zu trennen! [...] Das Wirkliche [aber] verweigert die Ordnung und die Einheit, welche der Gedanke ihm auferlegen will [...] Sagen, ein Gegenstand sei schön, heißt ihm den Wert eines Rätsels geben. (Ebd., S. 1301)

Lassen Sie uns eingestehen, meine Herren, daß keiner unter uns dieser Versuchung entrinnt und oft genug vom Einzelnen zum Allgemeinen gleitet, fasziniert von den Versprechungen des dialektischen Dämons. Dieser Verführer läßt uns wünschen, daß sich alles reduziere und vollende in kategorischen Begriffen, und daß das *Wort* am Ende aller Dinge stehe. Aber man muß ihm mit dieser einfachen Beobachtung entgegentreten: daß die Einwirkung des Schönen auf jemanden darin besteht, ihn *stumm* zu machen. (Ebd., S. 1308)

Die ornamentale Anschauungsweise ist in den einzelnen Künsten, was die Mathematik in den Naturwissenschaften. Gleich wie die physikalischen Begriffe von Zeit, Länge, Dichte, Masse in den Berechnungen nur homogene Quantitäten sind und ihre Individualität erst in der Interpretation der Resultate wiederfinden, so sind Objekte, die im Hinblick auf eine Wirkung gewählt und geordnet werden gleichsam abgelöst von den meisten ihrer Eigenheiten und gewinnen diese erst wieder zurück in dieser Wirkung, ohne daß der Zuschauer dem im Geiste irgendwie zuvorkommen kann. Das Kunstwerk konstruiert sich also mittels einer Abstraktion, und diese Abstraktion ist mehr oder weniger energisch [...] Es ist umgekehrt eine Art Induktion, ein Hervorbringen geistiger Bilder, durch welche jedes Kunstwerk wahrgenommen und in seinem Wert erkannt wird.

(Introduction à la méthode de L. de Vinci, ebd., S. 1185f)

André Breton
(1896–1966)

Schönheit: eine Flocke im Schneetreiben – weder statisch noch dynamisch – Manets Lokomotive im Gare de Lyon: Aufbruch im Stillstand – ein Beben

[...] Daraus entspringt notwendig eine gewisse Haltung gegenüber der Schönheit, die hier ganz eindeutig nur im Dienste der Leidenschaft ins Auge gefaßt wurde. Keineswegs statisch, das heißt eingeschlossen in ihren »steinernen Traum«, für den Menschen verloren im Schatten der Odalisken, oder in der Tiefe der

Tragödien, die angeblich nur einen Tag umspannen; auch gar nicht dynamisch, das heißt jenem zügellosen Galopp unterworfen, den dann nur ein anderer, ebenso zügelloser fortsetzen kann, das heißt betäubt wie eine Flocke im Schneetreiben, das heißt entschlossen, aus Angst, schlecht umarmt zu werden, sich niemals umarmen zu lassen: weder dynamisch noch statisch, ich sehe die Schönheit so, wie ich dich gesehen habe. [...]

Sie ist wie der Zug, der im Bahnhof von Lyon ununterbrochen aufsprang: ich weiß, daß er niemals abfahren wird, daß er nie abgefahren ist. Sie besteht aus Stößen, von denen viele gar nicht wichtig sind, die aber, wir wissen es, dazu da sind einen *Stoß* herbeizuführen, der es ist. Der alle Bedeutung enthält, die ich mir nicht anmaßen möchte. Der Geist nimmt sich ein wenig überall Rechte heraus, die er nicht hat. Die Schönheit, weder dynamisch noch statisch. Das Herz des Menschen, schön wie ein Seismograph. Königtum der Stille... [...]

Die Schönheit wird wie ein BEBEN sein, oder sie wird nicht sein.

(Nadja, S. 125ff)

Nicolai Hartmann
(1882–1950)

Ästhetischer Gegenstand und Akt – Seinsweise des Schönen – das ästhetische »Aktgefüge« – ästhetische Werte

Da das Schöne seinem Wesen nach stets bezogen auf ein anschauendes Subjekt dasteht, dessen besondere Akteinstellung es voraussetzt, so liegen von vornherein zwei Richtungen möglichen Vorgehens vor: man kann den ästhetischen Gegenstand, kann aber auch den Akt, dessen Gegenstand er ist, zum Objekt der Analyse machen. Beide Richtungen sind noch einmal untergeteilt. Am Gegenstande kann man entweder seine Struktur und Seinsweise oder aber seinen ästhetischen Wertcharakter untersuchen. Und ebenso kann man die Aktanalyse entweder auf den empfangenden Akt des Betrachters oder auf den produzierenden Akt des Schaffenden richten.

(Ästhetik. Einleitung, S. 8)

Das Schöne ist zweierlei Gegenstand, doch ineins, als ein einziger Gegenstand. Es ist ein realer Gegenstand und darum den Sinnen gegeben, geht aber darin nicht auf, ist vielmehr ebensosehr ein ganz anderer, irrealer, der in dem realen – oder hinter ihm auftauchend – erscheint. Das Schöne ist nicht der erste Gegenstand allein und nicht der zweite allein, vielmehr nur beide ineinander und miteinander. Richtiger gesagt also, es ist das Erscheinen des einen im anderen.

Hier liegt der Grund, warum die Seinsweise des Ganzen eine gespaltene sein muß, während strukturell der Gegenstand einheitlich und durchaus ungespalten wirkt. Die Einheit liegt im Erscheinen. Was erscheinen läßt, muß real sein, und was erscheint, kann nicht real sein, denn es besteht nur in diesem seinem Erscheinen. Daher das Schillernde in der Seinsweise des Schönen: es ist da und ist auch nicht da. Sein Dasein ist ein schwebendes.

Im Schauen und im Genießen empfinden wir dieses Schweben als Zauber des Schönen. Wenn wir den Gegenstand selbst als gespalten auffaßten, wäre der Zauber dahin. Nur indem wir ihn als ungestörte Einheit erleben und dennoch den Gegensatz von Dasein und Nichtdasein in ihm spüren, können wir die Magie des Erscheinungsverhältnisses erfahren.

(Ebd., S. 34 f)

Der Name »Ästhetik« sagt es, daß die Gegebenheitsform des schönen Gegenstandes die der Wahrnehmung ist. Davon ist auszugehen. Aber gleich zu Anfang zeigt es sich, daß nicht ein beliebiger Wahrnehmungsbegriff für die Aufgabe der Ästhetik zureichend ist. Man muß ihn also erst phänomengerecht zu bilden suchen – und zwar im Hinblick auf das ästhetische Aktgefüge, dessen Grundlage die Wahrnehmung im Bewußtsein des Betrachters bildet.

(Ebd., Das ästhetische Aktgefüge, S. 42)

Was von der Wahrnehmung überhaupt gilt, trifft in verstärktem Maße auf die ästhetische Wahrnehmung zu. Hier wird das Mitgesehene und Mitempfundene zum eigentlich Wesentlichen.

(Ebd., S. 50)

An ihr ist das erste und wichtigste Moment die Umkehrung der Tendenz, d. h. die Rückkehr zur ursprünglichen Einstellung. Das gilt nicht in jeder Hinsicht, wohl aber in bezug auf die dem Wahrgenommenen anhaftenden Gefühlstöne. Für sie ist die »Kühle« der grünblauen Farbtöne, die »Wärme« der rötlichen und gelbbraunen wieder wesentlich; das Heimliche und das Unheimliche des Waldesdunkels, das Schaurige im Heulen des Windes, die Verlassenheit inmitten ausgedehnter kahler Felspartien wird wieder eindrucksvoll empfunden und unter Umständen zur Hauptsache. Das gleiche gilt vom Bedrohlichen und Beängstigenden, vom Anheimelnden, vom Erhebenden und Bedrückenden der Gegenstandsform, sofern die Wahrnehmung an ihr ein stolzes Aufragen oder ein Geducktsein zeigt; es gilt vom Befreienden des Höhenblicks und von der Beengtheit schmaler Durchgänge.

(Ebd., S. 50)

Im ästhetischen Bewußtsein geht auch die Wahrnehmung nicht auf den objektiven Zusammenhang der Dinge, sondern auf einen anderen, nur im Verhältnis zum Subjekt und seiner Sehweise bestehenden Zusammenhang. Aber in diesem anderen Zusammenhang verschwindet keineswegs alle Errungenschaft des geistigen Bewußtseins: die Gegenständlichkeit selbst bleibt erhalten und mit ihr die Distanz zum Gegenstande. Beides wird eher noch stärker und betonter. Denn unaufhebbar gegenüber bleiben einander in der ästhetischen Wahrnehmung der Betrachter und sein Gegenstand. Dagegen verschwindet die Ausschaltung der Gefühlstöne; das Emotionale der Wahrnehmung tritt wieder in seine Rechte, es wird gleichsam losgelassen und tritt frei hervor.

(Ebd., S. 51)

Von hier aus ist ein Schluß auf den Charakter ästhetischer Werte möglich. Er läßt sich in folgenden Punkten aussprechen:

1. Es sind nicht Werte eines an sich Seienden, weder eines Realen wie die Güterwerte, noch eines zunächst bloß Idealen wie die sittlichen Werte. Darum haftet ihnen kein Seinsollen an. Sondern es sind Werte eines nur »für uns Seienden«. Es sind zwar echt objektive Werte, d. h. Werte des Gegenstandes als solchen; aber der Gegenstand selbst besteht nicht an sich, sondern nur für ein ästhetisch auffassendes Subjekt. Bestünde er nur im sinnlich Gegebenen, so wäre dem nicht so; aber das sinnlich Gegebene an ihm ist nur ein Teil von ihm, und dieser Teil allein macht ihn noch

nicht zum ästhetischen Gegenstande. Es gehört das Erscheinende mit dazu, und dieses braucht kein Reales zu sein. Der ästhetische Gegenstand ist erst das Ganze. Dieses Ganze also besteht nur »für uns«, sofern wir die adäquat Schauenden sind.

2. Man kann also auch sagen: ästhetische Werte sind Werte des Gegenstandseins als solchen; weder Werte des Aktes (sei es des Schauens oder der Lust) noch eines Seienden als solchen, das erst durch den Akt zum Gegenstande für ihn gemacht wird, sondern nur Werte des Gegenstandes als Gegenstand. Darum bestehen sie unabhängig von der Wirklichkeit, und selbst der Verwirklichung des Erscheinenden.

3. Das heißt es, daß sie am Erscheinungsverhältnis als solchem hängen; aber eben auch an ihm als einem Ganzen. Die Glieder dieses Verhältnisses kommen wohl auch getrennt vor, bilden dann aber keinen ästhetischen Gegenstand. Darum sind ästhetische Werte subjektbedingt, und zwar in einem anderen Sinne als andere Werte (z. B. als Güterwerte, die auch nur »für« ein Wesen bestehen, dem sie zugute kommen). Der Sinn des »für uns Seins« ist hier nicht ein Zugutekommen, sondern ein nur »für uns« bestehendes Gegenstandsein.

4. Darum sind diese Werte nicht objektiv allgemein wie die vitalen und sittlichen Werte, sondern an jedem Gegenstande besondere, ihm allein eigentümliche, individuelle Werte. Es gibt eben unendlich viele Weisen des Erscheinens; für jeden »Stoff« und in jeder Materie sind es andere; es sind sogar in jeder »Darstellung« desselben Stoffes in derselben Materie andere. Es gibt wohl allgemeine Züge des ästhetisch Wertvollen, entsprechend allgemeinen oder typischen Zügen des Erscheinungsverhältnisses; aber das macht nur schematische und gleichsam »dünne« genera des gegenständlich Wertvollen aus. Die eigentlichen Werte liegen in der einmaligen Besonderheit, und alles Vergleichbare im Bereich des Schönen bleibt an der Oberfläche hängen.

(Ebd., S. 81 f)

Roman Ingarden
(1893–1970)

Die Schönheit der Venus von Milo und ihre Defekte – ästhetische Einstellung – »Ursprungsemotion« – Konstitution des ästhetischen Gegenstands – Zusammenklang »ästhetisch relevanter Qualitäten« – Quasi-Realität des Ästhetischen

Wer einmal in Paris war und den Marmorblock aus der Nähe beobachtet hat, der uns das Erfassen der Venus von Milo ermöglicht, der weiß, daß dieser Block verschiedene reale Merkmale hat, die bei dem ästhetischen Erlebnis, in welchem uns letzten Endes die Venus von Milo gegeben wird, nicht nur nicht in Betracht kommen, sondern – wenn sie beachtet würden – uns beim ästhetischen Erleben deutlich störten, und die deswegen, wie unwillkürlich, *übersehen* werden. Die »Nase« der Venus z. B. hat einen dunklen Fleck, der die einheitliche Fläche dieser »Nase« unterbricht und sie verunstaltet. Der Stein zeigt auch gewisse Unebenheiten, Einbuchtungen und an den »Brüsten« sogar kleine »Löcher«, die – wie es scheint – durch das Wasser ausgehöhlt wurden, eine »Beschädigung« der linken »Brustwarze« usw. Dies alles übersehen wir in der ästhetischen Einstellung, in welcher sich die Erfassung der Venus vollzieht. [...]

Im Gegensatz zu dem, was man öfters hört, ist das ästhetische Erlebnis kein bloßes Erlebnis einer momentanen Lust oder Unlust, die sich in uns als eine Art Reaktion auf etwas in sinnlicher Wahrnehmung Gegebenes regte. [...]

Wenn ein ästhetischer Vorgang mit rein sinnlichem Wahrnehmen beginnt, so ist es die interessanteste und zugleich die schwierigste Aufgabe zu klären, worin der *Übergang* von einem Wahrnehmen eines realen Gegenstandes (Dinges) zum ästhetischen Erlebnis besteht, jene eigentümliche *Wandlung* von der natürlichen Einstellung des praktischen Lebens oder von einer Forschungseinstellung in die ästhetische Einstellung. [...]

Beim Wahrnehmen eines realen Dinges etwa fällt uns eine eigentümliche Qualität oder eine Mannigfaltigkeit von Qualitäten oder endlich eine besondere Gestalt (z. B. eine Farbe oder eine Farbenharmonie (ein Akkord) oder eine Qualität einer Melodie oder eines Rhythmus usw.) auf, die nun nicht nur unsere Aufmerksamkeit auf sich zieht und konzentriert, sondern uns zudem nicht kalt läßt. Sie ist uns irgendwie *nicht gleichgültig* und affiziert uns auf besondere Weise. Diese besondere, uns auffallende und uns affizierende Qualität ruft in uns eine ganz eigentümliche Emotion hervor, die ich im Hinblick auf ihre Rolle im ästhetischen Erlebnis die »Ursprungsemotion« dieses Erlebnisses nennen will. [...]

Unter dem Einfluß dieser Emotion wird die sinnliche Wahrnehmung, unter deren Gegebenheiten die uns ästhetisch berührende Qualität aufgetreten ist, auf eine wesentliche Weise modifiziert. Und zwar a) die in ihrem Akt enthaltene Überzeugung von der realen Existenz des Gegenstandes, an dem jene Qualität zur Erscheinung gelangte, wird vom erlebenden Subjekt gewissermaßen nicht zur Kenntnis genommen oder unwillkürlich neutralisiert; b) die Qualität, welche ursprünglich als Merkmal des in der betreffenden Wahrnehmung gegebenen Dinges auftrat, wird jetzt von dieser formalen Struktur gewissermaßen gelöst, sie verbleibt für einen Moment *reine Qualität,* um sogleich in den nächstfolgenden Phasen des ästhetischen Erlebnisses zu einem Kristallisationszentrum eines neuen Gegenstandes: des ästhetischen Gegenstandes zu werden. [...]

Wenn es uns auch im ersten Augenblick gelingt, das Ganze eines Bildes zu erfassen, so genügt das zu seiner ästhetischen Erfassung nicht. Sobald wir uns aber näher mit ihm zu beschäftigen beginnen, beachten wir seine verschiedenen Teile und Einzelheiten und betrachten sie von verschiedenen Gesichtspunkten aus. Dadurch wird der erste Eindruck nicht bloß ergänzt, sondern auch kontrolliert und eventuell korrigiert, jedenfalls synthetisch zu einem Ganzen zusammengefaßt. Nicht anders ist es auch mit der Betrachtung anderer Kunstwerke, wobei bei Werken der Literatur oder Musik zu den bereits früher angedeuteten Komplikationen noch hinzukommt, daß sich sowohl ihre Betrachtung als auch ihre in derselben sich vollziehende Konkretisation in der Zeit entfaltet und somit den Betrachter zu besonderen synthetisierenden Operationen zwingt. So gibt es hier verschiedenartige Zusammenklänge »ästhetisch relevanter Qualitäten«, die einander auf verschiedene Weise bedingen und ergänzen und somit vom Betrachter ganz besondere Verhaltensweisen erfordern, um in ihrer Mannigfaltigkeit und dem daraus resultierenden Zusammenklang konstituiert und erfaßt zu werden. [...]

Obwohl das ästhetische Erlebnis, welches zur Konstituierung

eines völlig neuen Gegenstandes führt, der nicht bloß über jedwedes reale Sein, sondern auch über das zugrunde liegende Kunstwerk hinausreicht, insofern schöpferisch ist, so ist es doch zugleich in gewissem Sinne ein *entdeckerisches* Erlebnis, indem es unter den Suggestionen, die von der Perzeption des Kunstwerks herrühren, zur Entdeckung gewisser *notwendiger* Zusammenhänge unter den reinen Qualitäten, insbesondere unter den ästhetisch wertvollen Qualitäten führt und nach ihrer Erfassung zur Fingierung der qualitativen, im ästhetischen Gegenstand verleiblichten Zusammenklänge bringt. Insbesondere sind es ästhetisch wertvolle Gestaltqualitäten, die mit Hilfe der vom Kunstwerk suggerierten ästhetisch wertvollen Qualitäten dem ästhetischen Gegenstand im ästhetischen Erlebnis aufgeprägt werden. Sobald es aber auf diesem Wege zur vollendeten Konstitution dieses Gegenstandes kommt, der in der darauf folgenden Phase vom ästhetisch Erlebenden perzipiert wird, taucht im ästhetischen Erlebnis ein spezifisches Seinsanerkennungsmoment auf, das in dem Überzeugtsein besteht, daß es einen solchen Zusammenklang ästhetisch wertvoller Qualität überhaupt gibt. Am konkretisierten ästhetischen Gegenstand wird seine *Möglichkeit* erwiesen. Es wird da eben etwas als möglich erschaut, dessen Vorhandensein man weder erwartet noch geahnt hat. Sobald wir uns aber beim konstituierten ästhetischen Gegenstand einem solchen Zusammenklang ästhetisch wertvoller Qualitäten gegenüber befinden, überwältigt uns eine gewisse Verwunderung, daß »so etwas« überhaupt möglich ist – so etwas, d. h. eine derartige Harmonie, ein solcher Kontrast, ein derartiger Rhythmus, eine solche melodische Linie usw. Diese Möglichkeit wird, im ästhetischen Gegenstand »realisiert«, in einem schöpferisch-entdeckerischen ästhetischen Erlebnis *ad oculos* gezeigt. Wir sehen da: es gibt so etwas. Und in der Feststellung der »Existenz« dieses Etwas ist eben jenes Moment der Seinsanerkennung, des Überzeugtseins, das schon erwähnt wurde, enthalten. Natürlich ist diese »Existenz« *kein Realsein,* sondern das *ideale Bestehen* eines wesensnotwendigen Zusammenhangs zwischen reinen Qualitäten, die da insbesondere reine, ästhetisch wertvolle Qualitäten sind.

(Vom Erkennen des literarischen Kunstwerks. § 24 Das ästhetische Erlebnis und der ästhetische Gegenstand, S. 187 ff)

Benedetto Croce
(1866–1952)

Ausdrucksästhetik: Form und Inhalt – ästhetische Befreiung – Schönheit als »gelungener Ausdruck« – Ursprung der Kunst? – Linguistik als Ausdruckswissenschaft: Ästhetik

Jede wahre Anschauung oder Vorstellung ist zugleich *Ausdruck*. Alles, was sich nicht in einem Ausdruck objektiviert, ist nicht Anschauung oder Vorstellung, sondern Empfindung, Natur. Der Geist erkennt nicht intuitiv außer durch eine *Tätigkeit,* durch ein Formgeben, ein Ausdrücken. Wer die Anschauung vom Ausdruck trennt, wird die beiden nie wieder verbinden können.

Die intuitive Tätigkeit *erkennt ebensoviel als sie ausdrückt.*

(Ästhetik als Wissenschaft des Ausdrucks und allgemeine Linguistik, Theorie und Geschichte, S. 8)

Eine der meist umstrittenen Fragen in der Ästhetik ist das Verhältnis zwischen *Form* und *Stoff,* oder wie man gewöhnlich sagt, zwischen *Form* und *Inhalt.* Liegt das ästhetische Phänomen im bloßen Inhalt oder in der bloßen *Form*, oder in beiden, im Inhalt und in der Form?

Diese Frage hat verschiedene Bedeutungen gehabt, die wir jede an ihrem Ort erwähnen werden; aber wenn die Worte in dem Sinne verstanden werden, den wir oben festgestellt haben, wenn man unter dem *Stoff* die Masse der Erregungen versteht, die noch nicht ästhetisch ausgearbeitet ist, also die *Eindrücke,* und unter der *Form* die Ausarbeitung, die geistige Tätigkeit, den *Ausdruck,* dann kann für unsere Auffassung kein Zweifel bestehen. Wir müssen ebensosehr den Satz verwerfen, daß das Ästhetische im bloßen Inhalt (also in den einfachen Eindrücken) liege, wie den, daß es in der Hinzufügung der Form zum Inhalt zu suchen sei, also in den Eindrücken plus dem Ausdruck. Beim ästhetischen Schaffen tritt die ausdruckgebende Tätigkeit nicht einfach zu den vorhandenen Eindrücken hinzu, sondern diese werden von ihr bearbeitet und gestaltet. Die Eindrücke erscheinen im Ausdruck wieder, wie Wasser, das durch ein Sieb geschüttet wird und auf der anderen Seite des Siebes als dasselbe und doch zugleich anders wieder erscheint. Der ästhetische Vorgang liegt daher in der *Form* und ist nichts als *Form.* (Ebd., S. 17)

Indem er die Eindrücke ausarbeitet, *befreit* der Mensch sich von ihnen; indem er sie objektiviert, löst er sie von sich ab und stellt sich über sie. Die befreiende und reinigende Wirkung der Kunst ist nur eine andere Seite, eine andere Formulierung ihres Wesens als Tätigkeit. Die Aktivität wirkt immer befreiend, eben weil sie die Passivität verdrängt.

Es ist nun klar, weshalb man dem Künstler bald die größte *Empfindlichkeit* oder *Leidenschaftlichkeit* zuschreibt und bald die größte Unempfindlichkeit oder olympische Heiterkeit und Ruhe.

(Ebd., S. 21)

Das Wort »schön« zum Beispiel wird nicht nur von einem gelungenen Ausdruck, sondern auch von einer wissenschaftlichen Wahrheit, von einer sittlichen Handlung und ebenso von einer nützlichen Handlung und schließlich von dem, was einfach organisch wohltuend ist, gesagt: infolgedessen spricht man auch von einem »geistig Schönen«, von einem »sittlich Schönen« und von einem »sinnlich Schönen«. Viele Philosophen und insbesondere viele Ästhetiker sind hinter diesen unendlich verschiedenen Gebrauchsweisen hergelaufen und haben ihr Hirn zerquält, da sie natürlich in ein undurchdringliches und unentwirrbares Labyrinth von Worten eintraten. Wir haben es bisher sorgfältig vermieden, das Wort »schön« zu gebrauchen, um den gelungenen Ausdruck zu bezeichnen. Nun aber, nachdem wir alle notwendigen Erklärungen gegeben haben, nachdem jede Gefahr eines Mißverständnisses beseitigt erscheint, und da sich auf der anderen Seite nicht verkennen läßt, daß die herrschende Tendenz sowohl im gewöhnlichen Sprachgebrauch als in dem der Philosophen dahin geht, den Sinn des Wortes *schön* auf den *ästhetischen Wert* zu beschränken, nun können wir die *Schönheit* als den *gelungenen Ausdruck* definieren oder besser einfach als den *Ausdruck,* weil der Ausdruck, der nicht gelungen ist, gar kein Ausdruck ist.

(Ebd., S. 76f)

Aus dieser Beobachtung ergibt sich als notwendige Folge, daß es absurd ist, die Frage nach dem *Ursprung der Kunst als historisches Problem* zu stellen. Man muß allerdings zunächst bemerken, daß man mit dem Ausdruck »Ursprung der Kunst« sehr verschiedene Dinge bezeichnen kann. »Ursprung« bedeutet sehr oft nichts anderes als *Natur* oder *Wesen* des künstlerischen Vorgangs: in diesem Fall ist das Problem ein *wissenschaftliches* oder *philosophisches,* eben das Problem, das unsere Abhandlung über die Ästhetik zu lösen versucht hat. In anderen Fällen hat man unter »Ursprung« ich weiß nicht was für eine *ideale Genesis* verstanden, die Forschung nach dem Sinn der Kunst, die Deduktion des künstlerischen Vorgangs aus irgend einem höchsten Prinzip, das Geist und Natur in sich einschließt: das ist ein metaphysisches Problem und unseres Erachtens ein Problem, das es gar nicht gibt, das nur imaginärer Natur ist. Wenn aber jemand im prägnanten Sinn danach forschen wollte, in welcher Weise die künstlerische Funktion sich historisch gebildet und entwickelt hat, der würde das Opfer eines Mißverständnisses. Wenn der Ausdruck die erste Form des Bewußtseins ist, wenn es der Schritt ist, durch den das Tier sich in den Menschen verwandelt, wenn es die menschliche Epigenesis ist, wie kann man den historischen Ursprung dessen suchen, was *nicht von der Natur hervorgebracht ward* und selbst die *Voraussetzung* der menschlichen Geschichte bildet? Wie die historische Entstehung dessen suchen wollen, was das *schöpferische Moment* der Wirklichkeit selbst ist?

(Kunst und Geschichte. Kreativität, S. 126)

Und in der Tat, wenn die Linguistik eine von der Ästhetik *verschiedene* Wissenschaft sein sollte, dann dürfte sie nicht den *Ausdruck* zum Gegenstand haben, der eben der ästhetische Vorgang ist; [...]

(Ebd., S. 135)

Wenn Linguistik und Ästhetik zwei verschiedene Wissenschaften scheinen, so ist es nur deshalb, weil man bei der ersten an eine Grammatik denkt oder an irgend etwas, was aus Philosophie und Grammatik, das heißt einem willkürlichen mnemotechnischen Schema, gemischt ist und nicht an eine rationelle Wissenschaft und eine reine Philosophie des Sprechens: und weil die Grammatik oder das grammatikalische Moment, das in der Linguistik liegt, in den Geistern das Vorurteil erzeugt, daß das Wesen der Sprache und ihre Wirklichkeit in isolierten und kombinierbaren Worten liege, und nicht in lebendigen Reden, die dem Sinn nach unteilbar sind und die nichts anderes als ästhetische Ausdrücke und Produkte sind.

Die Linguisten und Glottologen, die philosophisch begabt sind, die die Fragen der Sprache tiefer verstanden haben, sind in derselben Lage wie Arbeiter, die mit einer Bergdurchquerung beschäftigt sind: an einem gewissen Punkt müssen sie die Stimmen ihrer Kameraden hören: der Philosophen der Ästhetik, die sich von der anderen Seite ans Werk gemacht haben. Bei einer gewissen Höhe wissenschaftlicher Bearbeitung angelangt, muß die Linguistik, soweit sie Philosophie ist, in der Ästhetik aufgehen; und sie geht auch tatsächlich in ihr auf, ohne irgend einen Rückstand zu lassen.

(Ebd., S. 144f)

John Dewey
(1859–1952)

Der produzierende Künstler als sein erster Rezipient – das Werk kommuniziert in der Kunsterfahrung – ästhetische Erfahrung sozial

Kurz gesagt: Kunst faßt, betrachtet man sie als Form, [...] genau die Beziehung zwischen Tun und Leiden, zwischen Energie, die abgegeben, und solcher, die aufgenommen wird, zusammen; was eine Erfahrung erst zur Erfahrung macht. Das Ergebnis ist ein Kunstwerk, und dies aufgrund der Eliminierung von allem, was nichts zur wechselseitigen Organisation der Faktoren sowohl von Tun als von Empfangen beiträgt, und aufgrund einer Auswahl nur derjenigen Aspekte und Wesenszüge, die zu ihrer gegenseitigen Durchdringung etwas beitragen. Der Mensch schnitzt, meißelt, singt, tanzt, er braucht das Gebärdenspiel, modelliert, zeichnet und malt. Solches Tun und Herstellen ist künstlerisch, wenn das wahrgenommene Ergebnis so beschaffen ist, daß seine Eigenschaften als ein wahrgenommenes (schon) die Produktion bestimmt haben. Der Akt des Produzierens, der von der Absicht geleitet ist, etwas hervorzubringen, was in der unmittelbaren Erfahrung des Wahrnehmens genossen werden kann, besitzt Eigenschaften, die eine spontane oder unkontrollierte Aktivität nicht hat. Der Künstler verkörpert in sich die Haltung des Empfängers, wenn er arbeitet.

(Art as experience, S. 48)

Weil Kunstgegenstände expressiv sind, kommunizieren sie. Ich sage nicht, daß es die Absicht eines Künstlers ist, mit anderen zu kommunizieren. Aber es ist die Folge seines Werks – das in der Tat nur dann kommunikativ lebendig wird, wenn es in der Erfahrung von andern wirksam wird.

(Ebd., S. 104)

Erfahrung ist ein Produkt, man könnte beinahe sagen, ein Nebenprodukt stetiger und sich steigernder Interaktion zwischen einem organischen Selbst und der Welt. Es gibt keinen andern Grund, auf dem ästhetische Theorie und Kritik bauen könnten.

(Ebd., S. 220)

[...] Kommunikation heißt nicht: Sachen verkünden, selbst wenn sie emphatisch und lautstark ausgesprochen werden. Kommunikation meint den Prozeß, in dem Teilnahme geschaffen wird, in dem allgemein gemacht wird, was vorher isoliert und einzeln war; und es gehört zu dem Wunder, das sie vollbringt, daß der Transport von Bedeutung, eben im Kommunikationsvorgang, der Erfahrung dessen, der sich ausdrückt ebenso wie derjenigen, die zuhören, Körper und Bestimmtheit gibt.

(Ebd., S. 244)

Ästhetische Erfahrung ist immer mehr als ästhetisch. In ihr wird ein Bestand von Dingen und Bedeutungen, die in sich selbst nicht ästhetisch sind, ästhetisch, insofern sie in eine geordnete rhythmische Bewegung eingehen in Richtung der Rezeption. Das Material selbst ist im weitesten Sinne menschlich [...] Insofern das Material ästhetischer Erfahrung menschlich ist – menschlich im Zusammenhang der (ganzen) Natur, deren Teil es ist – ist es sozial. Ästhetische Erfahrung ist eine Manifestation, Zeugnis und Verherrlichung einer Kultur, ein Mittel, ihre Entwicklung voranzutreiben, aber auch der letzte Maßstab ihres Wertes. Wird sie auch von Individuen hervorgebracht und genossen, so existieren diese Individuen doch, in ihrem Erfahrungsgehalt, in bezug auf die Kulturen, an denen sie teilhaben.

(Ebd., S. 326)

Hermann Broch
(1886–1951)

Kitsch, das Böse im Wertsystem der Kunst – Nero, der Ästhet – das Kunstwerk, das blendet und sehend macht

[...] die Göttin der Schönheit in der Kunst ist die Göttin des Kitsches.

(Einige Bemerkungen zum Problem des Kitsches, ein Vortrag, S. 303)

Der Kitsch ist nicht etwa »schlechte Kunst«, er bildet ein eigenes, und zwar geschlossenes System, das wie ein Fremdkörper im Gesamtsystem der Kunst sitzt oder, wenn Sie wollen, neben ihm sich befindet.

(Ebd., S. 305f)

Ein offenes System wie das christliche ist ein ethisches, d. h. es gibt dem Menschen jene Richtungen an, in denen er menschenmäßig handeln kann; ein geschlossenes System dagegen vermag in seinen Anweisungen, auch wenn sie ethisch gefärbt sind, nicht über gewisse Spielregeln hinauszugelangen, verwandelt also die von ihm umfaßten Teile des Menschenlebens in ein Spiel, das als solches nicht mehr ethisch, sondern nur noch ästhetisch einzuwerten ist. Das ist kein ganz einfacher Gedankengang – ich habe Sie ja gewarnt –, aber er mag einleuchtender werden, wenn Sie sich erinnern, daß innerhalb eines Spieles ein Spieler gut und ethisch handelt, wenn er die Spielregeln gründlich beherrscht und sich danach richtet; was aber daneben vor sich geht, kümmert ihn nicht, und wenn er sein Blatt auszuspielen hat, wird er neben sich einen Menschen ruhig ertrinken lassen. Er befindet sich in einem Symbolsystem reiner Konvenüs, und wenn auch diese Symbole irgendwelchen Realitäten nachgebildet sind, es bleibt dennoch ein Imitationssystem. Wir haben bereits von den grotesken Schönheits- und Vernunftreligionen gesprochen, und jetzt mögen Sie auch noch die politischen Religionen hinzunehmen: sie sind allesamt Imitationssysteme, Imitationsreligionen und tragen daher im letzten den Keim des Bösen in sich. Und ein Imitationssystem ist auch das des Kitsches: es kann dem der Kunst aufs Haar gleichen.

[...] das Kitsch-System verlangt von seinen Anhängern »Arbeite schön«, während das System der Kunst das ethische »Arbeite gut« an seine Spitze gestellt hat. Der Kitsch ist das Böse im Wertsystem der Kunst.

(Ebd., S. 307)

Es ist kein Zufall, daß Hitler (gleich seinem Vorgänger Wilhelm II.) ein unbedingter Kitsch-Anhänger war. Er lebte den blutigen und er liebte den Sacharin-Kitsch. Beides fand er »schön«. Auch Nero war solch ein Schönheitsbeflissener, und seine künstlerische Begabung war vielleicht sogar größer als die hitlerische; das Feuerwerk des brennenden Roms und der in den kaiserlichen Gärten aufgestellten lebendigen Christenfackeln hatte sicherlich gewisse künstlerische Valeurs, wenn man kraft Ästhetentums taub gegen die Schmerzensschreie der Opfer sein oder gar sie als ästhetische Begleitmusik einwerten konnte. Und im Zusammenhang damit muß man sich erinnern, daß der moderne Kitsch offenbar noch lange nicht seinen Siegeslauf beendet hat, daß auch er – insbesondere im Film – sowohl blut- wie sacharindurchtränkt ist, und daß das Radio einen Vulkan von Imitationsmusik darstellt. Und wenn Sie sich fragen, wie weit Sie selber davon berührt oder unberührt sind, Sie werden finden – wenigstens ich finde es für meine eigene Person –, daß man gar nicht so selten recht kitschfreundlich ist. Der Rückschluß auf eine ständig weitersteigende Welt-Neurose scheint nicht unberechtigt zu sein, eine schizoide, wenn auch noch nicht schizophrene Spaltung, die jeden von uns erfaßt, und hinter der noch immer die theologische Antinomie des Reformations-Anfangs sichtbar ist. Denn die Struktur der menschlichen Problematik scheint unter allen Verkleidungen konstant zu sein, und letztlich will es scheinen, daß sie theologisch und mythisch bedingt bleibt.

(Ebd., S. 308)

In eine jüdische Gemeinde Polens kommt ein Wunderrabbi, der die Gabe besitzt, Blinde sehend zu machen. Von allen Seiten strömen die Bresthaften nach Chelowka – das ist der Name der Gemeinde –, und so wandert auch Leib Schekel die staubige Landstraße dahin. Seine Augen sind von einem grünen Schirm beschattet, und in seiner Hand trägt er den Tappstock des Blinden. Trifft ihn ein Bekannter: »Oi, Leib Schekel, Ihr geht auf Chelowka!« – »Ja, ich geh auf Chelowka zu ihm.« – »Was, nebbich, ist geschehen mit Euren Augen?« – »Mit mei Augen? was soll geschehen sein mit mei Augen?« – »Wenn Eure Augen, ünberüfen gesünd sind bis hundert, warum habt Ihr dann zu gehen mit dem Stock auf Chelowka?« Leib Schekel schüttelt den Kopf: »Daß ein Mensch, ünberüfen bis hundert, so bled sein kann. Begreift Ihr denn nicht? Wenn ich werd vor ihm stehen, dem Großen, dem Echten, werd ich blind sein, und er wird mich machen sehen.«

Und so ist es mit dem echten Kunstwerk. Es blendet den Menschen bis zur Blindheit und macht ihn sehend.

(Ebd., S. 309)

Hans-Georg Gadamer
(geb. 1900)

Kunsterfahrung: Grenze der Philosophie – das Kunstwerk kein Gegenstand – Seinsweise des Spiels – Medialität – Darstellung als ontologisches Strukturmoment des Ästhetischen – Seinsvorgang, nicht Erlebnisvorgang – Kunsterfahrung und Verstehen überlieferter Sinnzusammenhänge – Wahrheit und Methode

Daß an einem Kunstwerk Wahrheit erfahren wird, die uns auf keinem anderen Wege erreichbar ist, macht die philosophische Bedeutung der Kunst aus, die sich gegen jedes Räsonnement behauptet. So ist neben der Erfahrung der Philosophie die Erfahrung der Kunst die eindringlichste Mahnung an das wissenschaftliche Bewußtsein, sich seine Grenzen einzugestehen.

(Wahrheit und Methode, Einleitung XXXVIII)

Eben das aber war die Erfahrung der Kunst, die wir gegen die Nivellierung des ästhetischen Bewußtseins festzuhalten haben, daß das Kunstwerk kein Gegenstand ist, der dem für sich seienden Subjekt gegenübersteht. Das Kunstwerk hat vielmehr sein eigentliches Sein darin, daß es zur Erfahrung wird, die den Erfahrenden verwandelt. Das ›Subjekt‹ der Erfahrung der Kunst, das was bleibt und beharrt, ist nicht die Subjektivität dessen, der sie erfährt, sondern das Kunstwerk selbst. Eben das ist der Punkt, an dem die Seinsweise des Spieles bedeutsam wird. Denn das Spiel hat ein eigenes Wesen, unabhängig von dem Bewußtsein derer, die spielen. Spiel ist auch dort, ja eigentlich dort, wo kein Fürsichsein der Subjektivität den thematischen Horizont begrenzt und wo es keine Subjekte gibt, die sich spielend verhalten.

Das Subjekt des Spieles sind nicht die Spieler, sondern das Spiel kommt durch die Spielenden lediglich zur Darstellung.

(Wahrheit und Methode, S. 98)

Betrachten wir den Wortgebrauch von Spiel, indem wir die sogenannten übertragenen Bedeutungen bevorzugen, so ergibt sich: Wir reden vom Spiel des Lichtes, vom Spiel der Wellen, vom Spiel des Maschinenteils in einem Kugellager, vom Zusammenspiel der Glieder, vom Spiel der Kräfte, von Spiel der Mücken, ja sogar vom Wortspiel. Immer ist da das Hin und Her einer Bewegung gemeint, die an keinem Ziele festgemacht ist, an dem sie endet. Dem entspricht auch die ursprüngliche Bedeutung des Wortes Spiel als Tanz, die noch in mannigfaltigen Wortformen nachlebt (z. B. in Spielmann). Die Bewegung, die Spiel ist, hat kein Ziel, in dem sie endet, sondern erneuert sich in beständiger Wiederholung. Die Bewegung des Hin und Her ist für die Wesensbestimmung des Spieles offenbar so zentral, daß es gleichgültig ist, wer oder was diese Bewegung ausführt. Die Spielbewegung als solche ist gleichsam ohne Substrat. Es ist das Spiel, das gespielt wird oder sich abspielt – es ist kein Subjekt dabei festgehalten, das da spielt. Das Spiel ist Vollzug der Bewegung als solcher. So reden wir etwa von Farbenspiel und meinen in diesem Falle nicht einmal, daß da eine einzelne Farbe ist, die in eine andere spielt, sondern wir meinen den einheitlichen Vorgang oder Anblick, in dem sich eine wechselnde Mannigfaltigkeit von Farben zeigt.

Die Seinsweise des Spieles ist also nicht von der Art, daß ein Subjekt da sein muß, das sich spielend verhält, so daß das Spiel gespielt wird. Vielmehr ist der ursprünglichste Sinn von Spielen der mediale Sinn. So reden wir etwa davon, daß etwas dort und dort oder dann und dann ›spielt‹, daß etwas sich abspielt, daß etwas im Spiele ist.

(Ebd., S. 99)

Die Selbstdarstellung des menschlichen Spieles beruht zwar, wie wir sahen, auf einem an die Scheinzwecke des Spieles gebundenen Verhalten, aber dessen ›Sinn‹ besteht nicht wirklich in der Erreichung dieser Zwecke. Vielmehr ist das Sichausgeben an die Spielaufgabe in Wahrheit ein Sichausspielen. Die Selbstdarstellung des Spieles bewirkt so, daß der Spielende gleichsam zu seiner eigenen Selbstdarstellung gelangt, indem er etwas spielt, d. h. darstellt. Nun weil Spielen immer schon ein Darstellen ist, kann das menschliche Spiel im Darstellen selbst die Aufgabe des Spieles finden. So gibt es Spiele, die man darstellende Spiele nennen muß, sei es, daß sie im verschwebenden Sinnbezug der Anspielung etwas von Darstellung an sich haben (etwa ›Kaiser, König, Edelmann‹), sei es, daß das Spielen eben darin besteht, etwas darzustellen (z. B. wenn Kinder Auto spielen).

Alles Darstellen ist nun seiner Möglichkeit nach ein Darstellen für jemanden. Daß diese Möglichkeit als solche gemeint wird, macht das Eigentümliche im Spielcharakter der Kunst aus. Der geschlossene Raum der Spielwelt läßt hier gleichsam die eine Wand fallen. Das Kultspiel und das Schauspiel stellen offenkundig nicht in demselben Sinne dar, wie das spielende Kind darstellt. Sie gehen darin, daß sie darstellen, nicht auf, sondern weisen zugleich über sich hinaus auf diejenigen, die zuschauend daran teilhaben. Spiel ist hier nicht mehr das bloße Sichdarstellen einer geordneten Bewegung, noch auch das bloße Darstellen, in dem das spielende Kind aufgeht, sondern es ist ›darstellend für...‹. Diese allem Darstellen eigene Anweisung wird hier gleichsam eingelöst und wird für das Sein der Kunst konstitutiv.

(Ebd., S. 103f)

Was wir mit ›Darstellung‹ meinen, ist jedenfalls ein universelles ontologisches Strukturmoment des Ästhetischen, ein Seinsvorgang und nicht etwa ein Erlebnisvorgang, der im Augenblick der künstlerischen Schöpfung geschähe und von dem aufnehmenden Gemüt jeweils nur wiederholt würde. Im Ausgang von dem universellen Sinn von Spiel hatten wir den ontologischen Sinn von Darstellung darin erkannt, daß ›Reproduktion‹ die ursprüngliche Seinsweise der originalen Kunst selbst ist. Jetzt hat sich bestätigt, daß auch das Bild und die statuarischen Künste insgesamt ontologisch gesehen von der gleichen Seinsart sind. Die spezifische Präsenz des Kunstwerks ist ein Zur-Darstellung-Kommen des Seins.

(Ebd., S. 152)

Offenbar ist es ja nicht eine Sonderbestimmung des Kunstwerks, in seiner Darstellung sein Sein zu haben, und ebensowenig eine

Besonderheit des Seins der Geschichte, in ihrer Bedeutung verstanden zu werden. Sich-darstellen, Verstandenwerden, das gehört nicht nur zusammen, so daß das eine in das andere übergeht und das Kunstwerk mit seiner Wirkungsgeschichte, das geschichtlich Überlieferte mit der Gegenwart seines Verstandenwerdens eins ist – spekulativ, sich von sich selbst unterscheidend, sich darstellend, Sprache, die Sinn aussagt, ist nicht nur Kunst und Geschichte, sondern alles Seiende, sofern es verstanden werden kann.

(Ebd., S. 452)

Ein Spiel ist das Verstehen also nicht in der Weise, daß der Verstehende sich spielerisch zurückbehielte und dem Anspruch, der an ihn ergeht, die verbindliche Stellungnahme vorenthielte. Die Freiheit des Selbstbesitzes, die dazu gehört, sich so vorenthalten zu können, ist hier gar nicht gegeben, und das sollte durch die Anwendung des Spielbegriffs auf das Verstehen gesagt werden. Wer versteht, ist schon immer einbezogen in ein Geschehen, durch das sich Sinnvolles geltend macht. So ist es wohl begründet, daß für das hermeneutische Phänomen derselbe Begriff des Spiels gebraucht wird, wie für die Erfahrung des Schönen. Wenn wir einen Text verstehen, so nimmt das Sinnvolle desselben genau so ein, wie das Schöne für sich einnimmt. Es bringt sich zur Geltung und hat immer schon von sich eingenommen, bevor einer sozusagen zu sich kommt und den Sinnanspruch, der an ihn ergeht, zu prüfen vermag. Was uns in der Erfahrung des Schönen und im Verstehen des Sinnes der Überlieferung begegnet, hat wirklich etwas von der Wahrheit des Spiels. Wir sind als Verstehende in ein Wahrheitsgeschehen einbezogen und kommen gleichsam zu spät, wenn wir wissen wollen, was wir glauben sollen.

So gibt es gewiß kein Verstehen, das von allen Vorurteilen frei wäre, so sehr auch immer der Wille unserer Erkenntnis darauf gerichtet sein muß, dem Bann unserer Vorurteile zu entgehen. Es hat sich im Ganzen unserer Untersuchung gezeigt, daß die Sicherheit, die der Gebrauch wissenschaftlicher Methoden gewährt, nicht genügt, Wahrheit zu garantieren. Das gilt im besonderen Maße von den Geisteswissenschaften, bedeutet aber nicht eine Minderung ihrer Wissenschaftlichkeit, sondern im Gegenteil die Legitimierung des Anspruchs auf besondere humane Bedeutung, den sie seit alters erheben. Daß in ihrer Erkenntnis das eigene Sein des Erkennenden mit ins Spiel kommt, bezeichnet zwar wirklich die Grenze der ›Methode‹, aber nicht die der Wissenschaft. Was das Werkzeug der Methode nicht leistet, muß vielmehr und kann auch wirklich durch eine Disziplin des Fragens und des Forschens geleistet werden, die Wahrheit verbürgt.

(Ebd., S. 465)

Arnold Gehlen
(1904–1976)

Anthropologie des Ästhetischen: der primitive ästhetische Genuß – Instinktreduktion, Entdifferenzierung und entlastetes Verhalten – Ekstase und Askese

Es gibt eine unmittelbare Freude aller Menschen an symmetrischen, regelmäßigen, geometrischen und spektralfarbigen Gebilden, ob sie nun einige oder alle dieser Merkmale zeigen. Die Phantasie der Künstler ist unerschöpflich, Naturformen zu »stilisieren«, d. h. durch Symmetrisierung und Vereinfachung die Unwahrscheinlichkeit der generellen Auslöserqualitäten optimal herauszuholen. (Akanthus, heraldische Lilie, Weinblatt, geometrisierte Tierformen usw. Dies, zuzüglich der Farbigkeit und der geometrischen Streifen- und Balkenmuster macht die außerordentliche Schönheit der Wappen aus.) Die Erklärung liefern die Reduktions- und Entdifferenzierungsgesetze: Erhalten ist von der stammesgeschichtlich uralten Auslöserwirkung offenbar ein funktionslos gewordener, entmachteter Rest, der aber deswegen über die ganze Breite des »befreiten« optischen Feldes hinweg in unendlicher Mannigfaltigkeit sich öffnen kann. Abgebaut ist selbstverständlich die Bewegungsseite, die Koppelung mit angeborenen Bewegungsfiguren. Deswegen ist der ästhetische Genuß handlungslos. Doch ist auf der Instinktseite ein entdifferenzierter Reduktionsbestand übriggeblieben, nämlich ein unspezifischer »Drang«, den man etwa auf die Formel »Hin-zu« bringen könnte, der durchaus innen bleibt und der ein sehr starkes Lustgefühl trägt. Ohne auf die tiefen Schwierigkeiten des Lustproblems einzugehen, läßt sich doch sagen, daß alle an *anschaulichen* Dingen erlebbaren Lustgefühle den *Erfüllungswert* dieser Dinge anzeigen, also eine instinktive Wurzel haben. Das funktionslose Lustgefühl des hier untersuchten primitiven ästhetischen Genusses ist nicht mehr der Index einer »consummatory action«, sondern der noch erhaltene Reduktionsbestand jener entdifferenzierten Instinktresiduen, die den Zusammenhang mit angeborenen Bewegungsfiguren längst aufgegeben haben, aber noch auf die generellen Auslöserqualitäten ansprechen. In unserem Falle addiert sich dazu die vitale Funktionslust, die alle *entlasteten* Vollzüge des Menschen begleitet, von der Bewegungsfreude, dem Spiel, den hohen Automatismen gelernten Verhaltens an bis zur ästhetischen und denkenden freien Lebendigkeit. Der »Reiz« des Objektes, zurückgeschnitten auf die generellen Auslöserqualitäten und gerade deshalb in unendlicher Mannigfaltigkeit auffindbar, bleibt ein rein optischer, es kommt nicht mehr zu einer Handlung oder consummatory action, aber die Endphase des Verhaltens kann sehr leicht das *Lustgefühl selbst* werden, nämlich die reflektierte, sich selbst im schönen Ding erlebende Lust. An genau dieser Stelle setzt eine neue Kategorie ein, eine geistige: die der *Inversion* oder »Umkehr« der Lebensrichtung.

(Über einige Kategorien des entlasteten, zumal des ästhetischen Verhaltens, S. 69 f)

Die in der Kunst von vornherein angelegte, jedoch erst bei höherer Entwicklung ausgenützte Möglichkeit der *Inversion der Antriebsrichtung* besteht darin, daß das Lustgefühl zum *Zweck* bewußter Handlungen gemacht wird, die diesen Zweck intendieren. Es ist diese Inversion eine anthropologische Kategorie, ohne die man z. B. die Moral, welche gegen das »Lustprinzip« reagiert, dabei aber ihrerseits die Inversion in einer anderen Richtung durchführt, nicht verstehen kann.

Die außerordentliche Rolle, die der *Tanz* in primitiven Kulturen spielt, scheint leicht verständlich. Er ist ein konzentrierter Selbstgenuß rhythmischer, entlasteter Lebendigkeit, Entlastung vom Druck der Bedürfnisse, Sprengung des Alltags und der Alltagspflichten, reine Gegenwart, Lockerung der Ordnungsgesetze und Zuchtgewohnheiten, endlose Folge von Takten und Gegentakten in prägnanten motorischen und sinnlichen, sich aneinander steigernden Empfindungen, er ist grenzenlose Verstärkung dieses Selbstgenusses durch die enthemmte soziale Harmonie. Der Gipfelpunkt dieses Zustandes ist eine *Ekstase*. Die Ekstase ist der spezifische außernatürliche und außeralltägliche, »unwahrscheinliche« Innenzustand, dessen zweckhafte Herbeiführung in grandioser Weise die Umkehr der Antriebsrichtung von äußeren nach inneren Zielen ausdrückt.

(Ebd., S. 75)

Diese Zustände unterstehen noch einer genügend weitgefaßten Ästhetik. Die dabei erreichten Veränderungen der Zuständlichkeit sind tiefgreifend: die Sensibilität wird teils abgedeckt, teils gesteigert, die motorischen Gewohnheiten gelockert, Hyperkinesen der Motorik und Sprache setzen ein, hypnoide Zustände schieben sich vor, halluzinatorische Erlebnisse werden möglich, überraschende Gedankenverbindungen erscheinen als »Erleuchtungen«, die von Zuchtgewohnheiten im Triebsystem gesetzten Hemmungen fallen, wobei wahrscheinlich, energetisch gesehen, die entlastete Hemmungsenergie zur Exaltation des Glücksgefühls beiträgt – kurz, diese Zustände sind selbst *Entdifferenzierungen* der geordneten geistigen und vitalen Wachzustände.

(Ebd., S. 76)

Diese Entdifferenzierung aber macht, wie wir sahen, ein ganz zentrales Konstitutionsmerkmal des Menschen aus, so daß wir sofort fragen müssen: wo ist eigentlich auf diesem Gebiete der Inversion die andere Aktreihe, die ebenfalls bewußt und willentlich den Prozeß der *Instinktreduktion* weitertreibt? Auch wenn wir nicht wüßten, daß die *asketischen* Riten die orgiastischen von Anfang an begleiten, würden wir ihr Vorhandensein postulieren müssen.

(Ebd., S. 77)

Die außerordentliche kulturgeschichtliche und philosophische Bedeutung der Askese liegt [...] darin, daß sie, anders als die orgiastische und rauschhafte Ekstase, mit den Anforderungen einer disziplinierten und rationalen Moral sich als vereinbar erweist. Sie ist dann nicht mehr Stimulans, sondern Disciplina und endlich Sacrificium. Pradines hat überzeugend gezeigt, daß die positiven magischen Riten keinen moralisch entwickelbaren Gehalt haben und daß die Beziehung der Magie zum spezifisch moralischen Verhalten über die Einschränkungen (interdictions) läuft. In ihren höchsten Formen der nüchternen, in einer souveränen geistigen Übersicht der Welt und des eigenen Inneren vollzogenen Deckung des Bewußtseins mit dem Willen im Sinne der Abkehr ist die Askese doch wohl wesentlich Bestandteil der hohen, nicht mehr instrumentalen, transnaturalen Religion. Die Anthropologie muß sie dann, von der Seite der ihr stets immanenten aktiven Instinktreduktion aus, als eine Fortsetzung des Prozesses der Menschwerdung auffassen.

(Ebd., S. 77f)

Wolfgang Fritz Haug

(geb. 1936)

WARENÄSTHETIK: SCHEIN-BEFRIEDIGUNG

Der Schein, auf den man hereinfällt, ist wie ein Spiegel, in dem die Sehnsucht sich erblickt und für objektiv hält. Wo den Menschen, wie in der monopolkapitalistischen Gesellschaft, aus der Warenwelt eine Totalität von werbendem und unterhaltendem Schein entgegenkommt, geschieht, bei allem abscheulichen Betrug, etwas Merkwürdiges, in seiner Dynamik viel zu wenig Beachtetes. Es drängen sich nämlich an die Menschen unabsehbare Reihen von Bildern heran, die wie Spiegel sein wollen, einfühlsam, auf den Grund blickend, Geheimnisse an die Oberfläche holend und dort ausbreitend. In diesen Bildern werden den Menschen fortwährend unbefriedigte Seiten ihres Wesens aufgeschlagen. Der Schein dient sich an, als kündete er die Befriedigung an, er errät einen, liest einem die Wünsche von den Augen ab, bringt sie ans Licht auf der Oberfläche der Ware. Indem der Schein, in dem die Waren einherkommen, die Menschen ausdeutet, versieht er sie mit einer Sprache zur Ausdeutung ihrer selbst und der Welt. Eine andere, als die von den Waren gelieferte, steht schon bald nicht mehr zur Verfügung. Wie verhält, vor allem wie verändert sich jemand, der beständig mit einer Kollektion von Wunschbildern, die man ihm zuvor abspioniert hat, umdienert wird? Wie verändert sich jemand, der fortwährend erhält, was er wünscht – aber es nur als Schein erhält? Das Ideal der Warenästhetik wäre es, das zum Erscheinen zu bringen, was einem eingeht wie nichts, wovon man spricht, wonach man sich umdreht, was man nicht vergißt, was alle wollen, was man immer gewollt hat. Widerstandslos wird der Konsument bedient, sei es nach der Seite des Schärfsten, Sensationellsten, sei es nach der Seite des Anspruchslosesten, Bequemsten. Die Gier wird ebenso zuvorkommend bedient wie die Faulheit.

(Kritik der Warenästhetik, S. 64)

Hans Robert Jauß

(geb. 1921)

Rezeptionsästhetik: Autor, Werk, Publikum – kontinuitätsbildender Dialog – Erwartungshorizont und ästhetische Distanz – Genuß – ästhetische Freisetzung – kreative Negativität: ästhetische Wahrnehmung – Identifikation

Im Dreieck von Autor, Werk und Publikum ist das letztere nicht nur der passive Teil, keine Kette bloßer Reaktionen, sondern selbst wieder eine geschichtsbildende Energie. Das geschichtliche Leben des literarischen Werks ist ohne den aktiven Anteil seines Adressaten nicht denkbar. Denn erst durch seine Vermittlung tritt das Werk in den sich wandelnden Erfahrungshorizont einer Kontinuität, in der sich die ständige Umsetzung von einfacher Aufnahme in kritisches Verstehen, von passiver in aktive Rezeption, von anerkannten ästhetischen Normen in neue, sie übersteigende Produktion vollzieht. Die Geschichtlichkeit der Literatur wie ihr kommunikativer Charakter setzen ein dialogisches und zugleich prozeßhaftes Verhältnis von Werk, Publikum und neuem Werk voraus, das sowohl in der Beziehung von Mitteilung und Empfänger wie auch in den Beziehungen von Frage und Antwort, Problem und Lösung erfaßt werden kann. Der geschlossene Kreis einer Produktions- und Darstellungsästhetik, in dem sich die Methodologie der Literaturwissenschaft bisher vornehmlich bewegt, muß daher auf eine Rezeptions- und Wirkungsästhetik geöffnet werden, wenn das Problem, wie die geschichtliche Folge literarischer Werke als Zusammenhang der Literaturgeschichte zu begreifen sei, eine neue Lösung finden soll. Die rezeptionsästhetische Perspektive vermittelt nicht allein zwischen passiver Aufnahme und aktivem Verstehen, normbildender Erfahrung und neuer Produktion. Sieht man die Geschichte der Literatur derart im Horizont des kontinuitätsbildenden Dialogs von Werk und Publikum, so wird auch der Gegensatz ihres ästhetischen und ihres historischen Aspekts ständig vermittelt und ineins damit der Faden von der vergangenen Erscheinung zu der gegenwärtigen Erfahrung der Dichtung weitergeknüpft, den der Historismus durchschnitten hatte. Das Verhältnis von Literatur und Leser hat sowohl ästhetische als auch historische Implikationen.

(Literaturgeschichte als Provokation, S. 169 f)

Der so rekonstruierbare Erwartungshorizont eines Werkes ermöglicht es, seinen Kunstcharakter an der Art und dem Grad seiner Wirkung auf ein vorausgesetztes Publikum zu bestimmen. Bezeichnet man den Abstand zwischen dem vorgegebenen Erwartungshorizont und der Erscheinung eines neuen Werkes, dessen Aufnahme durch Negierung vertrauter oder Bewußtmachung erstmalig ausgesprochener Erfahrungen einen »Horizontwandel« zur Folge haben kann, als ästhetische Distanz, so läßt sich diese am Spektrum der Reaktionen des Publikums und des Urteils der Kritik (spontaner Erfolg, Ablehnung oder Schockierung; vereinzelte Zustimmung, allmähliches oder verspätetes Verständnis) historisch vergegenständlichen.

Die Art und Weise, in der ein literarisches Werk im historischen Augenblick seines Erscheinens die Erwartungen seines ersten Publikums einlöst, übertrifft, enttäuscht oder widerlegt, gibt offensichtlich ein Kriterium für die Bestimmung seines ästhetischen Wertes her. Die Distanz zwischen Erwartungshorizont und Werk, zwischen dem schon Vertrauten der bisherigen ästhetischen Erfahrung und dem mit der Aufnahme des neuen Werkes geforderten »Horizontwandel«, bestimmt rezeptionsästhetisch den Kunstcharakter eines literarischen Werks: in dem Maße wie sich diese Distanz verringert, dem rezipierenden Bewußtsein keine Umwendung auf den Horizont noch unbekannter Erfahrung abverlangt wird, nähert sich das Werk dem Bereich der ›kulinarischen‹ oder Unterhaltungskunst. Die letztere läßt sich rezeptionsästhetisch dadurch charakterisieren, daß sie keinen Horizontwandel erfordert, sondern Erwartungen, die eine herrschende Geschmacksrichtung vorzeichnet, geradezu erfüllt, indem sie das Verlangen nach der Reproduktion des gewohnten

Schönen befriedigt, vertraute Empfindungen bestätigt, Wunschvorstellungen sanktioniert, unalltägliche Erfahrungen als ›Sensation‹ genießbar macht oder auch moralische Probleme aufwirft, aber nur, um sie als schon vorentschiedene Fragen im erbaulichen Sinne zu ›lösen‹. Wenn umgekehrt der Kunstcharakter eines Werkes an der ästhetischen Distanz zu bemessen ist, in der es der Erwartung seines ersten Publikums entgegentritt, so folgt daraus, daß diese Distanz, die zunächst als neue Sehweise beglückend oder auch befremdlich erfahren wird, für spätere Leser in dem Maße verschwinden kann, wie die ursprüngliche Negativität des Werkes zur Selbstverständlichkeit geworden und selbst als nunmehr vertraute Erwartung in den Horizont künftiger ästhetischer Erfahrung eingegangen ist.

(Ebd., S. 177 f)

[...] das genießende Verhalten, das Kunst auslöst und ermöglicht, ist die ästhetische Urerfahrung; sie kann nicht ausgeklammert, sondern muß wieder Gegenstand theoretischer Reflexion werden, wenn es uns heute darum geht, die gesellschaftliche Funktion der Kunst und der ihr dienenden Wissenschaft gegen die Gebildeten wie gegen die Ungebildeten unter ihren Verächtern zu rechtfertigen.

(Kleine Apologie der ästhetischen Erfahrung, S. 7)

Freisetzung durch ästhetische Erfahrung kann sich auf drei Ebenen vollziehen: für das produzierende Bewußtsein im Hervorbringen von Welt als seinem eigenen Werk, für das rezipierende Bewußtsein im Ergreifen der Möglichkeit, die Welt anders wahrzunehmen, und schließlich – damit öffnet sich die subjektive auf intersubjektive Erfahrung – in der Beipflichtung zu einem vom Werk geforderten Urteil oder in der Identifikation mit vorgezeichneten und weiterzubestimmenden Normen des Handelns.

(Ebd., S. 13)

In diesem Prozeß [...] hat die ästhetische Erfahrung auf der Ebene der Aisthesis gegenüber der mehr und mehr instrumentalisierten Lebenswelt eine Aufgabe übernommen, die ihr in der Geschichte der Künste noch nicht gestellt worden war: der verkümmerten Erfahrung und dienstbaren Sprache der Konsumentengesellschaft die sprachkritische und kreative Funktion der ästhetischen Wahrnehmung entgegenzusetzen und angesichts der Pluralität sozialer Rollen und wissenschaftlicher Weltaspekte den Horizont der allen gemeinsamen Welt gegenwärtig zu halten, die am ehesten noch die Kunst als ein mögliches oder zu verwirklichendes Ganzes vor Augen zu bringen vermag.

(Ebd., S. 37)

Ästhetische Erfahrung wird gerade um ihre primäre gesellschaftliche Funktion verkürzt, wenn das Verhalten zum Kunstwerk im reflexiven Zirkel von Werkerfahrung und Selbsterfahrung beschlossen bleibt und sich nicht auf jene Fremderfahrung öffnet, die sich in der ästhetischen Praxis seit eh und je auf der Ebene primärer Identifikationen wie: Bewunderung, Erschütterung, Rührung, Mitweinen, Mitlachen vollzieht und die nur ästhetischer Snobismus für vulgär halten kann.

(Ebd., S. 38)

Ästhetische Erfahrung wird um ihre primären gesellschaftlichen Funktionen verkürzt, solange sie im kategorialen Rahmen von Emanzipation und Affirmation, Innovation und Reproduktion belassen und die konstitutive Negativität des Kunstwerks nicht mit Identifikation als ihrem rezeptionsästhetischen Gegenbegriff vermittelt wird. (Ebd., S. 51)

Arnold Schönberg

(1874–1951)

Schlechte Ästhetik, gute Handwerkslehre – Kunst kommt von Müssen – die Schönheit der Unproduktiven – die neuen Akkorde und die alte Schönheitskultur

Wenn es mir gelingen sollte, einem Schüler das Handwerkliche unserer Kunst so restlos beizubringen, wie das ein Tischler immer kann, dann bin ich zufrieden. Und ich wäre stolz, wenn ich, ein bekanntes Wort variierend, sagen dürfte: »Ich habe den Kompositionsschülern eine schlechte *Ästhetik genommen,* ihnen dafür aber eine gute *Handwerkslehre gegeben.*«

(Harmonielehre, S. 7)

Wie verhält es sich denn mit der Schönheit?

Damit ist es so: Die Schönheit gibt es erst von dem Moment an, in dem die Unproduktiven sie zu vermissen beginnen. Früher existiert sie nicht, denn der Künstler hat sie nicht notwendig. Ihm genügt die Wahrhaftigkeit. Ihm genügt es, sich ausgedrückt zu haben. Das zu sagen, was gesagt werden mußte; nach den Gesetzen seiner Natur. Die Gesetze der Natur des genialen Menschen aber sind die Gesetze der zukünftigen Menschheit. Die Auflehnung der Mediokren gegen sie ist genügend erklärt durch den Umstand, daß diese Gesetze gut sind. Die Auflehnung gegen das Gute ist im unproduktiven Menschen ein so starker Trieb, daß sie, um ihre Blöße zu bedecken, sehr dringend die Schönheit braucht, die die Genialen ihr unbeabsichtigt schenken. Aber die Schönheit, wenn sie überhaupt existiert, ist unfaßbar, denn sie ist nur dort vorhanden, wo einer, dessen Anschauungskraft allein imstande ist, sie hervorzubringen, allein durch diese Anschauungskraft sie schafft, sie jedesmal neu schafft, so oft er schaut. Mit dieser Anschauung ist sie da, sowie die zu Ende ist, hört sie wieder auf. Alles übrige ist Gerede. Die andere Schönheit, die man besitzen kann in festen Regeln und festen Formen, diese Schönheit ist die Sehnsucht der Unproduktiven. Dem Künstler ist sie nebensächlich wie jede Erfüllung, denn dem Künstler genügt die Sehnsucht, aber die Mediokren wollen die Schönheit besitzen. Dennoch gibt sich dem Künstler die Schönheit, ohne daß er sie gewollt hat, denn er hat ja nur die Wahrhaftigkeit angestrebt. Nur die Wahrhaftigkeit! Versuch sie anzustreben, Unproduktiver, wenn du's kannst! Aber der Künstler erreicht sie, denn sie ist in ihm, und er drückt sie nur aus, er drückt sie nur aus sich heraus. Und die Schönheit ist nur noch durch eins in der Welt: durch die kongeniale Regung in der Natur des Ungenialen, durch die Fähigkeit, mitfühlend zu erleiden, was Größe erlebt. Als Begleiterscheinung jener großen Mitfühlfähigkeit, die den Durchschnittlichen hebt, als Nebenprodukt bei der Verrichtung jener notwendigen Arbeiten, die das Genie in der Durchdringung der Natur leistet, mag die Schönheit wohl vorkommen.

Also, dann sind diese Akkorde wirklich nicht schön. Natürlich nicht, denn nichts ist an sich schön, auch der Ton nicht. Selbstverständlich ist er ebenso wenig häßlich. Eines von beiden wird er, je nachdem wer und wie man ihn behandelt. Man hat sogar vielleicht eher recht, diese Akkorde unschön zu nennen, als andere

Akkorde schön. Sie sind nicht schön, wenigstens anfangs nicht: sie werden allerdings auch nie schön; aber wen sie nicht sofort ansprechen, der mag sich erst mit ihnen vertraut machen. Dann werden sie wohl auch noch solche Schönheitsgefühle auslösen, wie die, die ihm längst vertraut sind. Das Gehör ist oft begriffsstutzig, aber es muß sich anpassen. Die Anpassung ans Neue fällt dem Menschen meist nicht leicht, und es muß gesagt sein: gerade diejenigen, die eventuell wirklich so etwas wie eine Art Schönheitskultur besitzen, gerade die wehren sich, weil sie eine Vorstellung haben von dem, was ihnen gefällt, aufs heftigste gegen das Neue, das schön wirken will. In der Tat will es nur wahr und wahrhaftig wirken, aber das nennt man schön.

(Ebd., S. 364 f)

Jurij Lotman

(geb. 1922)

Kunst als Sprach-Generator – sekundäres modellierendes System – Sprache des künstlerischen Textes als Informationsträger – ästhetischer Code – Entautomatisierung und Erwartbarkeit – »Unwiederholbarkeit als Funktion bestimmter Wiederholungen« – Wissenschaft von der Kunst

Das Leben jedes Wesens stellt eine komplexe Interaktion mit seiner Umwelt dar. Wäre der Organismus nicht imstande, auf äußere Einwirkungen zu reagieren, und sich an sie anzupassen, ginge er unweigerlich zugrunde. Interaktion mit der Außenwelt kann man sich als Empfang und Dechiffrierung einer bestimmten Information vorstellen. Der Mensch ist also unweigerlich in einen intensiven Prozeß einbezogen: er ist von Informationsströmen umgeben, das Leben sendet ihm seine Signale. Diese Signale bleiben jedoch ungehört, die Information unverstanden und wichtige Chancen im Kampf um das Überleben werden versäumt, wenn es der Menschheit nicht gelingt, der ständig steigenden Notwendigkeit folgend, diese Ströme von Signalen zu dechiffrieren und in Zeichen umzuwandeln, die zur Kommunikation in der menschlichen Gesellschaft geeignet sind. Dabei erweist es sich als notwendig, nicht nur die Menge der verschiedenartigen Informationen in schon vorhandenen Sprachen (in den natürlichen Sprachen und in denen der verschiedenen Wissenschaften), sondern auch die Menge der Sprachen ständig zu erhöhen, in die man die Ströme der Umweltinformation übersetzen kann, wodurch sie zum Gemeingut aller werden. Die Menschheit bedarf eines besonderen Mechanismus – eines Generators immer neuer »Sprachen«, die ihren Bedarf an Wissen decken können. Dabei handelt es sich, wie sich herausstellt, nicht nur darum, daß die Schaffung einer Hierarchie von Sprachen sich als kompakteres Mittel zur Speicherung von Information erweist als die Vermehrung der Nachrichten in der einen Sprache bis zur Unendlichkeit.

Bestimmte Informationsarten können nur mit Hilfe von besonders organisierten Sprachen gespeichert und übermittelt werden – so verlangen chemische oder algebraische Informationen ihre eigenen Sprachen, die besonders für den betreffenden Typus von Modellierung und Kommunikation geeignet sein müssen.

Die Kunst ist ein großartig organisierter Generator von Sprachen eines besonderen Typus, die der Menschheit einen unersetzbaren Dienst erweisen, indem sie einen äußerst komplexen und in seinem Mechanismus noch nicht endgültig geklärten Teilbereich des menschlichen Wissens bedienen.

(Die Struktur des künstlerischen Textes, S. 13f)

Wenn Sprache in der oben vorgeschlagenen Weise verstanden wird, so vereinigt dieser Begriff:

a) die natürlichen Sprachen (zum Beispiel die russische, französische, estnische, čechische);

b) die künstlichen Sprachen: Wissenschaftssprachen (Metasprachen wissenschaftlicher Beschreibungen), Sprachen mit vereinbarten Signalen (zum Beispiel Verkehrszeichen) u. a. m.;

c) die sekundären Sprachen (sekundäre modellierende Systeme), Kommunikationsstrukturen also, die über der natursprachlichen Ebene aufgebaut werden (Mythos, Religion). *Die Kunst ist ein sekundäres modellierendes System.* »Sekundär im Verhältnis zur Sprache« bedeutet nicht nur »verwendet eine natürliche Sprache als Material«. Wenn der Terminus diese Bedeutung hätte, wäre die Einbeziehung nichtsprachlicher Künste (Malerei, Musik und andere) ungerechtfertigt. Das Verhältnis ist hier jedoch komplexer: die natürliche Sprache ist nicht nur eines der frühesten, sondern auch das mächtigste Kommunikationssystem im menschlichen Kollektiv. Durch ihre Struktur übt sie einen machtvollen Einfluß auf die Psyche des Menschen und auf viele Bereiche des sozialen Lebens aus. Sekundäre modellierende Systeme sind (wie auch alle semiotischen Systeme) *nach dem Typus der Sprache* aufgebaut. (Ebd., S. 22f)

Dabei ergibt sich natürlich die Frage: Kann man nicht Sprache und Form des Kunstwerks gleichsetzen und die Nachricht mit dem Inhalt, und wird dann nicht die These hinfällig, die strukturale Analyse hebe den Dualismus auf, der darin besteht, künstlerische Texte vom Aspekt der Form und des Inhalts aus zu betrachten? Offensichtlich darf man eine solche Gleichsetzung nicht vornehmen; vor allem deshalb nicht, weil die Sprache des Kunstwerks durchaus nicht »Form« ist, wenn man in diesen Begriff die Vorstellung einbezieht, Form sei im Verhältnis zum Inhalt, der die Informationsbelastung trage, etwas Äußeres. Die Sprache des künstlerischen Textes ist ihrem Wesen nach ein bestimmtes künstlerisches Modell von der Welt und gehört in diesem Sinne durch ihre ganze Struktur zum »Inhalt« – sie trägt Information. (Ebd., S. 35)

Der Informationswert der Sprache und der Nachricht, die in ein und demselben Text dargeboten werden, ändert sich in Abhängigkeit von der Struktur des Codes des Lesers, von seinen Forderungen und Erwartungen.

Die Mobilität und Verbindung dieser beiden Prinzipien untereinander tritt jedoch in anderem Zusammenhang besonders deutlich hervor. Verfolgen wir den Prozeß des Funktionierens des Kunstwerks, so können wir eine Besonderheit nicht übersehen: im Moment der Rezeption des künstlerischen Textes tendieren wir dazu, auch viele Aspekte seiner Sprache als Nachrichten aufzufassen – formale Elemente werden semantisiert, dasjenige, was dem allgemeinen Kommunikationssystem eignet, wird, geht es in die spezifische strukturelle Totalität des Textes ein, als Individuelles rezipiert. In einem mit Talent gemachten Kunstwerk wird alles so aufgefaßt, als wäre es ad hoc geschaffen. Später aber geht das Kunstwerk in den Erfahrungshorizont der Menschheit ein und wird dadurch für künftige ästhetische Kommunikation ganz zu Sprache, und dasjenige, was in dem jeweiligen Text Zufälligkeit des Inhalts bildete, wird für die folgenden zum Code. (Ebd., S. 38)

Damit die Gesamtstruktur des Textes die Informationshaltigkeit bewahrt, muß sie ständig aus dem Zustand des Automatismus herausgeführt werden, der für nichtkünstlerische Strukturen charakteristisch ist. Gleichzeitig ist jedoch auch die entgegengesetzte Tendenz wirksam: nur Elemente, die in bestimmte vorhersagbare Sequenzen gestellt sind, können die Funktion kommunikativer Systeme wahrnehmen. In der Struktur des künstlerischen Textes arbeiten also gleichzeitig zwei entgegengesetzte Mechanismen: der eine ist bestrebt, alle Elemente des Textes einem System unterzuordnen, sie in eine automatisierte Grammatik zu verwandeln, ohne die der Kommunikationsakt unmöglich ist, der andere tendiert dazu, diese Automatisierung zu zerstören und die Struktur selbst zum Träger der Information zu machen.

(Ebd., S. 119)

Die Relationsstruktur ist nicht Summe der konkreten Details, sondern ein Inventar von Relationen, das für das Kunstwerk primär ist und seine Grundlage, seine Realität bildet. Dieses Inventar jedoch wird nicht als vielgeschossige Hierarchie ohne innere Überschneidungen organisiert, sondern als komplexe Struktur von einander überschneidenden Substrukturen mit multipler Integration ein und desselben Elements in verschiedene Kontexte der Konstruktion. Diese Überschneidungen sind es auch, die die »Konkretheit« des künstlerischen Textes konstituieren, seine materielle Vielfalt, die die verwunderliche Systemlosigkeit der Umwelt mit einer solchen Wirklichkeitstreue darstellt, daß beim unaufmerksamen Betrachter der Glaube an die Identität zwischen dieser Zufälligkeit, der unwiederholbaren Individualität des künstlerischen Textes, und den Eigenschaften der abgebildeten Realität entsteht.

Das Gesetz des künstlerischen Textes lautet: Je mehr Gesetzmäßigkeiten sich in dem jeweiligen Punkt der Struktur überschneiden, als desto individueller erscheint der Text. Eben deshalb kann die Untersuchung des Unwiederholbaren im Kunstwerk nur durch Aufdeckung des Gesetzmäßigen realisiert werden, wobei die Empfindung der Unerschöpflichkeit dieses Gesetzmäßigen nicht zu verdrängen ist.

Von hier ergibt sich auch die Antwort auf die Frage, ob exaktes Wissen das Kunstwerk erschlägt. Der Weg zur – immer approximativen – Erkenntnis der Vielfalt des künstlerischen Textes führt nicht über lyrische Reden von Unwiederholbarkeit, sondern über die Erforschung der Unwiederholbarkeit als Funktion bestimmter Wiederholungen, des Individuellen als Funktion des Gesetzmäßigen.

Wie immer in wahrer Wissenschaft, kann man auf diesem Wege nur einige Schritte tun. Ihn zuendezugehen ist unmöglich. Doch das ist nur in den Augen derer ein Mangel, die nicht verstehen, was das ist: Wissen.

(Ebd., S. 127)

Max Bense
(geb. 1910)

Informationstheoretische Ästhetik: ästhetische Zustände – Signal- und Zeichensystem – ästhetische Zeichenbildung – Zivilisation als künstliche Realität – mathematische Ästhetik der Umwelt

In erster Näherung ist Ästhetik eine ›Theorie ästhetischer Zustände‹, die [...] an natürlichen, künstlerischen und technischen ›Gegebenheiten‹ (›Trägern‹) verwirklicht sind. Diese Gegebenheiten und Gemachtheiten können sowohl Gegenstände wie Ereignisse sein. In jedem Falle sind sie ›material‹ verwirklicht, also keineswegs nur gedacht bzw. vorgestellt. Diese ästhetischen Zustände umgreifen eine ganze Klasse von Eigenschaften jener Gegebenheiten, die wir in der Umgangssprache gewöhnlich auch mit Ausdrücken wie ›schön‹, ›häßlich‹, ›entzückend‹, ›erhaben‹, ›reizvoll‹ und dergleichen belegen. Alle diese Ausdrücke beziehen sich aber keineswegs nur auf die ›Gegebenheiten‹, sondern beschreiben auch zugleich die Empfindungen, die wir ihnen gegenüber im Gefallen oder Mißfallen haben können. Indessen muß eine ›objektive‹ Theorie der ästhetischen Zustände zunächst nur das erfassen und beschreiben, was am gegebenen Objekt, nicht am betrachtenden Subjekt auftritt. In diesem Sinne handelt es sich bei der ›objektiven Ästhetik‹ um eine ›materiale‹ Ästhetik. Es wird also die ›Quelle‹, der ›Sender‹, der ›Expedient‹ der ›ästhetischen Empfindungen‹ betrachtet, nicht aber diese selbst. In dieser Weise unterscheiden wir die ›ästhetischen Zustände‹ der

›Quelle‹, also des ›ästhetischen Objekts‹, von den ›ästhetischen Empfindungen‹ des ›ästhetischen Subjekts‹, also des Herstellers oder des Betrachters. In der ›materialen Ästhetik‹ wird also eine Theorie der realen Objekte angestrebt, die sich durch ästhetische Zustände auszeichnen. Eine interpretierende ›Gefallensästhetik‹ bleibt demnach außerhalb unseres Interesses.

Gleichwohl ist die Feststellung und Beschreibung eines materialen objektiven ästhetischen Zustandes zugleich auch die Fixierung eines bestimmten Weltverhältnisses, eine Subjekt-Objekt-Relation, wie sie in jeder Wahrnehmung, in jeder Erkenntnis, in jedem Wissen, in jeder Sprache auftritt. Das heißt, daß auch jede reale Fixierung eines ästhetischen Zustandes an einem ›materialen Träger‹ eine Welt-Bewußtsein-Relation bestimmt. Im allgemeinen faßt man – in umgangssprachlicher Redeweise – diese ›ästhetische Fixierung‹ eines ›materialen Zustandes‹ als kreatives Weltverhältnis auf, aber die darin auftretende Relation zwischen Welt und Bewußtsein oder ›Material‹ und ›kreativem Gebilde‹ ist darüber hinaus eine kommunikative Relation.

Dazu sind einige allgemeine, prinzipielle Erklärungen erforderlich. Kein Welt-Bewußtsein-Verhältnis ist unmittelbar. Das Bewußtsein agiert und die Welt wird bearbeitet. Zwischen Welt und Bewußtsein schieben sich die ›Mittel‹ der Agierung und der Bearbeitung. Denn keine Welt, keine Materialien treten als solche in die Agitation des Bewußtseins, in die Reflexion, in die Abstraktion, in die Selektion, in die Vorstellung ein. Es muß ›vermittelt‹ werden. Die Sprache ist das bekannteste, erfolgreichste Medium dieser ›Vermittlung‹. Aber sie ist keineswegs das elementarste, unmittelbarste und allgemeinste Medium. Als elementarstes, unmittelbarstes und allgemeinstes Medium der Vermittlung zwischen Welt und Bewußtsein, aber auch zwischen Bewußtsein und Bewußtsein, ist vielmehr ein System von ›Zeichen‹ anzusehen, das sich als bewußt gewordenes System von ›Signalen‹, die von der Welt ausgehen, auffassen läßt. Unsere ›Sprachen‹ heben sich keineswegs unmittelbar von den Weltobjekten ab, auch sie sind durch Schichten von Signalen und Schichten von Zeichen vermittelt. ›Signale‹ sind physische Substrate der Weltobjekte, ›Zeichen‹ jedoch phänomenale Substrate des Bewußtseins. Die linguistischen Systeme entwickeln sich nicht unmittelbar über den Weltobjekten; semiotische Systeme bilden das Konfinium der Vermittlung und der Transformation. Daher können ›Bedeutungen‹ (semantische Systeme) niemals unmittelbar den Objektwelten entnommen werden; sie werden durch semiotische Schemata vermittelt, die ihrerseits durch Signalklassen determiniert werden. Wenn also die Fixierung ästhetischer Zustände, die, wie gesagt, immer der materialen Träger bedarf, zugleich die Fixierung eines Weltverhältnisses ist, dann ist sie von den kommunikativ und kreativ wirksamen Signal- und Zeichensystemen zwischen Welt und Bewußtsein abhängig.

(Einführung in die informationstheoretische Ästhetik, S. 9f)

Es bereitet keine Schwierigkeit, eine ästhetische Produktion sowohl in ihrer Ganzheit als Zeichen zu deuten, wie auch im Einzelnen aus Zeichen aufgebaut zu denken. Der Nachweis des Zeichencharakters im einzelnen wie im ganzen gehört jeweils zum Akt der ästhetischen Analyse, der ästhetischen Interpretation und der ästhetischen Beurteilung als den drei Hauptphasen der ästhetischen Kritik. Das Verständnis einer ästhetischen Produktion als Zeichen bzw. aus Zeichen muß natürlich zwischen makroästhetischer Realisation und mikroästhetischem Ensemble dieser Realisation unterscheiden.

Sofern nun jede Darstellung in Zeichen als Information im allgemeinen Sinne bezeichnet werden darf, und Kommunikation im engeren Sinne zunächst einmal als eine Replikation der Darstellung aufgefaßt wird, geht ihr also der Informationsprozeß und der Zeichenprozeß voraus. Jeder spezifisch ästhetischen Zeichenbildung folgt also die spezifisch ästhetische Information und die spezifisch ästhetische Kommunikation nach. Kunstwerke, ästhetische Produktionen geben nicht Informationen schlechthin, sie geben ästhetische Information, und sie bedeuten auch keine Kommunikation schlechthin, sondern ästhetische Kommunikation.

Ein Zeichen, bestimmt durch seine drei Funktionsdimensionen, der syntaktischen, semantischen und pragmatischen, sowie gegeben durch seinen Zeichenkörper, den Zeichenträger und seinen Umkörper, die Zeichensituation, verändert, differenziert jeweils eine bestehende Situation, in die es hineingelangt.

(Aesthetica, S. 208)

Aus der Geschichte der Ästhetik und der Kunsttheorie läßt sich belegen, daß das Wesentliche der ästhetischen Prozesse zu fast allen Zeiten in einem eigentümlichen Ordnungsvorgang gesehen wurde, dessen Determination in größtem Ausmaße von der freien Wahl des Künstlers abhängig gemacht werden sollte. Wie in unserer Auffassung bezog man mehr oder weniger deutlich Verteilung und Wahl sowohl auf inhaltliche wie auch formale Bestimmungsstücke.

Sowohl das, was unter Verteilung wie auch das, was unter Wahl verstanden wird, hat Zeichencharakter.

Information und Kommunikation, aufgefaßt als Darstellung und als Darstellung einer Darstellung, sind letztlich Zeichencharaktere, verständlich und meßbar als bestimmte Verteilung oder Anordnung gewisser Materialien, hervorgegangen aus Auswahlen.

Zeichen und Struktur, als Elemente genommen, stellen die beiden fundamentalen Fälle insbesondere der ästhetischen Verteilung dar, Gebrauch und Bedeutung beider innerhalb der natürlichen Sprache stellt ihren Zusammenhang mit den Funktionen der Verteilung und der Auswahl heraus. Wir verlangen von einem Zeichen mindestens, daß es sich hinreichend deutlich von seiner Umgebung abhebt und wählen es unter diesem Aspekt aus. Von Struktur hingegen reden wir in einem Sinne, der auf aufzeigbare Regelmäßigkeit, auf hinreichende Wiederholung anspielt, deren Extension unserer Wahl überlassen ist. Ein Zeichen kann Strukturen erzeugen, eine Struktur kann Zeichen töten, aber auch verstärken. Der ästhetische Reiz des Unterbrechens, des Abbrechens, des Weglassens, des Torsos, des Fragments beruht vorwiegend auf dem Verhältnis zwischen Zeichen und Struktur. Unterbrochene, abgerissene Struktur gewinnt leicht Zeichencharakter. Die Begriffe Zeichen und Struktur verhalten sich stark irrelevant gegenüber den klassischen Begriffen Quantität und Qualität. Auch der Begriff Verteilung dispensiert vom Unterschied, der zwischen Quantität und Qualität gern gemacht wird. Darüber hinaus kennzeichnen Ausdrücke wie Zeichen, Struktur, Verteilung und Wahl sehr viel deutlicher als Begriffe wie Quantität, Qualität, Form und Inhalt die Welt der ästhetischen Produktion als dem Horizont des Machens zugehörig.

Ästhetik im Sinne einer Analyse, Interpretation und Kritik einer ästhetischen Produktion ist nur soweit möglich, als sie als Darstellung einer Darstellung Feststellbares, Invariantes in der ästhetischen Produktion erfaßt, das den Bereich der Sprache nicht im Prinzip transzendiert. Die Tatsache, daß sowohl der ästhetisch-produktive wie der ästhetisch-replikative Prozeß in Zeichen, ästhetischen Zeichen und sprachlichen Zeichen, sich abspielt, macht Ästhetik im Sinne einer Metasprache zur Kunst erst möglich. Die Ästhetik kann nur das in der ästhetischen Produktion erfassen, was, wie eben Zeichen und Struktur, als Invarianz faßbar ist, weil sie, die Ästhetik selbst, wieder als ein System von Zeichen und Strukturen konstituiert werden kann. Mathematik ist eine für Ästhetik geeignete Sprache, weil Mathematik ein subtiles, abstraktes und operatives System von Zeichen, Strukturen und ihren Regeln darstellt.

Wenn eine ästhetische Produktion, z. B. ein Kunstwerk, als Darstellung im Sinne einer ästhetischen Information (also als Information über Verteilung und Auswahl ästhetischer Zeichen und Strukturen) verstanden wird, dann sind Analyse, Interpretation und Kritik bereits Formen der Replikation dieser Darstellung, somit Formen der Kommunikation, reproduzierte Darstellung der ursprünglich produzierten in einem neuen Darstellungsfeld. In dem Maße wie die Kommunikation neue Mittel und deshalb neue Zeichen benutzt, ist sie im Verhältnis zur Information selektiv. Der Selektionsprozeß, mit dem der Prozeß der ästhetischen Produktion anhebt, erzeugt zuerst die ästhetische Information und setzt sich fort in allen Formen ästhetischer Kommunikation, es tritt eine Folge von Darstellungsprozessen ein, beginnend mit der Darstellung, die sich fortsetzt in eine Darstellung der Darstellung usw. Nacheinander erscheinen Zeichen, Zeichen von Zeichen, Zeichen von Zeichen von Zeichen, und mir scheint, daß diese Art von Iterierbarkeit wesentlich zum ästhetischen Prozeß gehört. Offensichtlich unterscheidet sich in dieser Hinsicht die physikalische Welt erheblich von der ästhetischen. Physikalische Gegenstände (Signale) sind nicht in dieser Weise iterierbar; der Ausdruck Gegenstand eines Gegenstandes oder gar Gegenstand eines Gegenstandes eines Gegenstandes hat keine Bedeutung.

(Ebd., S. 209 f)

Die Bearbeitung der Welt durch den Menschen, der Prozeß der Zivilisation, ist nicht nur ein äußerer, sondern auch ein innerer Vorgang, der unser gesamtes, genießendes und leidendes, Bewußtsein ergriffen hat. Durch seine kreativen und imitativen, seine kommunikativen und separierenden Möglichkeiten vollzieht es den theoretischen und faktischen Aufbau der Zivilisation als einer *künstlichen Realität,* die wir bewohnen.

Dieses theoretische Bewußtsein hat die gegebene Welt, ihr analytisches und synthetisches Verständnis aus einem metaphorischen in einen mathematischen Zustand überführt, und es wird weiterhin ihre problematischen Bereiche in systematische umbilden. Nicht die mathematische Beschreibung der Welt ist das Entscheidende, sondern die aus ihr gewonnene prinzipielle Konstruktivität der Welt, die planmäßige Antizipation einer mehr oder weniger abschließbaren zukünftigen künstlichen Realität, in der der Mensch als ebenso vitales wie intelligibles Wesen möglich ist.

Damit stoßen wir auf das allgemeine Problem der Umwelt und auf *Umwelttheorie* als eine allgemeine Theorie künstlicher Realität, in der das, was bisher als Umweltgestaltung bezeichnet und nur fragmentarisch betrieben wurde, als Sonderdisziplin fungiert. Ausgehend von der evidenten Differenzierung zwischen natürlicher und künstlicher, zwischen gegebener und gestalteter Umwelt, wird die allgemeine Umwelttheorie vor allem zwischen physikalischer, biologischer, gesellschaftlicher, kommunikativer, technischer und ästhetischer Umwelt unterscheiden müssen. Je künstlicher Umwelten realisiert sind, desto deutlicher sind an ihrem Aufbau neben den materialen auch intelligible Repertoires und Kategorien beteiligt. Die meisten Umwelten kommen nicht rein vor, sie stellen vielmehr Überschneidungsgebiete, mindestens Nachbargebiete dar. Nur wenige Umwelten schließen sich aus. Künstliche Umwelten sind stets Überschneidungs- und Nachbarschaftsgebiete physikalischer, technischer und ästhetischer Umwelten.

Mathematische Ästhetik dient der generativen und damit der konstruktiven Ästhetik *ästhetischer Umwelt* als Grundlage. Das rechtfertigt ihr Auftreten und ihre Notwendigkeit in der modernen Lebenswelt. Nur antizipierbare Welten sind programmierbar, nur programmierbare sind konstruierbar und human bewohnbar.

(Einführung in die informationstheoretische Ästhetik, S. 71f)

•

Nelson Goodman

(geb. 1906)

Vier Symptome des Ästhetischen: Syntaktische Dichte, semantische Dichte, syntaktische Völle, exemplifikatorische Symbolik

[...] Drei Symptome des Ästhetischen könnten syntaktische Dichte, semantische Dichte und syntaktische Völle sein. Wie wir gesehen haben, ist die syntaktische Dichte charakteristisch für nichtlinguistische Systeme; sie ist ein Aspekt, der Skizzen von Partituren und Skripten unterscheidet; semantische Dichte ist charakteristisch für die Repräsentation, die Beschreibung und den Ausdruck in den Künsten und ist einer der Aspekte, in denen sich Skizzen und Skripten von Partituren unterscheiden; und relative, syntaktische Völle unterscheidet die mehr repräsentationalen unter den semantisch dichten Systemen von den mehr diagrammatischen, die weniger repräsentationalen von den mehr »schematischen«. Alle drei Aspekte erfordern ein Maximum an Unterscheidungsfähigkeit. Syntaktische und semantische Dichte verlangen ein nie nachlassendes Achtgeben auf die bestimmenden Zeichen und Bedeutungen, wenn irgendeine Marke des Systems auftaucht; und relative syntaktische Völle erfordert ähnlich intensive Bemühungen um Sonderungsprozesse in, wie man sagen könnte, mehreren Dimensionen. Die Unmöglichkeit einer endlichen Bestimmung bringt den Hauch der Unsagbarkeit mit sich, den man so oft für oder gegen das Ästhetische in Anspruch nimmt. Aber weit davon entfernt, mysteriös und vage zu sein, ist Dichte explizit definiert; und sie entsteht aus dem nicht zu befriedigenden Bedürfnis nach absoluter Präzision und hält es am Leben.

Das vierte und letzte Symptom des Ästhetischen ist jener Aspekt, der die exemplifikatorischen von den denotativen Systemen und im Verein mit der Dichte, das Zeigen vom Sagen unterscheidet. Eine Erfahrung ist insofern exemplifikatorisch, als sie eine Erfahrung der von einem Symbol exemplifizierten oder zum Ausdruck gebrachten Eigenschaften – d. h. der Eigenschaften, die besessen und vorgezeigt werden – und nicht bloß von Gegenständen ist, die das Symbol denotiert. Eine solche Exemplifikatorik als ästhetisch anzusehen, die das Ästhetische mit dem Unmittelbaren und Nicht-Transparenten assoziiert und deshalb darauf besteht, daß das ästhetische Objekt für das genommen wird, was es in sich selbst ist, und nicht für etwas, das etwas anderes bedeutet. Aber die Exemplifikation bezieht wie die Denotation ein Symbol auf einen Referenten, und die Entfernung von einem Symbol zu dem, worauf es angewandt wird oder durch das es exemplifiziert wird, ist nicht geringer als die Entfernung zu dem, worauf es zutrifft oder was es denotiert. So wie sich die »Unsagbarkeit« bei der Analyse in Dichte und nicht in ein Geheimnis verwandelt, so wird die »Unmittelbarkeit« zu einer Sache der Exemplifikation und nicht der Intimität – zu einer Funktion der Richtung und nicht der Distanz. [...]

[...] wenn die aufgezählten vier Symptome jedes für sich weder hinreichend noch notwendig für die ästhetische Erfahrung sind, dann können sie doch gemeinsam hinreichend und jedes für sich notwendig sein; d. h. vielleicht ist eine Erfahrung ästhetisch, wenn sie all diese Attribute hat, und nur dann, wenn sie mindestens eines von ihnen hat. [...]

(Sprachen der Kunst. Ein Ansatz zu einer Symboltheorie, S. 253 ff)

Umberto Eco

(geb. 1932)

Das Kunstwerk: geschlossene Form, Offenheit für vielfache Interpretierbarkeit – Ambiguität ästhetischer Konfigurationen – Redundanz und Rauschen: Ordnung aus Ordnung und Unordnung – der überraschungsträchtige Typ ästhetischen Genießens

Einerseits ist ein Kunstwerk [...] ein Objekt, in dem sein Schöpfer ein Gewebe von kommunikativen Wirkungen derart organisiert hat, daß jeder mögliche Konsument (über das als Stimulans von Sensibilität und Intellekt empfundene Spiel von Antworten auf die Konfiguration der Wirkungen) das Werk selbst, die ursprünglich vom Künstler imaginierte Form nachverstehen kann. In diesem Sinne produziert der Künstler eine in sich geschlossene Form und möchte, daß diese Form, so wie er sie hervorgebracht hat, verstanden und genossen werde; andrerseits bringt jeder Konsument bei der Reaktion auf das Gewebe der Reize und dem Verstehen ihrer Beziehungen eine konkrete existentielle Situation mit, eine in bestimmter Weise konditionierte Sensibilität, eine bestimmte Bildung, Geschmacksrichtungen, Neigungen, persönliche Vorurteile, dergestalt, daß das Verstehen der ursprünglichen Form gemäß einer bestimmten individuellen Perspektive erfolgt. Im Grunde ist eine Form ästhetisch gültig gerade insofern, als sie unter vielfachen Perspektiven gesehen und aufgefaßt werden kann und dabei eine Vielfalt von Aspekten und Resonanzen manifestiert, ohne jemals aufzuhören, sie selbst zu sein (ein Verkehrsschild dagegen kann ohne Irrtum nur in einem einzigen Sinne aufgefaßt werden und hört, wenn es phantasiehaft umgedeutet wird, auf, *dieses* Signalschild mit seiner besonderen Bedeutung zu sein). In diesem Sinne also ist ein Kunstwerk, eine in ihrer Perfektion eines vollkommen ausgewogenen Organismus vollendete und *geschlossene* Form, doch auch *offen,* kann auf tausend verschiedene Arten interpretiert werden, ohne daß seine irreproduzible Einmaligkeit davon angetastet würde. Jede Rezeption ist so eine *Interpretation* und eine *Realisation,* da bei jeder Rezeption das Werk in einer originellen Perspektive neu auflebt.

(Das offene Kunstwerk, S. 29 f)

Nehmen wir jetzt ein Blatt weißes Papier, falten es in der Mitte und bespritzen die eine Hälfte mit Tinte. Die daraus resultierende Konfiguration wird in hohem Maße zufällig und völlig ungeordnet sein. Wenn wir jetzt die beiden Blatthälften aufeinanderlegen, so daß die bespritzte Seite auf die noch weiße zu liegen kommt, dann ergibt sich beim Auffalten eine Konfiguration, die schon eine gewisse Ordnung zeigt, und zwar nach der einfachsten Form wahrscheinlichkeitsgesetzlicher Verteilung, der elementarsten Art von Redundanz, nämlich der symmetrischen Wiederholung der Elemente. Nun stehen dem Auge, das sich doch einer in hohem Maße mehrdeutigen Konfiguration gegenübersieht, zwei wenn auch sehr elementare Bezugspunkte zur Verfügung: es sieht bevorzugte Richtungen, Andeutungen von Beziehungen. Es ist noch frei, sehr viel mehr als vor dem Mosaik von Ravenna, und sieht sich trotzdem veranlaßt, bestimmte Gestalten eher als andere zu identifizieren. Das sind verschiedenartige Gestalten, bei deren Heraushebung unbewußte Motive mitsprechen; die Vielfalt der möglichen Antworten ist ein Zeichen für die Freiheit, die Ambiguität, das Informationspotential dieser Konfiguration.

(Ebd., S. 174)

Auch hier beruht die Möglichkeit für eine Kommunikation, die je offener, desto reichhaltiger ist, auf dem delikaten Gleichgewicht zwischen einem Minimum an Ordnung, das mit einem Maximum an Unordnung zu vereinbaren ist. Dieses Gleichgewicht bezeichnet die Grenze zwischen der Ununterscheidbarkeit aller Möglichkeiten und dem Möglichkeitsfeld.

(Ebd., S. 175)

In der Dialektik von *Kunstwerk* und *Offenheit* ist so das Fortbestehen des Kunstwerks die Garantie für die kommunikativen Möglichkeiten und zugleich für die Möglichkeiten zu ästhetischem Genuß. Die beiden Werte implizieren sich wechselseitig und sind eng miteinander verflochten (während bei einer konventionellen Botschaft, etwa bei einem Verkehrsschild, das kommunikative Faktum unabhängig vom ästhetischen Faktum besteht, so daß die Kommunikation mit dem Erfassen des Referenten abgeschlossen ist und man nicht den Drang verspürt, zum Zeichen zurückzukehren, um in der organisierten Materie die Effizienz der erzielten Kommunikation zu genießen). Die Offenheit ist ihrerseits Garantie für einen besonders reichhaltigen und überraschungsträchtigen Typ des ästhetischen Genießens, den unsere Kultur als einen höchsten Wert anstrebt, weil alle Gegebenheiten dieser Kultur uns dazu führen, die Welt gemäß der Kategorie Möglichkeit zu begreifen, zu fühlen und damit zu *sehen.*

(Ebd., S. 185)

Siegfried J. Schmidt
(geb. 1940)

Polyfunktionalität und Polyvalenz des ästhetischen Textes – mögliche Wirklichkeiten – »konkretes Sehen« – Entpragmatisierung – ästhetische Kommunikation als herrschaftsfreie – schöpferische Spontaneität

Betrachtet man die Rolle, die Textkonstituenten für den Aufbau und die Wirkung des Textganzen spielen, im Verhältnis zu der Eigenwirkung, zum Selbstwert der Konstituenten als wahrnehmbare Selegate im Textganzen, so zeigt sich bei Texten der verschiedensten Materialarten (sprachliche, optische, akustische

Texte), die nach bisheriger Tradition als »Kunstwerke« aufgefaßt werden, ein typischer Befund: In Kunstwerken sind die Konstituenten zugleich funktional eingebunden in den Aufbau des Textes und als sie selbst, als Objekte wahrnehmbar und wirksam. Funktionalisierung der Textkonstituenten und ihre Integration in den Text stehen gegenüber einer Entpragmatisierung, Verdinglichung und Eigenwertbetonung der Konstituenten und des Textganzen. Die Textkonstituenten sind nicht einer mitteilungspraktischen Absicht (total) unterworfen und treten mit ihren spezifischen Objektqualitäten in den Hintergrund, sondern sie entfalten potentiell alle an ihre Eigenart als Objekt beziehungsweise Material und die Textstelle ihres Auftretens gebundenen Funktions- und Wirkungsmöglichkeiten.

Ein Wort in einem sprachlichen Kunstwerk fungiert zugleich als (voll) integriertes funktionales Textkonstituens und als euphonisches, rhythmisches, assoziatives etc. Objekt. Eine Farbe in einem optischen Kunstwerk hat einmal funktionale Bedeutung für den Bildaufbau, zugleich stellt sie sich selber dar, wirkt als sie selbst. (Analoges dürfte allgemein auch für die Musik gelten.)

Auf jeder dieser beiden Ebenen kann ein Textkonstituent zugleich mehrere Funktionen erfüllen, textinterne und textexterne: es ist polyfunktional vertextet und kann bei entsprechender Wahrnehmungsweise demgemäß polyvalente Wirkung erzielen.

(Ästhetizität, S. 19)

Der ästhetische Text zwingt zu einer bewußten, sich seiner selbst als Rezeptionsvorgang bewußt(werdend)en Auseinandersetzung mit dem Text, der nach Maßgabe seiner syntaktisch-tagmemischen Verfahren semantisch interpretiert werden muß. Dabei wird – im Idealfall – die Abhängigkeit der Bedeutungskonstitution von syntaktisch-tagmemischen Verfahren, bzw. die Abhängigkeit des Wirklichkeitsbildes von gesellschaftlich vermittelten Konstitutionspraktiken exemplarisch deutlich. Der künstlerische Text als Zustand *zeigt* seine Abhängigkeit von Verfahren der Bedeutungskonstitution; die aufgewendeten Mittel werden nicht pragmatisch verbraucht, um ein Handlungsziel möglichst ohne Beeinträchtigung durch den Eigenwert der Mittel zu erreichen, sondern bleiben als sie selbst erhalten; d. h. Dingqualität und Zeichenqualität der Textbildungsmittel und Textmaterialien interferieren.

Die Ästhetizität des Textes zwingt den Rezipienten zu einer schöpferisch-produktiven, zugleich kritischen und selbstkritischen Einstellung. Er muß den Text zunächst als Textgestalt vollständig realisieren, ihn dann semantisch interpretieren und beurteilen; die beschriebenen Schwierigkeiten dieses Vorgangs erfordern kritisches Abwägen, Zurückführen von Wirkungen auf Ursachen, in Beziehung-Setzen von Perspektive und Phänomenbefund, von Einstellung und Resultat.

Der ästhetische Text erscheint bei adäquater Rezeption als ein Raum *möglicher* Wirklichkeiten, möglicher Bedeutungen. Er löst die Kunstwerkkonstituenten aus der Bindung an pragmatische Effektivität und *zeigt* die Potentialität, den Wirkungsspielraum von Bedeutsamkeiten relativ zu adäquaten Kontexten. Diesen Verhältnissen muß in der Rezeption eine adäquate Vielschichtigkeit der Wahrnehmung, Zeichenverarbeitung und -bewertung entsprechen, eine kritisch mittelwertende, nicht mittelverbrauchende Einstellung zum Objekt. Der Zugang zu ästhetischen Texten kann daher keinesfalls von ideologischen Vorerwartungen und Postulaten ausgehen, sondern muß in der Haltung des nicht-kanalisierten »konkreten Sehens« möglichst viele Sinnebenen auszuschöpfen versuchen, möglichst viele sinnaufschließende Kontextuierungen vornehmen. Damit wird vom Rezipienten ein hohes Maß an Spontaneität und Produktivität verlangt, eine Abkehr von der Konsumenten- und Genießerrolle. In der ästhetischen Kommunikation erfährt er »die Wirklichkeit« als eine von ihm abhängige Verfaßtheit, als revidierbare und beeinflußbare Größe, deren Geschichtlichkeit die Veränderbarkeit von Wirklichkeit überhaupt paradigmatisch zeigt; er erfährt die Bedingtheit jedes Sinns und jeder Bedeutung: die ästhetische Kommunikation wird auf diese Weise zum Modell für eine offene, auf Entwicklung angelegte herrschaftsfreie Kommunikation *(J. Habermas)*. Der Rezipient wird bei adäquater Rezeption auf seine produktive, sinn- und wirklichkeitskonstitutive Freiheit aufmerksam. Im Kunstwerk erlebt und erfährt er einen Bereich menschlicher Produktion, der nicht in den Immanenzzyklus von Produktion und Konsum eingeordnet werden kann, der sich dem Verbrauch durch vorgebliche Zwecklosigkeit bei gleichzeitiger höchster innerer Zwangsläufigkeit entzieht.

Die erste allgemeine These zum Verhältnis von ästhetischer Kunst und Gesellschaft lautet demnach: In der ästhetischen

Kommunikation erfährt der Rezipient seine produktive Freiheit, entwickelt er ein kritisches emanzipatorisches Bewußtsein für die Konstituiertheit und Veränderbarkeit von Bedeutung, Institution und »Wirklichkeit«, wird er zu schöpferischer selbstbestätigender Spontaneität und Reflexivität aufgerufen. Damit wird eine Einstellung eingeübt, die notwendig auf alle anderen Bereiche kommunikativer Handlungsspiele einwirkt, vor allem auf den sozialen politischen Bereich, wo die Kriterien ästhetischer Kommunikation im Verlangen nach kritischem gesellschaftlichem Bewußtsein, nach Veränderung bestehender institutioneller Verfestigungen und nach schöpferischer Spontaneität wirksam (gemacht) werden müssen.

Die Essenz ästhetischer Produktion und Kommunikation enthüllt so ihren impliziten politischen Kern, der weithin unabhängig von der Thematik und ideologischer Absicht eine sozusagen tiefenstrukturelle Verbundenheit von Kunst und Gesellschaft markiert, die unabhängig von politischen und kunsttheoretischen Programmen in der Struktur ästhetischer Kommunikation gegeben ist und nur übersehen, aber nicht geleugnet werden kann.

(Ästhetische Prozesse, S. 63 ff)

Franz Kafka

(1883–1924)

JOSEFINE, DIE SÄNGERIN ODER DAS VOLK DER MÄUSE

Unsere Sängerin heißt Josefine. Wer sie nicht gehört hat, kennt nicht die Macht des Gesanges. Es gibt niemanden, den ihr Gesang nicht fortreißt, was um so höher zu bewerten ist, als unser Geschlecht im ganzen Musik nicht liebt. Stiller Frieden ist uns die liebste Musik; unser Leben ist schwer, wir können uns, auch wenn wir einmal alle Tagessorgen abzuschütteln versucht haben, nicht mehr zu solchen, unserem sonstigen Leben so fernen Dingen erheben, wie es die Musik ist. Doch beklagen wir es nicht sehr; nicht einmal so weit kommen wir; eine gewisse praktische Schlauheit, die wir freilich auch äußerst dringend brauchen, halten wir für unsern größten Vorzug, und mit dem Lächeln dieser Schlauheit pflegen wir uns über alles hinwegzutrösten, auch wenn wir einmal

– was aber nicht geschieht – das Verlangen nach dem Glück haben sollten, das von der Musik vielleicht ausgeht. Nur Josefine macht eine Ausnahme; sie liebt die Musik und weiß sie auch zu vermitteln; sie ist die einzige; mit ihrem Hingang wird die Musik – wer weiß wie lange – aus unserem Leben verschwinden.

Ich habe oft darüber nachgedacht, wie es sich mit dieser Musik eigentlich verhält. Wir sind doch ganz unmusikalisch; wie kommt es, daß wir Josefines Gesang verstehn oder, da Josefine unser Verständnis leugnet, wenigstens zu verstehen glauben. Die einfachste Antwort wäre, daß die Schönheit dieses Gesanges so groß ist, daß auch der stumpfste Sinn ihr nicht widerstehen kann, aber diese Antwort ist nicht befriedigend. Wenn es wirklich so wäre, müßte man vor diesem Gesang zunächst und immer das Gefühl des Außerordentlichen haben, das Gefühl, aus dieser Kehle erklinge etwas, was wir nie vorher gehört haben und das zu hören wir auch gar nicht die Fähigkeit haben, etwas, was zu hören uns nur diese eine Josefine und niemand sonst befähigt. Gerade das trifft aber meiner Meinung nach nicht zu, ich fühle es nicht und habe auch bei andern nichts dergleichen bemerkt. Im vertrauten Kreise gestehen wir einander offen, daß Josefinens Gesang als Gesang nichts Außerordentliches darstellt. Ist es denn überhaupt Gesang? Trotz unserer Unmusikalität haben wir Gesangsüberlieferungen; in den alten Zeiten unseres Volkes gab es Gesang; Sagen erzählen davon und sogar Lieder sind erhalten, die freilich niemand mehr singen kann. Eine Ahnung dessen, was Gesang ist, haben wir also und dieser Ahnung entspricht Josefinens Kunst eigentlich nicht. Ist es denn überhaupt Gesang? Ist es nicht vielleicht doch nur ein Pfeifen? Und Pfeifen allerdings kennen wir alle, es ist die eigentliche Kunstfertigkeit unseres Volkes, oder vielmehr gar keine Fertigkeit, sondern eine charakteristische Lebensäußerung. Alle pfeifen wir, aber freilich denkt niemand daran, das als Kunst auszugeben, wir pfeifen, ohne darauf zu achten, ja, ohne es zu merken und es gibt sogar viele unter uns, die gar nicht wissen, daß das Pfeifen zu unsern Eigentümlichkeiten gehört. Wenn es also wahr wäre, daß Josefine nicht singt, sondern nur pfeift und vielleicht gar, wie es mir wenigstens scheint, über die Grenzen des üblichen Pfeifens kaum hinauskommt – ja vielleicht reicht ihre Kraft für dieses übliche Pfeifen nicht einmal ganz hin, während es ein gewöhnlicher Erdarbeiter ohne Mühe den ganzen Tag über neben seiner Arbeit zustandebringt – wenn das alles wahr wäre, dann wäre zwar Josefinens angebliche Künstlerschaft widerlegt, aber es wäre dann erst recht das Rätsel ihrer großen Wirkung zu lösen.

[...] es ist zum Verständnis ihrer Kunst notwendig, sie nicht nur zu hören, sondern auch zu sehn. Selbst wenn es nur unser tagtägliches Pfeifen wäre, so besteht hier doch schon zunächst die Sonderbarkeit, daß jemand sich feierlich hinstellt, um nichts anderes als das Übliche zu tun. Eine Nuß aufknacken ist wahrhaftig keine Kunst, deshalb wird es auch niemand wagen, ein Publikum zusammenzurufen und vor ihm, um es zu unterhalten, Nüsse zu knacken. Tut er es dennoch und gelingt seine Absicht, dann kann es sich eben doch nicht nur um bloßes Nüsseknacken handeln. Oder es handelt sich um Nüsseknacken, aber es stellt sich heraus, daß wir über diese Kunst hinweggesehen haben, weil wir sie glatt beherrschten und daß uns dieser neue Nußknacker erst ihr eigentliches Wesen zeigt [...]

(Erzählungen, S. 193 ff)

Literaturangaben und Quellennachweise

Adorno, Theodor W., *Noten zur Literatur I,* Frankfurt a. M. 1958; *Noten zur Literatur III,* Frankfurt a. M. 1965; *Negative Dialektik,* Frankfurt a. M. 1970; *Ohne Leitbild, Parva Aesthetica,* Frankfurt a. M. 1968; *Ästhetische Theorie,* Gesammelte Schriften 7, Frankfurt a. M. 1970; *Fragment über Musik und Sprache,* in: *Musikalische Schriften,* Ges. Schriften Band 16, Frankfurt a. M. 1978

Aristoteles, *Physikvorlesung,* hrsg. E. Grumach, übersetzt von H. Wagner, Darmstadt 1967; *Poetik,* Übersetzung, Einleitung, Anmerkungen von O. Gigon, Stuttgart 1967 (= Reclams Universal-Bibliothek 2337); *Die Nikomachische Ethik,* übersetzt u. hrsg. von O. Gigon, München 1975 (= dtv t-b 6011); *Metaphysik,* übersetzt von H. Bonitz, Reinbek 1968 (= rororo-Klassiker 205–208)

Assunto, Rosario, *Die Theorie des Schönen im Mittelalter,* Schauberg, Köln 1963 (=*DuMont* Dokumente, Reihe I: Kunstgeschichte: Deutung, Dokumente)

Augustinus, *Soliloquia,* lateinisch und deutsch, übersetzt von H. P. Müller, Zürich/Stuttgart 1954; *Confessiones,* übersetzt von Thimme, Zürich/Stuttgart 1950

Bach, Johann Sebastian, zit. in: Albert Schweitzer, *J. S. Bach,* Leipzig 1908

Baudelaire, Charles, *Œuvres complètes,* Paris, Editions Gallimard 1961 (eigene Übersetzung)

Baumgarten, Alexander G., *Aesthetica,* zit. in: H. R. Schweizer, *Ästhetik als Philosophie der sinnlichen Erkenntnis.* Eine Interpretation der Aesthetica mit teilweiser Wiedergabe des lat. Textes in dt. Übersetzung, Basel 1973

Bäumler, Alfred, *Ästhetik. Handbuch der Philosophie,* Darmstadt 1973 (= Reprographischer Nachdruck der Ausgabe, München o. J.)

Bayer, Raimond, *Von der Methode der Ästhetik,* Darmstadt 1960

Becker, Oskar, *Die Fragwürdigkeit der Transzendierung der ästhetischen Dimension der Kunst,* in: *Philosophische Rundschau,* Jg. 10, 1962, S. 225–238

Benjamin, Walter, *Gesammelte Schriften,* Frankfurt a. M. 1972 f; *Versuche über Brecht,* Frankfurt a. M. 1966 (= edition suhrkamp 172); *Angelus Novus, Ausgewählte Schriften 2,* Frankfurt a. M. 1966; *Briefe,* 2 Bde., Frankfurt a. M. 1966

Bense, Max, *Einführung in die informationstheoretische Ästhetik,* Reinbek 1969; *Aesthetica, Einführung in die neue Ästhetik,* Baden-Baden 1965

Birken, Siegmund, v., *Teutsche Rede-bind- und Dicht-Kunst,* Hildesheim, New York 1973 (= Nachdruck der Ausgabe Nürnberg 1679)

Bittner, Rüdiger, und Pfaff, Ernst, *Das ästhetische Urteil, Beiträge zur sprachanalytischen Ästhetik,* Köln 1977
Bloch, Ernst, *Das Prinzip Hoffnung,* 3 Bde., Frankfurt a. M. 1973 (= stw 3); *Geist der Utopie.* Unveränderter Nachdruck der bearbeiteten Neuauflage der zweiten Fassung von 1923, Frankfurt a. M. 1973 (= stw 35)
Bourdieu, Pierre, *Zur Soziologie der symbolischen Formen,* Frankfurt a. M. 1970
Bouterwerk, Friedrich, *Ästhetik,* Göttingen ³1824 f
Brecht, Bertolt, *Gesammelte Werke in 20 Bde.,* Frankfurt a. M. 1967; *Arbeitsjournal,* hrsg. W. Hecht, Frankfurt a. M. 1973
Breitinger, Johann Jacob, *Critische Dichtkunst.* Faksimiledruck nach der Ausgabe von 1740. Mit einem Nachwort von W. Bender, Stuttgart 1966 (= Reihe Deutsche Neudrucke); *Critische Abhandlung von der Natur, den Absichten und dem Gebrauche der Gleichnisse. Mit Beyspielen aus den Schriften der berühmtesten alten und neuen Scribenten erläutert,* hrsg. J. J. Bodmer, Zürich 1740
Breton, André, *Nadja,* übersetzt von Max Hölzer, Frankfurt a. M. 1976
Britsch, G., *Theorie der bildenden Kunst,* hrsg. E. Kornmann, Ratingen ⁴1966
Broch, Hermann, *Dichten und Denken,* Essays Bd. 1, Zürich 1955
Büchner, Georg, *Werke und Briefe.* Mit einem Nachwort von F. Bergemann, München 1965 (= dtv Gesamtausgabe 70)
Burke, Edmund, *A philosophical enquiry into the origin of our Ideas of the Sublime and Beautiful with an introductory discourse concerning Taste,* London 1812 (eigene Übersetzung)
Cézanne, Paul, *Über die Kunst. Gespräche – Briefe,* Hamburg 1957
Chvatik, Kretoslav, *Strukturalismus und Avantgarde. Aufsätze zur Kunst und Literatur,* München 1970
Claus, Jürgen, *Theorien zeitgenössischer Maler in Selbstzeugnissen,* Reinbek 1963; *Kunst heute. Personen – Analysen – Dokumente,* Reinbek 1965; *Expansion der Kunst. Beiträge zur Theorie und Praxis öffentlicher Kunst,* Reinbek 1970
Coleman, Francis J. (ed.), *Contemporary studies in aesthetics,* New York 1968
Croce, Benedetto, *Ästhetik als Wissenschaft des Ausdrucks und allgemeine Linguistik. Theorie und Geschichte,* nach der 2. Auflage übersetzt von K. Federn, Leipzig 1905
Dante, Alighieri, *Convivio,* übersetzt von K. Sauter, München 1965; *Divina Comedia,* übersetzt von W. G. Hertz, München 1966; *De vulgari eloquentia,* zit. nach Assunto, S. 185 f (eigene Übersetzung)
Dessoir, Max, *Ästhetik und Allgemeine Kunstwissenschaft,* Stuttgart 1906
Dewey, John, *Art as Experience,* New York ³1934 (eigene Übersetzung)
Diderot, Denis, *Rameaus Neffe.* Aus dem Manuskript übersetzt und mit Anmerkungen begleitet von J. W. Goethe, Goethe Gedenkausgabe

Bd. 15, Zürich 1953; *Philosophische Schriften,* 2 Bde., Frankfurt 1967
Dürer, Albrecht, *Schriftlicher Nachlaß,* 3 Bde., hrsg. H. Rupprich, Berlin 1969
Eco, Umberto, *Das offene Kunstwerk,* Frankfurt a. M. 1973
Fechner, Gustav Theodor, *Vorschule der Ästhetik,* Leipzig [2]1897f
Fiedler, Konrad, *Schriften über Kunst,* 2 Bde., hrsg. H. Konnerth, München 1913
Franke, Herbert, *Phänomen Kunst,* Stuttgart 1967
Freud, Sigmund, *Studienausgabe,* Bd. 10, *Bildende Kunst und Literatur,* Frankfurt a. M. 1969
Frey, Dagobert, *Kunstwissenschaftliche Grundfragen. Prolegomena zu einer Kunstphilosophie,* Darmstadt [2]1972 (= Reprographischer Nachdruck der Ausgabe, Wien 1946)
Gadamer, Hans-Georg, *Wahrheit und Methode,* J. C. B. Mohr (Paul Siebeck), Tübingen [4]1975
Garnich, Rolf, *Ästhetik, Konstruktion und Design, eine strukturale Ästhetik,* Ravensburg 1976
Gehlen, Arnold, *Studien zur Anthropologie und Soziologie,* Neuwied a. Rh. und Berlin 1963; *Zeit-Bilder. Zur Soziologie und Ästhetik der modernen Malerei,* Frankfurt a. M./Bonn [2]1965
Giannarás, Anastasios (Hrsg.), *Ästhetik heute,* München 1974
Gies, Ludwig, *Phänomenologie des Kitsches. Ein Beitrag zur anthropologischen Ästhetik,* Heidelberg [2]1971
Goethe, Johann Wolfgang, *Gedenkausgabe der Werke, Briefe und Gespräche,* Zürich 1948ff
Gombrich, Ernst H., *Kunst und Illusion. Zur Psychologie der bildlichen Darstellung,* Köln 1967
Goodman, Nelson, *Sprachen der Kunst. Ein Ansatz zu einer Symboltheorie,* Frankfurt a. M. 1973
Gottsched, Johann Christoph, *Ausgewählte Werke,* hrsg. J. und B. Birke. Bd. VI, 1. Teil: *Versuch einer critischen Dichtkunst. Erster allgemeiner Theil,* Berlin/New York 1973
Grassi, Ernesto, *Kunst und Mythos,* Hamburg 1966 (= rde Bd. 36)
Gregor der Große, *Brief an Bischof Serenus von Marseille,* in: *Monumenta Germaniae Historica,* Epistolae II, S. 270f (eigene Übersetzung)
Gryphius, Andreas, *Gesamtausgabe der deutschsprachigen Werke,* hrsg. M. Szyrocki und H. Powell, Tübingen 1963
Gunzenhäuser, Rul, *Maß und Information als ästhetische Kategorie,* Baden-Baden 1975
Hamann, Johann Georg, *Sämtliche Werke,* hrsg. J. Nadler. Bd II: *Schriften über Philosophie, Philologie, Kritik,* Wien 1950
Hartmann, Nicolai, *Ästhetik,* Berlin 1953
Haug, Wolfgang Fritz, *Die Rolle des Ästhetischen bei der Scheinlösung*

von Grundwidersprüchen der kapitalistischen Gesellschaft, in: *Das Argument.* Zeitschrift für Philosophie und Sozialwissenschaften, Heft 64/1971, S. 190 ff; *Kritik der Warenästhetik,* Frankfurt a. M. 1971

Hauser, Arnold, *Philosophie der Kunstgeschichte,* München 1958

Hegel, Georg Wilhelm Friedrich, *Ästhetik,* 2 Bde., hrsg. F. Bassenge, Frankfurt a. M. o. J.; *Phänomenologie des Geistes,* Frankfurt a. M. 1969 (= Suhrkamp Theorie Werkausgabe 3); *Logik II,* Frankfurt a. M. 1969 (= Suhrkamp Theorie Werkausgabe 6)

Henckmann, Wolfhart, *Über die Verbindlichkeit ästhetischer Urteile,* in: Zs. Ästh. u. allgemeine Kunstwiss. 15, 1970

Henrich, Dieter, *Kunst und Kunstphilosophie der Gegenwart. Überlegungen mit Rücksicht auf Hegel,* in: *Immanente Ästhetik. Ästhetische Reflexionen. Lyrik als Paradigma der Moderne,* hrsg. W. Iser, München 1966, S. 11 ff

Herder, Johann Gottfried, *Werke in 24 Bde.,* hrsg. H. Düntzer, Berlin o. J.

Hobbes, Thomas, *Grundzüge der Philosophie.* Zweiter und dritter Teil: *Lehre vom Menschen und vom Bürger.* Deutsch hrsg. M. Frischeisen-Köhler, Leipzig 1918

Holz, Hans Heinz, *Vom Kunstwerk zur Ware,* Neuwied/Berlin 1972; *Kritische Theorie des ästhetischen Zeichens,* in: Katalog documenta 5, Kassel 1972

Hopf, Andreas, *Die Struktur des ästhetischen Urteils,* München 1968

Horaz, *Ars Poetica. Die Dichtkunst.* Lateinisch und deutsch. Übersetzt und mit einem Nachwort hrsg. von Eckart Schäfer, Stuttgart 1972 (= Reclams Universal-Bibliothek 9421)

Horkheimer, Max/Th. W. Adorno, *Dialektik der Aufklärung,* Frankfurt a. M. 1973

Hugo von St. Viktor, zit. nach Assunto, S. 156 ff

Hussain, Fakhir, Le jugement esthétique, inventaire des théories, essay de méthodologie, Paris 1967

Ingarden, Roman, *Untersuchung zur Ontologie der Kunst. Musikwerk – Bild – Architektur – Film,* Tübingen 1962; *Erlebnis, Kunstwerk und Wert. Vorträge zur Ästhetik 1937–1967,* Darmstadt 1969, *Vom Erkennen des literarischen Kunstwerks,* Tübingen 1968

Jauß, Hans Robert, *Literaturgeschichte als Provokation,* Frankfurt a. M. ²1970; *Kleine Apologie der ästhetischen Erfahrung, Konstanzer Universitätsreden,* Konstanz 1972

Jean Paul, *Werke in 12 Bde.,* hrsg. N. Miller, Nachworte von W. Höllerer, München/Wien 1975

Kafka, Franz, *Sämtliche Erzählungen,* hrsg. P. Raabe, Frankfurt a. M. und Hamburg 1970

Kandinsky, Wassily, *Über das Geistige in der Kunst,* München 1912; *Essays über Kunst und Künstler,* Bern ²1963

Kant, Immanuel, *Kritik der Urteilskraft,* hrsg. K. Vorländer, Hamburg 1963

Karlstadt, Andreas, *Von Abtuhung der Bilder,* hrsg. H. Lietzmann, Bonn 1911 (= Klassische Texte für theologische und philologische Vorlesungen und Übungen 74)

Kierkegaard, Søren, *Schriften,* hrsg. H. Diem, W. Rest, Köln und Olten ²1968

Klee, Paul, *Das bildnerische Denken. Schriften zur Form- und Gestaltungslehre,* hrsg. u. bearbeitet von J. Spiller, Basel und Stuttgart ²1964

Kreis, F., *Die Autonomie des Ästhetischen in der Neueren Philosophie,* Tübingen 1922

Leonardo da Vinci, *Das Buch der Malerei,* hrsg., übersetzt und erläutert von H. Ludwig, 1. Bd., Wien 1882 (= Quellenschriften für Kunstgeschichte Bd. XV)

Lessing, Gotthold Ephraim, *Schriften,* 3 Bde., hrsg. K. Wölfel, Frankfurt a. M. 1967

Libri Carolini, sive Caroli magni capitulare de imaginibus, hrsg. H. Bastgen, in: Monumenta Germaniae Historica, Legum Sectio III, Concilia Bd. II, Supplementum (eigene Übersetzung)

Lifschitz, Michail, *Karl Marx und die Ästhetik,* Dresden 1960

Lipps, Theodor, *Grundlegung der Ästhetik,* Leipzig und Hamburg ²1914

Lotman, Jurij M., *Die Struktur des künstlerischen Textes,* hrsg. R. Grübel, Frankfurt a. M. 1973

Lukács, Georg, *Werke,* Neuwied/Berlin 1962 ff; *Skizze einer Geschichte der neueren deutschen Literatur,* Neuwied/Berlin 1963

Malraux, André, *Psychologie der Kunst. I Das imaginäre Museum. II Die künstlerische Gestaltung,* Hamburg 1957–58

Marcuse, Herbert, *Kultur und Gesellschaft,* Bd. 1 u. 2, Frankfurt a. M. 1965; *Der eindimensionale Mensch,* Neuwied/Berlin 1967; *Versuch über die Befreiung,* Frankfurt a. M. 1969; *Die Permanenz der Kunst, wider eine bestimmte marxistische Ästhetik,* München 1977

Marx, Karl, und Engels, Friedrich, *Werke in 39 Bde.,* Berlin 1963 ff; *Über Kunst und Literatur,* 2 Bde., Auswahl und Redaktion M. Kliem, Berlin 1967

Maser, Siegfried, *Numerische Ästhetik,* Stuttgart ²1970

Mendelssohn, Moses, *Ästhetische Schriften in Auswahl,* hrsg. O. F. Best, Darmstadt 1974 (= Texte zur Forschung 14)

Michelangelo, zit. nach Tartarkiewicz, Bd. III, S. 148 (eigene Übersetzung)

Mörike, Eduard, *Sämtliche Werke, Briefe,* 3 Bde., hrsg. G. Baumann, Stuttgart 1961

Moles, Abraham, *Informationstheorie und ästhetische Wahrnehmung,* Köln 1971

Moritz, Karl Philipp, *Über die bildende Nachahmung des Schönen,* hrsg.

B. Seuffert, Heilbronn 1888 (= Deutsche Literaturdenkmale des 18. und 19. Jhds. 31)
Morris, Charles William, *Grundlagen der Zeichentheorie. Ästhetik und Zeichentheorie,* München 1972
Mozart, Wolfgang Amadeus, *Briefe und Aufzeichnungen,* hrsg. Internationale Stiftung Mozarteum Salzburg, gesammelt und erläutert von W. A. Bauer und O. E. Deutsch, Kassel/Basel/London/New York 1962
Müller, Bredekamp, Hinz, Verspohl, Fredel, Apitzsch, *Autonomie der Kunst. Zur Genese und Kritik einer bürgerlichen Kategorie,* Frankfurt a. M. 1972
Mukařovský, Jan, *Kapitel aus der Poetik,* Frankfurt a. M. 1967; *Kapitel aus der Ästhetik,* Frankfurt a. M. 1970
Neue Hefte für Philosophie, hrsg. Bubner, Cramer, Wiehl, *Ist eine philosophische Ästhetik möglich?,* Göttingen 1973 (= Heft 5)
Nietzsche, Friedrich, *Werke,* hrsg. K. Schlechta, München 1966
Nikolaus von Kues, *Der Laie über den Geist* (Idiota de mente), übersetzt von M. Honecker und H. Menzelkogner, Hamburg 1949 (= Schriften des Nikolaus von Kues in deutscher Übersetzung 10); *Mutmaßungen* (De coniecturis), übersetzt von J. Koch und W. Happ, Hamburg 1971 (= Schriften des Nikolaus von Kues in dt. Übersetzung 17); *Von Gottes Sehen* (De visione Dei), übersetzt von E. Bohnenstaedt, Hamburg 1942 (= Schriften des Nikolaus von Kues in dt. Übersetzung 4); *Vom Globusspiel* (De ludo globi), übersetzt von G. v. Bredow, Hamburg 1952 (= Schriften des Nikolaus von Kues in dt. Übersetzung 13)
Novalis (Friedrich von Hardenberg), *Schriften. Die Werke Friedrichs von Hardenberg,* 4 Bde., hrsg. P. Kluckhohn und R. Samuel, Stuttgart 1960 ff
Odebrecht, Rudolf, *Grundlegung einer ästhetischen Werttheorie,* Bd. 1: Das ästhetische Werterlebnis, Berlin 1927
Oelmüller, Willi, *Hegels Satz vom Ende der Kunst und das Problem der Philosophie der Kunst nach Hegel,* in: Philosophisches Jahrbuch 73, 1965
Osborne, Harold, *Aesthetics,* London 1972
Paetzold, Heinz, *Neomarxistische Ästhetik,* 2 Teile, Düsseldorf 1974
Pascal, Blaise, *Gedanken* (Pensées), Bd. II, übersetzt und eingeleitet von B. v. Herber-Rohow, mit Einführung von R. Eucken, Jena u. Leipzig 1905
Peirce, Charles S., *Schriften II,* hrsg. Karl-Otto Apel, Frankfurt a. M. 1970
Perpeet, Wilhelm, *Antike Ästhetik,* Freiburg/München 1961; *Das Sein der Kunst und die kunstphilosophische Methode,* Freiburg/München 1970
Pfeiffer, G., *Kunst und Kommunikation,* Köln 1972
Pico della Mirandola, *Commento alla Canzone die G. Benivieni,* zit. nach Tartarkiewicz, Bd. III, S. 124 (eigene Übersetzung)

Platon, *Sämtliche Werke in 6 Bde.,* übersetzt von F. Schleiermacher, Reinbek 1963
Plotin, *Ausgewählte Schriften,* übersetzt von R. Harder/Theiler, Stuttgart 1973 (= Reclams Universal-Bibliothek 9479/81 a)
Ritter, Joachim, *Wörterbuch der Philosophie,* Sonderdruck aus Bd. 1, Artikel Ästhetik, S. 555 ff, Basel/Stuttgart o. J.; *Landschaft. Zur Funktion des Ästhetischen in der modernen Gesellschaft,* Münster 1963
Rosenkranz, Karl, *Ästhetik des Häßlichen,* Stuttgart/Bad Cannstatt 1968 (= Faksimile-Neudruck der Ausgabe Königsberg 1853)
Sartre, Jean-Paul, *Was ist Literatur? Ein Essay,* hrsg. E. Grassi, Hamburg 1958 (= rowohlts deutsche enzyklopädie)
Scaliger, Giulio Cesare, *Poetices libri septem,* zit. nach Tartarkiewicz, Bd. III, S. 188 f (eigene Übersetzung)
Scharang, Michael, *Zur Emanzipation der Kunst. Essays,* Neuwied/Berlin 1971
Schelling, Friedrich Wilhelm Joseph, *Ausgewählte Werke,* Darmstadt 1973 f (= Nachdruck der Ausgabe 1859)
Schiller, Friedrich, *Sämtliche Werke,* 5 Bde., hrsg. G. Fricke und H. Göpfert, München [4]1965
Schlegel, August Wilhelm v., *Kritische Schriften und Briefe II: Die Kunstlehre,* Stuttgart 1963
Schlegel Friedrich, *Kritische Schriften,* hrsg. W. Rasch, Darmstadt/München [3]1971
Schmidt, Siegfried J., *Ästhetizität. Philosophische Beiträge zu einer Theorie des Ästhetischen,* München 1971 (= Grundfragen der Literaturwissenschaft 2); *Ästhetische Prozesse. Beiträge zu einer Theorie der nicht-mimetischen Kunst und Literatur,* Köln/Berlin 1971; *»Schön«, Zur Diskussion eines umstrittenen Begriffs,* hrsg. S. J. Schmidt, München 1976
Schönberg, Arnold, *Harmonielehre,* Leipzig/Wien 1911
Schopenhauer, Arthur, *Sämtliche Werke,* hrsg. W. v. Löhneysen, Frankfurt am M. 1961
Schütz, Helmut G., *Didaktische Ästhetik. Zur Theorie des ästhetischen Gegenstandes und seiner didaktischen Relevanz,* München 1975
Schwencke, Olaf, *Ästhetische Erziehung und Kommunikation,* Frankfurt a. M./Berlin/München 1972
Sedlmayer, Hans, *Kunst und Wahrheit. Zur Theorie und Methode der Kunstgeschichte,* Reinbek 1961
Shaftesbury, Anthony Earl of, *Characteristics of Men, Manners, Opinions, Times. In Three Volumes,* 1714, republished in 1968 by Gregg International Publishers Farnborough, Hauts 1968 (eigene Übersetzung)
Shakespeare, William, *Werke,* 6 Bde., hrsg. L. L. Schücking, übersetzt von Schlegel-Tieck, Berlin und Darmstadt 1958

Simmat, William E., *Das »semantic differential« als Instrument der Kunstanalyse,* in: *Exakte Ästhetik 6,* Stuttgart 1969
Solger, Karl Wilhelm Friedrich, *Vorlesungen über Ästhetik,* hrsg. K. W. L. Heyse, Darmstadt 1973 (= reprographischer Nachdruck der Ausgabe von 1829); *Erwin, vier Gespräche über das Schöne und die Kunst,* hrsg. W. Henckmann, München 1971 (= Nachdruck der Ausgabe Berlin 1807)
Stifter, Adalbert, *Der Nachsommer. Eine Erzählung,* hrsg. M. Stefl, Basel 1954
Suger, Abt von Saint-Denis, zit. nach Assunto, S. 150
Sulzer, Johann George, *Allgemeine Theorie der schönen Künste,* Biel 1777
Tartarkiewicz, Wladyslaw, *History of Aesthetics,* 3 Bde., Den Haag/Paris 1970
Teige, Karel, *Liquidierung der »Kunst«. Analysen, Manifeste,* Frankfurt a. M. 1968
Thomas, Karin, *Kunst – Praxis heute. Eine Dokumentation der aktuellen Ästhetik,* Köln 1972
Thomas von Aquin, *Summa theologica.* Vollständige, ungekürzte deutsch-lateinische Ausgabe, übersetzt von Dominikanern und Benediktinern Deutschlands und Österreichs, Salzburg 1933 ff; *De div. nom.,* zit. nach Tartarkiewicz, Bd. II, S. 258 (eigene Übersetzung); *Phys.,* zit. nach Tartarkiewicz, Bd. II, S. 262 (eigene Übersetzung)
Thorn, Eduard, *Künstler über Kunst. Ein ewiger Dialog über die Probleme der Kunst von Leonardo bis Picasso,* Baden-Baden 1971
Tomberg, Friedrich, *Mimesis der Praxis und abstrakte Kunst,* Neuwied/Berlin 1968
Trotzkij, Leo, *Literatur und Revolution,* übersetzt von E. Schaefer und H. v. Riesen, Berlin 1968
Valéry, Paul, *Œuvres Tome 1,* Paris, Editions Gallimard 1957 (eigene Übersetzung)
Vico, Giambattista, *Scienza Nuova,* zit. nach Tartarkiewicz, Bd. III, S. 450 (eigene Übersetzung)
Vischer, Friedrich Theodor, *Ästhetik oder Wissenschaft des Schönen,* 6 Bde., München ²1922
Vivas, Eliseo, Krieger, Murray, *The problems of esthetics,* New York/Toronto 1953
Volkelt, Johannes, *System der Ästhetik,* München 1905 ff
Wackenroder, Wilhelm Heinrich, *Herzensergießungen eines kunstliebenden Klosterbruders. Phantasien über die Kunst für Freunde der Kunst,* Weimar 1917
Wedewer, R., und Romain, L., *Kunst als Flucht – Flucht als Kunst. Zur Kritik künstlerischer Ideologie,* Opladen 1971
Weisse, Ch. H., *System der Ästhetik als Wissenschaft von der Idee der*

Schönheit, Hildesheim 1966 (= Nachdruck der Ausgabe von 1830)
Werckmeister, O. K., *Ende der Ästhetik,* Frankfurt a. M. 1971
Winckelmann, Johann Joachim, *Werke in einem Band.* Ausgewählt und eingeleitet von H. Holzhauer, Berlin und Weimar 1969
Wittgenstein, Ludwig, *Vorlesungen und Gespräche über Ästhetik, Psychologie, Religion,* Göttingen 1968
Zeissig, A., *Ästhetische Forschungen,* Frankfurt 1855

Namenregister

Sachregister

st 449 Herbert Achternbusch, Die Stunde des Todes
Roman
100 Seiten
»Wie dieser Autor aus Querulantentum und Phantasie, eine bayrisch-bäuerische Kindheit im Rücken, Poetisches erschafft, das kann man sich mit seinem Roman unter die Haut lesen.« *Frankfurter Rundschau*

st 451 Ernst Bloch, Spuren
232 Seiten
»Unter Blochs Büchern ist dies, das den Titel »Spuren« trägt, wohl unstreitig sein schönstes. So gesammelt, so absichtslos und unangestrengt hat er vorher und hinterher kaum je wieder geschrieben. Erzählung und Philosophie sind hier eine fast bruchlose Verbindung eingegangen, die Reflexion begnügt sich, die erzählte Anekdote transparent zu machen.«
Jürgen von Kempski, Hessischer Rundfunk

st 452 Peter Handke, Die Stunde der wahren Empfindung
176 Seiten
»Das Glück dieses Buches, das artistische Gelingen kommt aus der Leidenschaft, mit der es die Verschlingungen und Lösungen eines Bewußtseinsprozesses erzählend miterlebt, vom tödlichen Ekel vor der Penetranz der Dinge bis zum überraschenden Jubel über ihr bloßes Vorhandensein.« *Süddeutsche Zeitung*

st 453 Martin Kessel, Herrn Brechers Fiasko
Roman
Mit einem Nachwort des Autors
516 Seiten
Martin Kessel erzählt davon, wie eine Gruppe von Angestellten im hektischen Berlin der 20er Jahre, den Büroalltag, die Normalität der Arbeitswelt und auch ihre

Unterdrückungsvorgänge erlebt. »Wie diese Leute sich vertragen, was sie sich gegenseitig antun, mit welchen Illusionen und Utopien sie abgespeist werden, wie sie inmitten der Funktionalität ihr privates Reservat verfechten und wie schließlich das größere Gemeinwesen einer Stadt, hier ist es Berlin, über sie hinweggeht«, das sind, mit Martin Kessels Worten, aktuell gebliebene Erfahrungen.

st 455 Reinhold Schneider, Der Balkon
Aufzeichnungen eines Müßiggängers in Baden-Baden
Mit einem Nachwort von Pirmin A. Meier
186 Seiten
»Der Müßiggänger ist so einfühlend und empfindungsreich, daß zwischen den Schattenmassen der Historie, den mächtigen Umrissen der Großen, den Höhlungen der Mühe, Kümmernisse und der Armut, den vielen Gräbern, den überstandenen partiellen Weltuntergängen die Landschaft von weitem aufspringt, ein silberner Trost, ein befreiender Atemzug.«

Benno Reifenberg, Die Gegenwart

st 456 Erich Köhler, Hinter den Bergen
Roman
368 Seiten
Das war vor mehr als dreißig Jahren, der Krieg war eben zu Ende gegangen. Hinter den Bergen liegt ein Dorf, das in seiner Weltabgeschiedenheit nach einer eigenen Ordnung im Chaos sucht. Der Wettlauf zwischen Utopie und Wirklichkeit, das ist das Motiv dieses Romans. Ein Erzählwerk voller Weisheit und Humor, aus einer sinnlichen Sprache gemacht und kraftvoll gestaltet.

st 457 Basis. Jahrbuch für deutsche Gegenwartsliteratur
Band 8
Herausgegeben von Reinhold Grimm und Jost Hermand
264 Seiten
Mit Beiträgen von Helmut Kreuzer, Jost Hermand, Peter Uwe Hohendahl, Wolfgang Emmerich, Christine Cosentino u. a.
Ohne methodisch festgelegt zu sein, sucht *Basis* eine Literaturbetrachtung zu fördern, die an der materialistischen Grundlage orientiert ist.

st 459 Stanisław Lem, Sterntagebücher
Mit Zeichnungen des Autors
Aus dem Polnischen von Caesar Rymarowicz
Phantastische Bibliothek Band 20
496 Seiten
Mit dem Erzählungs-Zyklus über die Erlebnisse des Weltraumfahrers Ijon Tichy, eines kosmischen Münchhausens der künftigen Jahrhunderte, ist Lem ein literarisch großer Wurf gelungen. Paradox, einfallsreich, sprühend vor Ideen, hat Lem konventionelle Methoden von Satire und Allegorie übernommen und sie parodistisch gegen die Science-fiction gekehrt. Ins Spiel der freien Phantasie mischen sich jedoch ernste philosophische Spekulation und politische Anspielung.

st 460 Franz Rottensteiner (Hrsg.), Polaris 4
Ein Science-fiction-Almanach
Phantastische Bibliothek Band 21
192 Seiten
Polaris 4 sucht dem Mangel an Information über die Science-fiction des Nachbarn Frankreich abzuhelfen. Die französische SF ist in der Regel mehr abenteuerlich als rational kalkulierend, mit einem Zug zur Mystik und einem vage sentimental gefärbten Lyrizismus. Der Almanach enthält u. a. Texte von J. H. Rosny aîne, Maurice Renard, Ion Hobana, Jean-Pierre Vernier, Gérald Klein, J. P. Andrevon, Pierre Boulle.

st 481 Walter Hinck, Von Heine zu Brecht
Lyrik im Geschichtsprozeß
156 Seiten
Inhalt: Ironie im Zeitgedicht Heines. Exil als Zuflucht der Resignation. Epigonendichtung und Nationalidee. Metamorphosen eines Volkslieds. Alle Macht den Lesern, Zur Lyrik Brechts. Das lyrische Subjekt im geschichtlichen Prozeß oder Der umgewendete Hegel.

st 483 Über Robert Walser, Band 1
st 484 Über Robert Walser, Band 2
Herausgegeben von Katharina Kerr
Band 1: 218 Seiten
Band 2: 488 Seiten
Mit dem Erscheinen der Werkausgabe Robert Walsers

und seiner Briefe ist, verbunden mit einem allgemeinen neuen Interesse an der Literatur des ersten Jahrhundertdrittels, das Interesse am Werk Robert Walsers gestiegen. Von ihm gehen heute Anregungen auf ein breiteres Publikum aus. *Über Robert Walser 1* bringt wichtige Arbeiten der frühen kritischen Walser-Rezeption, *Über Robert Walser 2* neuere, z. T. noch unveröffentlichte Arbeiten aus jüngerer Zeit.

st 485 Hansgerd Schulte (Hrsg.), Spiele und Vorspiele
Spielelemente in Literatur, Wissenschaft und Philosophie
138 Seiten
Pierre Bertaux, der französische Germanist und Hölderlin-Forscher, hat sich während seines vielgestaltigen Lebens auch mit der Funktion des Spieles in Literatur, Wissenschaft und Philosophie befaßt. Er mißt dem Spieltrieb eine ebenso zentrale Funktion für den Menschen und sein Verhalten bei wie etwa Freud dem Sexualtrieb. Bertaux' 70. Geburtstag schien ein reizvoller Anlaß, einige seiner Freunde und namhafte Wissenschaftler um einen Beitrag zu dem Spielthema zu bitten – jeweils aus ihrer Sicht und im Zusammenhang mit den eigenen Forschungsinteressen. Mit Aufsätzen von Hellmut Becker, Walter Höllerer, Robert Jungk, Golo Mann, Hans Mayer, Georg Picht, Peter Wapnewski.

st 487 Christiane Rochefort, Kinder unserer Zeit
Roman
164 Seiten
Ein kleines Mädchen erzählt seine Geschichte. Es wächst auf in einer Kinderreichen-Siedlung am Stadtrand von Paris, in einer uniformen, kleinbürgerlich geregelten, staatlich subventionierten Welt. Es empört sich gegen den dumpfen Schematismus einer Lebensplanung, die nichts anderes kennt als das Denken an einen Standard der Eisschränke und Fernsehapparate in der Atmosphäre des Sozialen Wohnungsbaus, in der Kinder dazu dienen, die Teilhabe am Komfort der Neuzeit zu finanzieren.
»Ein knapp erzähltes Buch, bitter in seiner Anschaulichkeit und Illusionslosigkeit, eine einzige unsentimentale, satirisch gefärbte Anklage – ein Zeichen der Zeit.«
Neue Zürcher Zeitung

Alphabetisches Gesamtverzeichnis der suhrkamp taschenbücher